ATLAS HISTÓRICO DE ESPAÑA I

ATLAS HISTÓRICO DE ESPAÑA I

Enrique Martínez Ruiz
Consuelo Maqueda
Santiago Cantera
Manuel Fernando Ladero
Miguel Ángel Ladero
Santiago Montero
César Olivera

ISTMO

Esta obra ha sido publicada con la ayuda
de la Dirección General del Libro, Archivos
y Bibliotecas del Ministerio de Cultura.

Colección Fundamentos n.º 169

Sector Foresta, 1
28760 Tres Cantos
Madrid - España
Tel.: 91 806 19 96
Fax.: 91 804 40 28

Realización de mapas:
Miguel Jiménez

Diseño de cubierta:
Sergio Ramírez

ISBN: 84-7090-349-7 (tomo I)
ISBN: 84-7090-351-9 (obra completa)
Depósito legal: M. 11.427-2003

Impresión:
Fernández Ciudad, S. L.

Impreso en España / *Printed in Spain*

NOTA PREVIA

El ***Atlas Histórico de España,*** que hoy llega a manos del lector en dos volúmenes, supone un profundo intento de síntesis llevado a cabo por profesores universitarios especialistas en el período que han desarrollado. Tal condición de especialista dedicado a la docencia ha resultado decisiva a la hora de concebir y elaborar este libro, pues se pretendía, por una parte, ofrecer una síntesis de la historia de España, en la que se destacaran las líneas maestras de cada período y, por otra, ofrecer un conjunto de datos de todos los niveles del acontecer histórico donde el lector pudiera encontrar los factores más elocuentes de un hecho o de una realidad histórica, constituyendo el resultado un «prontuario» al mismo tiempo que un valioso instrumento de trabajo.

La forma en que se presentan los mapas y el texto va encaminada a facilitar la consulta o el trabajo con el ATLAS, por eso, por lo general, en las páginas pares –a la izquierda del lector– van apareciendo los elementos que componen la parte gráfica, mientras que en las páginas impares se suceden los textos que van informando, complementando o pormenorizando lo que el lector ve en las ilustraciones. Por este motivo siempre se ha buscado la mayor relación posible entre ambas partes, aunque en algunos casos ello no ha sido plenamente viable. Sin embargo, en tales casos –que son muy pocos– se ha procurado que la alteración de la sucesión normal no constituya un entorpecimiento ni una ruptura en la consulta del contenido del volumen.

Con independencia del índice, quien utilice la obra podrá situarse fácilmente mirando los encabezamientos que figuran en la parte superior de las páginas. La misma composición tipográfica está al servicio de la mayor claridad en el manejo del ATLAS: Unos rótulos indican de lo que tratan las líneas siguientes. Los años pueden ser localizados fácilmente porque figuran en negrita, a veces solos en una línea, y, en este caso, por debajo, las diferentes entradas van precedidas, siempre que es posible, del día y mes, y en su contenido, las letras en VERSALITAS indican nombres propios de personajes, cargos y títulos, y las **negritas,** paces, alianzas, batallas y demás circunstancias que merecen ser singularizadas en el texto. En el caso de las cuestiones demográficas, económicas, sociales y culturales, unos rótulos indican los pertinentes contenidos, que se desarrollan con los mismos criterios tipográficos indicados.

El primer volumen abarca desde los inicios de nuestra historia hasta fines del siglo XVII; el segundo tomo, desde 1701 hasta nuestros días. En el primer tomo, el contenido se organiza por bloques que agrupan la Prehistoria, la Historia Antigua, la Edad Media y los siglos XVI y XVII de la Edad Moderna. En el segundo volumen, hay un primer bloque constituido por el siglo XVIII y los primeros años del siglo XIX, al que sigue otro que se inicia en 1808 y termina en 1868; un tercer bloque que se extiende desde 1869 hasta 1931; y finalmente, el cuarto y último, desde 1931 a la actualidad. Dentro de ellos, el lector advertirá que los contenidos se organizan con los mismos criterios, de manera que a los hechos políticos, susceptibles de ser datados con precisión (la cronología, en sentido estricto), siguen las cuestiones demográficas, económico-sociales y culturales.

Por lo demás, el ATLAS es mucho más que una «colección» de mapas, pues su contenido se enriquece con gráficos, organigramas, series, pirámides, columnas, representaciones porcentuales, líneas de tiempo, etc. Todo con el deseo de incrementar su utilidad.

Para los autores la aparición del ATLAS ha supuesto un gran reto. Al fin ha concluido una labor de años y estamos contentos con el resultado. Si nuestros colegas encuentran en él un complemento valioso para su actividad docente y los estudiantes y utilizadores lo consideran un útil de trabajo eficaz, daremos por bien empleado todo el tiempo que hemos dedicado a su realización y podremos considerarnos satisfechos.

Enrique Martínez Ruiz
Consuelo Maqueda
Coordinadores
Madrid, mayo, 2000.

ÍNDICE

Santiago Montero es autor de los capítulos relativos a la **prehistoria** y **antigüedad**.

Miguel Ángel Ladero Quesada ha coordinado toda la parte relativa a la **Edad Media** y son suyos los capítulos dedicados a **Al Andalus, economía y sociedad**, **Los reinos de la España medieval, poblamiento y organización del territorio**, **Economía y sociedad, siglos XII al XV**, así como de los apartados referentes al **reino de Granada**, la **conquista de las Canarias,** los **Reyes Católicos** y el relativo a las **órdenes militares**; M. Fernando Ladero Quesada es autor del capítulo dedicado a la **Hispania visigoda** y **Al Andalus siglos VIII y XI**; César Olivera de los referentes a la **Plena Edad Media** y la **Baja Edad Media;** y a Santiago Cantera se deben los referentes a la **Iglesia** y la **cultura en la España medieval**.

Enrique Martínez Ruiz y Consuelo Maqueda han coordinado todo el tomo y son autores de la parte dedicada a la **monarquía de los Austrias**.

Paleolítico Inferior y Medio.

PALEOLÍTICO INFERIOR Y MEDIO

Introducción

Los grandes periodos en que dividimos la Era Cuaternaria, en sus dos grandes fases (Pleistoceno y Holoceno), alcanzan tal magnitud que la cronología se establece por comparación a los distintos estadios de polaridad del campo terrestre (paleomagnetismo) o por correlación con períodos geológicos o climáticos. De tal forma, las magnitudes son tan elevadas que es difícil definir fechas absolutas, por lo que nunca se emplea la fórmula «antes de Cristo» (a.C.), sino que antes del momento actual o presente, empleando la terminología inglesa «Before Present» (B.P.), utilizada especialmente para las fechas que alcanzan los análisis de C_{14}.

La cronología del Pleistoceno (primera fase de la Era Cuaternaria o Antropozoica) viene marcada por el fenómeno geológico de las glaciaciones. Su mecanismo, dividido en un período glacial y un período interglacial, marca los diversos estadios climáticos a los que se adapta el hombre. La correspondencia entre las glaciaciones y los períodos geológicos de esta fase es:

- **Pleistoceno Inferior o Villafranquiense (1640000-700000)**. Desde la Glaciación Biber al Interglacial Günz/Mindel. Hacia **1000000** B.P. primeros yacimientos con posible ocupación humana en la Península Ibérica.
- **Pleistoceno Medio (700000-125000)**. Entre los Interglaciales Günz/Mindel y Riss/Würm. Hacia **80000** B.P. comienza en la Península Ibérica el hábitat, preferentemente en cuevas.
- **Pleistoceno Superior (125000/120000-11800** B.P.). Desde el Interglacial Riss/Würm hasta el período Tardiglacial (Allerod: **10200** B.P.), momento en que se inicia la retirada progresiva de los hielos y el fin de las glaciaciones, dando paso a la segunda fase del Cuaternario (Holoceno).

Las glaciaciones tienen escasa incidencia en la Península Ibérica. Sólo son significativas las glaciaciones de Riss (**300000**) y Würm (**80000**) que afectan a las zonas de Pirineos, Macizo Cantábrico, norte del Sistema Ibérico, Sistema Central y Penibético.

Antropología

Las primeras huellas de seres humanos en la Península Ibérica se desarrollan durante la fase del Paleolítico Inferior, estimándose fechas que podrían sobrepasar el millón de años, de confirmarse los hallazgos de Belverde (Portugal) o de Orce (Granada).

Los tipos humanos que se desarrollan durante todo el Pleistoceno (es decir Paleolítico Inferior, Medio y Superior) son:

- **Homo Erectus y Anteneanderthales:** Es decir, todos los tipos humanos anteriores al **Homo Sapiens Neanderthalensis**, que evolucionan desde los rasgos del **Homo erectus** hacia los del **Neanderthal**. Existen aún algunas dudas sobre la adscripción a algunos yacimientos peninsulares, como Banyoles (Gerona), Cova Negra (Valencia) y Tossal de la Font (Castellón). Otro punto con presencia de anteneanderthales es la cueva de Atapuerca (Burgos). Este tipo humano se asocia a la cultura material de Cantos Tallados y al Achelense. La cronología aproximada se extiende entre el **900000** y el **90000**.

- **Neanderthales:** Perteneciente al grupo de los *Sapiens*, fueron localizados por primera vez en los yacimientos de Gibraltar (Forbes Quary y Torre del Diablo), con una cronología del **50000/45000** B.P. Los restos de Neanderthales están bien documentados en diversas zonas de la Península Ibérica, donde se suelen asociar a la facies cultural Musteriense (Paleolítico Medio) y quizás al más incipiente Paleolítico Superior. La cronología general se sitúa entre el **95000** y el **35000** B.P.

- **Homo Sapiens Sapiens:** Grupo homogéneo al que pertenecen todas las razas del hombre actual. Se asocia a la fase cultural del Paleolítico Superior, en la que se produce una importante diversificación del instrumental lítico así como la consolidación de notables manifestaciones artísticas (arte parietal y mobiliar). La cronología del *Sapiens Sapiens* arranca de *ca.* **40000** B.P.

Secuencias culturales

Las distintas etapas concebidas en base al instrumental utilizado por el hombre prehistórico se han simplificado recientemente en:

- **Paleolítico Inferior (2000000-80000)**. Ocupa los períodos:
  - Cantos Tallados **(Pebble Culture** u **Oldivaiense)** (**2000000-700000**): Guijarros de talla monofacial (Chopper) o bifacial (Chopping-tool).
  - Achelense (**700000/650000 - 90000**). Amplia fase, no muy homogénea, en la que se distinguen tres períodos evolutivos: Inferior, Medio y Superior sin una cronología precisa, que se corresponden a las antiguas facies Abbevillense, Achelense y Micoquiense. El instrumental lo componen bifacies, hendedores, picos triedros, etc.

- **Paleolítico Medio o Musteriense (90000- 35000** B.P.). Caracterizado por una mayor diversificación morfológica del utillaje lítico, mayoritariamente asociado al Hombre de Neanderthal. Disminuyen los macroinstrumentos sobre núcleo y aumentan y generalizan los útiles más pequeños elaborados en lascas generalmente obtenidas de un núcleo preparado en forma de caparazón de tortuga; es la llamada «técnica Levallois», ya iniciada en el Paleolítico Inferior. Útiles como raederas, puntas, cuchillos de dorso, denticulados y un mayor empleo del hueso y,

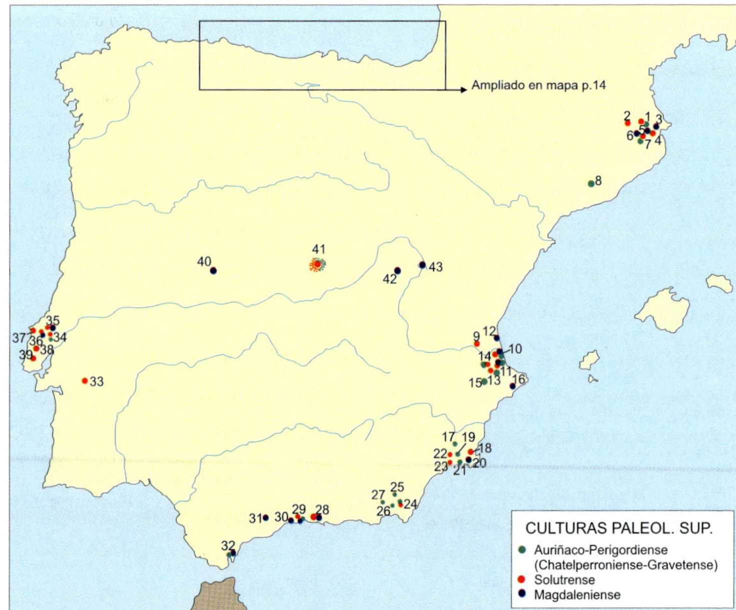

Gerona.
1. Reclau Biber
2. Cau de les Goges
3. Cau de les Guilles
4. Davant Pau
5. Bora Grau
6. Coma del Inferna
7. L´Arbreda

Tarragona.
8. Abric Romaní

Valencia.
9. Covalta
10. Les Mallaetes
11. Parpalló
12. Volcán del Faro
13. Les Maravelles
14. Barranc Blanc

Alicante.
15. Coval del Sol
16. Les Cendres

Murcia.
17. Palomarico
18. Vermeja
19. Palomas
20. Cartagena
21. Morote
22. Los Mortoritos
23. Tollos

Almería.
24. Ambrosio
25. Serrón
26. Zájara
27. Los Morceguillos

Málaga.
28. Nerja
29. El Higuerón
30. Victoria
31. Toro

Gibraltar.
32. Gorham

Portugal.
33. Monte Fainha
34. Salemas
35. Lapa do Suao
36. Casa de Moura
37. Furninha
38. Vila Pouca
39. Ponte da Lage

Salamanca.
40. La Dehesa

Madrid.
41. Valle Manzanares

Cuenca.
42. Valparaíso
43. Verdelpino

Paleolítico Superior.

posiblemente, la madera. Existen distintas variantes aún no bien definidas (Musteriense de tradición Achelense, Musteriense típico, de denticulados, Charentiense, Vasconiense).

Economía

La economía de los grupos humanos durante todo el Pleistoceno se fundamenta en actividades de depredación. El hombre no produce los alimentos, se limita al carroñeo, la caza y la recolección.
Los grupos humanos (bandas) se encuentran sometidos a un ritmo migratorio constante en función de las presas animales y cambios ambientales. Los lugares de hábitat de los mismos suelen coincidir con los valles de los ríos y zonas lacustres, donde acude abundante fauna. Los establecimientos se realizan principalmente al aire libre; sólo desde el Achelense Final se da preferencia al hábitat en cueva, tan característico de la fase Musteriense.
Distintos sitios de ocupación, con cierta especialización de funciones (campamentos, talleres, áreas de despedazado, cazaderos). Destaca la interpretación como cazadero del complejo de Torralba y Ambrona (Soria), donde se recuperaron restos de un centenar de elefantes, équidos, cérvidos, bóvidos, etc. Se especula con un grupo activo de 30 ó 40 cazadores. Las estructuras del cazadero se fechan aproximadamente en el **300000**.
El uso del fuego se documenta en los yacimientos de Torralba y Ambrona (Soria), Solana de Zamborino (Granada), Gándaras de Budiño (Pontevedra) y Cueva del Castillo (Santander). Las discutidas fechas apuntan a fases no posteriores al Riss (**250000**). Quizá la utilización del fuego pueda guardar relación con la conservación de alimentos (ahumado, secado).
La diversificación de útiles en el Paleolítico Medio, así como del empleo de raederas, raspadoras, etc., se asocia al trabajo de la piel (limpiado, curtido, etc.), utilizada como vestimenta ante la inclemencia del clima y quizá diversos implementos.

Sociedad

Los grupos humanos organizados en bandas en constante emigración parecen ocupar la Península Ibérica desde el N de África, tal como confirman los hallazgos de la Cultura de Cantos Tallados en El Aculadero (Cádiz), El Rompido (Huelva), Cúllar de Baza (Granada) y la desembocadura del Tajo (Setúbal). La fecha de esta penetración va del **900000** al **700000**, y podría remontarse hasta **1300000/1500000**. Quizá otra línea de penetración esté en la zona pirenaica, como atestiguan Banyoles y los yacimientos de las terrazas del Ter. Esta penetración alcanzaría la costa mediterránea hasta Murcia (Cueva Vic).
En momentos posteriores del Paleolítico Inferior avanzado y Paleolítico Medio se extienden los yacimientos con presencia humana a la zona central y septentrional de la península. Significativa es la zona meridional (Basalito, La Maya, Tablazos) y septentrional (Atapuerca, Torralba, Ambrona) del Duero y los importantes núcleos de hábitat en cueva de la zona cantábrica (Pasiega, El Castillo, Morín, El Pendo, Rascaño, Bañuges, etc.).
Durante el Paleolítico Inferior los grupos humanos se articulan en reducidos conjuntos de 10 ó 15 personas (bandas), con una jefatura posiblemente gerontocrática o bien una jefatura de prestigio organizada en torno a la caza (el mejor cazador).
Durante el Paleolítico Inferior no existen manifestaciones religiosas constatadas con seguridad (ocre en la Cueva del Castillo, Carigüela). En el Paleolítico Medio parecen constatarse ritos de antropofagia (obtención del cerebro y tuétano óseo), etc.
Se aprecia la realización de marcas intencionadas en huesos, hecho que ha dado en denominarse «estadio prefigurativo» de arte (E. Ripoll), que pudiera desarrollarse principalmente durante el Paleolítico Medio. Existencia de la decoración personal, mediante colgantes, etc.

PALEOLÍTICO SUPERIOR

Introducción

El Paleolítico Superior es la última fase del período geológico denominado Pleistoceno, caracterizado por la constante del fenómeno glacial. Esta fase del Cuaternario tiene su fin hacia la oscilación Alleröd, *ca.* **11800** años B.P. Desde este momento se inicia la retirada progresiva de los hielos que dan paso a la actual fase geológica del Cuaternario, el Holoceno.

Antropología

La única especie que subsiste durante el Paleolítico Superior es el **Homo Sapiens Sapiens**, que no ha sufrido modificaciones físicas desde hace unos cuarenta mil años. El **Sapiens Sapiens** convivió durante unos cinco mil años con el **Sapiens Neanderthalensis** y no es improbable que mestizajes decantaran como dominantes los rasgos del **Sapiens Sapiens**.
Algunos de los restos más destacados de **Sapiens Sapiens** del Paleolítico en la Península Ibérica se detectan en las cuevas de La Paloma y Tito Bustillo, ambas en Asturias; Castillo, La Pasiega, Morín y El Pendo, en Cantabria; Parpalló y Barranc Blanc, en Valencia; y Nerja en Málaga. Los ejemplares mejor datados se localizan en Rascaño (**14500-14000** a.C.), pertenecientes a un hombre y a una mujer entre cuarenta y cincuenta años; en Tito Bustillo, dientes infantiles y adultos se fechan hacia **12000** a.C.; y en Parpalló, donde se localizó un cráneo fechado en el **18540** a.C.

Secuencias culturales

La ordenación de los distintos períodos se articula en torno a los sistemas utilizados para trabajar los distintos útiles (en piedra, hueso o asta). Esta compartimentación cronológica no es rígida y puede sufrir variaciones según las tradiciones culturales en las distintas zonas.

- **Auriñaco-Perigordiense** (**33000-19000** a.C.): Ambas industrias conviven, si bien presentan evoluciones distintas. El complejo Perigordiense, caracterizado por el uso

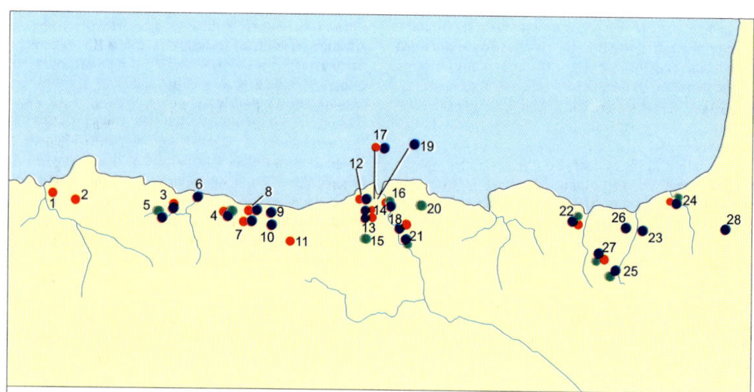

Asturias.
1. Peña de Candamo
2. Las Caldas
3. Cova Rosa
4. Cueto de la Mina
5. El Cierro
6. Tito Bustillo
7. La Riera
8. Balmorí
9. Mazaculos
10. La Loja

Cantabria.
11. Chufín
12. Altamira
13. La Pasiega
14. El Castillo
15. Hornos de la Peña
16. Morín
17. El Pendo
18. Salitre
19. El Juyo
20. El Otero
21. Rascaño

Vizcaya.
22. Santimamiñe
27. Bolinkoba

Guipúzcoa.
23. Ekain
24. Aizbitarte
25. Lezetxiki
26. Urtiaga

Navarra.
28. Berrobería

Zona cantabro-asturiana. Paleolítico Superior.

de la piedra, se divide en Inferior (**Chatelperroniense**) y Superior (**Gravetiense**). El complejo *Auriñaciense*, con predominio del hueso, tiene como fósil director la azagaya, de cuya evolución se obtienen las **fases Auriñacienses Arcaica**, **Típica** y **Evolucionada**. Algunas de las dataciones obtenidas para este complejo son: Perigordiense **26660** a.C. (Morín), Auriñaciense de Mallaetes (27.740 a.C.), Auriñaciense de Gorham (**26750** a.C.).

– **Solutrense** (**19000-15000** a.C.): Fase caracterizada por un fuerte localismo del utillaje a pesar de la homogeneidad general de la etapa, distinguiéndose la facies ibérica (Levante, Andalucía, Centro y Portugal). Una facies Catalana (espec. Gerona) y una facies Cantábrica. La evolución se marca en base al retoque que sufre la pieza, siendo así **Antiguo** (retoque monofacial), **Medio** (bifacial) y **Superior** (hojas pedunculadas y «de sauce»). Algunas dataciones aproximadas señalan una fase antigua (**19000** a.C.) y media (**18000** a.C.) en Les Mallaetes; fases antigua en La Riera (**18000** a.C.) y medio-pleno en Las Caldas (**17000** a.C.).

– **Magdaleniense** (**15000 - 8000** a.C.): Las antiguas seis fases (H. Breuil) tienden a dividirse en dos grandes estadios, según la ausencia o presencia de arpones, como fósil director. De esta clasificación resulta una fase **Inferior** (sin arpones) y una **Superior** (con arpones) que se caracteriza por el tránsito al Epipaleolítico. Las dataciones más antiguas las ofrecen la Cueva de Urtiaga (**15100** a.C.), la Riera (**14740** a.C.) y Rascaño (**14483** a.C.). Las dataciones más modernas, ya a inicios del Epipaleolítico (Aziliense) las aportan La Riera (**8900** a.C.), Urtiaga (**8330** a.C.), Bora Gran (**9520** a.C.), y Les Mallaetes (**8420** a.C.).

Economía

La diversificación del utillaje, con la utilización del hueso (Auriñaciense), de talla más flexible, permite obtener una gran variedad de instrumentos, especializados en actividades precisas.
Los útiles fabricados en piedra, se realizan sobre lascas, con una tendencia progresiva a la reducción de tamaño (= microlitismo) que se acentuará al final de este período. Importancia del retoque (con mayor precisión) en estos instrumentos, así como del enmangue. Los útiles de material pétreo son buriles, raspadores, perforadores, puntas, hojas, etc.
Los útiles en hueso y asta son fundamentalmente arrojadizos (azagayas, dardos, arpones), para impulsar proyectiles o flechas (propulsores, cerbatanas, arco) o como punzantes (estiletes), así como para otras funciones especializadas (tridentes, anzuelos, etc.)
La actividad económica del hombre sigue fundamentándose en la caza, pesca y recolección de frutos y otros vegetales, por tanto, la actividad básica sigue siendo depredadora. Es la etapa de los grandes cazadores con armas arrojadizas cuya dieta (en torno a un 50 %) se complementaba con el consumo de vegetales. En las zonas costeras destaca un incremento del marisqueo como complemento dietético.
Existen desplazamientos a larga distancia para el intercambio de algunos materiales, como demuestra la existencia de conchas marinas en lugares centrales de la Península Ibérica (p.e. ejemplares de moluscos marinos en las terrazas del Manzanares, yacimiento de El Sotillo).

Sociedad

Destaca la importancia del adorno personal, bien documentada gracias a los colgantes (piezas dentarias, huesos, conchas perforadas), «alfileres» y varillas, posibles botones, etc., generalmente fabricados utilizando hueso o asta. Destaca la fabricación de la aguja de coser (fase Solutrense).
Desde el punto de vista social adquieren importancia los llamados «bastones perforados», de polémicas interpretaciones. Están fabricados en asta de ciervo (generalmente) y aparecen durante el Solutrense, alcanzando su máxima importancia en el Magdaleniense. Últimamente se descarta su utilidad práctica (¿enderezadores de azagayas?, ¿trenzadores de cuerdas?).
El aspecto religioso viene dado por la utilización de colorantes (ocre), conservados en barra o reducidos a polvo y guardados en conchas o recipientes óseos (= estuches). Ejemplo de ello es el hallazgo de varios colorantes en Altamira (Cantabria) fechados en **13550** B.P. Asimismo llama la atención la existencia de «instrumentos musicales», de connotaciones no del todo claras. Destacan los silbatos, flautas, posibles sonajeros y las llamadas «bramaderas» (zumbadoras). Uno de los elementos religiosos más antiguos es el enterramiento de Morín (Cantabria) donde se detecta un hábitat asociado a una pequeña «necrópolis» (4 enterramientos) con inhumación «en fosa», donde se deposita el cadáver en posición fetal, se practican rituales de mutilación y se documentan ajuares, ofrendas y ritual de mutilación. La fecha aproximada, en un contexto Auriñaciense, es del **27000** B.P.
Documento excepcional es el llamado santuario de El Juyo, donde se constata la utilización de colorantes en grandes cantidades, señalización de lugares mediante astas de cérvidos, ofrendas de restos animales y de útiles en grandes cantidades (espec. cérvidos), así como la presencia de una piedra exenta en torno al **14000-13.000** B.P. «Máscaras» similares han sido localizadas en Altamira y El Castillo.

ARTE PALEOLÍTICO

Introducción

Las manifestaciones artísticas del Paleolítico Superior se dividen, según el soporte, en dos grandes grupos: el **Arte Parietal**, que se realiza sobre las paredes y abrigos rocosos; y el **Arte Mobiliar**, realizado sobre pequeños objetos de asta, marfil, hueso o piedra y, por tanto, transportables.
La temática se centra en las figuraciones de animales, principalmente, con preferencias por unas u otras especies según las distintas zonas: se demuestra mayor abundancia de las representaciones de caballo y bisonte, seguidas por el mamut, cabra, ciervo, etc. Los signos abstractos, lineales (¿abstracciones de órganos sexuales o elementos naturales?) son otros motivos frecuentes. Por su parte, la figura humana apenas aparece y en caso de hacerlo representa seres híbridos (hombre/animal) de difícil interpretación. Un tema inquietante son los positivos o negativos de manos sobre las paredes de las cuevas; en ocasiones se comprueba la falta de un dedo meñique. Entre las numerosas representaciones de este tipo destaca la Cueva del Castillo.
Por su parte, el arte mueble concede mayor importancia a lo representado mediante grabado, que no al objeto mueble en sí, que en algunas ocasiones adopta forma de cabeza de animal, como ocurre en el bastón perforado de El Pendo. En otros casos se utilizan superficies óseas planas, como omóplatos, para realizar grabados incisos de animales (Parpalló).

Materiales y técnicas

Se utiliza preferentemente la pintura (en el arte parietal) ceñida a diversos colores minerales (ocre, marrones, principalmente) o bien a colores de origen biológico transformados, como el negro (carbón vegetal). La aplicación de estas pinturas se realizaba mediante pinceles

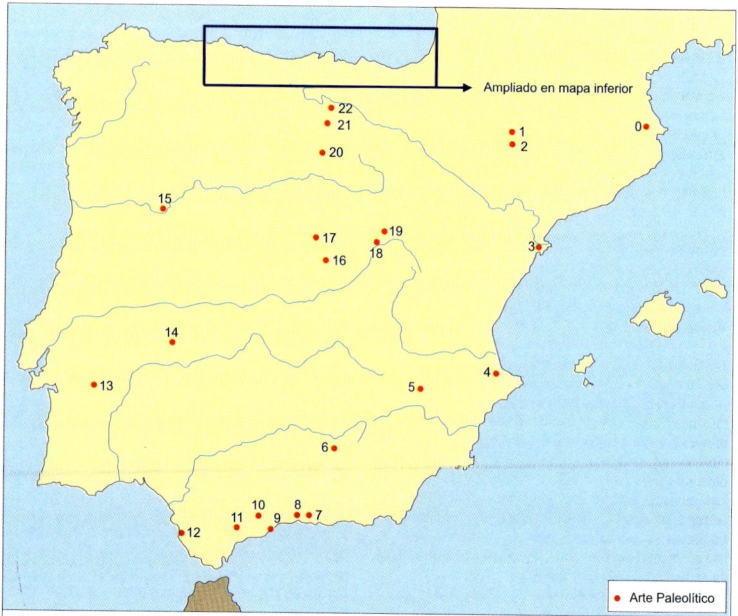

Ampliado en mapa inferior

• Arte Paleolítico

Gerona. 0. Bora Gran
Huesca. 1. El Forcón
2. Fuente del Trucho
Tarragona. 3. Moleta de Cartagena
Valencia. 4. Parpalló
Albacete. 5. El Niño
Jaén. 6. El Morrón
Málaga. 7. Nerja
8. La Cala
9. Del Toro
10. Doña Trinidad
11. La Pileta
Cádiz. 12. La Paloma
Portugal. 13. Escoural
15. Mazouco
Cáceres. 14. Maltravieso
Madrid. 16. El Reguerillo
Segovia. 17. La Griega
Guadalajara. 18. La Hoz
19. Los Casares
Burgos. 20. Atapuerca
21. Palomera
22. Penches

Arte Paleolítico.

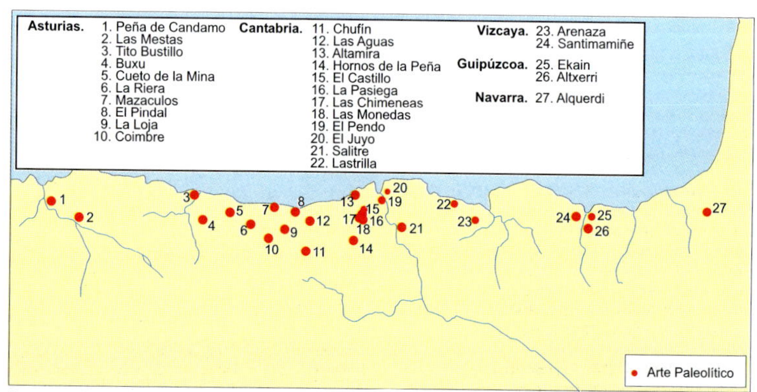

Zona cantabro-asturiana. Arte Paleolítico.

de pelo animal, varillas para soplar pintura o simplemente con la mano o dedos.
En algunos casos se aprovechan la forma de determinadas cavidades rocosas para dar sensación de tridimensionalidad y pintar sobre ellas, caso del bisonte de El Castillo. También es bastante común la utilización del grabado sobre las paredes. La escultura de bulto redondo no parece prodigarse en la Península comparativamente al resto de Europa, si bien destaca la presencia de arte rupestre al aire libre.
Los grabados sobre arte mobiliar se hacen con instrumental adecuado a la resistencia del soporte. Generalmente se emplean buriles para incidir sobre hueso, asta, etc. En ocasiones se utiliza también la pintura sobre objetos de arte mueble, caso de varias plaquetas líticas del Parpalló.

Interpretación

Hasta ahora existen diversas teorías sobre los distintos aspectos religiosos. Para una corriente de investigación (Leroi-Gourhan) todos los animales se agrupan en dos principios básicos (masculinos y femeninos) que rigen el universo, o simplemente son una expresión de culto relacionado con la propia sociedad (Laming-Emperaire). Para otros autores el acto de la pintura en sí (la reiteración observada en numerosas pinturas) indica un intento religioso de perpetuar el significado (Marshak).
La presencia humana en las zonas de la cueva donde se han efectuado pinturas no parece ser habitual. El acceso hubo de estar restringido, como demuestra el escaso utillaje recuperado y la importante profundidad o distancia de la salida a la que aparecen numerosas pinturas. Es bastante probable que la elección de la cueva en sí guarde una predilección religiosa.
El arte mueble presenta una gran variedad, por lo que su interpretación plantea problemas con los objetos considerados de uso personal (azagayas o bastones); puede llevar implícitas ideas propiciatorias (caza, amuletos, etc.). En objetos no utilitarios su concepción religiosa parece aún más clara.

Cronología

La dificultad estratigráfica para datar las pinturas, en la mayor parte de los casos, ha favorecido la creación de una clasificación cronológica basada en la evolución de las representaciones, paralela a las secuencias culturales de este período. La cronología más aceptada es la establecida en 1965 por Leroi Gourhan:

- **Estilo Prefigurativo** (**35000-30000** a.C.): Coincide con el Chatelperroniense o primera fase del complejo Auriñaco-Perigordiense.

- **Estilo I** (**30000-25000**): Caracterizado por las primeras formas animales representadas mediante trazos sencillos y toscos. Coincide con las fases Auriñaciense y Perigordiense Superior (Gravetiense).

- **Estilo II** (**25000-17000**): Representaciones más completas de animales. Coincide con el desarrollo del Solutrense. Cierta tendencia naturalista.

- **Estilo III** (**17000-13000**): Se divide en las fases antigua y reciente, y tiene su máximo desarrollo durante el Magdaleniense antiguo. Buena calidad técnica, pero sin gran naturalidad, los animales suelen aparecer semi-torcidos. Algunas pinturas de este estilo se encuentran en La Pasiega, El Castillo, Las Chimeneas y Peña de Candamo.

- **Estilo IV** (**15000-8000**): A este período pertenece más del 80% del arte paleolítico; el resto se divide entre los estilos I, II y III. El estilo IV se divide en las siguientes fases: *Antiguo* (coincide con fases medias del Magdaleniense: **15000-12000** a.C.) y *Reciente* (Magdaleniense Superior, tránsito al Aziliense: **12000-8000** a.C.). Se caracteriza por el uso de diversos colores, especialmente la policromía en las mismas figuras y el mayor naturalismo, casi de realismo fotográfico. Al estilo *Antiguo* pertenecen obras de El Pindal, La Pasiega, Tito Bustillo. Al estilo *Reciente* corresponden Las Monedas, Altamira, etc.

EPIPALEOLÍTICO-MESOLÍTICO

Introducción

El aspecto que caracteriza las culturas del Epipaleolítico y Mesolítico es el de los profundos cambios ambientales que se experimentan. Se produce a la fase de transición a un nuevo período geológico. El Holoceno, caracterizado por la regresión y desaparición de las glaciaciones y, consecuentemente, a la fusión de los hielos, una transgresión marina generalizada (Versiliana) que alcanza los 70 u 80 m en algunas zonas. Estos cambios ambientales traerán consigo importantes modificaciones en flora y fauna (biocenosis) que se adaptan a las nuevas condiciones (ciervo, corzo, jabalí), remitiendo las especies típicas del clima glacial (mamut, reno, rinoceronte lanudo...)
En esta transformación ambiental se suceden las siguientes fases:

- **Preboreal** (**8300-6800** a.C.): Clima moderado y avance del bosque.

- **Boreal** (**6900-5550** a.C.): Clima continentalizado (más templado y seco), expansión de masas boscosas.

- **Atlántico** (**5500-2500** a.C.): Estabilización de la transgresión marina. Momento de «óptimo climático» y expansión del bosque mixto.

- **Subboreal** (**2500-800** a.C.): Clima más húmedo y fresco; alterna con fases más secas.

- **Subatlántico** (**800** a.C. - Actualidad): Más árido y fresco, con tendencia a una zonificación climática.

Diversidad Cultural

Los tiempos posteriores al Paleolítico reciben dos denominaciones según ciertas diferenciaciones culturales, a pesar de referirse a una misma fase cronológica. Una de ellas es el **Epipaleolítico**, caracterizado por la

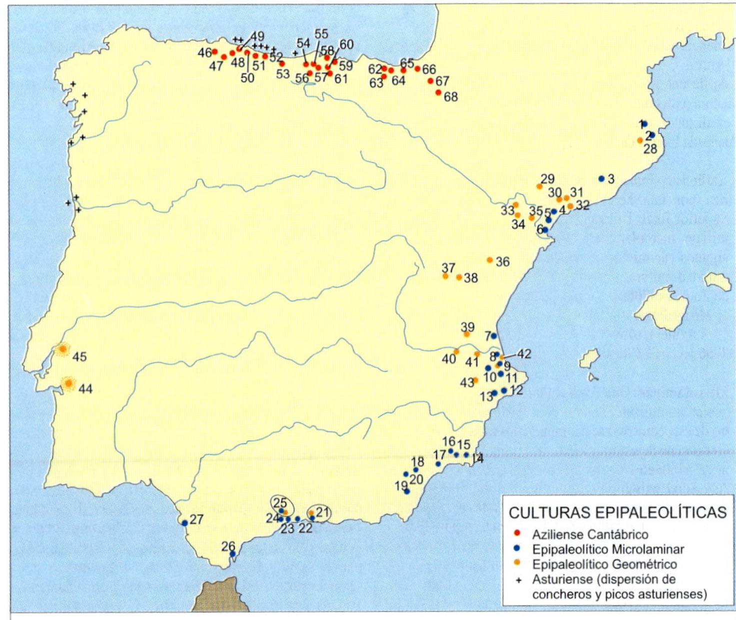

INDUSTRIA MICROLAMINAR

Gerona.
1. Reclau Biber
2. Bora Gran

Barcelona.
3. Balma del Gal

Tarragona.
4. Sant Gregori
5. L'Areny
6. Mallada

Valencia.
7. Volcán del Faro
8. Les Mallaetes
9. Parpalló
10. Barranc Blanc
11. Les Maravelles

Alicante.
12. Empardo
13. Font Major

Murcia.
14. Vermeja
15. Tesoro
16. Las Palomas
17. Perneras

Almería.
18. Ambrosio
19. Serón
20. La Palica

Málaga.
21. Nerja
22. El Higuerón
23. Victoria
24. Cueva Tapada
25. Hoyo de la Mina

Gibraltar.
26. Gorham

Cádiz.
27. La Caleta

INDUSTRIA GEOMÉTRICA

Gerona.
28. Cova del Infern

Tarragona.
29. Cogul
30. Patou
31. Filador
32. Camping Salou

Zaragoza.
33. Sol de la Piñera
34. Botiquería

Tarragona.
35. Serdá

Castellón.
36. La Valltorta
37. Dña.Clotilde

Valencia.
38. Cocinilla del Obispo
39. Cocina
40. Cova Negra de Alpera
41. Sarsa

Alicante.
42. Cova de L'Or
43. Arenal de la Virgen
44. Concheros del Sado
45. Concheros del Muge

INDUSTRIA AZILIENSE

Asturias.
46. La Ploma
47. Cueva Oscura
48. Los Azules
49. Cueto de la Mina
50. La Riera
51. Balmorí
52. Las Cobrerizas
53. Collubil
54. La Meaza

Cantabria.
55. El Castillo
56. Camargo
57. El Otero
58. El Pendo
59. Salitre
60. El Piélago
61. Rascaño

Vizcaya.
62. Santimamiñe
63. Ermittia

Guipúzcoa.
64. Urtiaga
65. Ekain
66. Aizbitarte

Navarra.
67. Berrobería
68. Zatoya

Epipaleolítico.

continuidad de las tradiciones paleolíticas, sin transformación aparente en su cultura material, a excepción de la tendencia microlítica en su utillaje. Por su parte, el *Mesolítico*, se caracteriza por la progresiva transformación de una economía predadora a una economía productora, con tendencia al sedentarismo.
Los distintos complejos culturales que cohabitan en la Península Ibérica durante el *Epipaleolítico-Mesolítico*, son:

- **Aziliense**: Ubicado en la franja cantábrica, se caracteriza por una herencia cultural del Magdaleniense Superior final. Utilizan los mismos útiles (Arpones y utillaje macrolaminar), que tienden a remitir. En algunos yacimientos se constata claramente esta continuidad cultural, como señala la elevada cronología de Zatoya (**9700** a.C.). Las dataciones habituales para el pleno desarrollo de esta cultura son de **7590** a.C. (Los Azules), **6750** a.C. (Urtiaga), **7510** a.C. (Ekain) ó **8450** a.C. (El Cierro).

- **Microlaminar**: Guarda cierta relación con el *Aziliense*, si bien no utilizan el hueso como materia básica. Dentro de este complejo se distinguen dos facies: la de **Sant Gregori** nuclearizada en Tarragona (X al VIII milenio) y la de **Mallaetes** en torno a Valencia (X al V milenio). Asimismo existe una tercera facies del SE de gran diversidad. Una de las fechas más elevadas para el complejo laminar microlítico se localiza en Camping Salou, yacimiento que arroja fechas del **11400** a.C., si bien el nivel superior de Mallaetes se fecha en **8300** a.C.

- **Epipaleolítico Geométrico**: Caracterizado por microlitos con formas de triángulos, trapecios o medias lunas. Se distinguen dos facies fundamentales, la de **Filador** (Tarragona) y la de **Cocina** (Valencia). Este **Epipaleolítico Geométrico** surge también en la zona portuguesa (¿contactos por el valle del Tajo desde Levante?), en diversos yacimientos en los valles fluviales del Sado y Muge, con cronologías en torno al **5400** a.C. (Moita de Sebastião) ó **3200** a.C. (Arruda).

- **Asturiense**: Asociado a zonas de cuevas de la margen cantábrica, se trata de una cultura caracterizada por el consumo de moluscos y la creación de macrolitos de talla unifacial (pico asturiense) para la obtención de los mismos. Se desarrolla coetáneamente al *Aziliense* aunque es algo posterior. Así, algunos yacimientos asturienses apuntan cronologías más recientes; éste es el caso de La Riera (**6700** a.C.) o Coberizas (**5050** a.C.).

Economía

El aspecto más importante es la consolidación del fenómeno microlítico, consistente en extraer de un núcleo láminas delgadas que, a su vez, se fragmentan hasta obtener unas pequeñas puntas (1 ó 2 cm) de forma geométrica. Estas piezas han de ser necesariamente enmangadas para su utilización. El microlitismo significa un importante avance técnico ya que permite crear herramientas que se aplican con la misma eficacia a distintas tareas, evitando así la necesidad de confeccionar un útil concreto para cada función. Asimismo adquiere una importancia capital el empleo del arco y la flecha, arma inventada durante el Paleolítico Superior (**Solutrense**).
La economía sigue siendo eminentemente depredadora-recolectora. Adquiere una gran importancia la pesca y el utillaje con ella relacionado, así como la recolección intensiva de mariscos, cuyos restos, en forma de enormes concheros, caracterizan esta etapa. Yacimientos con concheros son significativos en la Península Ibérica, especialmente en Portugal (valles del Muge y Sado) y en la cornisa Cantábrica, donde la creación de un útil especializado en la obtención de moluscos (pico asturiense) da nombre a la cultura local.

Sociedad

No se aprecian grandes modificaciones desde la herencia paleolítica. Los asentamientos se diversifican constatándose la continuidad del hábitat en cueva, aunque también en abrigo rocoso o al aire libre, así como de cabañas circulares.
El arte muestra también la herencia paleolítica y produce arte mobiliar, especialmente los guijarros pintados del **Aziliense** cantábrico (Los Azules, El Pindal). Asimismo se procede a confeccionar plaquetas grabadas con numerosas líneas paralelas que se cruzan (La Cocina, Filador). Sin embargo se rompe la tradición de grandes «santuarios» de arte parietal, a pesar de la existencia de pintura lineal y abstracta (La Pileta, La Cocina).
Sigue imperando el nomadismo de los grupos humanos, articulados, posiblemente, por lazos de parentesco. Los rituales, de inhumación, implican a veces la realización de fosas y «camas» de conchas y acciones como la decapitación post-mortem (Los Azules). Los ajuares contienen elementos de uso cotidiano, pero fabricados expresamente para el enterramiento (no tienen huellas de uso).

NEOLÍTICO

Introducción

Las principales características del período Neolítico son las innovaciones de orden económico, que suponen el paso hacia una nueva **etapa**: la **productora**. De esta forma, se produce un paulatino paso hacia la domesticación de especies animales (pastoreo) y de especies vegetales (cultivos).
Asimismo, se producen una serie de significativas innovaciones de carácter técnico, vinculadas de un modo u otro con los nuevos procesos productivos: por una parte de una **diversificación instrumental** (utillaje agrícola, etc.), acompañada por la **técnica del pulimento** de la piedra. Por otra parte, la **aparición de la cerámica**, material excelente para la fabricación de recipientes resistentes al fuego, de diversas clases y tamaños.
Finalmente, estas transformaciones suponen un cambio en las pautas de conducta social. Las sociedades abandonan paulatinamente el nomadismo y **adoptan el sedentarismo**, lo que en definitiva dará lugar a los primeros poblados estables con cierto desarrollo «urbanístico».

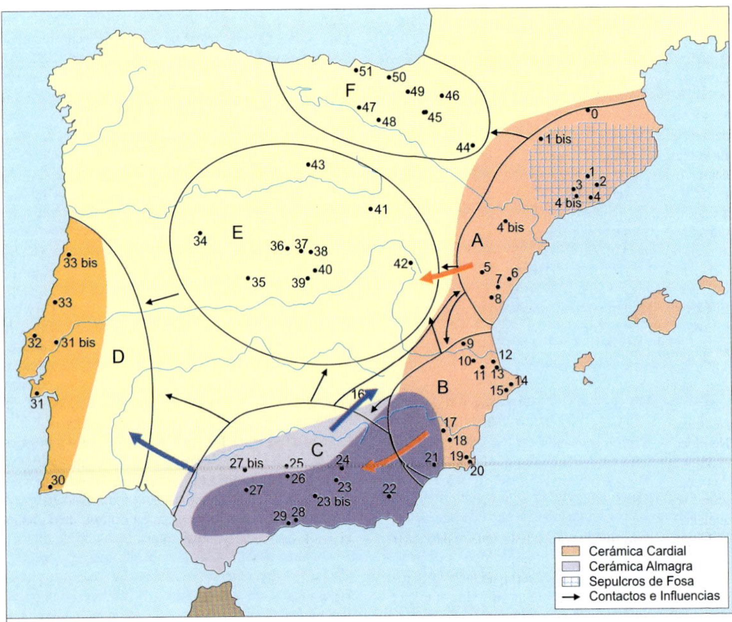

Andorra.
0. Balma Margineda

Lérida.
1bis. C. Del Parco

Barcelona.
1. Cova Lladres
2. Cova del Frare
3. Montserrat
4. Cova del Toll
4bis. Can Tintorer

Teruel.
4bis. Botiquería dels Moros

Castellón.
5. Cova Fosca
6. Cova Valdaucer
7. Tossal Font
8. Cova Negra

Valencia.
9. Cueva de la Cocina
10. C. De la Sarsa
11. Ereta del Pedregal
12. Malletes
13. Cova de l'Or

Alicante.
14. Cova de les Cendres
15. Cova de Empardo

Jaén.
16. Cueva del Nacimiento

Murcia.
17. Cueva del Gato
18. Barranco de los Grajos
19. Cueva de los Pájaros
20. Cueva de los Mejillones
21. Cueva C-6

Almería.
22. Cueva Ambrosio

Granada.
23. Las Majólicas
23bis. C. Del Agua
24. Carigüela
25. Castillejos de Montefrío

Córdoba.
26. Murciélagos Zuheros

Sevilla.
27. Goteras de Molina
27bis. C. Chica Santiago

Málaga.
28. Nerja
29. El Higuerón

Portugal.
30. Sagres
31. Lapa do Fumo
31bis. Santarem
32. Furninha
33. Cabeço do Ministra
33bis. Figueira da Foz

Salamanca.
34. Cancho Enamorado

Ávila.
35. Peña del Bardal

Segovia.
36. C. Vaquera
37. C. Nogalera
38. Solana de Angostura

Madrid.
39. C. Del Aire
40. Arenero de Valdivia

Soria.
41. Dévanos

Cuenca.
42. Verdelpino

Burgos.
43. Atapuerca

Huesca.
44. C. de Chaves

Navarra.
45. Abauntz
46. Zatoya

Álava.
47. Fuente Hoz
48. Los Husos

Guipúzcoa.
49. Trikuaizti I

Vizcaya.
50. Santimamiñe
51. Arenaza

Neolítico.

Las comunidades neolíticas en la Península Ibérica

A pesar de las supuestas deudas del fenómeno neolítico europeo con respecto al llamado «foco nuclear» del Próximo Oriente, las características del substrato Mesolítico son importantes, ya que en cierto modo definen el Neolítico en cada zona geográfica.

La Península Ibérica se caracteriza por formar parte de un neolítico mediterráneo occidental, caracterizado por el fenómeno de la cerámica cardial (que afecta igualmente a Francia, Italia y N de África), aunque también surgirán otras áreas o círculos. Estos círculos deben considerarse como tales en sentido geográfico, ya que sólo presentan cierta unidad cultural, en ocasiones coincidente con otros Círculos cercanos. Podemos distinguir:

El **Círculo Catalán** (zona A en el mapa): Zona afectada (aculturación) por las nuevas corrientes culturales llegadas a través del Pirineo, o del Mediterráneo. Impulsos culturales del área catalana llegan a la zona levantina (B), a la meseta (E) y a la zona septentrional (F), especialmente en torno al área de Huesca. La cronología del Neolítico Catalán oscila entre el **5000** a.C. para el Neolítico Antiguo (decoración cardial y epicardiales) y el **3500-2500** a.C. para el Neolítico Medio y Evolucionado (sepulcros de fosa). Esta fase neolítica se diluye en el grupo Veraza, de transición al Calcolítico (**2200** a.C. en adelante).

El **Círculo Levantino** (zona B): Esta zona se destaca por su fuerte herencia de fases mesolíticas, especialmente en la industria lítica (complejos microlaminar y geométrico). El Neolítico levantino cubre un período cronológico entre el **5000** a.C., para el Neolítico Antiguo (con decoración impresa cardial, tipo l'Or); del **4000** a.C. para el Neolítico Medio, con cerámica impresa no cardial, incisiones, etc.; y el Neolítico Avanzado, situado en torno a los **3500-2500** a.C. (tipo Fosca, con cerámica decorada con cordón o esgrafiada). Esta fase llega al interior de la península, donde se demuestra su influencia en zonas cercanas al área levantina, caso de Cuenca (Valdelpino) y de la zona aragonesa de Teruel. Asimismo, influjos de la zona levantina llegan al área atlántica portuguesa (D), seguramente a través de los cursos de los ríos, donde se reproduce el fenómeno decorativo cardial.

El **Círculo Andaluz** (zona C): Se caracteriza por un sistema de decoración y acabado cerámico propio, consistente en la aplicación, al interior y exterior de la pieza de una coloración de almagre u óxido de hierro rojizo, técnica denominada «a la almagra». Estas cerámicas se localizan en estratos del Neolítico Antiguo en La Carigüela y Zuheros. Aunque suele diferenciarse el área geográfica de la técnica «a la almagra», del área técnica *cardial*. Ambas técnicas pueden coexistir en una misma zona. El Neolítico Antiguo en Andalucía se fecha en torno al **5900** a.C. (Nerja y La Cueva Chica de Santiago ofrecen dataciones más antiguas), mientras que el Neolítico tardío bien fechado en Castillejos de Montefrío, ofrecen dataciones del **2800** a.C. En este yacimiento se tiene bien documentado el tránsito a las primeras Edades del Metal.

El **Círculo Portugués** (zona D): Mal conocido y sistematizado aún, se caracteriza por una tardía neolitización y sin embargo la pronta aparición del fenómeno megalítico. El Neolítico Antiguo se caracteriza por la adopción del sistema decorativo cardial, como se puede observar en Sagres o Santarem (desde **4500** a.C.). En Furninhas se aprecia un estadio del Neolítico Medio caracterizado por la decoración incisa e impresa no cardial (IV milenio). Finalmente, en un Neolítico avanzado se aprecia la adopción generalizada del fenómeno megalítico (que aún utilizan cerámica cardial y a la almagra) que afecta principalmente al mediodía portugués (desde **3200** a.C.). Desde el III milenio se desarrollan núcleos fortificados como Vilanova de San Pedro o Zambujal, ya calcolíticos.

El **Círculo de la Meseta** (zona E): Se caracteriza por el escaso número de datos concretos que tenemos en torno a su formación y cronología. El yacimiento del Verdelpino arroja fechas no del todo claras, muy elevadas, detectándose un horizonte de cerámica incisa similar a la levantina (tipo Fosca) fechado con muchas dudas en el **6000** a.C. En la Cueva de la Vaquera se hallan horizontes con cerámica incisa, con relieve, a la almagra, etc., fechándose los niveles inferiores en el **3700** a.C.

El **Círculo Septentrional** (zona F): Se caracteriza por su tardía neolitización, pudiéndose dividir en dos grupos el meridional (Los Husos, etc.), y el septentrional (Santimamiñe, Trikuaitzi I, etc.). El primero de éstos arroja fechas iniciales del **5000** a.C., si bien el fenómeno Neolítico pleno se sitúa hacia el **3300** a.C. (Arenaza). Por su parte, el meridional está datado en la Cueva de Los Husos en torno al **3000** a.C., apreciándose cierta conexión a los sepulcros de fosa catalanes.

Economía

En general el entorno físico se caracteriza por un bosque húmedo (propio del período climático atlántico iniciado hacia mediados del VI milenio), produciéndose un posterior efecto de deforestación detectado en algunas zonas (¿acción antrópica?), destacan especies como la encina, abeto, pino, roble, etc., que se distribuyen según zonas geográficas. Las especies animales más frecuentes son el ciervo, jabalí, cabra, conejo, y el lince.

La domesticación animal se centra en especies como buey, vaca, cabra, cerdo, conejo, perro, destacándose el caso de la vaca en Valdelpino (Cuenca) en fechas del **6000** a.C. Mientras, los ovicápridos destacan en el sur peninsular en proporciones del 50 %.

Hay escasos datos en torno a la domesticación de especies agrícolas, siendo especialmente importantes en este sentido los cereales (trigo y cebada). Entre los útiles destinados a la función agrícola destaca el palo cavador documentado a través de la existencia de «pesos» para palos cavadores en la Cueva de la Sarsa.

Importante es el papel del intercambio de materias, entre las que podemos destacar sustancias minerales para la fabricación de útiles. Algunos datos parecen relacionar la zona almeriense y la catalana, así como yacimientos catalanes con la costa francesa.

La minería adquiere importancia, destacándose el caso de la zona catalana donde se detectan las primeras galerías mineras de la historia peninsular (Can Tintorer), orientadas, seguramente, a la búsqueda de sustancias pétreas con que fabricar implementos. Estas galerías mineras parecen coincidir con la extensión cronológica y espacial de los sepulcros de fosa catalanes (**3500-2500** a.C.).

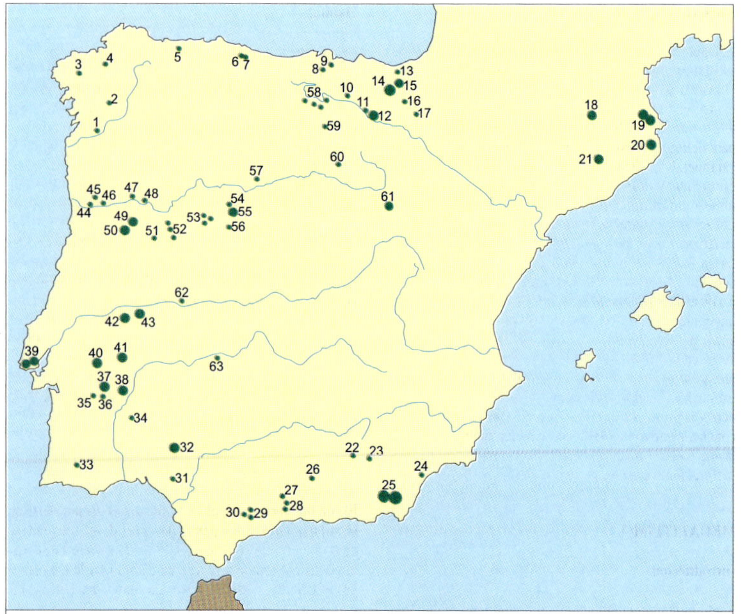

Galicia
1. Codesas
2. Alpériz
3. Bariñas
4. Dombate

Asturias
5. Pola de Allande
6. Corao
7. Cangas de Onís

País Vasco - Navarra
8. Carranza - Lanestosa
9. Armañón
10. Turiso - Ebro
11. La Guardia
12. Rioja Alavesa
13. Belabieta
14. Grupo de la Sierra de Aralar
15. Yacimientos en torno a Goriti
16. Eguilaz
17. Artajona

Cataluña
18. Grupo pirenaico
19. Grupo del Alto Ampurdán
20. Megalitos en torno a la Bisbal
21. Megalitos del curso medio del Llobregat

Andalucía
22. Los Eriales
23. La Torrecilla
24. Almizaraque
25. Grupo de megalitos en torno a «Los Millares»
26. Peñas de los Gitanos
27. Antequera
28. Choperas
29. Acinipo
30. Las Angosturas
31. Soto
32. Grupo en torno a Valverde del Camino

Portugal
33. Nora Velha
34. Granja de Torrinuelo
35. Vale de Rodrigo
36. Almendres
37. Grupo en torno a Evora
38. Grupo en torno a Bulboa
39. Grupo de Vila Nova de S. Pedro y el Zambujal
40. Grupo en torno a Bavia
41. Grupo en torno a Monforte
42. Grupo de Castelo de Vide
43. Grupo megalítico fronterizo con Valencia de Alcántara
44. Padrao
45. Lamuso
46. Aboboreira
47. Alijò
48. Vilariño
49. Yacimientos en torno al río Vouga
50. Yacimientos en torno al río Mondejo

Castilla y León
51. Ciudad Rodrigo
52. Grupo en torno a Martín de Yeltes
53. Grupo en torno a Matilla de los Caños
54. Las Torres
55. Grupo en torno a Alba de Tormes
56. Salvatierra de Tormes
57. Simancas
58. Yacimientos en torno a Sedano
59. Atapuerca
60. Cubillejo

Castilla - La Mancha
61. Grupo en torno a Anguita (Guadalajara)

Extremadura
62. Vega de Guadancil
63. Marzo

Megalitismo.

Sociedad

El hábitat se caracteriza por su variedad, ya que aparecen asentamientos en cueva, en abrigo o al aire libre, siendo el primer caso el habitual. Algunos trabajos de acondicionamiento han sido detectados en Castillejos de Montefrío, donde se utilizan adobes y alineamiento de piedras para delimitar áreas en un poblado en superficie. En este yacimiento se detecta el uso de estuco rojizo y superestructuras de cañas y ramajes. Los yacimientos al aire libre se caracterizan por la erección de cabañas.
Los escasos enterramientos conocidos aisladamente se caracterizan por la posición fetal del cadáver, enterrado de forma individual, rodeado de piedras, y la utilización del ocre. En algunas ocasiones es posible comprobar la presencia de ajuares (Cueva de la Sarsa). Un fenómeno realmente importante es el de los Sepulcros de Fosa catalanes, en los que se aprecian fosas de hasta tres metros de profundidad, a veces cubiertas por losas o pequeños túmulos; destaca la presencia de un ajuar cerámico y con útiles líticos y óseos.
En cuanto al adorno personal destaca la utilización de ocre y la profusión de brazaletes, fabricados con mármol, concha, pizarra, etc. Aparecen también numerosas cuentas de collar y dientes de cánidos y suidos, provistos de perforaciones para su suspensión.

MEGALITISMO

Introducción

No se trata de una cultura en concreto, sino de un fenómeno cultural que se desarrolla en toda Europa occidental, cuyo motor probablemente sea de origen espiritual y cultural.
El Megalitismo se basa en el rito funerario de la inhumación colectiva, la cual se lleva a cabo en el interior de gigantescos sepulcros o cámaras de piedra, megalitos, construidos por el hombre a modo de sepultura.

Origen y Cronología

En cuanto a su *origen*, existen dos teorías diferentes: la orientalista, que busca el origen de los megalitos en el Mediterráneo oriental, y la occidentalista, que considera al fenómeno megalítico con entidad propia dentro del ámbito de la Europa occidental.
Todo parece apuntar a que los primeros megalitos de la Europa occidental son anteriores a los primeros *tholoi* del Egeo. El Alemtejo y Extremadura, dada su conexión atlántica, podrían ser el foco difusor del Megalitismo en España.
Respecto a la cronología, este fenómeno tiene sus comienzos aún en un substrato cultural neolítico: hacia el **3200** a.C., con apogeo hacia el **2500** a.C. (poblado de Los Millares), y decadencia a finales del III milenio a.C.

Distribución geográfica

En la Península Ibérica, los dos focos más representativos son: el meridional o andaluz (sureste), y el occidental o lusitano (suroeste).

Hábitat

En el sureste nos encontramos con las primeras agrupaciones urbanas. Aparecen poblados de magnífica construcción, dotados de murallas de piedra con bastiones semicirculares. Las viviendas tienden a tener planta circular y ovoide, de tradición mediterránea. Se trata del primer intento de urbanismo del Mediterráneo occidental.
Destaca entre los demás poblados de esta zona el de Los Millares (Santa Fe de Mondújar, Almería), cuya extensión e influencia dará lugar a la Cultura del mismo nombre. En este yacimiento la necrópolis está separada del resto del poblado, diseminándose las sepulturas por las laderas. Es a mediados del III milenio a.C. cuando este poblado alcanza su máximo esplendor.
En el suroeste nos encontramos con poblados defensivos como el de Vila Nova de San Pedro, con doble recinto amurallado, lo cual, al igual que en Los Millares, implica una defensa territorial, basada prioritariamente en la riqueza cuprífera de la zona, y el incipiente nacimiento de la metalurgia.

Mundo funerario

El rito funerario es la inhumación, que se desarrollará en sepulturas colectivas, por regla general, sustituyéndose de este modo las individuales. Probablemente este cambio de ritual refleje a su vez un cambio en la estructura de la sociedad, observándose una mayor jerarquización que en la época precedente.
Las sepulturas las conforman enormes monumentos de piedra, megalíticos, que han dado el nombre a la Cultura, y que reflejan junto a los ajuares que acompañan a los cadáveres la creencia en un mundo de ultratumba.
Podemos diferenciar varios tipos de sepulturas colectivas:

- **Dolmen**: cámara sepulcral abierta, formada por varios bloques ciclópeos verticales coronados por una cubierta monolítica horizontal a modo de mesa, que puede llevar o no corredor.

- **Sepulcros de cúpula**: tipo *tholos*, con bóveda falsa o verdadera. En un primer momento no tienen corredor, pasando a tener pasillo o dromos en una etapa más avanzada.

- Enterramientos colectivos en **cueva artificial**.

Los ajuares son el resultado de la unión de dos corrientes culturales: reflejan un horizonte neolítico indígena con cerámicas lisas, cuchillos de sílex, hachas pulimentadas y hojas de microlitos geométricos de sílex; pero también documentan la aportación foránea en otro tipo de objetos como son: cerámicas decoradas con ojos, soles, animales, los llamados ídolos almerienses, de clara inspiración cicládica, las placas rectangulares de tradición egipcia, ungüentarios de alabastro, sandalias votivas, y otra serie de elementos que documentan conexiones con el Mediterráneo oriental. Igualmente aparecen en estas sepulturas los primeros utensilios de metal: puñales curvos, punzones y hachas de cobre.

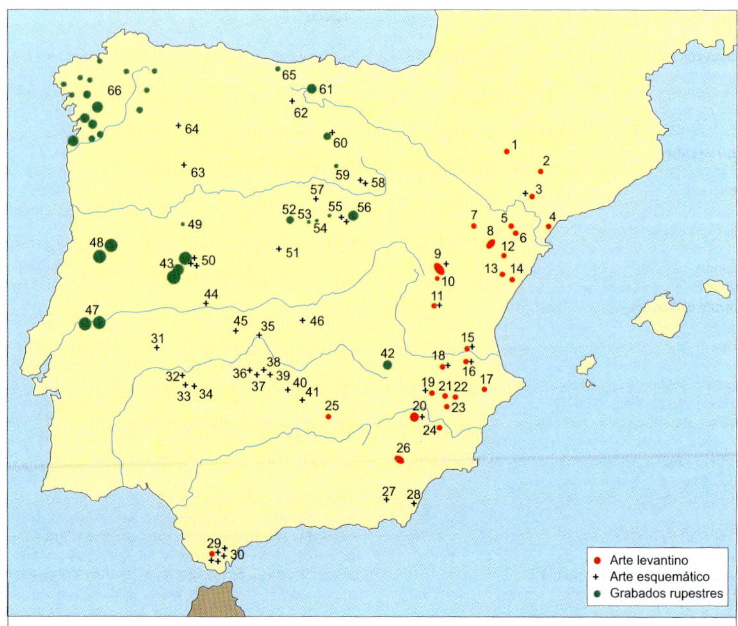

Provincia	Yacimiento
Huesca	1. Colungo
Lérida	2. Os de Balaguer
	3. Cogul
Tarragona	4. Grupo de Vandellòs y Tivissa
Teruel	5. Mazaleón
	6. Cretas
	7. Conjunto de abrigos de Alacón
	8. Londruñán
	9. Conjunto de abrigos de Albarracín
	10. Abrigos de Bezas
Cuenca	11. Conjunto de Villar del Humo
Castellón	12. Cuevas de Morella la Vella
	13. Conjunto de Ares del Maestre
	14. Conjunto de Valltorta
Valencia	15. Conjunto de Dos Aguas
	16. Conjunto de Bicorp
Alicante	17. Cueva de la Sarga
Albacete	18. Conjunto de Alpera
	19. Minateda
	20. Conjunto de Abrigos de Nerpio
Murcia	21. Monte Arabí
	22. Cueva del Peliciego
	23. Barranco de los Grajos
	24. El Sabinar
Jaén	25. Prado del Azogue
Almería	26. Conjunto de Vélez Blanco y Vélez Rubio
	27. Almendral
	28. Piedras de la Cera
Cádiz	29. Cueva de la Pretina
	30. Conjunto de arte esquemático gaditano
Badajoz	31. Alburquerque
	32. Sierra de San Serván
	33. Alonge
	34. Hornachos
	35. Hoz del Guadiana
	36. Helechal
	37. Cabeza de Buey
Ciudad Real	38. Sierra N. Sra del Castillo
	39. Almadén
	40. Fuencaliente
	41. Solana del Pino
	42. Grabados de las Lagunas de Ruidera
Cáceres	43. Grupo de grabados de las Hurdes
	44. Monfragüe
	45. Cañamero
Toledo	46. La Chorrera
Portugal	47.
	48.
Salamanca	49. Yecla y Yeltes
	50. Las Batuecas
Ávila	51. Ojos Alvos
Segovia	52. Sta. M.ª la Real de Nieva
	53. Cueva de Fuente Dura
	54. Cueva de la Griega
	55. Cueva de Prádena
	56. Tierras de Ayllón
	57. Grupo del Duratón
Soria	58. Grupo de Valonsadero
Burgos	59. Cueva de S. García
	60. Complejo de Atapuerca
	61. Complejo de Ojo Guareña
Palencia	62. Cueva de los Burros
Zamora	63. Sierra Culebra
León	64. Sésamo
Asturias	65. Peña Tu
Galicia	66. Grupo de grabados del Noroeste

Arte Postpaleolítico.

En el foco del suroeste encontramos también los llamados ídolos-placa del Alemtejo, de tradición egipcia, pero decorados con incisiones geométricas y ojos apotropaicos.

ARTE POSTPALEOLÍTICO

1. Levantino

Introducción

Su descubrimiento científico se produce a principios del s. XX, y se debe al investigador JUAN CABRÉ. Nos encontramos ante un arte muy peculiar, que únicamente se desarrolla en la Península Ibérica. Arte fundamentalmente naturalista y expresionista.

Distribución geográfica

Como indica su propio nombre, se manifiesta principalmente en el litoral del Mediterráneo español. Se distribuye en tres focos de mayor concentración:

- Bajo Aragón y Norte de Castellón
- Zona de la Serranía de Albarracín
- Valencia, Albacete, Murcia y Alicante.

No todos los yacimientos están cercanos a la costa; de ahí que algunos investigadores consideren incorrecta la denominación de Arte Levantino.
Los lugares en los que aparece son por lo general abrigos o cuevas al aire libre, ya sea en serranía al interior o cercanos al mar. Se trata de terrenos abruptos de difícil acceso y comunicación.

Cronología y periodización

Diversos autores coinciden en situar el inicio de estas manifestaciones artísticas en la etapa cultural meso-neolítica, en torno al **6000** a.C. La fase final se incluiría ya en la Edad del Bronce, abarcando hasta el **1200** a.C. aprox.
Podemos diferenciar en este período de tiempo varias etapas evolutivas que van desde un naturalismo estático hasta un mayor dinamismo y estilización de la figuras representadas.

Técnica artística

Se emplea fundamentalmente la **pintura**, mientras que el grabado aparece de modo excepcional. Los colores utilizados, en orden de importancia, son: rojo, negro, y blanco. Los motivos son monocromos. Se evoluciona de figuras grandes a otras de menor tamaño, y de figuras aisladas a otra de conjunto.

Temas

Se representan figuras humanas, animales y motivos lineales geométricos. Se forman escenas de:

- **Caza**: Incluyen animales que se representan con gran naturalismo. Figuras humanas masculinas. Aparecen útiles y armas: dardos, arcos, lazos, etc.
- **Recolección** de vegetales y de miel.
- **Domesticación de animales**: Escenas de pastoreo y monta de caballo.
- **Agricultura**: Representación de la mujer con posibles aperos agrícolas.
- **Guerra**: Algunas figuras de mayor tamaño, que representan posiblemente a los jefes, parecen indicar cierta organización social.
- **Representaciones de carácter festivo-religioso**: Danzas o bailes rituales. Algunos personajes aparecen tocados con cornamentas de animales (¿hechiceros?).

2. Esquemático

Introducción

Pintura menos informativa que la Levantina. Caracterizada, como indica su nombre, por representar los diversos motivos de modo esquemático, rozando la abstracción.

Distribución geográfica

Aparece prácticamente en toda la Península. Como zona de mayor concentración, destacan: Cádiz, Sierra Morena, Las Batuecas. Se desarrolla en covachos y abrigos, y en ocasiones en cuevas profundas.

Origen y cronología

Existen diferentes opiniones respecto al origen del arte esquemático: que se trata de un arte autóctono y propio del Neolítico, o bien que es foráneo, aportado por gentes del Mediterráneo oriental. Quizá la opción mixta sea la más acertada, ya que las sociedades del Neolítico hispano se verían influenciadas por aportaciones foráneas como se deduce de los motivos idoliformes tan frecuentes en el horizonte Calcolítico.
El momento cumbre de este arte se produce en el Calcolítico, pero sus orígenes se sitúan en el horizonte Neolítico, extendiéndose hasta el Bronce Final.

Técnica artística

La **pintura** es la técnica protagonista en el arte esquemático. Al igual que en la pintura Levantina, los colores utilizados son: rojo, negro y blanco, empleados de forma monocroma. Las figuras, de pequeño tamaño, se realizan de modo esquemático, con trazos simples, empleando tintas planas. Los motivos se reducen a expresiones elementales que tienden a lo abstracto: se pretende representar conceptos.
Es escasa la representación de escenas, y en ellas no se capta el movimiento, tal como sucede en el arte Levantino.

Temas

Gran diversidad:
- **Figura humana** representada de múltiples formas: brazos de asa, cruciforme en forma de T, ancoriforme, etc.

Poblados Calcolíticos y Campaniforme general.

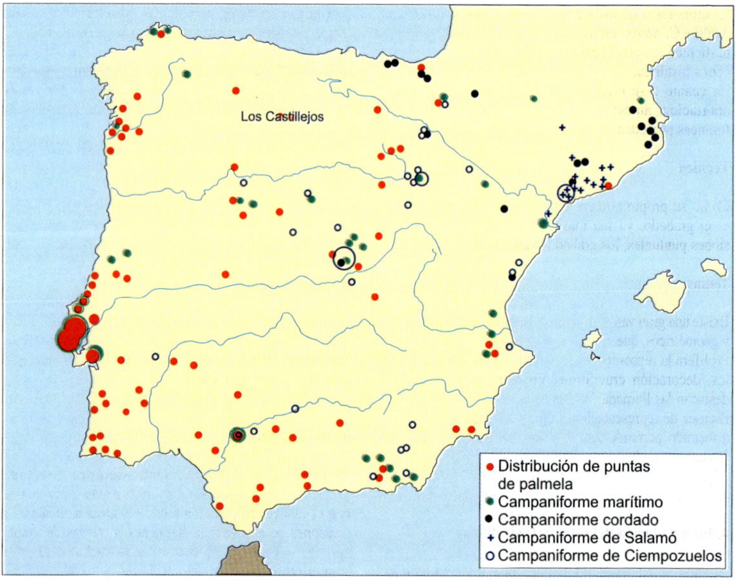

Campaniforme.

Muy pocas aparecen vestidas y con adornos personales. A veces se representan por parejas o en escenas colectivas: danzas, caza, lucha.

– **Figuras animales**, principalmente cuadrúpedos, también aves y peces.

– Posibles representaciones de **hábitat**.

– **Ídolos y Estelas**: Importantes por sus paralelos muebles. Diversos tipos de ídolos: oculados, placas, triangulares.

– **Otros motivos**: arborescentes, soliformes, puntos, etc.

3. Grabados rupestres

Distribución geográfica

Se observan dos focos principales de concentración de este tipo de arte: **Petroglifos del Noroeste**, y el **Grupo del Tajo**.
Los grabados se realizan en cuevas, covachos, abrigos, y sobre todo al aire libre.
Los **petroglifos gallegos** se realizan en zonas cercanas al mar y a los ríos, y tienen en Pontevedra su mayor foco de concentración.
En el norte de Cáceres resulta notable destacar el grupo de **Grabados de las Hurdes**.

Cronología y origen

La cronología de los grabados es muy amplia: desde el **3.000** a.C. aprox. en un horizonte Neolítico-Megalítico, hasta bien entrado el primer milenio a.C., llegando hasta época histórica.
En cuanto a su origen, podemos vislumbrar tanto una aportación autóctona peninsular, como influencias foráneas procedentes del mundo atlántico.

Técnica

Como su propio nombre indica, la técnica fundamental es el grabado, ya sea más o menos profundo. En ocasiones puntuales, los grabados van asociados a pinturas.

Temas

Existe una gran variedad de motivos: lineales, esquemáticos y geométricos, que en ocasiones tienden a la abstracción.
Prolifera la representación de ídolos, zigzags, semicírculos, decoración cruciforme. En el noroeste peninsular destacan las llamadas cazoletas.
Escasez de representaciones figuradas: **formas humanas**, a menudo portando armas; y **formas animales**: los más frecuentes son los ciervos, caballos y serpientes.
Algunos motivos tienen paralelo mueble con objetos aparecidos en cuevas o en contextos funerarios.

4. Interpretación del arte postpaleolítico

Aunque en ocasiones los motivos del arte pospaleolítico se interpretaron como intentos de **escritura pictográfica** que nunca llegó a desarrollarse, la hipótesis comúnmente aceptada relaciona estas manifestaciones artísticas con el culto o con enterramientos, es decir, con actividades de **carácter sagrado**.

CAMPANIFORME

Introducción

El Campaniforme, más que como una Cultura debe ser considerado un «fenómeno», puesto que se basa en un elemento concreto: la cerámica, la cual aparece como elemento común en diferentes culturas europeas.
Tal fenómeno parece obedecer más a una moda cerámica, con una forma y decoración determinadas, que a una excepción de orden espiritual, religioso o cultural como se quiso ver en un principio.

Distribución geográfica

El fenómeno Campaniforme experimenta una vasta expansión por toda la Europa occidental y central, debido principalmente al comercio e intercambio de metales y de otros productos.

Origen y cronología

Respecto a su *origen*, se han barajado diversas teorías, que se resumen en dos principales: la **orientalista**, que defendía el origen **egipcio** del Campaniforme; y aquella que defiende un origen ibérico. La segunda teoría es la más defendida, y la más acorde con la existencia de motivos y técnicas decorativas campaniformes ya existentes en el Neolítico hispano, mil quinientos años atrás.
La cronología es en parte coetánea con el Megalitismo, que abarcaría desde el final del Calcolítico y el Bronce Antiguo, es decir, desde aprox. desde el **2300** al **1400** a.C.

Hábitat

Hay escasos datos acerca del tipo de hábitat de los portadores de este tipo de cerámica, que es funeraria y aparece sólo en este ámbito.
El hábitat debió desarrollarse en cuevas, pero también al aire libre, en lugares elevados, donde quizá se fraguara un incipiente urbanismo, como es el caso del poblado de El Cerro de la Virgen, en Orce (Granada), con viviendas de adobe y de planta circular.

Ritual funerario

A diferencia de la etapa megalítica anterior, en ésta se producen inhumaciones en fosas o cistas individuales, con el cadáver en posición fetal, y el ajuar a su lado. En ocasiones se aprovechan dólmenes y cuevas de etapas anteriores. El **ajuar** que aparece en dichas fosas está compuesto por un conjunto cerámico que incluye varias piezas: vaso, cazuela y cuenco, decorados ricamente con

Antes del Bronce Antiguo y Medio.

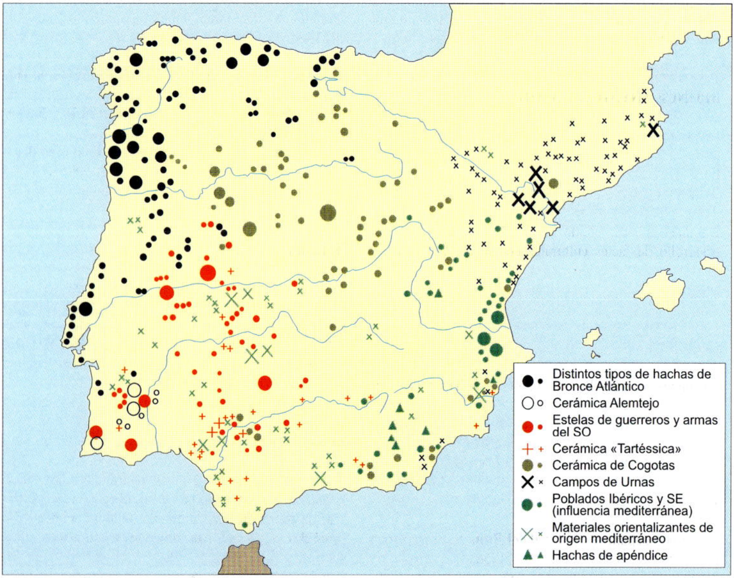

Distribución de hallazgos arqueológicos y poblados.

incisiones, puntillado o impresiones de cuerdas. Los motivos que se desarrollan son: espigas, retículas, dientes de sierra, ajedrezados, etc., que a veces se rellenan de pasta blanca que resaltan los trazos.
Junto a la cerámica también se pueden encontrar: brazaletes de arquero, puntas de flecha o lanza de tipo **palmela**, puñales de lengüeta, punzones de cobre de sección cuadrada, botones piramidales de hueso, botones con perforaciones en V, collares de cuentas, y en ocasiones adornos de oro.
Mención especial merece la **cerámica**, realizada a mano y de forma acampanada característica. Hay varios estilos. He aquí los principales:

- **Marítimo**: También llamado **Internacional**, con una dispersión principalmente costera, y con una subvariante: el llamado **Campaniforme Cordado**, de origen extrapeninsular.

- **Continental**: Se distribuye sobre todo en tierras del interior. Una variante es el **Campaniforme de Ciempozuelos**, que se extiende por los valles del Tajo y del Duero.

- **Salamó**: Se extiende por las provincias de Tarragona, Lérida y Barcelona.

Economía

Basada en la agricultura y el pastoreo, predominando uno y otro en función de las distintas zonas geográficas. Se complementa con la caza y la prospección de metales. Nos hallamos ante una sociedad cada vez más especializada y jerárquica.

BRONCE ANTIGUO Y MEDIO

Introducción

En el horizonte cultural conocido como **Edad del Bronce** podemos diferenciar tres etapas: **Bronce Antiguo**, **Bronce Medio**, **Bronce Final**.
Durante todo este período destaca la **regionalización** y el desarrollo de facies culturales coetáneas, con características peculiares en función de las diferentes zonas geográficas.

Cronología

En función de aquellos yacimientos que han podido ser datados con el método del C_{14}, se ha podido establecer aproximadamente la cronología del llamado **Bronce Antiguo**, que se desarrollaría entre el **1800** y el **1500** a.C., y del **Bronce Medio**, entre el **1500** y el **1250** a.C.

Distribución geográfica

Como se ha apuntado, la Edad del Bronce se caracteriza por su destacada **regionalización**, y por el desarrollo de diferentes facies según los focos geográficos respectivos. Distinguimos los siguientes:

- **Mesetas**: Durante el Bronce Antiguo continúa la tradición del Campaniforme de Ciempozuelos, para recibir luego la influencia de la cultura de El Argar.

- **Zona Atlántica**: Experimenta dos momentos. Uno de reminiscencia campaniforme y otro ya inmerso en el influjo atlántico europeo. También aparecen dos horizontes culturales claramente diferenciados: el **Horizonte de Ferradeira** en el Suroeste, y el **Horizonte Montealvar** en la zona de la desembocadura del Tajo.

- **Sureste**: En esta zona se desarrolla la cultura más representativa durante la Edad del Bronce. Se trata de la **Cultura de El Argar**, que cobra identidad gracias al yacimiento epónimo sito en Antas (Almería). Excavado a finales del siglo XIX por los hermanos Siret, en dicho yacimiento encontramos en el mismo espacio un poblado y su necrópolis, lo cual permitió recabar gran cantidad de información. Igualmente se diferencian dos etapas: el **Argar A**, coincidente con el Bronce Antiguo; y el **Argar B**, con un desarrollo paralelo al Bronce Medio.

- **Zona valenciana**: Aquí se desarrolla el llamado **Bronce Valenciano**, con entidad propia, aunque no exento de influencia argárica dada la proximidad geográfica.

- **Zona manchega**: Caso similar al anterior, encontramos un **Bronce de la Mancha**, personalizado a través de la **Cultura de las Motillas**.

Hábitat

Aparecen en este momento poblados al aire libre situados en altura: cerros o «cabezos», con fines defensivos, y que en ocasiones son reforzados con murallas de piedra y bastiones semicirculares.
Las viviendas, generalmente de planta rectangular, se agrupan en manzanas, lo que supone la aparición de un primer urbanismo peninsular.

Rituales funerarios

Salvo excepciones, se abandona el enterramiento colectivo de la etapa anterior: las inhumaciones son individuales y se realizan en el interior del propio poblado, y en ocasiones incluso bajo las viviendas. En este aspecto debemos diferenciar el Bronce Antiguo del Medio.

1800-1500 a.C.: **Bronce Antiguo**. Se producen enterramientos en cista y en fosa, con elementos de ajuar que conectan con el período Campaniforme tardío, y que reflejan ciertas conexiones con culturas centroeuropeas: brazaletes de arquero, botones piramidales con perforaciones en V, puntas de palmela, adornos de oro, alabardas de cobre, etcétera, todo ello junto a cerámicas lisas, bruñidas, de formas sencillas y de carena media.

1500-1250 a.C.: **Bronce Medio**. Se introduce el rito de enterramiento en **pithos** o tinaja, que tiene paralelos en

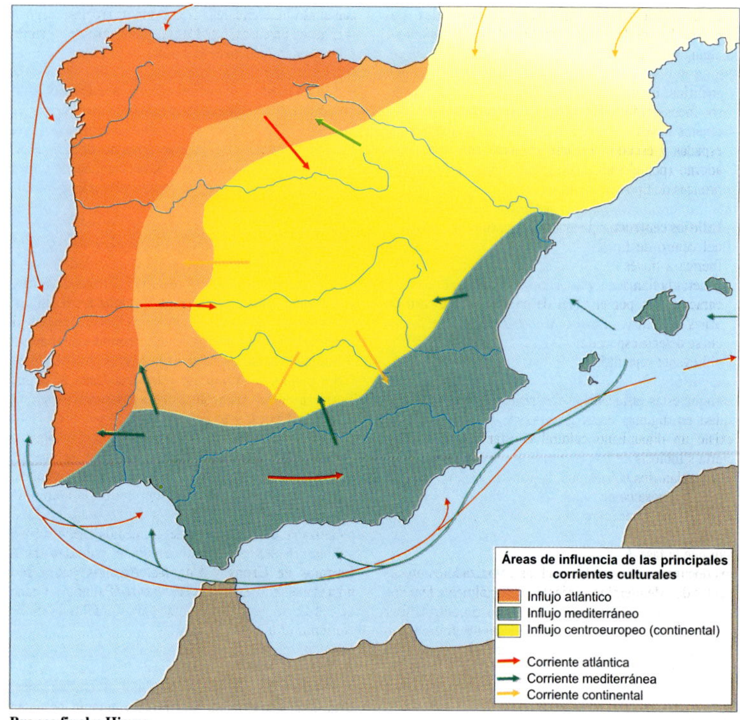

Bronce final y Hierro.

Anatolia y en Grecia. Algunos de los objetos aparecidos en los ajuares ofrecen claras relaciones con otros del Mediterráneo oriental, como las cuentas de collar de fayenza, o nuevas formas cerámicas como las copas de pie alto. Otros elementos que conforman los ajuares son espadas largas y planas, así como diademas de oro y plata, y la cerámica bruñida, similar a la del período anterior pero ahora con carena baja.

Economía

Al igual que en el período anterior, la economía continúa basándose en la **agricultura**, cada vez más desarrollada, teniendo en cuenta que contamos con vestigios de canalizaciones de agua para este momento.

Por los restos materiales hallados, se puede justificar el cultivo de cereales, leguminosas, lino y esparto. Estos últimos productos permitirían la aparición de una sencilla **industria textil**, avalada por la aparición de **pondi** o pesas de telar.

La **caza** y la **ganadería** seguían siendo imprescindibles, si bien la primera era cada vez menos importante.

La **minería** y la **metalurgia** experimentan un gran esplendor, justificado en buena parte por la abundancia de cobre nativo en la zonas suroeste y sureste de la península Ibérica. El metal se obtiene, sin duda, mediante la fusión de las menas, pues han sido encontrados crisoles, moldes y escorias. El auge de la metalurgia supuso el lento declive de las industrias ósea y lítica.

BRONCE FINAL Y HIERRO

Introducción

Etapa de gran complejidad debido a las numerosas influencias culturales, transformaciones socioeconómicas y movimientos de carácter étnico. *Grosso modo* podemos reducir a tres los influjos culturales que se dan en la Península Ibérica en esta etapa:

- **Influjos atlánticos**: Tienen su origen en diversas zonas atlánticas de Europa (Islas Británicas, Bretaña francesa, etcétera) Afectan principalmente a zonas costeras del Cantábrico y a la franja septentrional de Portugal, alcanzando el área occidental de Andalucía y la Meseta. En todas estas zonas hay vías de penetración hacia el interior siguiendo el curso de los ríos. A través de estas corrientes se difunden objetos tales como hachas de bronce (de anillas, de talón) así como algunos tipos de espadas.

- **Influjos mediterráneos:** Tienen origen en diversos focos del Mediterráneo oriental. Entre los diversos objetos destacan la fíbulas de codo, algunos tipos de espadas y escudos. En una segunda fase, objetos de adorno (por ejemplo, peines de marfil), orfebrería y bronces de tipo *orientalizante*.

- **Influjos centroeuropeos:** Tiene origen en varias zonas del centro de Europa; se introducen en la Península Ibérica a través de los valles o pasos pirenaicos. Así penetra la llamada **Cultura de los Campos de Urnas**, caracterizada por el ritual de cremación y el uso de urnas cerámicas para contener las cenizas. Su influencia se detecta especialmente en el área de Cataluña y en el Levante septentrional.

Aunque estas influencias se manifiestan con más intensidad en algunas áreas geográficas bien delimitadas, existe un dinamismo cultural constante que produce cierta simbiosis de influencias en aquellas zonas donde se mezclan dos o las tres corrientes culturales. A este complejo mosaico cultural habría que sumar el substrato autóctono heredado del Bronce Antiguo y del Bronce Medio.
Durante la fase del Hierro aparecen los primeros contactos documentados con los pueblos colonizadores procedentes del Mediterráneo Oriental, especialmente fenicios y griegos, hecho que en cierto modo permite definir nuevos horizontes culturales, mezclas de diversas influencias. Tal es el caso de la **Cultura Tartésica** en la Andalucía occidental.

Cronología y secuencias culturales

La complejidad cultural de la Península Ibérica en esta fase imposibilita la aceptación de una cronología uniforme para las distintas zonas geográficas. En cualquier caso, la etapa considerada como Bronce Final se extiende entre el **1250** a.C. y el **700** a.C. A partir de esta última fecha comienza la Edad del Hierro, caracterizada por el mestizaje étnico y por el uso generalizado de este metal. Dicha fase está definida por la Cultura de la Meseta denominada **Cogotas II**, que pervive en algunas zonas hasta la conquista romana. Hacia el **500** a.C. se produce el desarrollo de los pueblos prerromanos: celtíberos en el interior, e iberos en la costa mediterránea. Dichos pueblos son los que conocerán los romanos cuando lleguen a la Península. El desembarco de Escipión en Ampurias, en **218** a.C., marca el inicio de la romanización.

Las diversas áreas geográficas

Área noreste

Se caracteriza por la presencia de la denominada **Cultura de los Campos de Urnas**, cuyo origen se debe buscar en Centroeuropa, hacia **1300-1200** a.C. Estas gentes practican el rito funerario de la cremación, guardando luego las cenizas en una urna. Los **Campos de Urnas** se extienden por toda Cataluña, valle del Ebro y zona norte levantina. La cronología aceptada para la Península Ibérica va desde el **1100** al **750** a.C., momento en que se funden con la **Edad del Hierro local**. La Cultura de los Campos de Urnas tuvo una evolución propia que supuso un incremento demográfico y cierta concentración de la riqueza y el poder, como quizá evidencia la aparición de objetos indicadores de un rango superior, de tradición mediterránea.

Área levantina y sureste

Sólo recibe **influencias** significativas del **área Atlántica**, y ocasionalmente de la **Meseta**, **Cogotas I**, del NE y de los **Campos de Urnas**. Se detecta la continuidad de hábitat del Bronce Medio, y especialmente del llamado Bronce Valenciano o Ibérico. Los asentamientos se caracterizan por un **hábitat en altura**, con tendencia a ocupar zonas de laderas y llanos. El sistema económico, mal conocido, se basa seguramente en la agricultura mixta y el ganado ovicaprino. El metal es escaso, aunque se detecta la presencia de hierro (VII a.C.) y el hallazgo del importante tesoro de Villena, en el que posiblemente se entremezclen elementos centroeuropeos y mediterráneos. La zona SE es más rica en metalurgia y queda caracterizada por el influjo de elementos mediterráneos unidos a la tradición local (argárica) e influencias de **Campos de Urnas y Cogotas**. Algunos yacimientos importantes son: La Cuesta del Negro (Pullurena, Granada), el Cerro de La Real (Granada), Verdolay (Murcia), Herrerías (Almería).

Área andaluza oriental y del sur de Portugal

Esta zona adquirió un crecimiento notable desde las primeras fases del Bronce Final, ya que la importancia de la metalurgia facilita los intercambios culturales. La consecuencia sería la formación de la Cultura Tartésica, una de las más importantes y avanzadas de la Península Ibérica durante este período. La actividad económica de los núcleos metalúrgicos de Huelva y Cádiz propicia la conexión de influencias atlánticas, centroeuropeas y mediterráneas, cuya cristalización, desde el **1200** a.C., dio lugar a la denominada **Fase I «geométrica» de la Cultura Tartésica** (**950-750** a.C.) caracterizada por la cerámica de retícula bruñida, la cerámica pintada de El Carambolo y las losas sepulcrales y estelas de guerreros del área SO. El impacto definitivo de los colonizadores fenicios y griegos dio lugar a la **Fase II «orientalizante»** (**750-550** a.C.) que conocemos como Tartesos, con ricas manifestaciones materiales, especialmente orfebrería, toréutica, cerámica figurada, etcétera, que se extienden hasta las zonas extremeña y levantina.

Área septentrional portuguesa
y galaico-cantábrica

Se define por la presencia de una serie de elementos específicos: bronces (hachas de anillas y de talón, espadas), orfebrería (torques), característicos de las

La colonización fenicia.

Cronología de los principales asentamientos y necrópolis fenicios.

regiones atlánticas europeas con las que existieron intensos contactos comerciales, si bien la presencia de elementos comunes no define una «unidad cultural». Las zonas nucleares del Bronce Atlántico, desde **1200** a.C., se sitúan en Galicia, y en norte y centro de Portugal, existiendo áreas más periféricas como la Cantábrica, submeseta norte y NO, así como la zona meridional portuguesa y el Bajo Guadalquivir. Hacia el **700** a.C. comienza a diluirse el «fenómeno Atlántico», que dará lugar a la transición hacia la llamada **Cultura Castreña** (desde **550**). Los **castros** son poblados en altura formados por cabañas circulares con zócalos de piedra. Ejemplos de este tipo son los Castros de Coaña y de Baroña. En la conquista de estas tierras los romanos encontraron estos poblados, que han llegado hasta nosotros en muy buen estado de conservación.

Área de la Meseta

Se caracteriza por el horizonte cultural denominado **Cogotas I** (desde **1400** a.C.), detectado primeramente en la zona de Ávila pero cuyo dominio se extiende al conjunto de la Meseta y su periferia. El hábitat de esta gente se sitúa en terrazas de los aledaños fluviales y en zonas estratégicas de paso. Las viviendas son cabañas construidas con tapial y adobe. La cerámica característica está trabajada mediante incisión, especialmente boquique (punto y raya, alternantes) así como la excisión. La metalurgia tiene influencia atlántica. La inhumación de los cadáveres va acompañada con objetos de ajuar; tales son los casos de La Requejada (Valladolid) fechado en **870** a.C., o los hallazgos de la terraza del Manzanares (Madrid), hacia **1100** a.C. La economía se fundamenta en la ganadería trashumante y en la agricultura esporádica. Ambas actividades se complementan con la caza.

PERÍODO ORIENTALIZANTE O TARTÉSICO (*ca.* 700-550/500)

700-675: Expansión fenicia por el S-SE en busca de minerales.

A una posible fase «precolonial» fenicia, sigue el establecimiento desde Cádiz a Almería de otras colonias como *Malaca* (Málaga), *Sexi* (Almuñécar), *Abdera* (Adra), y sobre todo de ciertos hábitats o establecimientos fenicios que parecen remontar, al menos, a mediados del s. VIII, como: Cerro del Prado (Cádiz), Cerro del Villar (Málaga), Torre del Mar, Toscanos (Málaga), Morro de Mezquitilla, Chorreras, Almuñécar, Villaricos, etc. Se trata de poblados situados en altura cerca de los ríos y en zonas generalmente poco pobladas que conocerán su desarrollo a partir, sobre todo, del año 700. Aunque tales establecimientos parecen haber sido permanentes no se puede hablar (salvo el caso de *Gadir*) de verdaderas ciudades. La variedad de los ritos funerarios practicados, así como de tipos de escritura fenicia, parecen probar una variedad geográfica de los colonos fenicios que llegaron a estas tierras atraídos sobre todo por la riqueza metalífera. En este sentido, los paralelismos culturales con el Oriente mediterráneo son muy estrechos: arquitectura funeraria (Trayamar), el culto de Astarté (Sevilla, Galera), y Melqart (*Gades*), uso de sarcófagos antropomorfos, etcétera.

De estos contactos entre las poblaciones autóctonas y los asentamientos fenicios surge desde mediados o finales del s. VIII Tarteso como foco cultural orientalizante centrado en Andalucía occidental, si bien su influjo alcanza también desde el Tajo hasta el sureste.

La llegada de productos fenicios orientales (junto a piezas egipcias, chipriotas, y otras) inspira a partir del 700 producciones locales cuyo auge se fecha entre 650 y 550. Tampoco pueden descartarse talleres fenicios occidentales (Cádiz). Entre dichos productos figuran piezas de bronce (jarros de 20-40 cm de altura, como los hallados en Alcalá del Río, Carmona, Torres Vedras, que, con las páteras de asas debían ser utilizados en los rituales funerarios; bronce Carriazo, bronces del Cerro del Berrueco, etc.) y de marfil (peines, objetos de tocador, piezas para adornar muebles o arquetas, hallados en la zona de Carmona, necrópolis de Mairena del Alcor, Setefilla, etc., quizá procedentes de talleres fenicios fechados en el siglo VII) pero también la cerámica oriental, sobre todo de tradición fenicia, que irá sustituyendo a las producciones típicas de la etapa anterior, como las cerámicas bruñidas; la nueva será importada o imitada (uso del torno desde comienzos del s. VII) de los colonos orientales. Destacan las cerámicas de engobe rojo o de tonos claros que representan motivos característicos del repertorio orientalizante (grifos, toros, flores de papiro y loto, etc.).

La mayor parte de los hábitats son abiertos, siendo raras las fortificaciones. Las casas son rectangulares en disposición aglutinante, irregular; las del s. VII a.C. de Morro de Mezquitilla (Málaga) se superponen a las del s. VIII, son de planta irregular. Los rituales funerarios, conocidos a través de las necrópolis de Carmona, Los Alcores, Setefilla y La Joya (Huelva) son variados, lo que prueba la apertura del mundo tartésico: durante los siglos VII y VI predomina la incineración en túmulos (que reflejan una estructura social gentilicia muy jerarquizada) o la inhumación.

La influencia oriental acentuó la diferenciación social: príncipes o jefes de clanes, enriquecidos sobre todo con el comercio de minerales y metales, a diferencia del resto de la comunidad suelen ser inhumados y rodeados sus cuerpos de bienes de prestigio: objetos de bronce, joyas, marfiles, pero también carros. El tesoro de La Aliseda (Cáceres; hacia el **600**: colgantes y piezas de collar, y joyas de oro como diademas, brazalete y cinturón fabricados como modelos propios del mundo fenicio y chipriota) y de El Carambolo (Camas, Sevilla, primera mitad del s. VI, formado por 21 piezas de oro, con un peso total de 3 kilos: placas rectangulares, pectorales, brazaletes, collar) prueban que la orfebrería era monopolio de esta aristocracia. Las fuentes clásicas guardan recuerdo, dentro de este poderoso grupo social que se hace aún más selectivo a partir del **600,** del rey Argantonio, que vivió supuestamente en la primera mitad del siglo VI a.C., y mantuvo relaciones comerciales con los foceos.

Las fuentes clásicas destacan la riqueza de Tarteso: ganadería, buenas técnicas de explotación agrícola, y sobre todo una intensa explotación minera (Huelva, Sierra Morena).

Progresión de las importaciones de cerámica griega.

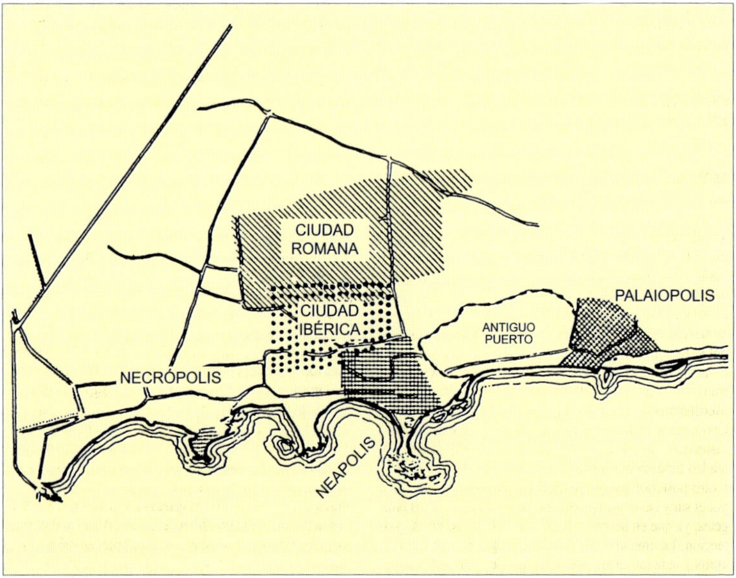

Plano general de Ampurias.

Como en otras culturas, el comercio del metal y la actividad industrial favorecieron el nacimiento de una escritura (adaptada al alfabeto fenicio ya en el s. VIII) aún no completamente descifrada hoy día (estelas funerarias de El Algarve, grafitos sobre cerámica: grupos del Bajo Guadalquivir, El Carambolo, y Extremadura). La riqueza de la cultura tartésica va acompañada de un notable aumento demográfico y de un proceso de expansión comercial tanto hacia Extremadura y la Alta Andalucía como hacia la costa oriental atlántica de la Península Ibérica, al menos hasta mediados del s. VI.

A comienzos del s. VI debió producirse una reacción indígena antifenicia que facilitó un cierto filohelenismo, lo que permitiría a los griegos foceos un intenso, aunque breve, contacto con Tarteso, llegando a establecer una factoría en Huelva. Pero tras la caída de Focea la crisis de Tarteso se hace evidente y tuvo como resultado su desaparición a finales del s. VI. El siglo V es, por estas razones, una época de decadencia para la cultura tartésica, que quizá podamos explicar también por la interrupción del tráfico fenicio (*ca.* **550**).

Sólo en el s. IV esta zona de Andalucía conocería un nuevo auge (=**Cultura Turdetana**). Los turdetanos, gracias a un sustrato tartésico, constituían el pueblo más culto de la Península Ibérica, según las fuentes clásicas. Estrabón menciona sus textos jurídicos, y sus numerosas ciudades, algunas de ellas, como Carmo, Hasta Regia o Cástulo, con más de 50 hectáreas de extensión. La cultura púnica, asentada con mayor fuerza en la parte occidental de Andalucía, contribuyó a que la influencia griega fuera más débil que en la parte oriental y sudeste. En el s. III a.C. los turdetanos pasarán a integrarse en el poder/política bárquida, lo que supuso el inicio de una lenta transformación sociopolítica que culmina con el dominio romano.

COLONIZACIÓN GRIEGA EN LA PENÍNSULA IBÉRICA

Tras una fase de viajes de exploración desde el **750/700** hasta mediados del s. VII, de carácter individual y aristocrático, como el famoso de Coleo de Samos en el **635** a.C., el comercio griego se difunde ampliamente por el sur, el centro y el levante peninsular. En los centros indígenas hay gran cantidad de cerámicas griegas áticas, vasos de diferentes formas, casi todos para beber, y en contra de lo que sucede en la Magna Grecia se han encontrado pocas ánforas. El comercio crece significativamente en la primera mitad del s. IV a.C. Era muy rentable si tenemos en cuenta el escaso volumen de los vasos y las facilidades de su transporte por mar desde un extremo a otro del Mediterráneo.

Conocemos bien la colonia griega de **Ampurias**, cuyos materiales más antiguos se datan hacia **600-580** en el núcleo fundacional (*palaiapolis*), sobre un pequeño islote, y otro posterior (*neapolis*) en **550**, que estuvo amurallado por el sur y oeste para protegerse de los ataques de los indigetes, ya que en las otras direcciones el mar servía de protección. La ciudad es de planta rectangular (200 x 100 m aprox.), aunque el trazado fue notablemente alterado en épocas helenística y romana.

Los años medianes entre **580-540** son los de mayor presencia griega en la Península Ibérica. Hacia **535-520** disminuye la importancia de esa presencia, que influye a su vez en el declive de Tarteso y la decadencia económica de Huelva y su *hinterland*.

Según las fuentes escritas, griegos e indígenas vivieron separadamente durante largo tiempo. Ambos tenían sus propias instituciones, magistrados y leyes, uniéndose luego en una *polis* común. Antes de la fecha de la fundación de Ampurias, casi todos los objetos griegos importados se localizan en **Andalucía**. A partir de la instalación de los foceos en Ampurias, la difusión de la cerámica griega se intensifica de forma progresiva penetrando hacia la costa catalana y levantina (s. VI), interior peninsular (s. V), mitad sur y Levante, pero también hacia el oeste (Algarve, Miño), alcanzando así su mayor difusión geográfica (s. IV).

Al margen de Ampurias son escasos los lugares que merecen el nombre de colonias griegas: **Héméroscopeion**, **Mainake** (hacia el **500**), **Rhode** (Rosas, Gerona, donde hace pocos años se han descubierto restos de un barrio de trazado octogonal, entre los siglos IV y III a.C.), y **Alonis**. Otras, conocidas por las fuentes, aún no han sido localizadas, y su desarrollo fue posterior. Se trata en general de establecimientos pequeños (Ampurias ocupa sólo 2 hectáreas), no lejos de la costa, cuyos espacios están exclusivamente destinados a la actividad comercial ya que los pobladores indígenas se dedican a la agricultura y a la explotación de las minas. Parece que las colonias mantuvieron relaciones de amistad con los indígenas, cuyos poblados estaban próximos.

La moneda tiene escasa importancia. Únicamente Ampurias emite acuñaciones monetarias en plata (hacia **460**), anepígrafas, mientras que las primeras dracmas de plata (con la cabeza de Perséfone) se fechan a lo largo del s. IV. Los griegos no fueron muy numerosos, ni estaban interesados en actividades distintas de las comerciales.

Junto a las colonias griegas, escasamente relacionadas entre sí, hay que registrar también los enclaves indígenas a los que llegaban los productos griegos, posteriormente redistribuidos en el interior (áreas del delta del Ebro, Sagunto, Los Nietos, Ullastret).

Los griegos, a cambio de sus vasos, mostraron interés por diversos productos de la Península, distintos en cada zona: metales (en la alta Andalucía), sal (en el interior de Cataluña), pescado para la elaboración del *garum*, y productos agrícolas como trigo, esparto o lino que eran posiblemente redistribuidos por los foceos entre otros clientes.

Los pocos bronces griegos hallados en la Península se concentran en el sur peninsular y en las islas Baleares, estando paradójicamente ausentes del noreste. Son importaciones tempranas, por ejemplo los dos cascos corintios procedentes de Jerez y de Huelva, dos *oinochoes* rodios hallados en Granada y en La Joya (Huelva), un prótomo de grifo perteneciente a un caldero, el centauro de Rollos (Caravaca, Murcia), el Sátiro itifálico del Llano de la Consolación (Albacete), el Apolo de Llucmajor (Mallorca), etc. Las esculturas griegas halladas en la Península son también escasas. Merece la pena destacar dos esculturas de Ampurias: la estatua de Asclepio, en mármol pantélico, quizá de mediados del s. III, y una pequeña cabeza femenina, quizá del s. IV, de bella factura.

Pueblos prerromanos de la Península.

La presencia de foceos y la consiguiente ampliación occidental de la *koiné* griega explica que algunos mitos griegos (Heracles y los bueyes de Gerión) fueran ambientados en el sur de la Península. No obstante, si esa presencia no fue más intensa se debió quizá a los límites impuestos por las tribus iberas.

PUEBLOS CELTAS DE LA PENÍNSULA IBÉRICA

Del conjunto de pueblos comprendidos bajo la denominación de «celtas», los celtíberos constituyen el grupo más importante; en ellos cabe distinguir a su vez a distintas tribus: lusones (entre los que destacan las ciudades de **Contrebia**, **Nertobriga**, **Bilbilis**, **Complega**); titos y belos (**Segeda**, **Arcobriga**, **Attacum**, **Ocilis**, **Segobriga**), que ocupaban los valles del Jalón, del Jiloca y parte del margen derecho del Ebro; arévacos (**Clunia**, **Termes**, **Segontia**, **Veluca**, **Numantia**, **Augustobriga**, **Contrebia Leucade**); y pelendones, que habitaron las cuencas altas del Duero y de la llanura que se extiende hasta el Tajo.

Al sur de los celtíberos, en la submeseta sur entre el Alto Tajo y el Alto Guadiana, se extendía la Carpetania, con ciudades como **Toletum**, **Complutum**, **Titulcia**, **Laminium**, **Libora**, etc.

Los vacceos ocupaban la cuenca del Duero, a ambos lados, siendo sus ciudades principales **Bedunia**, **Intercatia**, **Tela** y **Pintia**. Su cultura está representada por el yacimiento de Las Cogotas. Los vettones se reagrupaban en las tierras de Salamanca, Ávila y Cáceres, con ciudades como **Salmantica**, **Capara**, **Obila** o **Lama**. En general estos pueblos conocieron una economía ganadera y de propiedad individual; las especies predilectas eran los verracos, toros, cerdos y jabalíes. Los vacceos, por el contrario, son más agricultores, sobre todo al norte del Duero; practicaban una agricultura comunal; cada año, según las fuentes, sorteaban los campos de cultivo y depositaban las cosechas en almacenes comunitarios. El pan constituía uno de los productos alimenticios básicos; la abundancia de hornos y molinos de mano así lo acreditan.

Los berones ocupaban parte de la actual Rioja y tenían ciudades como **Varea**, **Tritium Magallum** y **Oliba**; limitarían al sur con los pelendones y con várdulos y vascones por el norte. Los autrigones, cuyo núcleo estaba en el occidente de Cantabria, extendiéndose hasta Burgos y Vizcaya; las ciudades más importantes eran **Flaviobriga** y **Uxama**. Próximos a ellos, limitando en su frontera oriental, estaban los caristios, una de cuyas ciudades era **Sussatium**, y los várdulos (Guipúzcoa y norte de Álava) cuyas ciudades están por identificar. Autrigones, caristios y várdulos, aislados de la meseta, fueron romanizados muy tardíamente.

Los vascones tenían su límite oriental, en época augústea, en Jaca, mientras que hacia Occidente llegaban hasta la vertical del ángulo del golfo de Vizcaya, sin sobrepasar el Pirineo occidental. Como ciudades vasconas son citadas **Pompaelo** y **Oiason**. Todos estos pueblos practicaban una economía pastoril (cerdos, cabras, caballos); las tierras próximas al Ebro eran preferentemente dedicadas al cultivo del trigo.

Los cántabros, entre los autrigones (al este) y los astures (al oeste), ocupaban la franja comprendida entre los ríos Ansón y Sella, desbordando la cordillera cantábrica por el sur hasta llegar a entrar en contacto con vacceos y turmogos. Las fuentes citan algunas tribus cántabras como orgenomescos, avarigini, concani, etc. Entre sus ciudades figuran **Tamarica**, **Vadinia**, **Vellica**.

Los astures, al occidente de cántabros y vacceos, ocupaban una extensa zona geográfica claramente dividida por la cordillera cantábrica; al norte de esta cadena la romanización fue lenta y superficial, perdurando entre sus habitantes el viejo sistema gentilicio, mientras que al sur (León y Zamora, hasta el Duero) la presencia militar romana y la explotación minera permitieron una más rápida e intensa difusión de la vida romana. Entre sus ciudades cabe destacar **Lucus Asturum**, **Interamnium Flavium**, **Bergidum**, **Asturica**.

Los galaicos aparecen divididos en época tardía en dos grandes grupos: bracarenses (con capital en **Bracara**) y lucenses (con capital en **Lucus**). Ocupan el noroeste peninsular separados de los lusitanos por el Duero y limitando al este con los astures. También entre aquéllos pervivieron las instituciones gentilicias. Otras ciudades de los bracarenses eran **Velobriga**, **Caelobriga**, **Forum Bibalorum**, **Merua**, etc., y de los lucenses **Iria Flavia**, **Aquae Calidae**, **Talamina**, etc. Como en la región cantábrica, en el noroeste las escasas tierras de labor eran dedicadas al cultivo de la cebada, y en menor medida del trigo. La recolección de frutos naturales (bellotas, manzanas, castañas) tenía gran peso en la economía. La ganadería constituía la base de la dieta alimentaria complementada con la pesca y la carne de los ganados (pastoreo nómada).

Por último, los lusitanos ocupaban el occidente de la Meseta, entre el Duero y el Guadiana, penetrando a veces en Extremadura. Conocemos muchas de sus ciudades: **Aritium**, **Aeminium**, **Scallabis**, **Talabriga**, **Norba Caesarina** y, al sur del Tajo, **Ebura** y **Augusta Emerita**. De las fuentes escritas se deduce que bajo el nombre genérico de lusitanos quedaban comprendidos pueblos diferentes como los **Turduli Veteres** y los **Paesuri**. La línea del Tajo delimita, al sur, un área de influencia cultural turdetana de otro, al norte, orientado hacia la cultura castreña y vettona. La zona de los valles del Duero y del Tajo, así como la franja costera, era celebrada por la riqueza de sus tierras, mientras que el interior, más montañoso y peor comunicado, era árido y pobre. La riqueza de metales (oro, estaño) se puso de manifiesto en el armamento y en la joyería.

Organización política y social

La gran unidad política de los celtas es la tribu, que abarca zonas geográficas más amplias en la Meseta y Lusitania que en el norte, donde se parcela en unidades más pequeñas. Las tribus del noroeste y Lusitania estaban divididas en centurias pero otras del norte y de la meseta se constituían por gentilidades. Estas agrupaban familias y clanes. Las fuentes aluden a la existencia de asambleas y consejos de ancianos, pero en tiempo de guerra aparecía la figura de un jefe o caudillo que firmaba pactos de hospitalidad y clientela. Tanto el **hospitium** (pacto de hospitalidad o patronato que vinculaban a ciudades o a un grupo específico de gentes con una ciudad) como la **devotio** (o juramento de fidelidad al jefe, quien contrae a cambio una obligaciones) son instituciones muy arraigadas de estos pueblos; así lo ponen de manifiesto, para el caso de aquella institución, los hallazgos de téseras en Monreal de Ariza, Sasamón, Paredes de Nava, Fosos de Bayona, etc, datadas entre los siglos II a.C.-I d.C. y redactadas en escritura ibérica o latina.

Algunas ciudades célticas cobraron cierto desarrollo demográfico y urbano gracias al proceso de iberización que se produce ya a finales del s. V a.C. Es el caso de **Osca** (en el territorio de los iacetanos), **Bilbilis** y **Segeda** (entre los belos y los titos), **Contrebia Belaisca** (entre los sedetanos), **Azaila**, **Numancia**, **Clunia**, etc. Por el contrario, en la franja cantábrica, Galicia y norte de Lusitania, la sociedad fue de tipo marcadamente gentilicio. El urbanismo, al menos hasta la conquista romana, tampoco conoció el desarrollo del área céltica y las viviendas se construyen en el interior de las murallas.

Socialmente cabe distinguir una nobleza del resto de individuos libres; las fuentes han conservado los nombres de algunos *principes* celtíberos que parecen pertenecer más a una aristocracia militar que a una verdadera monarquía. Los esclavos, cautivos de guerra y del bandolerismo, no debieron ser numerosos.

Los pueblos del norte se caracterizaban socialmente por su acusado matriarcado (patente en la herencia matrilineal), y económicamente por una mayor rusticidad y pobreza respecto a los de la Meseta. Esto último, unido al problema de la superpoblación y el escaso rendimiento de la tierra explican el fenómeno del bandolerismo, especialmente arraigado entre lusitanos, galaicos y cántabros. Cántabros y vascones hicieron frecuentes incursiones en territorio vacceo, turmogo o autrigón en busca de trigo, y los lusitanos sobre el territorio turdetano. Otra salida a su situación económica será, en época de la conquista romana, su alistamiento en el ejército.

La vivienda viene marcada sobre todo por el castro, propio del noroeste, que se extiende también por el este hasta el río Navia, y al sur hasta más allá de la línea del Duero. El castro es de forma redonda y ovalada, lugar para vivir y también para acoger al ganado, construido generalmente con dos paramentos de piedra y techumbre a base de entramados cónicos de troncos de ramaje y

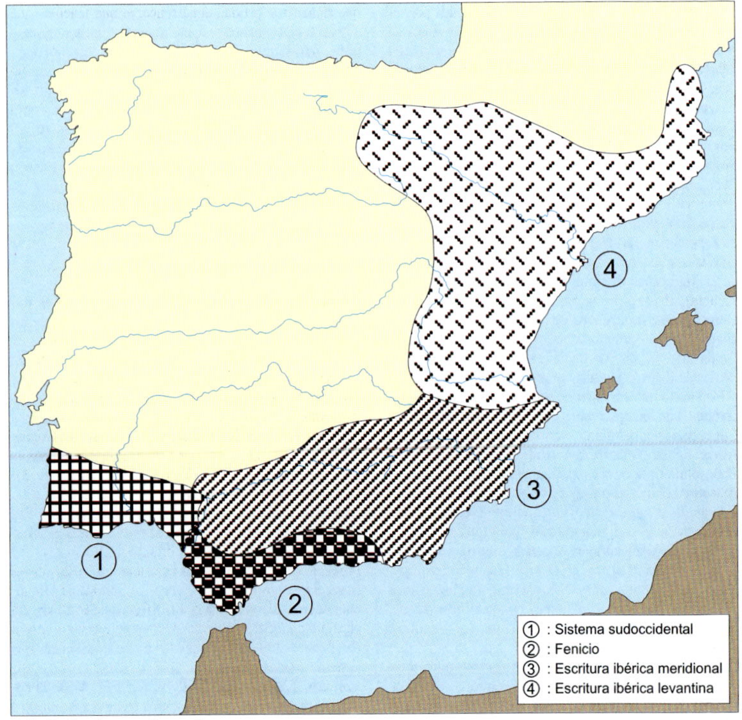

Principales sistemas de escritura.

	LEVANTINO	MERIDIONAL		LEVANTINO	MERIDIONAL
A	[illegible]	[illegible]	Du.Tu	[illegible]	[illegible]
Ba	[illegible]	[illegible]	Tu (?)	[illegible]	[illegible]
Be	[illegible]	[illegible]	E	[illegible]	[illegible]
Bi	[illegible]	[illegible]	Gi	[illegible]	[illegible]
Bo	[illegible]	[illegible]	I	[illegible]	[illegible]
Bu	[illegible]	[illegible]	L	[illegible]	[illegible]
Ca.Ga	[illegible]	[illegible]	M	[illegible]	[illegible]
Ce.Ge	[illegible]	[illegible]	N	[illegible]	[illegible]
Co.Go	[illegible]	[illegible]	O	[illegible]	[illegible]
Cu	[illegible]	[illegible]	R	[illegible]	[illegible]
Da.Ta	[illegible]	[illegible]	Ŕ	[illegible]	[illegible]
De.Te	[illegible]	[illegible]	S	[illegible]	[illegible]
Di.Ti	[illegible]	[illegible]	Ś	[illegible]	[illegible]
Do.To	[illegible]	[illegible]	U V	[illegible]	[illegible]

Alfabetos ibéricos.

paja, revestida posteriormente de paja y sostenida por un poste en medio de la vivienda. Los poblados de castros se levantan en lugares fácilmente defendibles, a veces amurallados. Se conservan numerosos restos de castros, siendo los más conocidos los de Coaña, Briteiros o Troña.
El área de la Meseta (cuencas medias del Duero y del Tajo) es también región de castros fortificados sobre cerros o lugares montañosos, con murallas y espacios interiores para la concentración del ganado (en Las Cogotas, Osera, Berrueco), pero vettones y carpetanos viven en su mayor parte en cuevas naturales.
Respecto al arte y a la cultura de este conjunto de pueblos cabe destacar especialmente la escultura, y sobre todo la orfebrería (torques, brazaletes) de los galaicos, y en la Meseta los célebres verracos (Ávila, Salamanca, Zamora), el armamento (espadas de Las Cogotas y La Osera) y algunos objetos de bronce (pulseras, broches, cinturones).
Desde el punto de vista religioso el área céltica de la Península Ibérica presenta una gran afinidad con la Galia y Britania, si bien aquí no debió de existir una clase sacerdotal tan arraigada como la de los druidas galos. Conocemos por la epigrafía varios cientos de divinidades indígenas, destacando entre ellas las infernales de Endovélico (=santuario en el Alemtejo portugués) y Ataecina. El rito sacrificial (sacrificios humanos y de animales) estuvo muy extendido, así como el culto a los muertos. Algunos lugares, como Panóias y Las Cogotas, han sido identificados como lugares de culto.

LOS IBEROS

Cronológicamente la cultura ibérica atraviesa dos fases: a) un período de formación, orientalizante, con fuerte influencia del comercio fenicio y elementos mediterráneos de diverso origen geográfico; y b) una fase de helenización a partir de mediados del s. VI (algo antes en la costa catalana) durante la que se produce una progresiva sustitución de la presencia y de la cultura fenicia por materiales griegos en el E y SE. Hacia el **500-470** a.C., coincidiendo con la desaparición de la cultura tartésica y el inicio de la turdetana, se produce la iberización de la Meseta (Cogotas II).
490-480 es el período de expansión de la cultura ibérica, que se difundió con cierta uniformidad desde el Algarve a Cataluña incluyendo una parte importante del valle del Ebro. Son numerosos los pueblos que podemos considerar bajo esa denominación: turdetanos, bastetanos, oretanos, mastienos, libiofenicios, deitanos, contestanos, edetanos, ilergetes, lacetanos, ausetanos, ausoceretas, bergistanos, etc.
Generalmente suelen distinguirse cuatro grandes áreas culturales, de las que citamos algunos poblados representativos: a) Bética: Carmona, Cerro Macareno, Setefilla, Tejada la Vieja, Osuna, Los Quemados o Ategua, en la Baja Andalucía; y Collado de Los Jardines, Baeza y Galera, en la Alta Andalucía; b) Sudeste: Macalón, Archena; c) Levante: Alcudia de Elche, Tossal de Manises, La Serreta de Alcoy, La Bastida, Sagunto y Liria; d) Tivissa, Sant Juliá de Ramis, Ullastret, Castell de Fosca.
Pese a ello la cultura ibérica conoció una relativa homogeneidad (lengua, topónimos), explicable por un sustrato que remonta a la Edad del Bronce, al que tenemos que sumar las interrelaciones internas y el influjo griego. Hacia **480** se producen importaciones de cerámica ática de baja calidad destinadas a las necrópolis ibéricas. No obstante, en el sur se observan influencias y estímulos tartésicos (Pozo Moro) y posteriormente púnicos. Por el contrario, en las septentrionales, a partir de la región valenciana predomina la influencia del substrato de Campos de Urnas (más débil hacia el sur) y la activa presencia comercial de Ampurias.
El período **475-250** se caracteriza por el apogeo de la cultura turdetana. A mediados del s. III a.C. se datan las primeras monedas ibéricas.

Organización política y social

La monarquía fue la forma más extendida de gobierno, especialmente en Oretania y Turdetania; probablemente fue de carácter hereditario, al menos en aquellas ciudades con mayor tradición; sin embargo, ya en época de la conquista romana, el dominio de los monarcas variaba mucho, en función de su poder y de las alianzas: Orisón, rey de los oretanos, dominaba doce ciudades, mientras Culchas (hacia el 206 a.C.) dominaba veintiocho. La existencia de senados aristocráticos y asambleas, e incluso la existencia entre los turdetanos de magistrados delegados del rey hace aún más difícil conocer las funciones propias del monarca y de las restantes instituciones.
Probablemente debamos admitir una evolución en el concepto de monarquía; en el s. V las formas de monarquía sacral, de tradición tartésica (Pozo Moro) dieron paso a otras de tipo heroico (heroon de Porcuna, tumba de la Dama de Baza) con ricas panoplias funerarias que ponen de manifiesto su origen en aristocracias de tipo guerrero. Tras el paréntesis del s. IV, en el que se imponen las aristocracias guerreras más igualitarias, reaparecen (en el s. III) las monarquías de régulos poco estables y subordinados en general a los Bárquidas.
Entre los iberos aparece también la institución del **hospitium** (de carácter individual o comunitario) y la **devotio** que es una forma peculiar de **fides** ibérica.
Tanto el monarca como su familia formaban parte de una nobleza entregada principalmente a la guerra, cuya riqueza se basaba en la posesión de la tierra y a cuyo servicio trabajaba una numerosa mano de obra libre o esclava; sabemos incluso de la existencia de comunidades siervas y dependientes de otras. También obtenían grandes beneficios de la explotación minera, cuyo acceso estaba controlado por ellos mediante torres de vigilancia. Los tipos de las sepulturas y ajuares funerarios así como la representación en exvotos o las ricas armas revelan el elevado rango social de este estamento.
Las clases medias estarían representadas por los comerciantes, mercaderes y artesanos especializados, que no debió ser muy numerosa y sí próxima a la mayor parte de la población que vivía en un estado de dependencia económica.
La presencia comercial griega estimuló la producción económica ibérica, en especial la explotación minera (minas de plata en Huelva, Baebelo en Cástulo, **Carthago Nova**; de hierro en la zona del Valle del Ebro, etc.) y

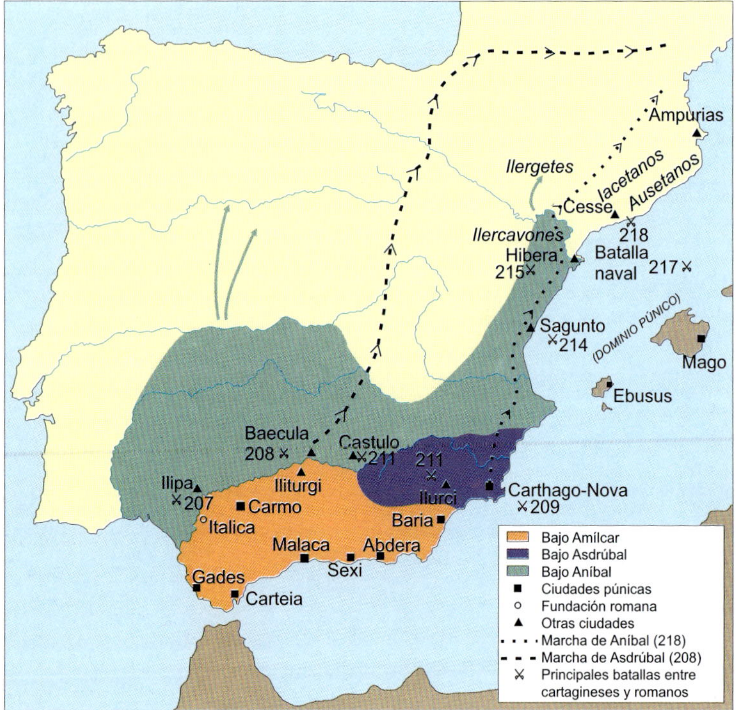

Dominio de los Bárquidas en la Península Ibérica.

la agricultura (cereal, sal, aceite, esparto, lino). Ésta, desarrollada sobre todo en las vegas del Guadalquivir y del Ebro, conoció un mayor perfeccionamiento de los aperos de labranza como el arado de largo timón y cama curva, así como de las técnicas de regadío (norias, etc.). También la ganadería fue una actividad económica importante, especialmente en la Alta Andalucía y en los valles del Guadalquivir y del Guadiana. La producción artesanal quedó restringida al ámbito local o peninsular; sólo la cerámica alcanza en el s. III a.C. una cierta expansión por el Mediterráneo occidental. Conocemos algunos hornos cerámicos ibéricos tanto en Andalucía como en Cataluña (Cerro Macareno, en Sevilla; Borriol en Castellón; Fontscaldes en Tarragona, etc.). La artesanía textil, sobre todo lino, alcanzó un alto grado de desarrollo en toda la costa mediterránea (Sagunto, Saetabi, Emporion, Tarraco) siendo igualmente famosos los tejidos de la Turdetania. Conservamos pesas, en piedra o arcilla, de los telares de madera, así como fusayolas para la fabricación del hilado.

La economía monetaria hará su aparición tardíamente, hacia el 250 a.C., de forma que hasta entonces el pago de mercancías se hacía mediante láminas de plata; a esta fase de la economía «premonetal» pertenecen los *ponderales* de bronce hallado sobre todo en el SE a modo de sistema de pesas y medidas inspirados en patrones griegos.

La configuración del hábitat es bastante homogénea, emplazándose la vivienda en la parte alta del asentamiento, defendidas casi siempre por recintos amurallados de aparejo ciclópeo (Tarragona), poligonal (Sagunto) o de mampostería, en ocasiones protegidas por torres de planta cuadrangular; en algunos puntos se han descubierto las puertas (Castellar de Meca, en Albacete). Generalmente no son muy extensas: los asentamientos mayores son los de Andalucía: Carmona, Cástulo, Asta Regia; y cubren entre 40 y 50 ha, pero la mayoría no supera las 10 ha. Los poblados ibéricos están situados en lugares altos, cumbres o laderas de elevaciones, aunque algunos se asientan en llano. Destacan como más significativos los de Ullastret, Covalta, La Bastida de Les Alcuses (Valencia), Azaila y Puig Castellar.

Las casas, distribuidas a lo largo de calles, suelen presentar dos habitaciones: vestíbulo y habitación principal, donde se encuentra el hogar, adoptando éste diferentes formas (El Oral). No suelen sobrepasar los 30 m, y se piensa que en ellas vivía una sola familia con sus animales domésticos y sus enseres. Los muros de adobe, comunes a varios edificios, se levantaban sobre un zócalo de piedra; los suelos eran de tierra apisonada, siendo raro el enlosetado de piedras. Los techos casi siempre a una sola vertiente se construían con un entramado de palos y cañas cubierto por arcilla.

En el mundo ibérico los santuarios estuvieron generalmente situados en emplazamientos naturales, próximos a bosques sagrados, grutas y fuentes, y alejados de las ciudades. Destacan los de El Castellar de Santisteban, El Collado de Los Jardines (Jaén), El Santuario de la Luz (Murcia), El Cigarralejo, La Serreta de Alcoy (Alicante), y El Cerro de los Santos (Albacete).

Los restos arquitectónicos conservados proceden en su mayor parte de la arquitectura funeraria. Uno de los monumentos más destacados es el de Pozo Moro (Albacete), en forma de torre sobre tres gradas, con decoraciones mitológicas en relieve y protegida en sus esquinas por animales, datado en **500-490**. Próximas a este tipo de monumento se agrupaban otras tumbas más modestas: pilares o estelas rematadas por una figura animal, como las de Coy o Monforte del Cid. Los grandes complejos funerarios con figuras exentas, como el de Porcuna (Jaén), debieron ser excepcionales.

También se construyeron cámaras subterráneas con túmulo exterior (Toya, Galera), en ocasiones excavadas en la tierra o en la roca, y con cubierta de madera (necrópolis de Baza). Las sepulturas de empedrado tumular y las tumbas en hoyo fueron usadas de forma generalizada. La mayor parte de la escultura ibérica (guerreros de Porcuna, Damas de Elche y de Baza, flautista de Osuna), procede también de un contexto funerario y muestra influjos evidentes con el mundo griego.

El rito funerario más extendido fue el de la incineración; las cenizas se depositaban generalmente en urnas que luego eran depositadas en fosas o en cámaras según la importancia social del difunto. En el área del Bajo Aragón son características las estelas funerarias con representaciones ecuestres.

Los artesanos ibéricos destacaron en el trabajo de las armas (el escudo circular o **caetra**, lanzas, falcatas, etc.), bronces (estatuillas típicas de la costa levantina y del SE fabricadas con la técnica de la «cera perdida», fechadas desde mediados del s. VI hasta la época romana imperial), pintura sobre cerámica (decoración geométrica, vegetal o figurada, siendo esta última típica de los vasos de Liria y de la Serreta de Alcoy).

Los iberos conocieron a partir del s. V a.C. una escritura, entre silábica y alfabética, utilizada ampliamente a lo largo del s. IV, que en ocasiones (provincias de Albacete y Murcia) compite con el alfabeto griego.

PRESENCIA CARTAGINESA

La arqueología sugiere la presencia de cartagineses en la costa meridional desde finales del s. VI, especialmente a juzgar por los testimonios funerarios. Ya hacia el año **650** Cartago fundó la colonia de **Ebusus** (=Ibiza) y desde aquí controló las costas levantinas y del sureste peninsular. Los yacimientos que permiten conocer más fácilmente dicha presencia, son: Villaricos (la antigua **Baria**) en las ramblas del río Almanzora, donde si bien son escasos los restos urbanos (acrópolis rodeada por un foso con varios niveles de habitaciones y otros restos de los s. IV-III) ha sido descubierta una importante necrópolis con diversos tipos de enterramientos y restos de la explotación minera (Sierra de Herrería y Almagrera), quizá la principal atracción de los cartagineses; Almuñécar (la antigua **Sexi**) y especialmente su necrópolis (Puente de Noy), fechada entre los siglos IV y II; Málaga, que desde el inicio del s. V hasta finales del s. III fue un activo puerto cartaginés y un importante acceso a los yacimientos metalíferos del interior. No podemos olvidar tampoco la fase púnica de Cádiz (siglos V-III en su necrópolis), la Necrópolis del Jardín (cerca de Toscanos, con materiales púnicos entre los siglos VI-IV), etc.

Los Bárquidas en la Península Ibérica

238: Durante el llamado «período de entreguerras» entre Roma y Cartago (**241-218**), ésta inicia la conquista de la Península Ibérica. Tras desembarcar en **Gades**, AMÍLCAR BARCA consigue dominar el valle del Guadalquivir y alcanzar las ricas minas de Sierra Morena cuya explotación se inicia pronto con el fin de resolver la grave crisis económica de Cartago. AMÍLCAR siguió sus conquistas hacia la costa levantina fundando Akra Leuke, de localización dudosa.

228: AMÍLCAR, con una parte de su ejército, emprende una incursión al interior para combatir a los oretanos de la ciudad de Helicé; derrotado se vio obligado a levantar el asedio. Según algunas fuentes, el rey Orisón acudió en auxilio de los sitiados y provocó la muerte de AMÍLCAR cuando éste se retiraba.

227: Muerto AMÍLCAR, su yerno y sucesor ASDRÚBAL **funda Carthago Nova** (=Cartagena), futura capital del dominio cartaginés en la Península Ibérica. Más proclive a buscar la amistad de los reyezuelos ibéricos que a seguir una política de conquistas, ASDRÚBAL llevó a cabo la organización del dominio púnico en la Península Ibérica y la explotación sistemática de sus riquezas naturales.

226: Se firma el tratado del Ebro, tercero entre Roma y Cartago, de contenido muy discutido. Según la versión más generalizada el Ebro marcaba la línea septentrional de expansión cartaginesa en la Península Ibérica.

221. Muerto ASDRÚBAL es ANÍBAL, hijo de AMÍLCAR, quien por aclamación militar es elegido jefe del ejército. Retomando la política estratégica de su padre, dirigió expediciones hacia el interior de la Península, cuyos objetivos últimos no están claros pero que pusieron de manifiesto rápidamente las extraordinarias dotes militares de ANÍBAL. En el **220** había conseguido la sumisión de la mayor parte de las tribus de la Meseta, entre el Tajo y el Duero.

219: Tras invernar en **Carthago Nova**, ANÍBAL decide atacar Sagunto, a la que puso cerco con el pretexto de sus disputas con los turdetanos y turboletas. El general cartaginés se ajustaba al Tratado del Ebro que fijaba en su curso el límite de sus avances hacia el norte, pero Roma, según fuentes que le son decididamente favorables, había firmado un año antes una **alianza con Mas-**

salia (=Marsella) y su antigua colonia, Sagunto, lo que motivó su intervención y con ella el inicio de la II Guerra Púnica (218-202 a.C.).

La derrota de Cartago en la I Guerra Púnica tuvo como consecuencia su intervención en la Península Ibérica para poder así compensar las pérdidas territoriales de Cerdeña y Sicilia y hacer frente a las dificultades financieras internas. La iniciativa de este imperio corrió a cargo de la familia de los Bárquidas (AMÍLCAR BARCA y después su yerno ASDRÚBAL y su hijo ANÍBAL) quienes, desde 237, conquistaron las regiones meridionales y orientales de la Península Ibérica pero cuya influencia se adentraba hasta el interior de la Meseta. El centro político de este dominio quedó fijado en **Carthago Nova** (=Cartagena).

Las ricas minas del sur y del sureste (Cartagena, Baebelo) así como la riqueza agrícola de los territorios controlados permitió a Cartago una rápida recuperación económica y explica la acuñación de moneda.

Los generales bárquidas daban cuenta al Senado de Cartago de su actuación en la Península, aunque gozaban de una gran autonomía política dadas las distancias geográficas. Las relaciones de los Bárquidas con las poblaciones indígenas no fueron siempre hostiles, estableciendo diversas alianzas e incorporando a muchos de ellos al ejército cartaginés.

En las ciudades fenicio-púnicas, al menos en **Gadir** y **Carthago Nova**, subsistieron las magistraturas tradicionales, como los sufetes, encargados de la administración municipal. Quizás había también magistrados menores, por ejemplo los encargados del reclutamiento de mercenarios entre la población autóctona. Las ciudades que formaban parte del imperio cartaginés en la Península mantuvieron sus propias instituciones, la monarquía al frente de ellas. Una asamblea de jefes ibéricos mantenía relaciones políticas y diplomáticas con la administración bárquida.

CARTAGO Y ROMA EN LA PENÍNSULA IBÉRICA (237-206 a.C.)

237: AMÍLCAR desembarca en Cádiz al frente de un ejército numeroso con el fin de iniciar la conquista de la Península Ibérica siguiendo el curso arriba del Guadalquivir, hasta Sierra Morena, cuyas minas fueron pronto explotadas, y a la costa levantina, donde **fundó Akra Leuke e Illici**. Este avance tenía una clara finalidad: saldar el déficit del tesoro cartaginés, que estaba en verdadera situación de bancarrota tras el fracaso de la I Guerra Púnica. AMÍLCAR prodigó los expolios a los pueblos conquistados y buscó el control de las zonas mineras, especialmente la de Cástulo, en la Oretania.

231: AMÍLCAR recibe una embajada diplomática de Roma, que reclama al cartaginés la deuda contraída en el pacto firmado al final de la primera guerra.

229: Muerto AMÍLCAR en un enfrentamiento con los indígenas, ASDRÚBAL asumió el mando supremo de las tropas (**228**) hasta su muerte (**221**). Este general consolida el poder político cartaginés, estableciendo numerosas alianzas con los indígenas, él mismo se casó con una princesa ibera y maximizando la explotación de las minas, hasta el punto de que la rápida tesaurización puso en guardia a Roma, quien, viendo un peligro inminente de expansión, propició, en **226**, el llamado **Tratado del Ebro**, por el cual ambas potencias establecían como frontera el curso del río.

221: La muerte de ASDRÚBAL supone que el mando supremo recaiga, por aclamación de los soldados, en ANÍBAL, hijo de AMÍLCAR. La política interna, respecto a los territorios peninsulares, no varió sustancialmente; pero en cuanto a la política exterior ANÍBAL recuperó la idea expansionista y militarista de su padre, con claras pretensiones respecto a la conquista de Italia. Con un ejército bien pertrechado, con maquinaria de guerra sofisticada (catapultas) y elefantes, ANÍBAL se dirige a la Meseta superior (**221-220**) siguiendo «la ruta de la plata» hasta **Salmantica** y **Arbucola**. La política respecto a los pueblos conquistados era mixta: en algunos casos los poblados eran saqueados; en otros, establecía alianzas a cambio de recabar hombres para su ejército en calidad de auxiliares. El elemento humano y económico acumulado por ANÍBAL en la Península Ibérica es la base de su estrategia frente a Roma, en lo que sería la II Guerra Púnica.

219: Tras pasar el invierno con sus tropas en **Carthago Nova**, ANÍBAL pasa a la ofensiva, y decide atacar Sagunto. Esta acción es el **casus belli** más discutido en las fuentes antiguas y en la historiografía moderna. Para ANÍBAL, Sagunto era una ciudad indígena sin más; para Roma era, según las fuentes filorromanas, una ciudad aliada. En el **219** ANÍBAL toma Sagunto con el pretexto de proteger a las tribus de turboletas acosadas por los saguntinos. Roma vio en la decisión de ANÍBAL una declaración de guerra. En efecto, Roma moviliza a los dos cónsules, al frente de sendos ejércitos: T. SEMPRONIO LONGO partió para Sicilia, y desde aquí a Cartago; y P. CORNELIO ESCIPIÓN debía desembarcar en la Península tras coger provisiones en Marsella. El enfrentamiento entre los ejércitos romano y cartaginés constituye la II Guerra Púnica (**218-202** a.C.).

218: En el mes de agosto CNEO ESCIPIÓN, hermano del cónsul PUBLIO CORNELIO, desembarca en **Emporion** (=Ampurias) y, tras establecer una amplia base de operaciones logró penetrar hacia el interior. En este mismo año obtuvo en la **batalla de Cesse**, quizá la posterior **Tarraco** (=Tarragona), la primera victoria sobre el ejército cartaginés mandado por HANNON, a quien ASDRÚBAL puso al frente de los territorios al norte del Ebro. CNEO inverna con su ejército en **Tarraco**, donde instala el cuartel general permanente, mientras ASDRÚBAL se retira a **Carthago Nova**.

217: Victoria naval romana en la desembocadura del Ebro. Gran parte de la flota púnica fue destruida o dispersada ante la superioridad de las fuerzas romanas y masaliotas. Roma envía a Hispania a PUBLIO CORNELIO ESCIPIÓN, hermano de Cneo, como procónsul al frente de refuerzos militares y de una pequeña flota. Según Polibio, ambos hermanos cruzaron por primera vez el Ebro en **216**, presencia que coincidiría con sublevaciones y deserciones de los tartesios del bajo Guadalquivir, a los que Cartago tuvo que hacer frente.

215: Nuevo triunfo, esta vez en tierra firme, de los Escipiones sobre el ejército de ASDRÚBAL en las inmediaciones de la ciudad de **Hibera** (quizá la futura **Dertosa**). La victoria romana impide que ASDRÚBAL marchara a Italia para reforzar el ejército de ANÍBAL.

214-212: Los ESCIPIONES realizan diversas incursiones de saqueo y castigo sobre todo por el Levante y el curso alto del Guadalquivir. Aunque de suerte desigual, dichas operaciones culminaron con la toma de Sagunto, devuelta a sus antiguos habitantes. No faltaron tampoco gestiones diplomáticas y contactos con las tribus indígenas materializadas en la atracción de los celtíberos al bando romano.
211: PUBLIO, al frente del grueso de las tropas romanas, es derrotado y muerto en las inmediaciones de Cástulo por los ejércitos reunidos de MAGÓN y ASDRÚBAL GISCÓN, reforzados por la caballería númida de MASINISSA. Poco después esas mismas fuerzas, sumadas a las que mandaba el propio ASDRÚBAL, acorralaban a CNEO, quizá cerca de **Ilurci** (=Lorca), logrando una aplastante victoria en la que pereció el general romano. No parece, sin embargo, que los cartagineses hubieran sabido aprovechar sus éxitos militares, pues C. CLAUDIO NERÓN, enviado por el Senado romano como magistrado en aquel mismo año, logró mantener en manos romanas el territorio al norte del Ebro.
210: PUBLIO CORNELIO ESCIPIÓN, hijo de Publio y futuro vencedor de ANÍBAL, llega a la Península investido con el *imperium* de rango proconsular para asumir el mando de la guerra. Tras asegurar las posiciones romanas entre el Ebro y los Pirineos, estableció alianzas con los indígenas, ganando poco más tarde para su causa a los caudillos de las tribus de ilergetes e ilercavones, INDÍBIL y MANDONIO.
209: Aprovechando la distancia que separaba los tres ejércitos cartagineses ASDRÚBAL en la costa levantina, MAGÓN en el interior, y ASDRÚBAL GISCÓN en la costa atlántica, ESCIPIÓN emprende una rápida marcha sobre Carthago Nova, consiguiendo su caída en un doble asalto por tierra y por mar. La pérdida de la capital, centro estratégico y económico de primer orden, fue irreparable para los cartagineses y aportó a Roma recursos y tesoros inestimables.
208: Conociendo ASDRÚBAL el avance de ESCIPIÓN hacia el oeste, estableció su campamento en la región de Cástulo, rica zona minera que protegía la entrada natural al valle del Guadalquivir. PUBLIO se enfrentó a él en **Baecula** (=Bailén); la rapidez de acción del ejército romano en su intento de que el enemigo no se uniera a los otros dos ejércitos y su disciplina fueron factores decisivos en la victoria final.
Enterado el Senado de los éxitos militares de ESCIPIÓN, le prolongó el mando; sin embargo éste no pudo evitar que ASDRÚBAL atravesara la Península por el interior en su intento de unirse con ANÍBAL y reforzar así sus tropas, cosa que Roma lograría impedir en la **batalla de Metauro** (julio de **207**).
207: La incursión en la Celtiberia del ejército púnico mandado por MAGÓN y un nuevo general enviado por Cartago, HANNON, fue neutralizada por el ejército del propretor SILANO, que logró capturar a MAGÓN y hacer huir a HANNON hacia el sur. Poco más tarde el avance de ESCIPIÓN por el valle del Guadalquivir hacia el bastión púnico de **Gades** y la costa atlántica fue detenido por ASDRÚBAL GISCÓN en **Ilipa** (=Alcalá del Río). El encuentro se saldó con una nueva victoria romana que obligó a los cartagineses ya claramente a la defensiva a replegarse a Cádiz. A raíz de su victoria, ESCIPIÓN fundó la colonia de **Italica**, el primer *vicus civium romanorum* de la Península.
206: **Ilipa** fue el comienzo de la definitiva ruina de los ejércitos púnicos en la península propiciada por el abandono de la alianza por parte de casi todas las tribus indígenas. Los romanos no tuvieron excesivas dificultades, tras asegurar sus posiciones en Cástulo, **Iliturgi** y **Astapa**, en llegar hasta las proximidades de **Gadir**, cuyas puertas fueron abiertas a los romanos sin entablar lucha alguna. MAGÓN, ausente temporalmente, regresó a **Gadir** cuando su causa estaba ya definitivamente perdida, tomando rumbo a las Baleares. Antes de abandonar la Península, ESCIPIÓN tuvo que sofocar una primera revuelta de ilergetes y lacetanos al mando de los jefes indígenas INDÍBIL y MANDONIO, que atacaron los campos de las tribus vecinas aliadas.

HISPANIA DEL 205 AL 155 a.C.

205: Roma envía dos magistrados de rango proconsular, L. LÉNTULO y L. MANLIO ACIDINO, al frente de cada uno de los ejércitos establecidos en los dos grandes teatros de operaciones: el valle del Ebro y el valle del Guadalquivir.
Estalla una nueva sublevación en el territorio de los ilergetes a los que se sumaron lacetanos y ausetanos quizá como reacción a las pesadas cargas tributarias que Roma comenzaba a imponer. LÉNTULO y ACIDINO aplastaron el movimiento rebelde, en el que pereció INDÍBIL, y establecieron como castigo duras exigencias económicas a los vencidos, ejecutando a los principales responsables, entre los que figuraba MANDONIO.
199: La ciudad de **Gades**, que en 206 había firmado con MARCIO un **tratado** ***(foedus)***, envió a Roma una embajada para protestar por la presencia en ella de prefectos que fiscalizaban de forma abusiva la recaudación del tributo en contra de las cláusulas del tratado.
197: El Senado romano determina un orden administrativo para la Hispania romana que será dividida en dos provincias: la Citerior, más próxima a Roma, y la Ulterior más alejada. Para atender el ordenamiento administrativo, jurídico y militar de cada una de ellas, se enviará en lo sucesivo un pretor con *imperium* proconsular, y en situaciones extraordinarias un cónsul.
C. SEMPRONIO TUDITANO en la Citerior y M. HELVIO en la Ulterior, los dos primeros pretores elegidos, fueron los encargados de delimitar las fronteras entre ambas provincias. En ese mismo año estalla una rebelión indígena en la Citerior, en la que el propio Sempronio perdió la vida, y otra en la Ulterior donde los turdetanos, al mando de CULCAS y LUXINIO, con el apoyo de **Malaca** y **Sexi**, se enfrentaron con tal éxito al pretor Helvio que éste tuvo que pedir ayuda a Roma.
196: Llegan a Hispania Q. FABIO BUTEON (Ulterior, para reemplazar a Helvio) y Q. MINUCIO THERMO (Citerior), ambos con tropas de refuerzo. Si el primero no parece haber resuelto con éxito la grave situación de la provincia, MINUCIO venció a los caudillos indígenas BUDAR y BESADINES en las inmediaciones de la ciudad de **Turba**, éxito notable a juzgar por los honores de triunfo que le fueron concedidos en Roma.

Geografía latina de España.

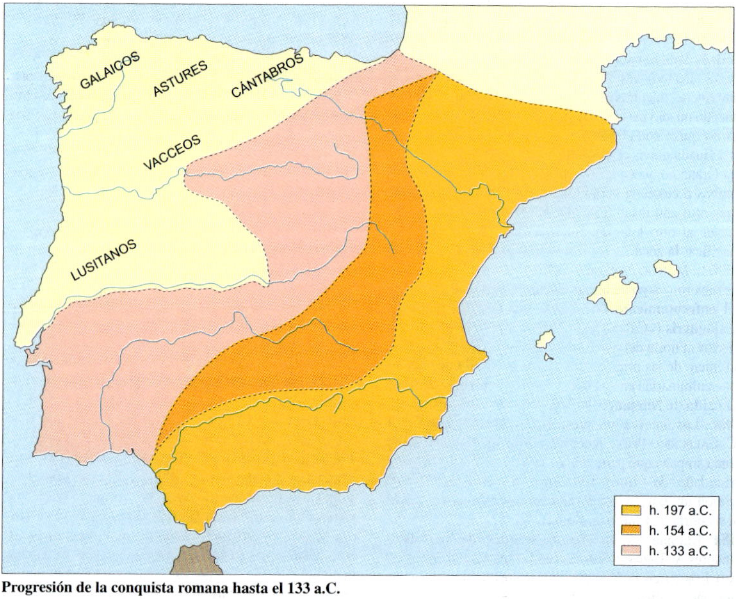

Progresión de la conquista romana hasta el 133 a.C.

195: Tal era la magnitud de la rebelión que Roma se vio obligada a enviar como cónsul a MARCO PORCIO CATÓN con un poderoso ejército y dos nuevos pretores: PUBLIO MANLIO en la Citerior y APIO CLAUDIO NERÓN en la Ulterior. La primera acción de CATÓN fue someter **Rhode** (=Rosas), ocupada por los indígenas, y luego Ampurias, donde sometió a los rebeldes. Después, dirigiéndose contra los bergistanos llevó a cabo una ejemplar represión, vendiendo a sus habitantes y desmembrando su territorio entre las tribus vecinas.

La difícil situación de la Turdetania, donde entre tanto combatían los dos pretores, hizo necesaria la presencia de CATÓN. Las gestiones de CATÓN con los celtíberos, mercenarios a sueldo de los turdetanos, evitó el entendimiento entre ambos pueblos y alejó la posibilidad de una continuación inmediata de la guerra.

CATÓN regresó hacia el norte, haciendo un despliegue de fuerza no exento de alguna posible acción, a través de la Meseta. De nuevo en la Citerior tuvo que hacer frente a nuevas sublevaciones de los lacetanos y bergistanos en lo que sería la última acción de armas del cónsul en Hispania. Roma premió su mandato con un triunfo.

194: Roma envía a los pretores SEXTO DIGITIO (Citerior) y P. CORNELIO ESCIPIÓN NASICA (Ulterior), hijo de CNEO ESCIPIÓN muerto en Hispania en 211. Las fuentes mencionan por vez primera a los lusitanos quienes, tras saquear la región del Guadalquivir, fueron derrotados por ESCIPIÓN en las cercanías de **Ilipa**.

193: C. FLAMINIO es nombrado pretor de la Citerior y M. FULVIO NOBILIOR de la Ulterior. FULVIO dirigió algunas operaciones contra oretanos y carpetanos en un intento de dominar los valles alto y medio del Tajo y cercar a los lusitanos. La acción afortunada de ambos explica que el Senado les prorrogara el mando para el 192.

191: L. EMILIO PAULO (vencedor más tarde del rey macedonio Perseo) sustituyó a M. FULVIO al frente de la provincia, mientras C. FLAMINIO era prorrogado en el mando un año más. El primero fue derrotado por los lusitanos quizá con el apoyo de algunas ciudades del valle del Guadalquivir cerca de la ciudad de **Lykon** (=*Ilurco?*, en Granada), ya en el 190 (cuando el Senado concedió a ambos pretores la permanencia al frente de sus provincias otro año más). Sólo algo más tarde lograría rechazarlos al otro lado del río, dedicando sus esfuerzos a pacificar la zona.

188: L. MANLIO ACIDINO (Citerior) y C. ATINIO (Ulterior) se hicieron cargo de las provincias hispanas hasta el **186**. El **enfrentamiento** de MANLIO **con los celtíberos en Calagurris** (=Calahorra), en un intento de mantener las tierras al norte del río lejos de presiones externas, marca el inicio de las primeras operaciones contra estas tribus, que culminarían en una durísima guerra resuelta sólo con la **caída de Numancia** en **133**.

186: Los nuevos pretores, L. QUINCTIO CRISPINO y C. CALPURNIO PISÓN, juntando sus tropas llevaron a cabo una campaña que partiendo de la Beturia llegó a las proximidades de **Dipo** y **Toletum**, donde finalmente obtuvieron un éxito frente a carpetanos y celtíberos, lo que les valdría un triunfo en Roma.

184: Durante los dos años de mandato de los gobernadores A. TERENCIO VARRON en la Citerior y P. SEMPRONIO LONGO en la Ulterior, las fuentes sólo mencionan acciones militares de importancia secundaria como la que llevó a cabo TERENCIO contra los suessetanos, **tomando la ciudad de Corbion**.

182: La situación de tranquilidad se mantuvo en la Ulterior durante los dos años de P. MANLIO. Sin embargo, A. FULVIO FLACO, pretor de la Citerior, tuvo que dirigir diversas operaciones, primero entre el Ebro y el Júcar, en 182, que culminarían con la **toma Urbicua** (=Concud), y después, en 181, en la Carpetania, con la **toma de Contrebia** (cerca de Daroca), merecedoras de un triunfo en Roma.

180: T. SEMPRONIO GRACO, padre de los célebres tribunos, se hace cargo de la Citerior, mientras a L. POSTUMIO ALBINO le corresponde la Ulterior. El primero fue el verdadero artífice de la pacificación de los celtíberos. Tras realizar algunas operaciones secundarias en 180, inició en 179, en colaboración con su colega, una acción contra lusitanos y celtíberos; mientras POSTUMIO, por la Vía de la Plata, alcanzó el territorio de los vacceos a los que se enfrentó en dos batallas: GRACO castigaba a oretanos y lusitanos llegando hasta la Celtiberia meridional donde **conquistó la ciudad de Ercavica** (=Cabeza del Griego); posteriormente, por tierras de vacceos y arévacos, atacó a los celtíberos en las estribaciones del Moncayo (cerca de **Complega**).

Dicha victoria fue tan rotunda que los celtíberos se vieron obligados a firmar la paz. El tratado, firmado por vacceos, arévacos, belos y titos, les comprometía al pago de un tributo, a prestar tropas auxiliares a Roma y a no edificar nuevas ciudades. Terminada su obra de conquista que ponía el dominio romano hasta el contacto con várdulos, vacceos y vettones se entregó a una ordenación de los límites del nuevo territorio conquistado, siempre mediante pactos y alianzas con las nuevas tribus anexionadas.

En el **178 fundó la colonia de Gracchurris** (=Alfaro), junto a la antigua **Ilurcis**, donde se asentaron numerosos efectivos de sus legiones. Respecto a los indígenas, procedió a un reparto más justo de la tierra y concedió con frecuencia la ciudadanía, dando así paso a un período de paz que, con leves sobresaltos para Roma, se mantendría hasta el **154**.

171-168: Como consecuencia de la **guerra contra Perseo**, Roma reunifica bajo un solo mando las dos provincias hispanas.

171: **Fundación de la colonia Carteia** (=El Rocadillo, Algeciras), primera colonia latina fuera de Italia. El Senado recibe a una embajada indígena para quejarse de los constantes abusos de los administradores romanos.

169: **M. Claudio Marcelo funda Corduba** (=Córdoba), futura capital de la Ulterior.

LAS GUERRAS CELTIBERO-LUSITANAS (155-133 a.C.)

155: Los ataques de los lusitanos sobre ciudades del mediodía, atestiguados desde el **193**, reaparecen en **155**; aliados con los vettones y dirigidos por el régulo PUNICO, infligieron al pretor de la Ulterior M. MANLIO una severa derrota.

154: Nueva victoria de los lusitanos de PUNICO frente al nuevo pretor CALPURNIO PISÓN.

153: Roma envía a L. MUMMIO como pretor a la Ulterior, y a Q. FULVIO NOBILIOR en calidad de cónsul a la

Citerior. El primero cayó en la Bética frente a los lusitanos CAISARO, sucesor de PÚNICO, siendo aniquilados nueve mil romanos. Los celtíberos inician una rebelión: al mando de CARO comenzaron a reforzar las murallas de **Segeda** (cerca de Calatayud, en el territorio de los belos), negándose a pagar el tributo exigido. Refugiados en Numancia esperaron la llegada de FULVIO NOBILIOR al que derrotaron en varios enfrentamientos.

152: CLAUDIO MARCELO, pretor de la Ulterior en el 168, sustituye a NOBILIOR. Utilizando más la diplomacia que las armas, **toma la ciudad de Ocilis** y negocia la paz con los celtíberos, que se mantendría en la Meseta hasta el **143** sin el beneplácito del Senado, deseoso de proseguir la guerra.

151: Llegan a Hispania el cónsul L. LICINIO LÚCULO (Citerior) y el pretor SERVIO SULPICIO GALBA (Ulterior), fieles ejecutores de la política belicista senatorial. Aquél, bajo pretextos difícilmente justificables, **atacó la ciudad de Cauca** (=Coca) donde causó una matanza general. Después logró la **capitulación de Intercatia** (cerca de Montealegre) pero fracasó en la toma de **Pallantia** (=Palencia), retirándose a invernar en **Corduba**.

150: El pretor GALBA, bajo la promesa de repartir tierras reunió a treinta mil lusitanos en tres campamentos, ordenando su matanza y vendiendo a los supervivientes como esclavos. A su regreso a Roma sería juzgado por este hecho, pero fue absuelto.

147: La indignación de las tribus lusitanas, unida a una situación de pobreza, explica su revuelta masiva bajo el mando de VIRIATO, quien en 147, en **Tribola**, preparó una emboscada en la que cayeron las tropas del pretor VETILIO. Este desastre romano permitió a las tribus lusitanas saquear la Carpetania y atacar las guarniciones del Guadiana y del Tajo.

146: Nuevas victorias de Viriato, esta vez sobre el pretor PLAUTIO en la Carpetania, y sobre CLAUDIO UNIMANO, gobernador de la Citerior.

144: FABIO MÁXIMO, cónsul en 145, tras su enfrentamiento con VIRIATO en campo abierto, logra que éste se retire del **valle del Baetis**. No obstante desde **Baecula**, VIRIATO lanzará sus ataques en los dos años siguientes (**143** y **142**) apoderándose de **Tucci** (=Martos) y alcanzando la Bastetania.

143: Roma envía al cónsul Q. CECILIO METELO al mando de un importante ejército para hacer frente a una nueva sublevación de los celtíberos (**143-133**). Mientras **Nertobriga** y **Centobriga** aceptaron las condiciones de paz, otras ciudades como **Contrebia** fueron tomadas por la fuerza.

142: CECILIO METELO pasa el valle del Duero saqueando la tierra de los vacceos aprovechando los trabajos de recolección del trigo.

141: Ante las continuas incursiones de VIRIATO en la Bastetania, el cónsul Q. FABIO MÁXIMO SERVILIANO tras una campaña logró reducirle en el interior de Lusitania. Sin embargo, los continuos ataques y contraataques de uno y otro bando se sucedieron hasta el **asedio romano de Erisane**, ciudad de la Beturia, donde VIRIATO forzó al gobernador de la Ulterior a firmar un **tratado de paz** que el Senado ratificaría.

En la Citerior, Q. POMPEYO, sucesor de METELO, tras fracasar en la toma de Numancia obtuvo una dudosa **victoria en Termantia** (=Santa María de Tiermes), retirándose a invernar a **Valentia**.

140: Q. SERVILIO CEPIÓN, sucesor y hermano de SERVILIANO, considerando una desgracia para el honor romano el tratado firmado con VIRIATO, obtuvo permiso del Senado para reanudar las hostilidades. En la Beturia logró la **conquista de Arsa**. Retirado a la defensiva a la Carpetania, VIRIATO sostuvo diversos enfrentamientos con CEPIÓN, que, sin embargo, no trajeron consigo resultados definidos. Por su parte en la Citerior Q. POMPEYO, prorrogado en su mando realizó un nuevo asedio de Numancia; ante las continuas dificultades se vio obligado a negociar con los numantinos, POMPEYO, tras prometerles toda clase de garantías, negó posteriormente toda validez al pacto, lo que le valdría un sonado proceso en Roma.

139: VIRIATO, muy debilitado, inicia conversaciones con CEPIÓN por medio de tres miembros de su Consejo. Éstos, en connivencia con el cónsul, decidieron eliminar a VIRIATO, lo que sucedió ese mismo año. TÁNTALO, su sucesor, hizo algunas expediciones por la Ulterior, aunque sería vencido por CEPIÓN. En la Citerior el nuevo cónsul M. POPILIO LAENAS, que había sustituido a POMPEYO, fracasó también en el asedio de Numancia, conformándose con nuevas *razzias* sobre el territorio vacceo.

138: DECIO JUNIO BRUTO, procónsul de la Ulterior, tras cruzar el Duero y alcanzar el valle del Miño, **somete** algunas ciudades como **Bracara** y **Talabriga** (=Aveiro). Su expedición (**138-137**) le valió un triunfo y el sobrenombre de «GALAICO». En la Citerior, HOSTILIO MANCINO no sólo fracasó como su predecesor en el asedio de Numancia sino que, bloqueado por sus enemigos, fue obligado a firmar una capitulación que el Senado romano consideró humillante. Los tres años siguientes (**137-135**) fueron de tregua para Numancia, y Roma centró sus ataques en el territorio de los vacceos.

134: P. ESCIPIÓN EMILIANO (vencedor de Cartago en 146) inicia en octubre, como cónsul al frente de un disciplinado ejército, un nuevo cerco de Numancia, esta vez definitivo. En la expedición figuran políticos como C. MARIO y C. GRACO, y hombres de letras como POLIBIO o LUCILIO.

133: La falta de colaboración de los pueblos vecinos así como el largo asedio que privó a la ciudad de alimentos facilitaron la **caída de Numancia**, luego saqueada y destruida, poniendo punto final a un largo período de resistencia en la Celtiberia y el valle del Ebro.

HISPANIA DESDE LA CAÍDA DE NUMANCIA HASTA EL FINAL DE LAS GUERRAS CÁNTABRAS (133-19 a.C.)

133: Tras la caída de Numancia se abre un período de paz en Península Ibérica, hasta el año **109**.

123: El cónsul Q. CECILIO METELO conquista las islas Baleares bajo el pretexto del peligroso avance de la piratería. Luego **fundó** dos núcleos urbanos en la isla mayor: **Palma** y **Pollentia**. Su campaña fue premiada en Roma con el triunfo (**121**) y con la concesión del sobrenombre «BALEÁRICO».

114: C. MARIO, como propretor, somete con la colaboración de las tribus celtíberas a bandas de lusitanos que venían realizando incursiones sobre las ciudades de la Meseta Citerior. La pacificación no debió de ser completa, como demuestran las campañas posteriores de M. JUNIO SILANO (**113**), L. CALPURNIO PISÓN FRUGI (**112**) y Q. SERVILIO CEPIÓN (**109**).
104: La tribu de los cimbrios invade Hispania por los Pirineos orientales, saqueando el nordeste de Hispania y llegando hasta el Ebro y parte de la Meseta sin que el pretor FULVIO pudiera contenerlos. Sólo la resistencia de los celtíberos logró rechazarlos. Abandonando la Península se unirían nuevamente a los teutones, siendo finalmente vencidos por MARIO al norte de Italia (*Vercellae* en **101**).
102: MARCO MARIO (hermano del cónsul), tras un nuevo enfrentamiento con los lusitanos en la Ulterior, asienta tribus celtíberas que colaboraron como tropas auxiliares en la ciudad de **Colenda**, en el valle del Duero. La campaña se prolongó hasta el año siguiente bajo el mando de L. CORNELIO DOLABELLA.
99: Se inicia un nuevo levantamiento de las tribus celtíberas en la Citerior. Vencido el pretor C. CELIO CALDO, Roma envió al cónsul TITO DIDIO (en el **98**), cuya presencia en la Península se prolongó hasta el 93, fecha en la que recibió en Roma un triunfo. Con él aparece por primera vez en Hispania Q. SERTORIO como tribuno militar.
93: Llega a la Citerior el cónsul C. VALERIO FLACO, quien ordena ejecutar a los habitantes rebeldes de la ciudad de **Belgeda**. Sería esta la última campaña hasta las guerras sertorianas.
82: Se inician en suelo hispano las llamadas **«guerras sertorianas»** desde el **82** hasta el **72** a.C., consecuencia de las luchas entre **optimates** y **populares**. Q. SERTORIO, tras establecerse en Suesa, se atrajo la amistad de los celtíberos y de muchos ciudadanos romanos.
81: L. LIVIO SALINATOR, al frente de una de las legiones sertorianas es vencido por el procónsul C. ANNIO LUSCO en los Pirineos. SERTORIO, no pudiendo hacerle frente, se retira a Carthago Nova donde embarca con sus tropas a Mauritania. De nuevo en Hispania vence a FUFIDIO, a quien SILA había enviado para combatirle.
80: SERTORIO prepara su ejército al tiempo que aumenta su prestigio entre iberos y lusitanos.
79: Llega a Hispania el procónsul Q. CECILIO METELO para hacerse cargo de la guerra sertoriana, estableciendo en *Corduba* su cuartel general. HIRTUYELO, lugarteniente de SERTORIO, derrota a M. DOMICIO CALVINO, procónsul de la Citerior, mientras SERTORIO por su parte vence al legado L. THORIO BALBO. Durante los dos años siguientes SERTORIO se limita a una guerra de guerrillas, mientras METELO establece sólidos campamentos en la Vía de la Plata (*Metellinum* = Medellín) y en la cuenca del Guadiana.
77: HIRTULEYO pasa a Lusitania para contener a METELO (a quien únicamente la Bética obedece) mientras SERTORIO llevó a cabo una campaña en la Citerior. La casi totalidad de las tribus celtíberas se le unen y sólo ciudades como *Bilbilis* y *Contrebia* fueron tomadas por las armas. Sus fuerzas se incrementaron con la unión de PERPENNA a la causa sertoriana. A finales de este año se retira a invernar a *Castra Aelia*.
76: Dado el creciente poder de SERTORIO y la ineficacia militar de METELO, el Senado romano decide enviar a Hispania a CNEO POMPEYO. Con HIRTULEYO en Lusitania, PERPENNA en el sur del Ebro para cortar el paso de POMPEYO y de HERENNIO a su retaguardia, SERTORIO se dirige hacia el Levante donde se apoderó de Laurón. Sin embargo, HIRTULEYO es derrotado por METELO en las proximidades de *Italica*.
75: METELO derrota nuevamente a HIRTULEYO en la **batalla de Segobriga**, dándole muerte para, a continuación, unirse a POMPEYO en la costa levantina. Éste tras vencer a PERPENNA y HERENNIO cerca de *Valentia* fue, a su vez, derrotado por SERTORIO a orillas del *Sucro*. A finales de este año o comienzos del siguiente **fundaría Pompaelo** (=Pamplona), para algunos autores simple denominación de un *oppidum* indígena.
74: POMPEYO toma la iniciativa de los combates, apoderándose de diversas ciudades de la Celtiberia.
73: SERTORIO, abandonado por sus antiguos aliados, pierde toda la Celtiberia, retirándose al valle del Ebro.
72: SERTORIO es asesinado en la ciudad de *Osca* (=Huesca) en una conjuración dirigida por PERPENNA. Algunas ciudades (**Uxama**, **Termantia**, **Clunia**, **Osca**, **Valentia**) **continúan la resistencia** pero son pronto sometidas.
68: Llega a Hispania como cuestor, a las órdenes del pretor de la Ulterior, C. JULIO CÉSAR; pero sus cualidades como gobernante no se pondrían de relieve hasta el **61**. Es nombrado pretor de la Ulterior. Para acabar con el bandolerismo lusitano se dirigió a su principal reducto, el *Mons Herminius* (=Sierra de la Estrella) donde llevó a cabo una campaña que incluía medidas de reordenación territorial. Desde aquí siguió hacia el norte, llegando hasta *Gallaecia*. Por mar navegó hasta *Brigantium* (Betanzos, La Coruña) sometiendo a las tribus galaicas y obteniendo grandes recursos económicos.
56: Levantamiento de las tribus vacceas de la Citerior apoyadas por otras vecinas, sofocado por el gobernador de la Citerior METELO NEPOTE. Por los llamados «acuerdos de Lucca» Hispania pasa a manos de POMPEYO.
49: En los inicios de la guerra civil (**49-44**) CÉSAR llega a Hispania para combatir a los pompeyanos. AFRANIO y PETREYO son vencidos por CÉSAR en *Ilerda* (=Lérida). Muchas ciudades ibéricas se adhieren a la causa de CÉSAR, quien logró someter la Ulterior sin dificultades, defendida por M. VARRÓN.
48: CÉSAR viaja a Roma dejando como gobernadores de Hispania a Q. CASSIO LONGINO (Ulterior) y M. EMILIO LÉPIDO (Citerior).
47: CNEO y SEXTO, hijos de POMPEYO MAGNO, logran reclutar un ejército en Hispania, sin duda aprovechando el descontento creado por la mala gestión de CASSIO.
46: Ante el temor de que los pompeyanos se hicieran con el control de la Ulterior, CÉSAR regresa otra vez a Hispania.
45: Desde *Obulco* (=Porcuna) CÉSAR marcha sobre la ciudad filopompeyana de *Ategua* (=Teba la Vieja) a la que pone sitio. Poco después, en las cercanías de *Munda* (=Montilla) venció a CNEO POMPEYO (marzo), lo que le permitió adueñarse de las principales ciudades enemigas (*Urso, Corduba*). Sus legiones **someterían** finalmente **Hispalis**, **Hasta**, **Carteia** y **Gades**. Numerosas ciudades

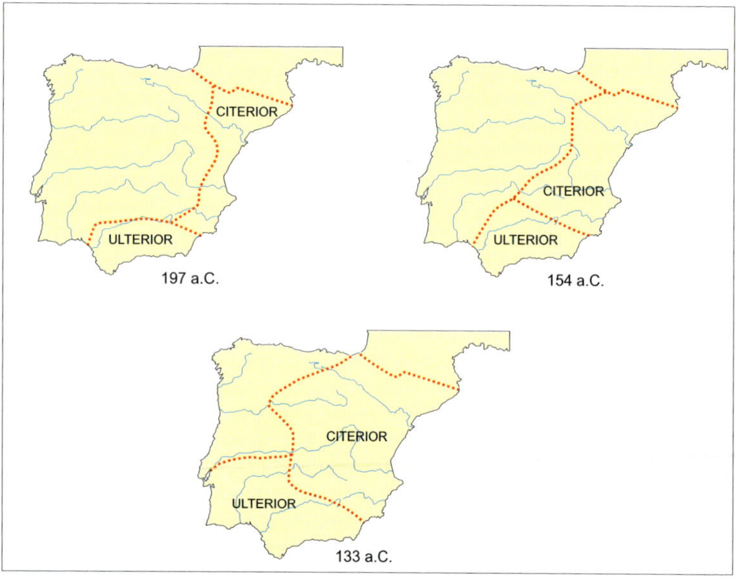

División provincial durante la República.

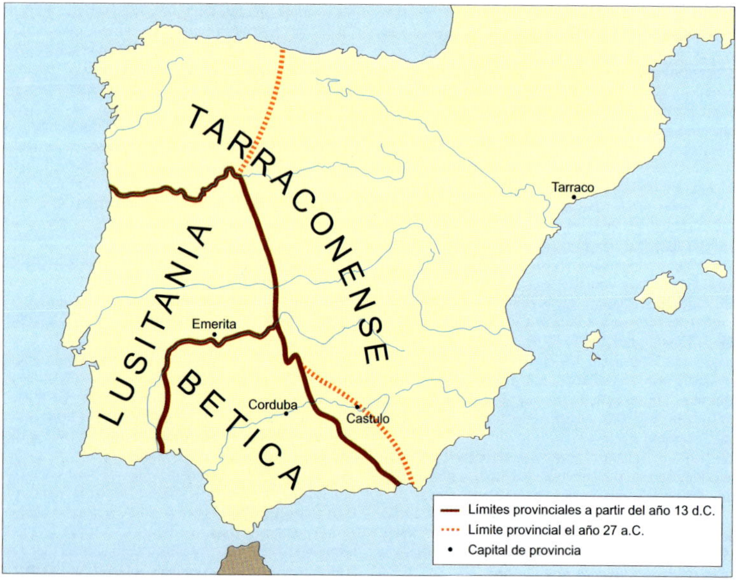

División provincial de Augusto.

recibieron estatutos o mejoraron su condición jurídica como consecuencia de la guerra.
43: En el **triunvirato** que repartía el gobierno de los territorios romanos entre Marco Antonio, Octaviano y Lépido, es a este último a quien corresponde el de Hispania. Lépido no la gobernaría personalmente, sino a través de sus legados. Lo mismo sucedería cuando el mando de la misma pasó a manos de Octaviano (=Augusto).
38: Cn. Domicio Calvino, legado de Octaviano (**39-37**) logra someter una sublevación de los ceretanos. El rey Bogud de Mauritania, quizá por instigación de Marco Antonio, realiza una incursión por el sur de la Ulterior, que se vio obligado a abandonar, regresando a África.
29: Primera noticia de movimientos de la guerra cántabra: Estatilio Tauro lleva a cabo una campaña contra cántabros, vacceos y astures que será continuada como preparación de la guerra del 26 en los años siguientes por C. Calvisio (en el **28**) y Sexto Apuleyo (en **27**).
27: División de la provincia Ulterior: **Hispania Ulterior Baetica**, con capital en *Corduba*, administrada por el Senado; e **Hispania Ulterior Lusitania**, administrada por el emperador por medio de un **legatus Augusti propraetore**. A finales de este año Augusto establece su campamento en *Tarraco*.
26: Desde *Tarraco* Augusto traslada su campamento a *Segisamo* (=Sasamón, Burgos) desde donde planifica el ataque contra cántabros, astures, y los galaicos del norte. La expedición contaba con un triple cuerpo de ejército formado por siete legiones: el del propio Augusto (Citerior) con su legado Antistio Veto, y los de *Asturica* y *Bracara* (Lusitania) mandados por el legado Carisio. Durante este año los cántabros son el objetivo principal de la guerra: tras el **asedio y toma de Aracilium** (=Aradillos), los romanos lograron dominar los más destacados reductos cántabros orientales. Los cuerpos de *Asturica* y *Bracara* (=Braga) logran controlar *Bergidum* y *Mons Vindium*. Finalmente fueron atacados los cántabros mas occidentales. Para entonces Augusto, ante la dureza del clima y de la campaña, se había visto obligado a retirarse a *Tarraco*.
25: El ejército de la Citerior, mandado por Antistio, y el de Lusitania a las órdenes de Carisio, actúan coordinados contra los astures mientras la flota hostigaba desde la costa. Tras el licenciamiento masivo de soldados, **un grupo de veteranos funda Emerita Augusta** (=Mérida). La resistencia final de los astures tuvo lugar en el *Mons Medullius* donde, cercados por los romanos, muchos se suicidaron.
24: Augusto regresa a Roma dando por concluida la guerra y celebrando un triunfo. Lucio Emilio recibió como legado propretor el mando de las tropas de Cantabria. No obstante, cántabros y astures aprovechando su ausencia iniciaron nuevas sublevaciones que fueron pronto sofocadas.
22: Nuevas revueltas de astures y cántabros. Aquellos, según las fuentes, no soportaban las crueldades de Carisio, jefe de las tropas de Lusitania. Cayo Furnio, tras actuar contra los cántabros, acudió en ayuda de Carisio, derrotando ambos a los rebeldes.
19. Augusto envía a la Península a M. Vipsanio Agripa, quien uniría sus fuerzas a las del gobernador de la Citerior, P. Silio Nerva, ante los continuos rebrotes de lucha en el norte. Lograrían rápidos éxitos, no sin antes restaurar la disciplina en las legiones que pondrían final a la guerra.
13-7: Augusto procede a un nuevo reajuste territorial y administrativo de Hispania.

HISPANIA HASTA LA MUERTE DE AUGUSTO

Política y administración

La conversión en «**provincia**» de los territorios conquistados por los romanos en la Península Ibérica, en **205**, marca el inicio de un largo proceso por el que Hispania se incorporará a los modos de vida de Roma en sus aspectos políticos y administrativos, sociales, religiosos, jurídicos, y culturales. Este proceso se conoce como «romanización».
Las provincias hispanas (Citerior y Ulterior desde **197** a.C.) fueron gobernadas por magistrados curules, cónsules en casos de especial dificultad, y regularmente, pretores investidos de poderes militares (*imperium*). El cargo, electivo y de periodicidad anual, podía ser prorrogado por el Senado (procónsules o propretores). Entre los amplios poderes que aquellos disfrutaban figuran además de la dirección del ejército la promulgación de edictos, la acuñación de moneda o la administración de justicia. No obstante solían contar con la opinión del Senado de Roma, verdadero órgano del poder provincial, ya que sancionaba los tratados de paz, resolvía quejas, enviaba embajadas o asignaba un patrono defensor de los provinciales. También al Senado correspondía decidir las prórrogas de los magistrados y juzgar la gestión de los gobernadores salientes. Los gobernadores eran generalmente acompañados por otros magistrados menores (*legati, tribuni militum, quaestores, praefecti*) y de personal subalterno.
Los límites de las provincias hispanas aumentaron con la progresión de la conquista y nunca conocieron un territorio fijo. Fue sólo en el año 133 cuando Hispania contó con una **lex provinciae** que determinaba la condición jurídica de cada ciudad, territorio o pueblo y especificaba los tributos y las prestaciones militares. Con ello las exacciones y los abusos fiscales comenzaron a desaparecer.
En el año **27** a.C. Augusto dividió la Península Ibérica en tres provincias. En el nuevo reparto la figura del emperador resta competencias al Senado. Éste rige ahora el gobierno de una de las dos provincias en que se divide la antigua Ulterior, es decir, la **Hispania Ulterior Baetica, con capital en Corduba**. La otra, la **Hispania Ulterior Lusitania**, pasa bajo la tutela del emperador por medio de un **legatus Augusti propraetore con sede en Emerita Augusta.** La antigua provincia *Citerior*, ahora **Citerior Tarraconense**, es también de carácter imperial, **con capital en Tarraco**. Las dos provincias imperiales eran gobernadas por *legati* augústeos. Entre los años **13-7** a.C. fueron reajustadas las fronteras: Galicia y norte del actual Portugal (hasta el Duero), Asturias y Cantabria se incorporaron a la Tarraconense; también el territorio bético entre *Carthago Nova* y Almería pasó a engrosar la Tarraconense, de modo que esta provincia comprendía más del 50 % del territorio peninsular.
Roma llevó a cabo una intensa urbanización de Hispania, que, sin embargo, se retrasó mucho respecto a

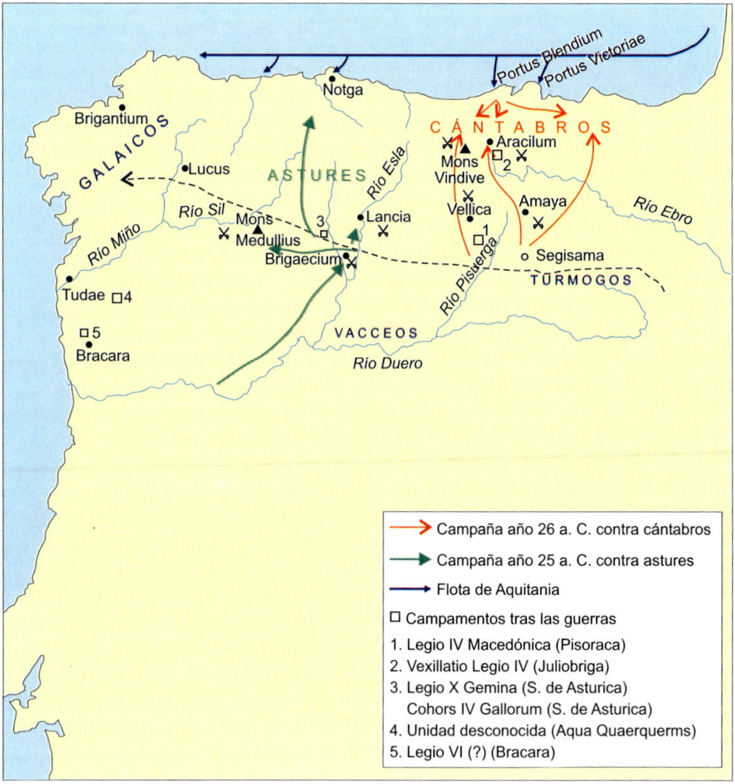

Campaña año 26 a. C. contra cántabros
Campaña año 25 a. C. contra astures
Flota de Aquitania
Campamentos tras las guerras
1. Legio IV Macedónica (Pisoraca)
2. Vexillatio Legio IV (Juliobriga)
3. Legio X Gemina (S. de Asturica)
Cohors IV Gallorum (S. de Asturica)
4. Unidad desconocida (Aqua Quaerquerms)
5. Legio VI (?) (Bracara)

Las guerras cántabras (26-25 a. C.).

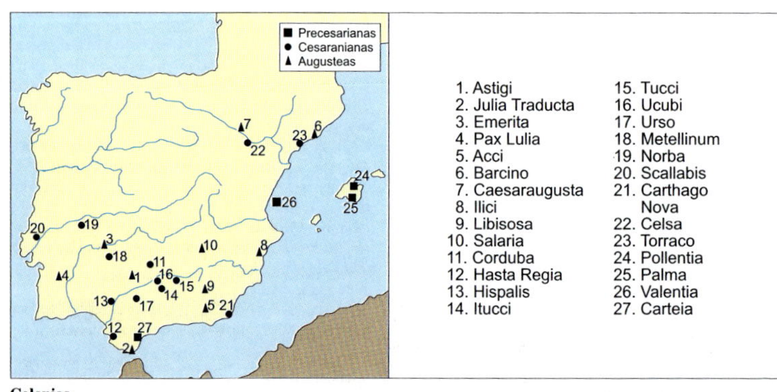

Colonias.

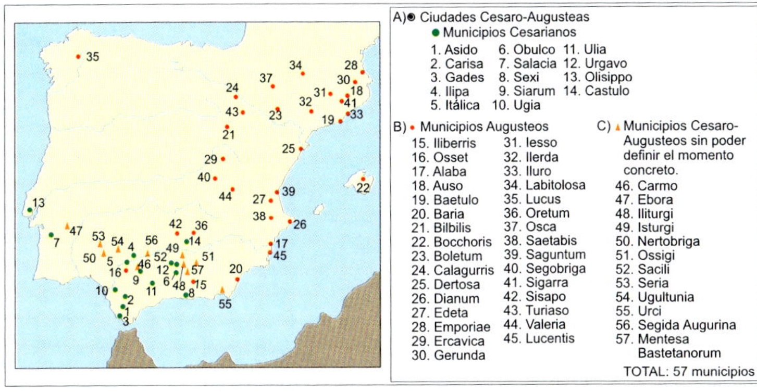

A) Ciudades Cesaro-Augusteas
Municipios Cesarianos

1. Asido
2. Carisa
3. Gades
4. Ilipa
5. Itálica
6. Obulco
7. Salacia
8. Sexi
9. Siarum
10. Ugia
11. Ulia
12. Urgavo
13. Olisippo
14. Castulo

B) Municipios Augusteos

15. Iliberris
16. Osset
17. Alaba
18. Auso
19. Baetulo
20. Baria
21. Bilbilis
22. Bocchoris
23. Boletum
24. Calagurris
25. Dertosa
26. Dianum
27. Edeta
28. Emporiae
29. Ercavica
30. Gerunda
31. Iesso
32. Ilerda
33. Iluro
34. Labitolosa
35. Lucus
36. Oretum
37. Osca
38. Saetabis
39. Saguntum
40. Segobriga
41. Sigarra
42. Sisapo
43. Turiaso
44. Valeria
45. Lucentis

C) Municipios Cesaro-Augusteos sin poder definir el momento concreto.

46. Carmo
47. Ebora
48. Iliturgi
49. Isturgi
50. Nertobriga
51. Ossigi
52. Sacili
53. Seria
54. Ugultunia
55. Urci
56. Segida Augurina
57. Mentesa Bastetanorum

TOTAL: 57 municipios

Municipalización bajo César y Augusto.

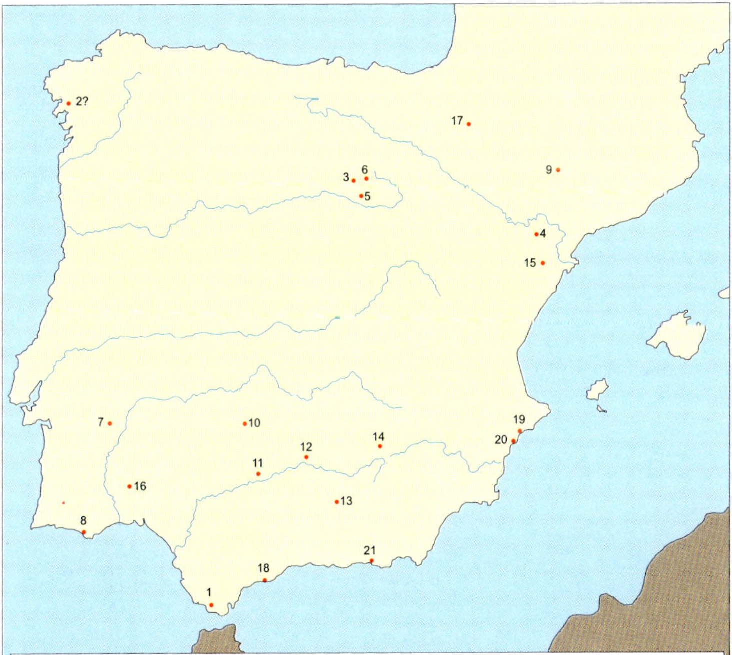

Municipios Julio-Claudios

1. Baelo
2. Claudionerio (?)
3. Clunia
4. Leonica
5. Termes
6. Uxama
7. Amaia
8. Ossonoba

Municipios preflavios sin posibilidad de determinar la época

9. Aeso
10. Arsa
11. Celti
12. Epora
13. Ilurco
14. Ilugo
15. Lesera
16. Myrtilis
17. Pompaelo
18. Suel
19. Damania (?)
20. Osicerda (?)
21. Abdera

TOTAL: 21 Municipios

Municipalización bajo los Julio-Claudios.

Municipalización bajo los Flavios.

los inicios de la conquista. Durante una primera fase hasta las guerras civiles, no consideró necesaria la fundación de nuevas ciudades, bastándole las ya existentes. Las ciudades indígenas fueron agrupadas por Roma en varias categorías jurídicas: a) **foederatae**: las relaciones de estas ciudades (Gades, Malaca, Ebusus, *Tarraco, Saguntum*, etc.) con Roma estaban reguladas por un pacto (*foedus*), generalmente inclinado a favor de los romanos, pero que suponía el reconocimiento de la *libertas* de sus habitantes; b) **liberae et inmunes**: son, como las anteriores, ciudades soberanas (*Ostippo, Astigi, Vetus, Cartima, Singilia*, etc.) pero reconocidas como tales sólo por Roma, sin que mediaran pactos. Ciudades **foederatae y liberae**, gobernadas autónomamente pero con fuertes limitaciones en su política exterior, estaban exentas de obligaciones fiscales si bien debían contribuir con recursos al ejército romano; c) el resto de las ciudades (la mayor parte: 291 en tiempos de Augusto -según Plinio-) eran consideradas por Roma **stipendiariae**. Como resultado de una rendición sin condiciones (*deditio*), Roma era propietaria de todos los bienes y personas, si bien en la práctica se autorizaba a los habitantes a explotar sus recursos a cambio del pago de un tributo (*stipendium*). La tierra ocupada por estos *peregrini* o *stipendiarii* podía ser reclamada por Roma en cualquier momento, generalmente por necesidades militares.

Por otra parte, Roma fundó tardíamente en Hispania numerosas colonias y municipios que se ajustaban al modelo tradicional de ciudad:

a) **las coloniae** eran ciudades fundadas generalmente por iniciativa personal de un magistrado *cum imperio*, aportando veteranos legionarios, casi siempre próximas a territorios aún no conquistados por Roma. En unos casos éstas son fundaciones *ex novo* (**Celsa**, **Emerita Augusta**, **Caesaraugusta**), mientras en otros casos la nueva colonia se forma sobre un antiguo poblado indígena en el que convergen núcleos de poblaciones autóctonas y de ciudadanos italo-romanos (**Hispalis**, **Urso**, **Astigi**, etc.). Su fundación siempre comportaba el reparto de tierras entre los licenciados del ejército (2.000-6.000) y su organización interna calcaba, a menor escala, las instituciones de Roma (curia, senado, magistrados) por lo que sus habitantes eran ciudadanos romanos

b) **Los municipios (municipia)** son, por el contrario, resultado de elevar un régimen jurídico al de Roma, a un núcleo preexistente sin que, por tanto, existieran asentamiento de veteranos, distribuciones de tierras o ampliaciones urbanísticas. En los municipios, en los edificios urbanos y en sus gentes, predomina lo civil, frente a los valores militares que imperan (al menos en sus inicios) en las colonias; jurídicamente, sin embargo, aquellos eran de rango y honor inferior a las colonias, también en el ámbito fiscal. Los municipios podían ser de derecho romano o de derecho latino.

Desde época de CÉSAR estas ciudades publicaron leyes municipales, conservándose de este período la célebre **lex Coloniae Genitivae Iuliae**, de *Urso* (=Osuna).

Economía y sociedad

Las minas fueron centro de atracción para los romanos desde el primer momento de la conquista. Éstos no hicieron sino seguir las explotaciones de fenicios y cartagineses, manteniendo las mismas técnicas, aunque ampliando la búsqueda de nuevos yacimientos e incluso de lechos de ríos ricos en metales preciosos. De esta forma Hispania fue el más importante abastecedor de metales del mundo romano al menos hasta finales del s. I d.C. El oro se encontraba en las desembocaduras de los ríos, como el *Tagus* (=Tajo), pero AUGUSTO añadiría las extracciones de los ricos yacimientos del NO peninsular. La plata siguió siendo extraída en esta época de los ricos distritos mineros de *Baebelo, Carthago Nova*, Cástulo y Riotinto. La zona minera más rica en cobre siguió siendo Sierra Morena, usado en acuñaciones romanas. También se conocen explotaciones de plomo, cinabrio y estaño. Es posible que la mayor parte de las minas, especialmente las de plata, estuviera en época augústea en manos privadas, pero a partir de este momento se inicia un proceso de acaparación por parte del emperador.

También la **agricultura**, contando Hispania con regiones tan fértiles como la Turdetania y el Levante ibérico, tuvo enorme importancia en la economía. El trigo se recogía abundantemente en la Bética, el valle del Ebro y probablemente en el área occidental del Duero. La riqueza ganadera predominó sobre la agrícola en zonas de la Lusitania, Meseta central y norte de la Península. El aceite, sobre todo el bético, comienza a ser exportado en cantidades importantes a otras regiones del Imperio en época augústea; de la misma forma puede decirse que ninguna fábrica de salazón ha sido fechada en época anterior a AUGUSTO. Será, por lo tanto, en los siguientes siglos cuando las exportaciones de ambos productos, aceite y *garum*, alcancen su máximo esplendor.

El comercio se benefició en esta época de los buenos puertos hispanos (Ampurias, *Tarraco, Carthago Nova, Gades*), y también de la navegabilidad de los ríos. La red viaria terrestre del interior, por el contrario, se desarrolló poco durante el período republicano, destacando la pavimentación de la llamada Vía Hercúlea que, desde los Pirineos y *Tarraco* llegaba a *Gades* (=Cádiz) siguiendo la línea de costa hasta *Carthago Nova* y luego el curso del *Baetis* (=Guadalquivir). No obstante, durante la época de Augusto se dio un importante impulso a la red viaria hispana.

En relación con el comercio, pero también con el pago a las tropas, debemos considerar las acuñaciones de moneda. Durante el período de la conquista numerosas ciudades indígenas siguieron emitiendo moneda propia, cuya circulación se mantendría hasta el reinado de CALÍGULA.

La conquista de Hispania y las guerras civiles incidieron de forma notable sobre la evolución demográfica, tanto por el descenso de la población como por el elevado número de hispanos esclavizados. Con el proceso de pacificación, Roma obligó, especialmente en el norte de la Península, a que las tribus bajasen de sus poblados en la montaña hasta el llano y a las tierras cultivables. Como contrapartida a aquel descenso demográfico de la población hispana es necesario apuntar la fuerte inmigración itálica organizada mediante deducciones o asen-

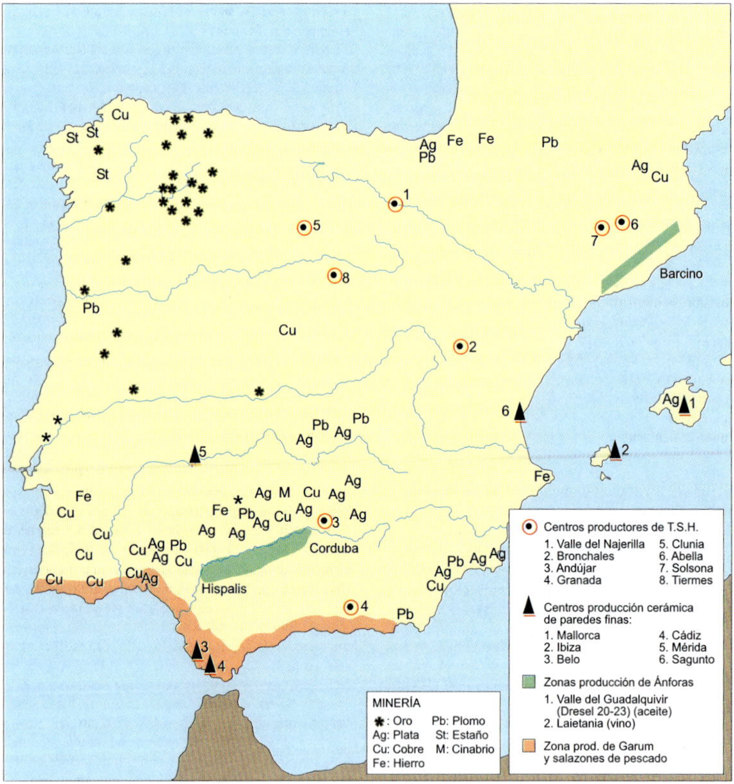

Centros productores de T.S.H.
1. Valle del Najerilla
2. Bronchales
3. Andújar
4. Granada
5. Clunia
6. Abella
7. Solsona
8. Tiermes

Centros producción cerámica de paredes finas:
1. Mallorca
2. Ibiza
3. Belo
4. Cádiz
5. Mérida
6. Sagunto

Zonas producción de Ánforas
1. Valle del Guadalquivir (Dresel 20-23) (aceite)
2. Laietania (vino)

Zona prod. de Garum y salazones de pescado

MINERÍA
✱: Oro
Ag: Plata
Cu: Cobre
Fe: Hierro
Pb: Plomo
St: Estaño
M: Cinabrio

Barcino
Corduba
Hispalis

Economía (cerámica, ánforas y minas).

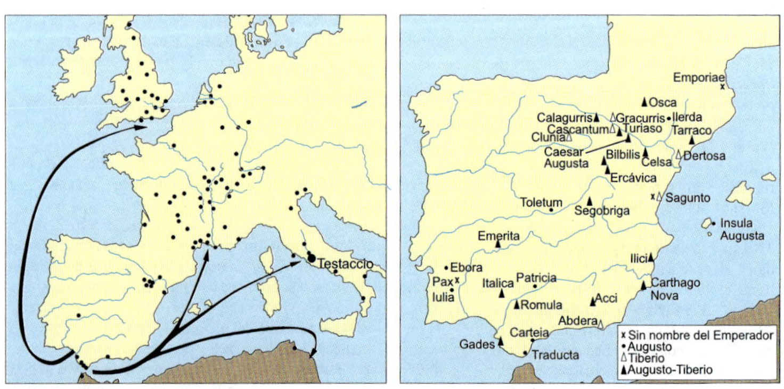

Expansión comercial del aceite bético durante el alto imperio. **Cecas hispano-romanas (27 a.C. - 41 d.C.).**

tamientos de colonias. Estas gentes se establecieron en gran número como agricultores, comerciantes, arrendatarios públicos, etc., dadas las facilidades existentes.

Un hecho característico de este período es el de la consolidación de una nobleza hispana que en época de las guerras civiles recibió la ciudadanía romana y comenzó a participar en la vida política local, relacionándose estrechamente en las ciudades con los inmigrantes latinos o romanos más ricos.

Respecto al proceso de romanización es preciso señalar las diferencias existentes entre el área ibérica y el interior de la Península. Mientras en el sur y en el Levante los emigrantes romanos e itálicos llegados desde mediados del s. II a.C., la larga presencia del ejército, las levas de auxiliares hispanos, unidos al evolucionado estadio cultural de los iberos y al notable desarrollo urbanístico, configuraron un espacio considerablemente romanizado, en el interior la asimilación de lusitanos, vettones, carpetanos, vacceos y arévacos fue mucho más lenta, como se observa especialmente en la escasa difusión de la lengua latina y, consecuentemente, en el escaso desarrollo de la cultura latina en nuestra Península.

HISPANIA DURANTE EL ALTO IMPERIO (14-238 d.C.)

14: VIVIO SEVERO, gobernador de la Bética, amparándose en la amistad con el emperador TIBERIO, cometió en la provincia toda clase de abusos que provocaron una verdadera sublevación, siendo por este motivo desterrado por el Senado.

15: El emperador TIBERIO autoriza a levantar un templo a AUGUSTO en *Tarraco* (atendiendo la solicitud de los hispanos en la **primera asamblea de la Provincia Hispana Citerior**), declinando la petición de la Bética de erigirle a él mismo un templo en vida.

19: **Tabula Siarensis** (La Cañada, Sevilla), senado-consulto sobre las disposiciones relativas a los honores fúnebres a tributar en memoria de GERMÁNICO, fallecido en octubre de este año.

23: **Rogatio Ilicitana**, documento de naturaleza similar al anterior pero referido a DRUSO, muerto en julio de este año.

25: El legado imperial de la Citerior, L. CALPURNIO PISON, es asesinado por un campesino de Tiermes ante los continuos abusos de aquél en su cargo.

33: SEXTO MARIO, el hombre más rico de la Bética, acusado de cometer incesto con su hija, es condenado a ser despeñado desde la roca Tarpeya. Sus enormes riquezas (oro y plata de las minas béticas de Sierra Morena) son confiscadas y pasan a propiedad del emperador.

39: Evacuación de la **legio IIII Macedónica** (acantonada en Herrera de Pisuerga desde hacía cincuenta años) hacia el *limes* germano. Permanecen en el norte las legiones **IV Victrix** y la **X Gemina**.

43: UMBRONIO SILO, gobernador de la Bética, es juzgado bajo la acusación de negligencia en el aprovisionamiento del ejército de Mauritania, lo que pone de manifiesto la importancia de Hispania para la defensa y abastecimiento militar de esta provincia.

53: En septiembre nace en *Italica* el que más tarde será el emperador TRAJANO.

54-60: Posible sublevación de los astures (que quizá no pasaran de acciones de bandidaje) ante los continuos abusos de los procuradores imperiales.

58: Llega a Lusitania como **legatus propraetore** M. SALVIO OTON, que años después sería proclamado emperador.

60: SER. SULPICIO GALBA llega a la Tarraconense como **legatus Augusti propraetore**.

63: La **legio X Gemina es trasladada a Carnuntum** (junto al Danubio), para reemplazar a la *legio V* desplazada al frente parto. En Hispania queda sólo la *legio VI Victrix* con algunos cuerpos de auxiliares (dos alas y tres cohortes).

67: Presencia de PLINIO EL VIEJO en la Citerior como **procurator**.

68: La *legio VI Victrix* proclama a GALBA **imperator en Clunia** (=Coruña del Conde, Burgos). La ciudad es rebautizada añadiendo el gentilicio «*Sulpicia*», y adquiriendo el rango de *colonia civium Romanorum*. GALBA reclutaría en la Citerior una nueva legión, la *VII Galbiana* (o *Hispana*), así como algunas unidades de auxiliares, de las que conocemos dos *cohortes* de vascones y un *ala Sulpicia civium Romanorum*. La nueva legión fue desplazada a Roma y luego al frente danubiano, siendo sustituida en Hispania por la *X Gemina*, que permanecería en la Península hasta que en el **70** tuvo que hacer frente a los galos y germanos.

69: CLUVIO RUFO, **legatus propraetore de la Tarraconense**, colaborador de VITELIO, impide en la zona costera del estrecho de Gibraltar el paso del ejército del legado de Mauritania Tingitana, LUCEYO ALBINO, que intentaba alcanzar la Bética para apoyar a OTON.

70: Hispania recibe la **legio I Adiutrix** en sustitución de la *X Gemina*.

71: M. ULPIO TRAJANO es nombrado gobernador de la Bética (**71-74**).

73 (ó **74**): Promulgación del llamado **Edicto de Latinidad** por el que VESPASIANO, coincidiendo quizá con su *censura*, otorga el **ius Latii** a toda Hispania. Dicho Edicto convertiría automáticamente en municipios de derecho latino a todos los enclaves todavía peregrinos. Una **lex Flavia municipalis** posterior serviría de referente jurídico para la elaboración de las nuevas leyes municipales. La extensión de la latinidad ampliaba las bases censitarias de población con fines fiscales y de reclutamiento que beneficiaban al Estado al mismo tiempo que implantaba la plena romanización jurídica.

74: Regresa a Hispania la legión creada por GALBA en la Citerior, la **legio VII Hispana** que será asentada en el campamento que daría lugar a la ciudad de León. Desde esta fecha dicha legión será el único cuerpo legionario peninsular, ayudado por un ala (**II Flavia Hispanorum civium Romanorum**) y cuatro cohortes (**I Gallica, II Gallica, I Celtiberorum y III Lucensium**).

76: El 24 de enero nace el futuro emperador ADRIANO en la ciudad de *Italica*.

81/83: **Ley de Malaca**.

82/84: **Ley de Salpensa**.

89: TRAJANO al frente de la *legio VII* se desplaza desde Hispania a Germania para combatir la rebelión de SATURNINO.

Divisiones administrativas del Bajo Imperio.

91: **Ley de Irni.**
93: BAEBIO MASSA, gobernador de la Bética, es acusado de concusión (exacción arbitraria hecha en provecho propio) por HERENNIO SENECIO en colaboración con PLINIO EL JOVEN. MASSA fue condenado a la confiscación de sus bienes.
122: El emperador ADRIANO visita en el invierno la ciudad de *Tarraco*, donde convocó una Asamblea general de todos los hispanos, desplazándose quizá después a la Bética.
145: CORNELIO PRISCIANO, legado de la Hispania Citerior, se subleva al frente de unidades hispanas, quizá en protesta por reclutamientos masivos.
169: Según las fuentes, se produce este año la primera invasión de moros en la Bética.
171: SEPTIMIO SEVERO (emperador en **193**) es nombrado **pretor de la Tarraconense**.
173: AUFIDIO VICTORINO es nombrado **legatus Augusti pro praetore** tanto de la Tarraconense como de la Bética, lo que cabe entender como que la Bética ha pasado circunstancialmente a ser provincia imperial.
175: Segunda *razzia* de africanos en la Bética y Lusitania. C. VALLIO MAXIMIANO, como **procurator Augustorum** en Lusitania logra liberar *Italica* y *Singilia Barba* (=Antequera) del asedio de los *mauri*.
178-180: SEPTIMIO SEVERO crea un mando único, el **legatus iuridicus para Asturia et Gallaecia**.
187: MATERNO, al frente de una banda de esclavos y soldados desertores, saquea la Galia y el norte de la Península Ibérica sin que sus correrías sobrepasaran probablemente la línea del Ebro. Una *vexillatio* de la *legio VII Gemina* se desplaza con este motivo a Ampurias.
197: Durante las guerras civiles de este año, el legado de la Citerior, NOVIO RUFO, apoya en la Península el movimiento de CLODIO ALBINO. El legado de SEPTIMIO SEVERO, T. CLAUDIO CÁNDIDO, le derrota en Hispania.
212: Promulgación de la **Constitutio Antoniniana** del emperador CARACALLA, por la que se concede la ciudadanía romana a todos los habitantes libres del Imperio. El edicto tuvo en Hispania un efecto limitado ya que desde la época de VESPASIANO eran muchos los que habían accedido a esta categoría.
214: Nueva reorganización provincial de Hispania por la que se constituye la **Hispania Nova Citerior Antoniniana** que incluía **Gallaecia et Asturia** además del territorio militar de la **legio VII Gemina** y el **Conventus Cluniensis**.

HISPANIA DURANTE EL BAJO IMPERIO (238-409 d.C.)

252: Una peste asola gran parte de la Península Ibérica.
258-268: Hispania apoya la causa de POSTUMO, quien, además de su labor de contención de los germanos, organizó un verdadero Estado en la Galia, siendo proclamado Augusto por sus soldados.
262: Grupos de francos penetran en Hispania, recorriendo la costa mediterránea.
276: Segunda invasión de francos, esta vez penetrando por la zona de Navarra desde donde alcanzaron el Duero y la Lusitania. Algunas ciudades como Pamplona, Zaragoza o *Clunia* fueron destruidas, también hay huellas de destrucción en el valle del Duero y en el sur (Mérida, *Baelo*).
296: MAXIMIANO llega a Hispania para contener a los francos y enfrentarse a las tribus norteafricanas.
297-298: Creación de la **Diocesis Hispaniarum** y del cargo de *vicarius* por DIOCLECIANO. Bética y Lusitania permanecen como tales con capital en *Corduba* y *Emerita Augusta*, respectivamente. La Tarraconense es dividida en: *Tarraconensis, Carthaginensis* y *Gallaecia*.
313: Desde esta fecha, bajo CONSTANTINO, junto al vicario actuará un *comes Hispaniarum* que estará, como aquél, bajo la autoridad del prefecto de las Galias.
346: Nace TEODOSIO en *Cauca*. No hay unanimidad entre los investigadores modernos al identificar esta localidad con la actual Coca.
350-353: Intensa actividad del usurpador MAGNENCIO en Hispania tanto en la reparación de vías en el norte como en la lucha contra la piratería.
361: El emperador JULIANO destierra a Hispania al rey alamán VLADOMIRO.
379: Sube al poder el emperador TEODOSIO.
383: MARINIANO, pagano que favoreció la secta de PRISCILIANO, es nombrado *vicarius Hispaniarum* por TEODOSIO.
385: Las Islas Baleares, que formaban parte de la provincia Cartaginense, fueron separadas de ésta, creando con ellas una nueva provincia que pasó a depender de la *Diocesis Hispaniarum*.
397/400: Celebración del **I Concilio de Toledo**.
406: Miembros hispano-romanos de la familia de TEODOSIO (los hermanos DIDIMO, VERINIANO, LAGODIO y TEODOSIO) con un ejército reclutado entre los siervos rústicos logran impedir en los pasos pirenaicos la penetración bárbara.
409: Penetración de pueblos germánicos (suevos, vándalos asdingios y alanos) por los Pirineos, que provocarán durante dos años un caos de saqueos y destrucciones.

Política y administración

La división provincial de AUGUSTO se mantuvo hasta época de CARACALLA, quien hacia el año **214** d.C., con los tres *conventi iuridici* galaicos (*Asturica, Lucus, Bracara*), y quizá el de *Clunia*, formó la provincia (imperial) de *Gallaecia* (llamada **Hispania Nova Citerior Antoniniana**). Sin embargo, la nueva provincia tuvo una duración efímera, hasta el **238** d.C. Durante el gobierno de DIOCLECIANO Hispania quedó sometida a la nueva organización provincial del Imperio: la extensa provincia Tarraconense fue dividida en tres: *Tarraconensis, Carthaginensis* y *Gallaecia*; manteniéndose la *Baetica* y la *Lusitania*. Todas ellas, sumadas a la *Mauritania Tingitana*, pasaron a formar parte de una unidad administrativa superior, la **Diocesis Hispaniarum** con capital en *Emerita*. Finalmente, en el año **385** a las seis provincias hispanas se añade la *Balearica*, desgajada de la provincia *Carthaginensis*. DIOCLECIANO puso al frente de la diócesis hispana a un *vicarius praefectorum per Hispanias* con jurisdicción civil y criminal. CONSTANTINO introdujo, en número de cinco, la *praefectura* como unidad superior que

Vías principales de comunicación durante el Imperio.

englobaba a varias diócesis; TEODOSIO dispuso que Hispania entrara en la prefectura de las Galias.

El gobierno de las provincias hispanas imperiales (Tarraconense y Lusitania) recayó sobre un **legatus Augusti propraetore** con funciones militares y civiles, mientras que la senatorial (Bética), la más romanizada lo fue por un gobernador con título de procónsul, asistido por un legado. Con la nueva división provincial del Bajo Imperio, éstas pasaron a ser gobernadas por *praesides*. Un *procurator*, generalmente de rango ecuestre, era encargado de la organización financiera.

Los provinciales hispanos fueron agrupados regionalmente para facilitar las relaciones administrativas con Roma en unidades geográficas menores llamadas **conventi iuridici** (singular: *conventus iuridicus*). La división conventual de Hispania fue producto de reformas iniciadas en época augústea que se prolongarían a lo largo de la dinastía julio-claudia.

La promulgación del **Edicto de Latinidad** convirtió automáticamente en municipios de derecho latino los enclaves peregrinos; los órganos de las ciudades peregrinas se transformaron en municipales. Este modelo homogeneizó los diversos sistemas: aparecieron los duunviros, ediles y cuestores como magistrados locales, organizándose un senado local y realizándose un censo. Los efectos del *ius Latii* fueron mayores en la Meseta y en NO de la Península.

Sólo con la crisis del s. III la vida municipal entraría en un período de decadencia, produciéndose una acusada ruptura entre la ciudad y su territorio. La presión fiscal empujó a la aristocracia, que arrastraría consigo a artesanos y trabajadores libres, a refugiarse en sus villas, donde llevarían una vida cada vez más autárquica. Algunas ciudades como *Bilbilis, Calagurris, Ilerda* o *Gades* sufrieron una considerable despoblación.

Economía y sociedad

Desde la paz establecida por AUGUSTO, los dos primeros siglos del Imperio fueron en Hispania una época de desarrollo de la agricultura, del comercio y de la industria. La base de esta prosperidad era la explotación de los recursos naturales. Desde época augústea comienzan a ser explotadas las minas del norte de la Península entre el Duero y el Cantábrico, destacando los ricos yacimientos auríferos del noroeste. También hay que señalar los yacimientos de cobre de Portugal y Huelva, la plata del Levante, Sierra Morena y el sureste, etc. Desde los Flavios, el emperador, mediante la supervisión de un *procurator*, monopolizó la explotación minera (como pone de relieve la **lex Metalli Vipascensis** de época adriana) y sus beneficios ingresaron en el fisco imperial; dicha explotación se mantuvo durante toda la época

imperial, como testimonian los hallazgos monetarios en el interior de las minas o los miliarios, pero debieron ser muchas las minas cerradas por el agotamiento de sus filones.
Las fuentes literarias mencionan la riqueza cerealística de Hispania, el trigo y la cebada, especialmente a orillas del Betis, pero también en el interior de la Meseta. Parece que dicha producción no decayó durante el Bajo Imperio, dada la actividad al alza de numerosas *villae* en el medio y el alto Ebro, Duero o Lusitania. El latifundio aparece a comienzos de la época imperial sobre todo en la Bética. SEXTO MARIO fue uno de los latifundistas más famosos de la época de TIBERIO, pero poco a poco fueron extendiéndose por la Península, si bien, al menos hasta el s. III, parece que no amenazara la supervivencia del pequeño y medio propietario.
Destaca especialmente la producción de aceite y de vino. Las ciudades béticas intensificaron el cultivo del olivo y destinaban gran parte de la producción a la exportación a la capital del Imperio (como demuestra el gran número de ánforas *Dressel 20* catalogadas en el monte Testaccio de Roma), así como a los campamentos legionarios de Britania y en las fronteras del Rin y del Danubio, de la misma forma que las de la Tarraconense hicieron con la producción vinícola. Todo parece indicar que el aceite bético mantuvo su nivel de producción y exportación durante el s. II y parte del III, con una tendencia cada vez mayor a ser sustituido por productos africanos. Las exportaciones cambian de dirección: cesan en Roma y llegan en ánforas más pequeñas (*Dressel 23*) a la frontera septentrional del Imperio.
De igual forma, el vino producido en tierras próximas a los grandes puertos levantinos (*Emporiae, Barcino, Tarraco, Saguntum, Valentia, Dianium*) dejó de ser exportado a partir del s. III en parte como consecuencia de la competencia de nuevos mercados, y en parte por el declive de algunos puertos. La misma suerte corrió, en este mismo siglo la producción cerámica de **terra sigillata hispanica** en la Tarraconense y en la Bética.
El comercio constituye, pues, uno de los principales factores de la vida económica que daba salida a los minerales, el *garum*, el aceite y el vino (sobre todo a Roma, pero también a la Galia, Britania o Asia). Los principales productos importados eran las manufacturas de vidrio, cerámica, sarcófagos, obras de arte, etc. Algunos productos hispanos dejan de ser exportados o decaen en la época bajoimperial como sabemos por el **Edictum Maximum** de DIOCLECIANO, un documento excepcional para conocer la economía de finales del s. III. Las medidas de DIOCLECIANO pretenden equilibrar el déficit del Estado estableciendo precios máximos, válidos para todo el Imperio, en los productos básicos de consumo. En este momento se intensifican los contactos comerciales entre la parte occidental del Imperio y la oriental.
La red viaria romana fue ampliada y mejorada especialmente a partir de CÉSAR y de AUGUSTO, tratando de unir las principales ciudades provinciales y a su vez a éstas con Roma. Tanto el **Itinerario de Antonino** como el de Rávena, y los numerosos miliarios (mojones), muestran que había una comunicación continua a lo largo de la costa, con ramales viarios que comunicaban con los principales puntos neurálgicos del interior (*Emerita Augusta, Hispalis, Castulo, Corduba, Caesaraugusta, Pompaelo, Asturica Augusta*), de los cuales irradian a su vez otros caminos que los conectan entre sí. La infraestructura viaria permaneció casi inalterada a partir de DIOCLECIANO.
Al desarrollo económico de Hispania durante el Alto Imperio, correspondió una intensa acuñación monetaria, generalmente series de bronce. Las emisiones hispánicas imperiales comienzan con el reinado de AUGUSTO y finalizan en el de CALÍGULA, proliferando por todo el territorio hispano, a excepción del NO, sobre todo bajo TIBERIO. El cierre de las cecas hispanas se debió al deseo de Roma de centralizar una actividad tan importante para el Estado; a partir de Claudio se extiende por toda la Península Ibérica el numerario de las cecas senatorial e imperial.
Respecto a la sociedad, durante el Alto Imperio, se produce ante todo una tendencia a incorporar a la población indígena hispana dentro de la condición ciudadana (*cives romani*). A la labor en este sentido de CÉSAR y de AUGUSTO sigue el **Edicto de Latinidad a Hispania** concedido por VESPASIANO, imponiéndose así la estructura social romana frente a la antigua sociedad gentilicia que queda reducida fundamentalmente al noroeste.
Los grandes grupos sociales hispano-romanos que encontramos durante los primeros siglos del Imperio, fueron:

a) los órdenes superiores: la aristocracia senatorial, que constituía un grupo extraordinariamente reducido, pues probablemente no fueron más de 200 los individuos que accedieron a la aristocracia romana, pero fueron muy poderosos política y económicamente. Los hispanos que ingresaron en el orden senatorial eran tanto familias ricas (los BALBOS de *Gades*, los SÉNECA de *Corduba*, los TRAJANOS de Itálica) como emigrantes itálicos enriquecidos (los ULPIOS). A partir de la dinastía de los FLAVIOS, los senadores de procedencia hispana crecen en número hasta constituir, ya bajo TRAJANO y ADRIANO, un poderoso clan con influencia en Roma. Junto a esa aristocracia, pero por debajo de ella, estaba el orden ecuestre (*equites*), hombres enriquecidos sobre todo con los negocios que acaparan los altos cargos de la administración (*procuratores, censores*, etc.) sin que ello suponga desvincularse de Hispania a donde suelen regresar tras desempeñar cargos civiles o militares por otras provincias del Imperio. Por último, en el escalón inferior de las clases dirigentes, encontramos a los notables locales que forman el **ordo decurionum** o institución de gobierno ciudadano, que controlan las instituciones políticas y son el motor económico y social de las ciudades hispanas, siendo en su mayoría latifundistas, comerciantes, etc., que previamente habían ocupado cargos municipales. En las ciudades hispanas aparece también el grupo social de los libertos, hombres ricos que por las restricciones de su estatuto personal no podían acceder al decurionado, pero que se integraban en la vida ciudadana en corporaciones que canalizaban el culto imperial en las ciudades (los *Augustales*) y que participaban activamente en las actividades económicas.

b) En las ciudades, la plebe urbana, marginada respecto a los grupos sociales superiores, carece de un *status* preciso y constituía una masa informe que podía acceder a una clase media digna mediante el trabajo o su participación en el ejército. Frente a ella, la plebe rústica que eran propietarios de pequeñas parcelas de tierra o trabajaban en otras como jornaleros. Este grupo tenía menos ventajas, pues tenía acceso limitado en los repartos de dinero, trigo, en los juegos, etc., y trabajaban en peores condiciones.

c) Las clases dependientes, los esclavos, estaban desigualmente repartidas por la Península, siendo una clase de mano de obra con tendencia a su disminución a partir del s. II d.C. Los libertos, ligados muchas veces a sus patronos, jugaron un importante papel económico en las ciudades, entregados sobre todo al trabajo en los talleres y al comercio.

A lo largo de un lento proceso que se da en los siglos III y IV d.C. la sociedad hispana se bipolariza, configurándose dos grandes grupos sociales que se corresponden con los *honestiores* (senadores, caballeros, curiales), y *humiliores* (trabajadores agrícolas, operarios urbanos, esclavos). Ambos grupos tenían intereses contrapuestos, ya que sólo a los primeros estaban reservados los cargos políticos. En época de TEODOSIO vemos reaparecer en Roma un poderoso grupo senatorial hispano (MAGNO MÁXIMO, SALUSTIO AVENTINO, hijo de otro ilustre senatorial, FLAVIO SALUSTIO, BASILIO EL JOVEN, etc.) muchos de ellos emparentados con el propio emperador y trasladados a la corte de Constantinopla.
El colonato sería la forma más frecuente de trabajar la tierra frente al campesinado libre o a los esclavos, a los que se recurrirá menos cada vez.

Religión

Durante todo el período imperial las creencias religiosas indígenas, respetadas o ignoradas por Roma, persistieron en la Península, pero en general sus dioses fueron fusionándose con los dioses romanos mediante el **fenómeno de interpretatio**. Las divinidades romanas fueron difundiéndose por todo el territorio peninsular, si bien no homogéneamente. Una de las más veneradas, dado su carácter «oficial», fue Júpiter, acompañado también por Juno y Minerva, completando la tríada capitolina. Pero quizá las más populares fueron aquellas que mejor se correspondían con las indígenas, como el *Genius*, los dioses *Manes* o las ninfas. También Apolo (protector de las artes), Mercurio (del comercio), Marte y Diana fueron objeto de devoción popular.
Tampoco existieron obstáculos para la práctica de los cultos mistéricos griegos (Dioniso-Baco, Cibeles y Attis) y de las religiones orientales (Isis y Osiris, Mitra), favorecidos por la numerosa presencia en suelo ibérico de esclavos o libertos greco-orientales, y de soldados.
La existencia entre los pueblos prerromanos de un culto al jefe explica el temprano arraigo en Hispania del culto al emperador, atendido por *flamines* y *collegia*. *Tarraco* fue uno de los más importantes centros: el altar dedicado por sus habitantes a AUGUSTO (**26** a.C.) es el más antiguo testimonio del culto imperial en la Península Ibérica. Dicho culto sufrió altibajos según la popularidad de los emperadores y su familia, conociendo su decadencia definitiva a partir de finales del s. II d.C.
Uno de los aspectos religiosos más significativos de este período es la difusión en Hispania del cristianismo, si bien su origen peninsular (Santiago el Mayor, Pablo) permanece oscuro. Los primeros testimonios fiables (San Ireneo) de las más antiguas comunidades cristianas en la Península remontan al año **180** d.C. La persecución de DECIO, y luego la de DIOCLECIANO, pudieron alcanzar a las provincias hispanas. Hacia el **314** se celebra en Elvira (=*Illiberis*, Granada) el **primer concilio hispánico**, siendo muy anterior, por tanto, al de Zaragoza del **380**. Este último atestigua la difusión en ese momento del monacato, uno de cuyos movimientos más activos sería el priscilianismo (extendido principalmente por el NO hispano a finales del s. IV). La Iglesia se organiza pronto en sedes episcopales (Mérida, Astorga, Zaragoza, Tarragona) y en metrópolis, que generalmente coinciden con la capital provincial.

Cultura y herencia monumental

Durante el Imperio, Hispania hizo grandes aportaciones a la cultura romana, destacando por orden cronológico: el filósofo LUCIO ANNEO SÉNECA (*Corduba*, **4** a.C.- **65** d.C.), preceptor de NERÓN y autor de obras filosófico-morales (*Dialogi, de beneficiis, Epistulae morales*), políticas y tragedias; el poeta MARCO ANNEO LUCANO (*Corduba*, **39-65** d.C.), autor de la epopeya *Pharsalia*; MODERATO COLUMELA (*Gades*, **4-54** d.C.), autor de doce libros sobre agricultura; POMPONIO MELA (*Tingentera*, h. **40** d.C.), autor de una *Chorographia* en tres libros; el epigramista MARCO VALERIO MARCIAL (*Bilbilis*, **40-102** d.C.); M. FABIO QUINTILIANO (*Calagurris*, **35-95** d.C.), autor de una obra titulada *De Institutione Oratoria* en doce libros.
No menos sobresalieron sobre todo como prosistas y poetas, pero también como pensadores y teólogos los literatos hispano-cristianos, ya a partir del s. III: OSIO; POTAMIO, obispo de Lisboa; GREGORIO, obispo de *Illiberis*; PACIANO; JUVENCO; PRUDENCIO CLEMENTE; etc.

La intensa obra de municipalización llevada a cabo por AUGUSTO como continuación de la de CÉSAR queda bien reflejada en la treintena de colonias y municipios que llevan el epíteto *Augusta*. La mayor parte de las ciudades creadas u ocupadas por Roma durante el período de la conquista conocieron a partir de entonces una profunda renovación en sus estructuras urbanas. Las tres capitales provinciales, *Corduba, Tarraco* y *Augusta Emerita*, fueron las más beneficiadas durante el s. I d.C. El interés por desarrollar una buena red de comunicaciones viarias explica fundaciones como las de *Caesaraugusta* (=Zaragoza), fundada sobre un núcleo tardoibérico (quizá la antigua *Salduba*) o *Barcino* (=Barcelona), cuya fundación ha sido relacionada con el ramal costero de la Vía Augusta, así como con la riqueza vinícola de la zona.
Las fundaciones de varias ciudades en el NO, una vez finalizadas las guerras cántabras, por ejemplo *Asturica Augusta* (=Astorga), *Lucus Augusti* (=Lugo) o *Bracara Augusta* (=Braga), parecen obedecer a intereses adminis-

trativos y económicos concretos, siendo su urbanismo mal conocido.
La acción urbanizadora de los emperadores de la dinastía flavia fue notable en Hispania; la promoción al rango o estatuto de muchos núcleos repercutió en la construcción de nuevos edificios públicos así como en la modificación parcial (*Baelo, Munigua*) o total (*Conimbriga*) de los foros. En el siglo II d.C., la concesión del rango de colonia a *Italica* supuso una completa remodelación urbanística de la vieja ciudad fundada por ESCIPIÓN.
Es, por tanto, durante los primeros siglos del Imperio cuando en la Península Ibérica se construyeron o se mejoraron puertos (Sagunto, Barcelona, Tarragona, Ampurias o los fluviales de Mérida e Itálica), faros (Torre de Hércules, en La Coruña), acueductos (Segovia, Tarragona, Mérida), puentes (Martorell, Lérida, Mérida, Alcántara, Orense), teatros (*Clunia*, Sagunto, Mérida), anfiteatros (Carmona, *Segobriga*, *Tarraco*), circos (Mérida, Toledo, Sagunto), o termas (*Italica,* Centcelles, Tiermes). Se trata de una arquitectura monumental y esencialmente práctica, de escasa originalidad y falta de motivos decorativos que, sin embargo, por su carácter público, tiende a cumplir su función sobria pero sólidamente, lo que explica su perdurabilidad.
Paralelamente, durante todo el Alto Imperio romano numerosos castros del NO peninsular fueron abandonados paulatinamente. Roma se interesó por favorecer en esta zona la fundación de *fora* (lugares de feria y de mercado) que con el tiempo fueron adquiriendo también funciones administrativas.
El proceso de desarrollo urbanístico debió detenerse considerablemente durante los siglos del Bajo Imperio; muchas ciudades se vieron condicionadas por la construcción de sus propias murallas (*Lucus Augusti, Caesaraugusta, Asturica Augusta*) mientras otras fueron abandonadas.
Desde los comienzos de la época imperial destacaron por sus trabajos los talleres de escultura de Mérida, Carmona, Ampurias o Barcelona, que han dado estatuas de notable factura y retratos de particulares y de emperadores.

HISPANIA VISIGODA (409-711)

409-410: Penetración pactada de grupos bárbaros en Hispania. Los suevos, al mando de HERMERICO, en Gallaecia; los alanos en Lusitania y la Cartaginensis y los vándalos silingos en la Bética.
411-414: Los visigodos, al mando de ATAULFO casado con GALA PLACIDIA hermana del emperador HONORIO, se asientan en la Galia y comienzan a penetrar en la Península Ibérica estableciendo la corte en Barcino (Barcelona), donde ATAULFO es asesinado en **415** al igual que su sucesor SIGERICO, asesinado una semana después de ser coronado rey. VALIA rey visigodo. Primer acuerdo con el general romano CONSTANCIO, en calidad de pueblo federado, para desalojar de la Península Ibérica a los demás pueblos germánicos.
416-425: Victorias visigodas contra suevos y alanos. TEODORICO I (418-451), sucesor de VALIA, consolida el reino visigodo (**Foedus del 418**) con capital en Tolosa, y penetra en la Bética para luchar contra los vándalos. Los vándalos, primero a las órdenes de GUNDERICO y después de su hermano GENSERICO saquean el levante de la Península y las islas Baleares y derrotan, en 421, al ejército imperial de CASTINO.
423: Muere el emperador HONORIO.
428-429: Unos 80.000 vándalos al mando de GENSERICO, tras conquistar Córdoba y Sevilla y saquear el sur de la Península, cruzan el estrecho de Gibraltar y se establecen en el norte de África. En **439** conquistan y establecen su capital en Cartago.
430-456: Los suevos extienden su área de influencia fuera de Galicia y dominan el occidente de la Península bajo HERMERICO y su hijo y sucesor REKHILA (derrota en Mértola del CONDE CENSORIO, legado imperial, y conquista de Mérida y Sevilla).
441-443: Revueltas bagaudas en Navarra y la zona del Ebro medio hasta que son derrotados por el ejército imperial, al mando de MEROBAUDES en Araceli.
451-452: Los hunos de ATILA invaden Italia y la Galia hasta su derrota en la **batalla de los Campos Cataláunicos** (452) en la que muere el rey visigodo TEODORICO I. Poco después, con la muerte de ATILA (453) el dominio de los hunos sobre Occidente se desmorona.
453-466: TEODORICO II (nuevo rey visigodo tras asesinar a su hermano TURISMUNDO) ataca y derrota a los suevos en la **batalla del río Órbigo** (5 de octubre del 456), cerca de Astorga, y saquea Palencia, Oporto y Braga, capital sueva, su rey REKHIARIO es ejecutado en Oporto. El reino suevo se fracciona y progresivamente, a partir del 468, su dominio territorial se reduce al noroeste peninsular. TEODORICO II renueva sus pactos de federación con el imperio y refuerza en éste la influencia visigoda especialmente en lo que se refiere a la Península Ibérica (464: orden de expulsión de ARBORIO, último *magister militum* del Imperio en Hispania).
466: TEODORICO II es asesinado en Tolosa por su hermano y sucesor EURICO (**466-484**), quien conquista y anexiona al reino visigodo gran parte de la Galia meridional y central (Arlés, Marsella), a la vez que atraviesa los Pirineos y se hace con el control de Pamplona, Zaragoza y Tarragona (la Tarraconensis romana) con lo que se conecta el territorio del reino de Tolosa con los dominios visigodos en el centro y suroeste de la Península Ibérica. En el 475 el sistema de *foedus* decae y el emperador romano JULIO NEPOTE reconoce la plena soberanía visigoda sobre todos los territorios de su reino tolosano, paralelamente el denominado **Código de Eurico** (*Codex Euricianus*), recopilación del derecho consuetudinario visigodo y de aportaciones del derecho romano, constituye la primera muestra escrita del proceso de aculturación entre ambas sociedades.
476: RÓMULO AUGÚSTULO, ultimo emperador romano de occidente, es depuesto por ODOACRO.
481: CLODOVEO rey de los francos.
484: Diciembre. Muere en Arlés, de muerte natural, EURICO y es sucedido por su hijo ALARICO II.
484-507: Reinado de Alarico II. El permanente estado de conflicto entre visigodos y francos en el sur de la Galia propicia la migración hacia la Península Ibérica de importantes grupos de población visigoda (numerosas necrópolis en la alta meseta castellana). La conversión al cristianismo del rey franco CLODOVEO inclina a la jerarquía católica y a la población romana preexistente en favor de éste, con lo que la posición visigoda en los territorios galos se va debilitando.

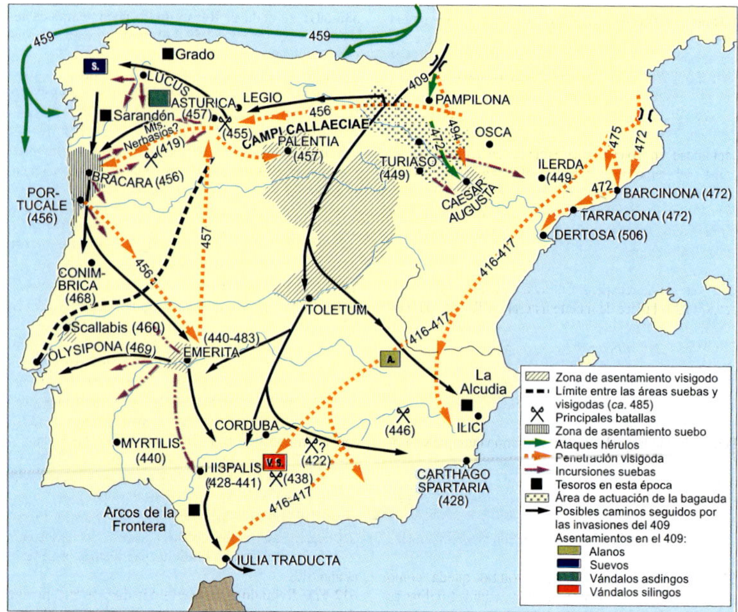

Hispania en el siglo V.

507: En la primavera del 507 tiene lugar la decisiva **batalla de Vouillé** (en las inmediaciones de Poitiers) entre francos y visigodos. El propio ALARICO II perece en un enfrentamiento que pone fin a la existencia del reino visigodo de Tolosa (**Crónica de Zaragoza: regnum tolosanum destructum est**) a pesar de la enconada resistencia de algunas ciudades como Arlés, Narbona y Carcasona. Sólo la intervención del monarca ostrogodo TEODORICO, en defensa de los intereses de su nieto-hijo de ALARICO II-AMALARICO, permite a los visigodos conservar el control de la Narbonense.

508-526: Interregno de dominio ostrogodo, bajo TEODORICO, sobre los territorios visigodos. La pérdida de los territorios galos propicia una nueva masiva emigración de población visigoda hacia la Península Ibérica. TEODORICO procede a una reestructuración administrativa y fiscal y al refuerzo del poder central lo que sentará las bases del futuro estado visigodo en los territorios peninsulares.

526: El 30 de agosto muere TEODORICO. El reino visigodo, bajo su nieto AMALARICO, recupera su plena independencia tras la firma de un tratado con el nuevo rey ostrogodo, ATALARICO, por el que se acuerda la repatriación de las tropas ostrogodas de la Península, la liberación del compromiso de enviar hacia Italia contingentes anuales de trigo y la recuperación del tesoro de los reyes visigodos que durante el interregno había permanecido en Rávena.

526-531: Reinado de Amalarico. Nuevos enfrentamientos con los francos y derrota de AMALARICO en Narbona. Poco después el rey visigodo muere asesinado en Barcelona.

531-548: Reinado de Teudis, antiguo general ostrogodo. El nuevo monarca restablece el control visigodo sobre la Septimania y consigue frenar un intento de invasión franca de la Tarraconense tras impedir la toma de Zaragoza por el ejército invasor. Durante su mandato la capitalidad del reino se repartirá entre Barcelona y Toledo, abandonando definitivamente las ciudades de la Narbonense. Ante el potencial peligro que significaba la expansión bizantina por el Mediterráneo, TEUDIS concentra sus esfuerzos en el control efectivo del sur y el levante peninsular en previsión de una invasión imperial en estas zonas. En política interior TEUDIS continuará desarrollando la tarea centralizadora y de refuerzo del poder monárquico iniciada con TEODORICO, a la vez que mantiene excelentes relaciones con la jerarquía católica. Murió asesinado en junio del 548 siendo sucedido por otro militar ostrogodo, TEUDISELO, que también morirá asesinado al año siguiente como consecuencia de una conjura de la aristocracia visigoda; será el último rey de origen ostrogodo.

549-555: Período de profunda anarquía y disgregación política. El nuevo rey AGILA (549-555) deberá hacer frente desde el comienzo de su reinado a graves dificultades derivadas de la sublevación en el sur de la antigua nobleza hispanorromana (derrota en Córdoba). Su debilidad provocará la sublevación de un sector de la nobleza visigoda encabezada por ATANAGILDO que deriva en una auténtica guerra civil que, entre otras cosas, propiciará la intervención bizantina en la Península para apoyar al bando sublevado (verano del 552). El enfrentamiento civil culmina tres años después con el asesinato de AGILA por sus propios seguidores que reconocen como rey al rebelde ATANAGILDO.

555-568: Reinado de Atanagildo. El nuevo rey fija la capitalidad en Toledo y se esfuerza en recomponer el poder del reino manteniendo enfrentamientos permanentes con los bizantinos que, sin obtener éxitos claros, al menos permiten el establecimiento de una frontera fija con los territorios dominados por éstos. También consiguió controlar la revuelta de la antigua nobleza hispanorromana en Andalucía: reconquista de Sevilla y continuos fracasos en el intento de recuperar Córdoba. A mediados del 567 ATANAGILDO fallece de muerte natural en Toledo: durante cinco meses el trono visigodo quedará vacante.

568: LIUVA, gobernador de la Septimania, es elegido rey asociando, al poco tiempo, a su hermano LEOVIGILDO al trono. Éste, casado con GOSWINTA viuda de ATANAGILDO, asume el gobierno de la Hispania visigoda y concentra todos sus esfuerzos en la dominación y pacificación de la Península a lo largo de una serie de campañas que se prolongan durante más de diez años.

570-573: Campañas de LEOVIGILDO contra los bizantinos a los que derrota varias veces en Andalucía haciéndose con el control de Baza y Medina Sidonia. Paralelamente conquistará Córdoba (572), último reducto de la nobleza hispanorromana.

573-578: Muere LIUVA y LEOVIGILDO queda como monarca único. La orientación de la actividad militar se dirige también ahora contra el reino suevo del noroeste peninsular al que irá recortando su territorio mediante la conquista de sus zonas fronterizas, en manos de tribus semiindependientes, en Cantabria, Asturias y el curso medio del Duero. Tampoco se descuida el sur: conquista de la región de Oróspeda (sierra de Cazorla), en la frontera con los dominios bizantinos. Al finalizar este período de intensa actividad militar el reino vive años de paz: fundación de una ciudad de nueva planta (Recópolis).

580-585: Rebelión de Hermenegildo, hijo del monarca al que éste había nombrado gobernador de la provincia del sur con capital en Sevilla. HERMENEGILDO, influenciado por su mujer y por SAN LEANDRO, obispo de la ciudad, se convierte al catolicismo y se proclama rey; la rebelión alcanzará a toda la Bética y parte de la Lusitania. Las hostilidades comienzan en el 582 con la toma de Mérida por LEOVIGILDO, a la que seguirá la de Sevilla poco después y la capitulación definitiva de HERMENEGILDO en Córdoba en el 584. HERMENEGILDO morirá al año siguiente en Tarragona tras negarse a recibir la comunión de manos de un obispo arriano.

585: A la muerte del rey suevo MIRO (583), obligado a prestar fidelidad a LEOVIGILDO tras fracasar en su intento de apoyo a la rebelión de HERMENEGILDO, el reino suevo entra en una profunda crisis política por las disputas entre sus sucesores, EBORICO y AUDECA, que culminará con la invasión definitiva de Galicia por las tropas visigodas y la **integración del reino suevo** en los dominios de la monarquía toledana.

586: En la primavera del 586 fallece LEOVIGILDO, de muerte natural, en Toledo y le sucede en el trono su hijo RECAREDO.

586-601: Reinado de Recaredo. Al poco tiempo de acceder al trono (enero del 587) el nuevo monarca se convierte al catolicismo lo que provoca sublevaciones de inspiración arriana en algunas zonas (Mérida, Toledo y Septimania) que son duramente sofocadas. En el **589** el **III Concilio de Toledo** sanciona y refrenda la conversión de todo el reino visigodo a la nueva religión. Las disputas con algunas cortes merovingias (Gontram de Borgoña) por el control de la Septimania quedan temporalmente zanjadas con la victoria de las tropas visigodas en Carcasona (589). La segunda parte del reinado, excepción hecha de algunas fricciones fronterizas con bizantinos y vascones y la sofocada rebelión del DUQUE ARGIMUNDO, transcurrió pacíficamente hasta el fallecimiento del rey en Toledo en diciembre del 601.

601-612: Nueva crisis de la monarquía visigoda. LIUVA II, hijo natural de RECAREDO, carente de apoyos entre la nobleza, es asesinado al poco de acceder al trono. Su sucesor, WITERICO, se verá envuelto en continuos enfrentamientos con los bizantinos y las poblaciones del norte peninsular sin obtener resultados palpables. Del mismo modo, también fracasará en su política de alianzas matrimoniales con los francos. WITERICO morirá asesinado durante un banquete en Toledo (610). Le sucede GUNDEMARO, el cual proseguirá los enfrentamientos con bizantinos y vascones a la vez que logrará recuperar algunas plazas tomadas por los francos en la Septimania. Su política de concordia con la aristocracia le permite finalizar su reinado en paz hasta su muerte en el año 612.

612-621: Reinado de Sisebuto. Sin duda se trata de uno de los reyes visigodos que más destaca por su cultura y curiosidad científica además de por su celo religioso y su política antijudía (prohibición de tener siervos cristianos y hacer proselitismo). Su política militar, además de la puesta en marcha de la marina de guerra visigoda, se dirigió hacia los dos frentes tradicionales de los reinados anteriores y con muy notables éxitos. Las campañas contra los bizantinos supusieron la reducción del territorio imperial a las islas Baleares y un estrecho territorio en torno a Cartagena. Las campañas sobre las poblaciones norteñas lograron el sometimiento de algunas de ellas, sobre todo astures y ruccones (Álava). Respecto a los francos, logró mantener sin excesivos problemas la paz en la fronteriza zona de la Septimania. SISEBUTO murió en febrero del 621 según parece como consecuencia, derivada de la mencionada curiosidad científica, del excesivo uso de medicamentos. Le sucedió durante algunos días su hijo RECAREDO II, pero su repentino fallecimiento propició un nuevo proceso de elección en la monarquía visigoda.

621-631: Reinado de Suintila. El antiguo *dux* vencedor de los ruccones será el protagonista de un reinado que se caracteriza sobre todo por los resonantes éxitos militares. Especialmente durante los primeros años cuando logró, tras una victoriosa campaña, el sometimiento en la práctica de las poblaciones vasconas (construcción de la fortaleza de Olite). Con todo, su principal éxito fue la definitiva incorporación al reino visigodo de los territorios bajo dominio bizantino: conquista y destrucción de Cartagena. Pero, en paralelo, sus éxitos militares se acompañaron con un intento de reforzamiento del poder regio y una política marcadamente antinobiliaria que condujo a la

Límite de las posesiones bizantinas
Límite del reino suebo
Sedes episcopales o metropolitanas suebas en el 572
Límite de provincias eclesiásticas suebas en el 572
Sede de gobierno central
BASTI (570) Lugar y fecha de su ocupación por Leovigildo o sus sucesores
Zonas no dominadas por los visigodos en el 569

La Península Ibérica en el 569.

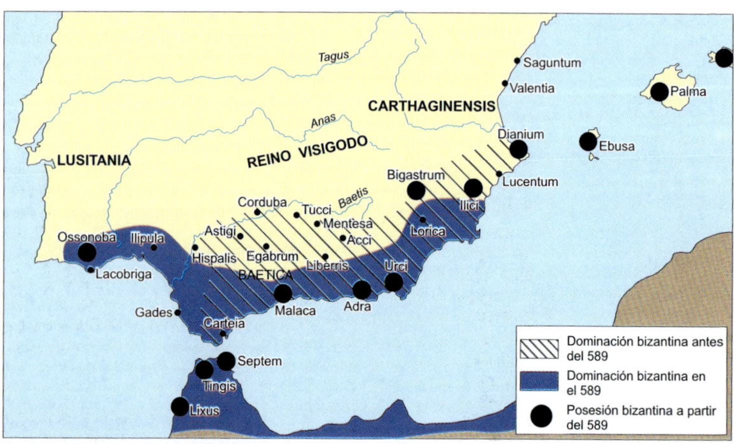

Los bizantinos en la Península Ibérica.

Leovigildo 573-586.

Zonas independientes del reino
Zona de especial densidad de monjes y anacoretas
CANTABRIA Provincia cívico-militar o ducatos creado 654-683
Cecas
Sede episcopal o metropolitana
(1) Número de reyes que acuñaron la moneda
Cecas en funcionamiento después de 649
Límites de provincias eclesiásticas

El reino visigodo de Toledo en el siglo VII.

El comercio y las relaciones exteriores en los siglos V-VII.

sublevación de la nobleza encabezada por el *dux* de la Septimania, Sisenando, que, ayudado por un ejército franco que penetra hasta Zaragoza, depone a Suintila (que morirá años después en Toledo) y se proclama rey con el apoyo de la aristocracia laica y eclesiástica.
633: El acontecimiento más destacado del breve reinado de Sisenando (631-636) fue indudablemente la convocatoria y celebración del **IV Concilio de Toledo**, inspirado y dirigido por San Isidoro de Sevilla. Entre otras muchas resoluciones de singular importancia cabría destacar dos: la fijación de unas normas para la sucesión al trono, con el objeto de evitar las rebeliones y luchas intestinas, y la institucionalización de los concilios nacionales. A la muerte de Sisenando (636), su sucesor Chintila fue elegido de acuerdo con los criterios del Concilio.
642-653: Una nueva revuelta nobiliaria depone al hijo y sucesor de Chintila, Tulga, y eleva al trono al anciano Chindasvinto. El nuevo rey, avalado por su larga experiencia en conspiraciones nobiliarias, emprende una enérgica política de depuración de sus enemigos (se calcula que la mitad de la clase política desapareció o tuvo que emprender el camino del exilio como consecuencia de su labor represiva), de manera que pudo asegurar su reinado y el de su hijo Recesvinto, al que asoció al trono desde el año 649 hasta su muerte en el 653.
653-672: Reinado de Recesvinto. Se inaugura con una nueva rebelión de los vascones –quizás apoyados por algunos miembros de la nobleza represaliada– que llegan a sitiar Zaragoza hasta que son derrotados por las tropas del nuevo rey. Recesvinto abandona la política represiva de su antecesor y en el **VIII Concilio de Toledo** se adoptan medidas de perdón para los nobles exiliados y desposeídos en tiempos de Chindasvinto, a la vez que se produce una condena formal de los métodos utilizados en su reinado. El resto del mandato de Recesvinto será un tiempo de paz, caracterizado por profundas reformas administrativas que militarizan la administración territorial y por la elaboración de un nuevo código legal (*Liber Iudicum*), hasta su muerte en Gérticos (Salamanca) el 1 de septiembre del 672.
672-714: Período denominado por algunos autores como de «protofeudalización de la monarquía visigoda» que abarca los reinados de Wamba (672-680), Ervigio (680-687), Egica (687- 702), Witiza (698-710), Rodrigo (710-711) y Agila II (711- 714). Período que se caracteriza por una profunda desintegración interna y una definitiva tendencia a la fragmentación en núcleos de poder territorialmente reducidos, proceso que se verá agudizado como resultado de la **invasión islámica del 711**.
Los acontecimientos más significativos se inscriben en estas líneas generales y son el reflejo de los enfrentamientos entre los diferentes clanes nobiliarios: rebelión del duque de la Septimania, Paulo, contra Wamba; deposición ilegal de éste por su sucesor Ervigio; represión contra la familia de Ervigio por parte de Egica (pariente de Wamba), obligado también a reprimir la rebelión del arzobispo toledano Sisberto; la crisis sucesoria desencadenada por la temprana muerte del rey Witiza, cuyos hijos y partidarios traicionarán al nuevo rey Rodrigo en la decisiva **batalla de Guadalete** (711) que propicia la irrupción musulmana en la Península y el fin de la monarquía visigoda tras el efímero reinado de Agila II en el norte y la Septimania, territorios conquistados definitivamente por los musulmanes en el 725 tras la caída de Carcasona y Nimes.

AL ANDALUS Y REINOS CRISTIANOS (711-1035)

Al Andalus (711-912)

711: Tariq ben Ziyad, liberto del gobernador musulmán del Magreb –Musa Ibn Nusair– desembarca en los alrededores de Gibraltar al mando de un primer contingente de invasores y derrota al rey visigodo Rodrigo en la **batalla de Guadalete** o de la Laguna de la Janda, en los alrededores de Barbate (si bien recientemente algunos autores como Vallvé han desarrollado la hipótesis, sobre la base de una diferente interpretación de la fuentes árabes, de que dicho desembarco pudo producirse en el litoral murciano y la batalla en el actual rio Sangonera).
711-716: En cualquier caso la ocupación musulmana de la Península se produce en el breve plazo de cinco años sin apenas oposición: Tariq toma Córdoba y desde allí envía tropas a ocupar Málaga, Granada y el territorio murciano en manos del noble visigodo Teodomiro (Tudmir). Acto seguido se dirige a la capital visigoda, Toledo, que se rinde sin oponer resistencia (712). Simultáneamente se produce un segundo desembarco de un nuevo contingente, cifrado en 18.000 hombres, dirigido personalmente por el gobernador Musa que de inmediato toma Sevilla, dirigiéndose después hacia Mérida, que resistirá varios meses hasta su capitulación el 30 de junio del 713. Ese mismo año el hijo de Musa, Abd el Aziz, firmará las capitulaciones de rendición con el conde visigodo de la cartaginense, Teodomiro, que permiten un cierto grado de autonomía a la población cristianovisigoda a cambio del pago de tributos. El encuentro entre Musa y Tariq se producirá en Toledo (donde tienen lugar las primeras acuñaciones monetarias musulmanas), desde donde partirán nuevas expediciones, tanto hacia el noroeste (Burgos, León, Astorga, Lugo), como hacia el noreste (Zaragoza, Huesca, Lérida y quizá Barcelona). En el verano del 714 Musa partirá hacia Damasco, llamado por el califa para informar personalmente de sus avances, dejando como gobernador a su hijo Abd el Aziz, quien será el encargado de completar la conquista: toma de Evora y Coímbra, toma de Pamplona y campañas en Cataluña y ocupación efectiva de la Andalucía oriental, Levante y Murcia. En marzo del 716 Abd el Aziz, que había establecido la capital en Sevilla y contraído matrimonio con la viuda de Rodrigo, Egilona, muere asesinado por orden del califa Suleyman.
716-719: Período de gobierno de All-Hurr. Traslado de la capitalidad de Sevilla a Córdoba. Las fuentes musulmanas comienzan a denominar Al Andalus al territorio conquistado. Expediciones militares y sometimiento de territorios aún no conquistados: Pamplona, País Vasco, alto Aragón.
718: Pelayo, espatario del rey Rodrigo, comienza a organizar el primer núcleo de resistencia cristiana en Asturias. Entre esta fecha y el **722** tuvo lugar la legendaria **batalla de Covadonga** –probablemente poco más que una escaramuza– que marca el **inicio de la denominada Reconquista**.
719-721: Al Samh nuevo gobernador o valí de Al Andalus, dependiendo directamente del califa de Damasco que le encarga de la organización fiscal y del reparto de las tierras. Campañas del nuevo gobernador en el sur de la Galia: toma de Narbona y asedio de Tolosa, donde Al Samh muere en enfrentamiento con Eudes, duque de Aquitania.

La conquista de Hispania.

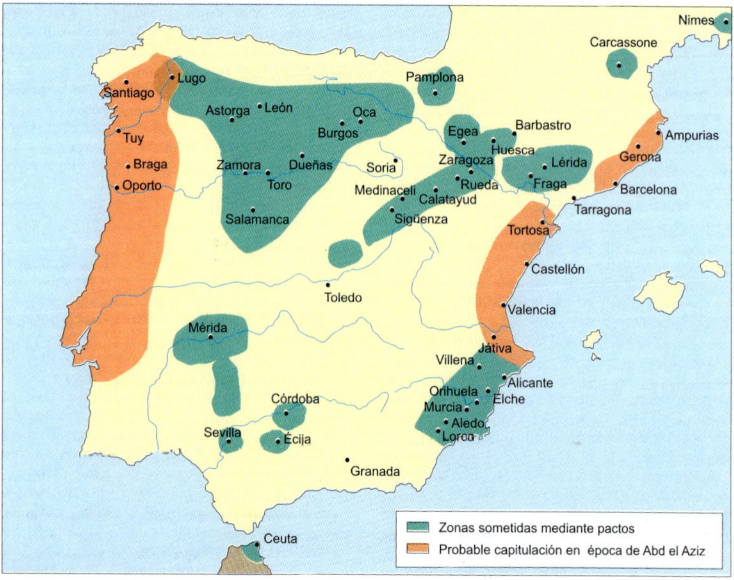

Zonas en que se hicieron pactos.

725: El VALÍ AMBASA prosigue las campañas al otro lado de los Pirineos: conquista de Carcasona y Nimes.

732: Un nuevo valí, AL-GAFIQI, atraviesa los Pirineos y saquea Burdeos, pero es derrotado por las tropas francas al mando de CARLOS MARTEL, en las cercanías de Poitiers (octubre 732). Los supervivientes se repliegan a Narbona que permanece en manos musulmanas hasta el 751.

737: Muerte de PELAYO a quien sucede FAVILA, muerto por un oso dos años más tarde. Su sucesor ALFONSO I será el definitivo impulsor del reino asturiano.

740: Rebelión bereber en el norte de África; las tropas sirias enviadas por el califa para sofocar la rebelión son derrotadas cerca de Fez y los supervivientes (unos diez mil), al mando de BALCH, pasan a la Península para apoyar al VALÍ ABD AL MALIK en su lucha contra los beréberes sublevados. BALCH se proclama nuevo valí y derrota tanto a los bereberes como a las otras facciones árabes (yemeníes y baladíes). Los sirios se asientan definitivamente en Al Andalus tras la victoria de Aqua Portora (742) donde muere BALCH.

743-750: Período de enfrentamientos entre las distintas facciones y tribus árabes. Los intentos de pacificación del nuevo VALÍ ABUL JATTAR fracasan ante la nueva rebelión de la facción siria, encabezada por AL SUMAYL quien, sin la intervención de Damasco, nombrará como gobernadores sucesivamente a TUWABA y YUSUF. Éste, último valí teóricamente dependiente de Damasco, derrotará de nuevo a la facción yemení en la batalla de Sequnda –alquería de Córdoba– en el 747 y enviará como gobernador de Zaragoza a AL SUMAYL.

750: Derrota y muerte en la batalla de ZAB DE MARWAN II, último califa de la dinastía Omeya. **Comienza el califato Abbasí.**

753-754: Aprovechando los enfrentamientos internos en Al Andalus, el rey asturiano ALFONSO I realiza una serie de campañas que dan como resultado la ampliación del territorio bajo su control: Asturias, Cantabria, parte de Galicia y la zona norte de Burgos.

755: SUMAYL es sitiado en Zaragoza por tropas yemeníes, y bereberes, viéndose obligado a pedir ayuda a YUSUF. Paralelamente desembarca en Almuñécar ABD AL RAHMAN, único superviviente de la familia omeya, con la intención de negociar con SUMAYL sus derechos. Tras fracasar las negociaciones, ABD AL RHAMAN se apoya en la facción yemení y derrota a las tropas de YUSUF y SUMAYL en la **batalla de Musara** (756), entrando en Córdoba y proclamándose emir independiente. En los años siguientes, hasta el 760, el nuevo emir vencerá las últimas resistencias de YUSUF y SUMAYL que se habían atrincherado en Toledo: el primero es asesinado por sus propias tropas y el segundo morirá en prisión; sus últimos partidarios serán derrotados definitivamente en el 764, tras ser sofocada una nueva rebelión en Toledo.

761-768: A partir de este momento ABD AL RAHMAN comienza la labor de pacificación del país, lo que le conduce a sofocar numerosas rebeliones en Toledo, Beja –inspirada ésta por un agente del califa abbasí–, Niebla, Sevilla, Zaragoza y Barcelona, promovidas todas por elementos qaysies.

765-780: De forma paralela ABD AL RAHMAN tuvo que hacer frente a las presiones de los dirigentes cristianos del norte y a un intento de intervención de CARLOMAGNO en la Península. En este ámbito se inscriben la derrota musulmana en Puentedeume (765) a manos del rey asturiano FRUELA I y algunas victorias que conllevan el control del territorio de Álava (767). El acontecimiento más destacado será el intento de penetración de las tropas carolingias, que acuden en respuesta a la petición de ayuda del gobernador de Zaragoza SULEYMAN, hacia Pamplona, Huesca y Zaragoza, y que en su retirada sufrirán un serio descalabro en **Roncesvalles** (778) –probablemente a manos de indígenas vascones– donde muere el legendario ROLDÁN, duque de la marca de Bretaña.

768-776: Rebelión de elementos bereberes, finalmente sofocada tras el asesinato de su cabecilla SHAQYA.

777-779: Desembarco en Al Andalus de ABD AL RAHMAN «el eslavo», enviado por el califa abbasí para intentar luchar contra el nuevo emir, quien, tras devastar la región valenciana, es por fin derrotado por las tropas del emir omeya.

781-788: El último período del gobierno de ABD AL RAHMAN se caracterizó por una relativa calma –se documentan algunas rebeliones prontamente sofocadas como la del hijo del último valí YUSUF, y la pérdida de Gerona, entregada por sus habitantes a CARLOMAGNO– lo que le permitió algunas actuaciones en otros terrenos: comienza a usarse la antigua iglesia cordobesa de San Vicente como mezquita (786), se reconstruye el alcazar cordobés, se produce un fuerte impulso de la actividad agrícola y comercial, acuñaciones monetarias, etc. ABD AL RAHMAN muere en el 788, dejando como heredero de un Al Andalus plenamente independiente de Badgad a su hijo HISHAM I.

789-796: Gobierno de Hisham I. Durante su primer año de gobierno se vio obligado a vencer la resistencia de sus hermanos SULEYMAN y ABD ALLAH, a los que termina por enviar al exilio. Su política se centró en la presión sobre los territorios cristianos del norte: campaña contra VERMUDO I en el Bierzo y contra su sucesor ALFONSO II en Astorga, saqueo de Gerona –controlada por los carolingios– y expedición contra Narbona. Durante su reinado surge el **rito Malikí**, que se convertirá en doctrina oficial de Al Andalus. Continuó la construcción de la mezquita cordobesa y edificó el gran puente de dicha ciudad.

796-801: ALHAKAM I, hijo de HISHAM, sucede a su padre al frente del emirato, aunque deberá ganarse su derecho al trono tras varios años de luchas con sus tíos que regresan del exilio (muerte de SULEYMAN y cesión del gobierno de Valencia a ABD ALLAH). Paralelamente sofocó varias rebeliones –la «Jornada del foso» en Toledo en el 797– a la vez que continúa la pugna con los reinos cristianos con resultados desiguales: toma de Calahorra (796), conquista temporal de Lisboa por ALFONSO II (799), expediciones francas en Cataluña (Vich, Cardona), independencia de los vascones en Pamplona (798), toma de Barcelona por las tropas francas (801).

802-822: Una vez asentado en el trono, el resto de su reinado se verá marcado por situaciones similares a las de los inicios, lo que le obligará, en el plano interno, a una política marcadamente represiva (el episodio más significativo será la represión de la **sublevación del «Arrabal de Córdoba»** en el 818), y, en el plano de la política exterior, a un permanente estado de conflictividad con los territorios cristianos del norte: toma por los francos de Tarragona (808) y expediciones musulmanas contra Huesca (802), Barcelona (813) –que resiste el ataque– y los territorios castellanos (victoria sobre los asturianos

Las campañas transpirenaicas.

que se ven obligados a retirarse hacia la zona de Pancorbo, 816).
822: ALHAKAM II muere en Córdoba y es sucedido por su hijo ABD AL RAHMAN II.
822-852: Reinado de Abd al Rahman II. Durante la primera mitad de su mandato los acontecimientos más relevantes se inscriben en dos tipos de actuaciones, por un lado la represión de brotes de «autonomía» muladí y bereber, entre las que destacan la de Elvira, nada más acceder al trono, la acaudillada en Mérida por el bereber MAHMUD y el muladí SULEYMAN que es aplastada en el 829 y definitivamente cinco años después, y la de los toledanos, al mando del artesano HASHIM, sofocada en el 831 tras la **batalla de Daroca**, si bien algunos resistirán varios años más hasta que WALUD –hermano del emir– se hace con el control de Toledo en el 837. La segunda línea de actuación, referida a las actividades externas, presenta dos vertientes. Por un lado, el sometimiento a la autoridad del emir de territorios musulmanes más o menos autónomos: es el caso del control de Valencia trás la muerte de ABD ALLAH «el valenciano» (823), el sometimiento de la región de Murcia aprovechándose de los enfrentamientos internos (830: fundación de la ciudad de Murcia) y el control de las Baleares por una flota del emirato (848). Por otro lado, la continuidad en los enfrentamientos con los cristianos del norte: aceifas contra Álava (823 y 825), Galicia (825 y 838), Barcelona, Gerona y la Marca Hispánica (828, 840 y 850), saqueo de Pamplona (843) y asalto e incendio de León (846). Pero además de ello, a lo largo de su reinado se producen algunos otros acontecimientos que también son dignos de mención. En el terreno diplomático destaca el intercambio de embajadores con el Imperio Bizantino (**839-840:** el embajador del emir será el poeta AL GAZAL). En el 844 tendrá lugar el primer desembarco normando en la Península con saqueos en Gijón, La Coruña, Cádiz y Sevilla, hasta que son derrotados por las tropas emirales en Tablada. La incursión provocará el establecimiento de una política de defensa con la creación de una línea de atalayas costeras, la construcción de una flota de guerra y el amurallamiento de Sevilla. Otro hecho significativo será la denominada «**provocación martirial**» (850) de los mozárabes cordobeses dirigidos por EULOGIO, que es encarcelado, y ÁLVARO, que desemboca en el ajusticiamiento por delitos de lesa religión de más de 50 personas; la historiografia más reciente enmarca estos acontecimientos como un intento de detener la pérdida de identidad cultural de este grupo de población.
852: El emir muere repentinamente el 22 de septiembre. EULOGIO recobra la libertad y se traslada a Toledo.
852-886: Muhammad I nuevo emir cordobés. Accede al trono con treinta años, tras haber sido gobernador de la Marca superior, en la que designa como sucesor a MUSA II, cabeza de la familia Banu Qasi y gobernador de Zaragoza, al objeto de atraerse a los muladíes de la zona. Sin embargo, siguió marcado por las permanentes revueltas de mozárabes y muladíes en numerosos lugares. Cronológicamente la primera de ellas será una nueva rebelión de los toledanos que derrotan al ejército emiral en Andújar (853) con el apoyo de las tropas cristianas de ORDOÑO I; un año más tarde el emir les derrotará en la cruenta **batalla del río Guadacelete** y reconquistará la ciudad tras un largo asedio (858), ajusticiando poco después a EULOGIO (859). En los quince años siguientes las revueltas se generalizan aunque desconectadas entre sí: Soria (869), Huesca (876), la más importante será la de IBN MARWAN –el «hijo del gallego»– en tierras de Badajoz y Mérida (868), que durará diez años. En la frontera superior, con la salvedad de la derrota sufrida en Albelda (859) por el gobernador MUSA a manos de ORDOÑO I, la situación permanece relativamente estable pero salpicada de aceifas –derrota de ORDOÑO I en Pancorbo (863)– hasta la muerte de ORDOÑO. A partir de este momento los cristianos se afianzan en la línea del Duero merced a la política de contención de las incursiones árabes desarrollada por ALFONSO III (en el 878, sus victorias obligarán al emir a firmar la primera tregua con el reino cristiano). Por otro lado, los hijos del gobernador MUSA se rebelan contra el emir en Tudela y Zaragoza, donde lograrán resistir, a pesar de las derrotas, gracias al apoyo de ALFONSO III. En las postrimerías de su reinado cabe destacar también la revuelta del muladí IBN HAFSUN, originario de Ronda, que se prolongará a lo largo de los reinados de los hijos y sucesores del emir: AL MUNDIR (886-888) y ABD ALLAH (888-912). El reinado de este último viene marcado por un alto grado de inestabilidad política en Al Andalus, con gobernantes prácticamente independientes en numerosas ciudades como Sevilla y Carmona, y la permanente situación de rebeldía de IBN HAFSUN desde su plaza fuerte de Bobastro.
912: A la edad de veintiún años asciende al trono de Al Andalus el nieto de ABD ALLAH, conocido como ABD AL RAHMAN III.

Los primeros núcleos hispano-cristianos (siglo VIII)

Núcleo occidental

711-718: Durante la invasión musulmana de la península nace el primer núcleo de resistencia en territorio astur. PELAYO, posible espatario del REY RODRIGO, huye de Córdoba (717) y emigra (718) a Asturias donde organiza la defensa local.
722: **Batalla de Covadonga** (28/V): PELAYO vence a las tropas de ALQAMA. Poco después MUNUZA, gobernador de Gijón, abandona la plaza.
722-737: PELAYO organiza su corte en Cangas de Onís y rechaza los ataques musulmanes de ABD AL-MALIK (733).
737-739: FAVILA, rey de Asturias.
739-757: ALFONSO I, creador y organizador del reino, aprovecha las luchas civiles de Al Andalus. Logra incorporar Cantabria, con la colaboración del DUQUE PEDRO, las Vardulias y Bureba; ataca tierras leonesas (Astorga, 753) y fronterizas (Coria y Mérida, 754). Defiende su reino desmantelando ciudades de la cuenca del Duero (desierto estratégico).
757-768: FRUELA I rechaza la ofensiva de UMAR en Pontuvio (h.765) pero sufre la revuelta de los vascones de Álava (matrimonio con la vascona MUNIA) y de los magnates de Galicia (766), siendo finalmente asesinado.
768-774: AURELIO se enfrenta sobre todo a problemas internos como la rebelión de los siervos astures.
La paz con Al Andalus se mantiene durante los reinados de SILO **(774-783)**, MAUREGATO **(783-788)** y VERMUDO I EL DIÁCONO **(788-791)** hasta que la guerra santa proclamada por HISHAM I (790) contra los cristianos le mueve a abdicar en favor de ALFONSO II.

La crisis del siglo IX.

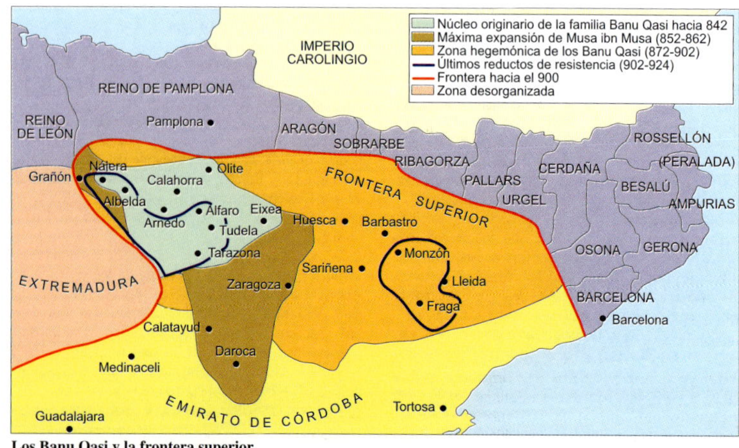

Los Banu Qasi y la frontera superior.

791-842: ALFONSO II. Traslada la corte a Oviedo (792). Sufre la presión musulmana de ABD AL-KARIM (794) que saquea Álava, la de su hermano ABD AL-MALIK que saquea Oviedo aunque es derrotado cerca de Grado. ABD AL-MALIK toma Astorga (795); ALFONSO II tiene que refugiarse en una fortaleza junto al Nalón y logra mantener la independencia del reino. ABD AL-KARIM toma Calahorra y saquea (796) la «tierra de los castillos» (al-Qila), futura Castilla. ALFONSO II saquea Lisboa (798).

Núcleos pirenaicos

h. 730-770: La inestabilidad interna de Al Andalus, el retroceso musulmán en el sur de Francia y la instauración de los Omeyas permiten la autonomía del territorio pirenaico.

733: Campañas del VALÍ ABD AL-MALIK contra los vascones y contra los habitantes del Pirineo sin éxito.

735: YUSUF, gobernador musulmán de Narbona, instala en Pamplona una guarnición estable ante los continuos ataques de CARLOS MARTEL.

750: El valí YUSUF envía a Zaragoza como gobernador a SUMAYL.

777: SULEYMAN, gobernador de Zaragoza, recibe ayuda de CARLOMAGNO.

778: **Expedición de Carlomagno**: Pamplona, Huesca y Zaragoza (imposible de tomar); retirada atravesando otra vez los Pirineos: emboscada de vascones y musulmanes de Zaragoza (derrota de Roncesvalles, 15/VIII).

h. 780: Muere el caudillo vascón ENNECO O ÍÑIGO; su viuda contrae segundas nupcias con MUSA BEN FORTÚN, de la familia Banu Qasi.

785: Los habitantes de Gerona entregan la ciudad a CARLOMAGNO, que restaura la diócesis gerundense. Consolidación de la Marca o frontera de Hispania.

791-793: Campañas militares omeyas contra la Marca: ABU UTHMAN ataca el Ebro hasta Álava (791) y ABD AL-MALIK BEN MUGITH saquea (793) Gerona (plaza carolingia), aunque no logra tomarla, y Narbona; regresa a Córdoba con abundante botín.

798: ABD ALLAH, tío de ALHAKAM I, busca ayuda en Aquisgrán para tomar el poder; Zaragoza promete ayuda lo mismo que Asturias; los francos ocupan Vich, Caserras y Cardona.

799: Los vascones de Pamplona, gobernada en nombre del emir por MUTARRIF, se independizan y eligen a VELASCO.

800: Noticias vagas de un jefe vascón (fines siglo VIII) llamado GALINDO BELASCOTENES, padre de GARCÍA EL MALO.

Los reinos cristianos (1.ª mitad siglo IX)

Reino Astur

ALFONSO II es destronado temporalmente (802-803) refugiándose en Ablaña. Regresa con el apoyo de TEUDA y de otros *fideles*. Se difunde en el reino (h. 820) el culto a Santiago. Apoyo regio a BEATO DE LIÉBANA contra el adopcionismo defendido por ELIPANDO DE TOLEDO, suprema autoridad de la iglesia mozárabe, y el obispo FÉLIX DE URGEL. Durante el reinado de ALFONSO II se construye la primera basílica de Compostela. Última invasión (816) musulmana contra Asturias. ALFONSO II rechaza (820, 827) dos aceifas musulmanas en Galicia. Nuevos ataques musulmanes (838-840) contra Galicia, Álava y Castilla; MAHMUD, expulsado del castillo de Monte Sacro (Faro) por tropas del emir, ofrece sus servicios a ALFONSO II, pero retorna a la obediencia del emir (840); en represalia ALFONSO ataca su castillo de Santa Cristina. ABD AL RAHMÁN II responde atacando Galicia.

842-850: RAMIRO I, hijo de VERMUDO I, rey de Asturias tras imponerse al CONDE NEPOCIANO (842). Comienzan los ataques normandos (Gijón, La Coruña, 844). Nueva oleada de ataques musulmanes: León es destruida (846) y las tierras de Álava son saqueadas (848). En su reinado se levantan los grandes monumentos de la corte en Oviedo.

Núcleos de resistencia pirenaica

Pamplona

h. 818: Se instaura en la comarca de Pamplona ÍÑIGO IÑIGUEZ *Arista* (-852), creador de la dinastía Íñiga, emparentado con los Banu Qasi y con GARCÍA EL MALO, conde de Aragón.

824: Segunda derrota de Roncesvalles: ÍÑIGO ARISTA y sus aliados (el muladí MUSA IBN MUSA) vencen a las tropas gasconas-carolingias enviadas por LUIS EL PIADOSO al mando de los condes EBLO y AZNAR, logrando mantener durante su reinado la independencia del territorio pamplonés frente a los carolingios.

h. 842: ÍÑIGO ARISTA es vencido por las tropas de ABDERRAMÁN II que combatían a MUSA IBN MUSA, quedando obligado al pago de tributo.

Aragón

h. 809: A la muerte del CONDE ORIOL el territorio es ocupado temporalmente por tropas de AMRÚ, gobernador musulmán de Zaragoza.

h. 810-820. AZNAR GALÍNDEZ logra controlar el territorio aragonés.

h. 820: AZNAR GALÍNDEZ es expulsado por su yerno GARCÍA EL MALO con apoyo de ÍÑIGO ARISTA y los BANU QASI, y busca refugio en Urgel donde obtiene ayuda de los carolingios.

h. 820-865: GARCÍA EL MALO y sus sucesores gobiernan el condado de Aragón.

Los muladíes Banu Qasi

h. 788-862: MUSA IBN MUSA, hijo de MUSA IBN FORTÚN (788) de Tudela, controla un amplio territorio en la cuenca del Ebro. Aliado de sus parientes navarros, los ARISTA, combina la sumisión al emirato (bajo ALHAKAM I) con la rebelión armada (846, 850). Conquista Tudela (801), participa en la 2.ª batalla de Roncesvalles (824) en la que vence a EBLO y AZNAR, participa en la campaña contra Narbona (842) y en la lucha contra los normandos en Andalucía (844). Vence a los gascones ultrapirenaicos en la 1.ª batalla de Albelda (852).

Condados catalanes

Los carolingios prosiguen la incorporación de territorios a la Marca: Barcelona (801) con ayuda de Bera, Tarragona (808), Tortosa (811), después de varios intentos fallidos. Organizan el territorio en diferentes condados (Gerona, Ampurias, Urgel, Cerdaña, Osona, Barcelona, Besalú), cuyos titulares mantienen una vinculación vasallática estrecha con el mundo franco.

Los condes de Tolosa impulsan (805-814) el avance en el extremo oriental por los afluentes del Segre creando los condados de Pallars y Ribagorza.

Los condados catalanes (s. IX).

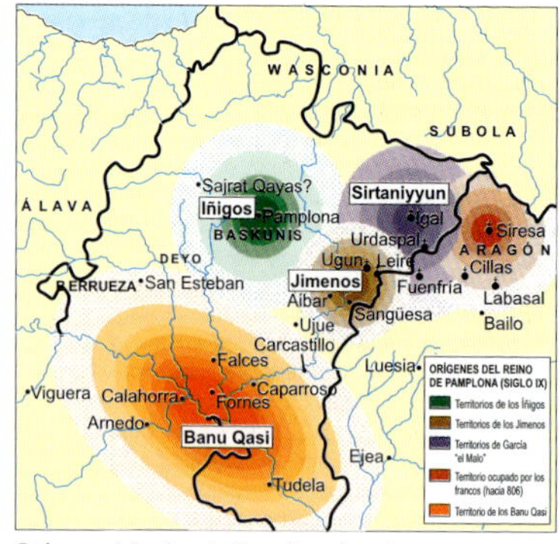

Orígenes del reino de Pamplona (s. IX).

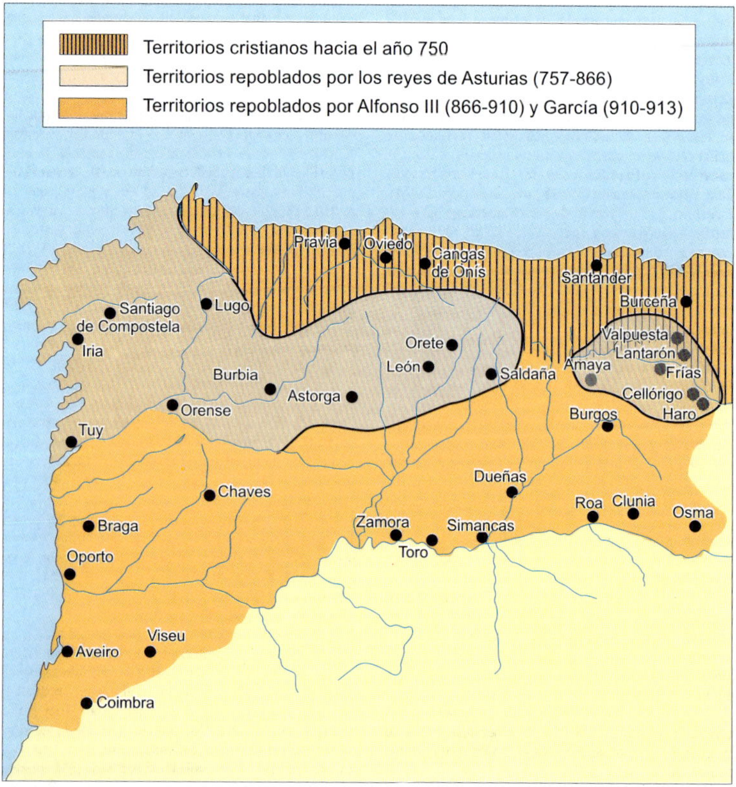

Territorios cristianos hacia el año 750
Territorios repoblados por los reyes de Asturias (757-866)
Territorios repoblados por Alfonso III (866-910) y García (910-913)

Pravia
Oviedo
Cangas de Onís
Santander
Burceña
Lugo
Santiago de Compostela
Iria
Valpuesta
Lantarón
Orete
León
Saldaña
Amaya
Frías
Burbia
Astorga
Cellórigo
Orense
Burgos
Haro
Tuy
Dueñas
Chaves
Roa
Clunia
Osma
Braga
Zamora
Simancas
Toro
Oporto
Viseu
Aveiro
Coimbra

Los orígenes de Asturias-León.

Los reinos cristianos (2.ª mitad s. IX)

Reino Astur-leonés
850-866: ORDOÑO **I.** Apoya la rebelión (850) de los mozárabes de Al Andalus, pero sus tropas, mandadas por el conde GATÓN DEL BIERZO, son derrotadas (854) por las del emir en Guadacelete (Toledo). Reconstruye y repuebla León (856). Rechaza una nueva oleada de ataques normandos (858) en Galicia. En la 2.ª batalla de Albelda (859) vence a MUSA DE TUDELA y le toma el valioso castillo (la guarnición es pasada a cuchillo): origen de la leyenda de la batalla de Clavijo (s. XII). Encomienda a RODRIGO, conde de Castilla, la repoblación de la fortaleza y la ciudad de la peña de Amaya. Amplía la frontera suroccidental hasta Salamanca (862), pero es vencido (865) en La Morcuera, frenándose el avance por el alto Ebro.
866-911: ALFONSO **III.** Depuesto temporalmente (866) por FRUELA VERMÚDEZ, conde de Galicia. Conquista de Oporto (868) por el conde VIMARANO PÉREZ y de Chaves (869) por el conde ODOARIO. Rechaza los ataques normandos (870) en la costa asturiana. Apoya con tropas al rebelde IBN MARWAN (876) y logra capturar al hachib HASHIM, pero la ofensiva cordobesa (877) provoca la huida a Oviedo de IBN MARWAN. Ataques del emir (878) contra el Bierzo y León. ALFONSO III toma Atienza y Deza y frena una nueva campaña contra Galicia: victorias en Polvararia y Valdemora: primera tregua (-879). El conde HERMENEGILDO conquista Coímbra (878). Ataque naval musulmán (879) contra las costas gallegas. Expedición real (881) hasta Sierra Morena. Campañas musulmanas (882-883) contra Álava y Castilla. Treguas con el emirato (884) por el presbítero DULCIDIO que lleva a Oviedo las reliquias de los mártires EULOGIO y LEOCRICIA. Reconstruye y repuebla Zamora (893) con mozárabes toledanos, al igual que Simancas, Dueñas y Toro (899).

Pamplona
851-882: GARCÍA ÍÑIGUEZ. Aliado de ORDOÑO I contra los Banu Qasi, que conquistan la margen derecha del Ebro y el valle del Ega (854). Capturado temporalmente por una expedición de normandos (h.859) que llega hasta Pamplona y saquea el reino. Una campaña musulmana (860) se lleva preso (-879) a su hijo FORTÚN GARCÉS.
882-905: FORTÚN GARCÉS EL TUERTO O EL MONJE mantiene una relación pacífica con el emirato tras su regreso a Pamplona.

Aragón
d. 867: GALINDO I AZNÁREZ (h. 844-867) recupera el condado con apoyo franco. Su hijo y sucesor, AZNAR II GALÍNDEZ (h. 867-893), casado con ONNECA GARCÉS, entra en dependencia de Pamplona. Su hijo GALINDO II AZNÁREZ (893-922) recupera a fines de siglo la independencia.

Los Banu Qasi
MUSA IBN MUSA es nombrado valí de la Marca superior (852-859), atacando Cataluña (856) y siendo después derrotado (859) por ORDOÑO I en la segunda batalla de Albelda. Asesinado (862) por su yerno IZRAQ IBN MUSA, valí de Guadalajara.
d. 862: Los hijos de MUSA (LUBB, ISMAIL, MUTARRIF y FORTÚN) permanecen como gobernadores del territorio en nombre del emirato, aunque se sublevan contra la autoridad central cordobesa (871-880): MUTARRIF muere combatiendo al emir (873) mientras que ISMAIL resiste en Zaragoza; su hermano FORTÚN logra resistir gracias al apoyo (874-882) de ALFONSO III.

Condados catalanes
Concentración de condados en **Vifredo el Velloso** (870-898), todavía bajo la soberanía feudal de los monarcas francos: Urgel, Cerdaña, Barcelona, Gerona y Narbona. Organiza la repoblación en la Cataluña Central (plana de Vic) y promueve los grandes centros monásticos (Ripoll, San Juan de las Abadesas); a su muerte, VIFREDO BORRELL, conde de Barcelona y Gerona (-914), y MIRÓ conde de Cerdaña-Conflent y Besalú (-927).

Al Andalus en el siglo X. La época de Abd al Rahmán III (912-961)

ABD AL RAHMÁN III restaura el poder territorial del estado cordobés eliminando las revueltas internas de la etapa emiral, contiene la expansión militar de los reinos cristianos (especialmente el reino de León y el condado de Castilla), sojuzga la autonomía de los poderes musulmanes del valle del Ebro y extiende la influencia Omeya en el norte de África frente a los fatimíes. Su proclamación como califa (929) refuerza la autoridad central de Córdoba.
914-928: Fin de la rebelión muladí de UMAR BEN HAFSUN (917) y de sus hijos (SULAYMAN y HAFS), que se había iniciado en 884 en la actual Andalucía. Campañas de 914 (Ronda, Málaga, castillo de Ojén), campaña de Belda y Ojén (919), derrota y muerte de SULAYMAN (927) y victoria final del movimiento con la toma de Bobastro (928) que defendía HAFS.
913-937: Sometimiento de los poderes locales autónomos en Al Andalus, que habían puesto en peligro la cohesión del estado mediante las campañas militares de 913 (**campaña de Monteleón**) contra Almadén, Uclés, Écija, Reyyo y Elvira, mientras que Sevilla es sometida tras la revuelta producida entre los sucesores de IBRAHIM BEN HARACH; campaña de 916 (tierras de Levante), sometiendo Lorca, Murcia, Alicante, Játiva, Valencia y Sagunto; campaña de 920 (contra LOPE BEN TARBISHA de Toledo); campaña de 922 (incorpora la república de Pechina); campaña de 924 (contra los territorios de TUDMIR, Valencia y Zaragoza); campaña de 926 (sometimiento de Zorita de los Canes); campaña de 929 (Badajoz, Silves y Algarve); 930-931 (asedio y conquista de Toledo, sublevada con apoyo leonés); 933 (contra el beréber YAHYA BEN ZENNUM de Huélamo); y 937 (contra ABU YAHYA en la Marca Superior).
913-957: Campañas militares contra los reinos cristianos, frenando su expansión anterior en la cuenca del Duero e interviniendo en las contiendas sucesorias leonesas apoyando a SANCHO I frente a ORDOÑO IV. **Campaña de Muez** (920) que culmina con la victoria musulmana en la batalla de Valdejunquera y la toma del castillo de Muez; **campaña de Pamplona** (924) contra el territorio navarro; ocupación de Gormaz (925); **campaña de 934** por tierras de Burgos; **campaña de la**

Condado de Aragón.

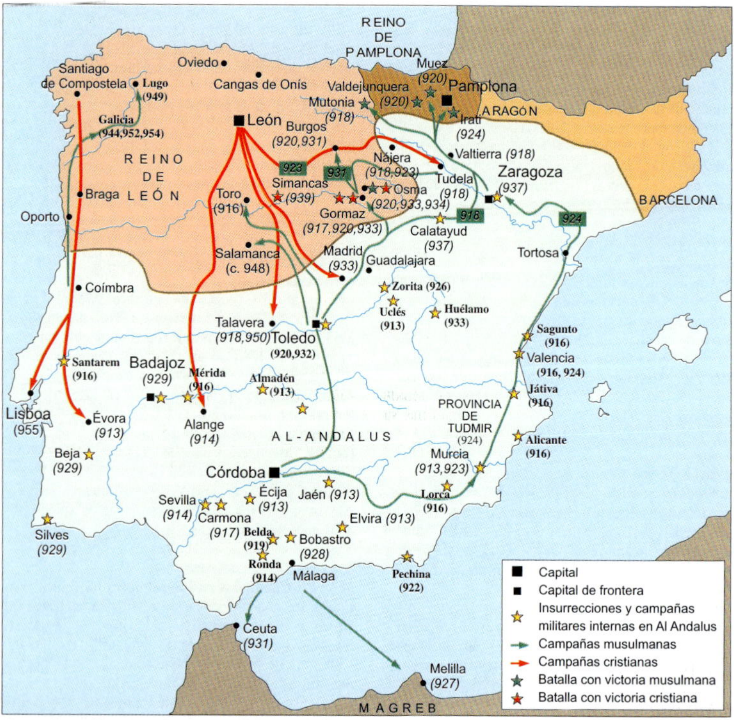

Campañas militares en tiempos de Abderramán III.

omnipotencia (939) que culmina con la victoria cristiana en Simancas (5/VIII) y Alhándega ante RAMIRO II, TODA DE NAVARRA, FERNÁN GONZÁLEZ, ASUR FERNÁNDEZ y UMAYYA BEN ISHAQ; **campaña contra Galicia** (944) al mando de AHMAD BEN MUHAMAD BEN ALYAS; campaña por tierras de Salamanca (h. 948) del mawla (liberto) QAND; campañas contra Galicia (949 y 952); campaña contra Castilla y Galicia (954).

913-955: Ofensivas cristianas contra Al Andalus. Se desarrollan principalmente al comienzo y al final del reinado de ABD AL RAHMÁN III. Saqueo de Evora por las tropas de ORDOÑO DE GALICIA (913); ataque a La Rioja (Arnedo) a cargo de GARCÍA DE LEÓN (914); campaña de ORDOÑO II (915) en la actual Extremadura llegando a imponer tributo al señor de Badajoz; campaña victoriosa de ORDOÑO II DE LEÓN y SANCHO GARCÉS I DE NAVARRA (917) que culmina en la **batalla de San Esteban de Gormaz** (4/IX); nueva campaña de ambos monarcas (918) contra los BANU QASI en Nájera y Tudela; campaña de ORDOÑO II (921) en represalia por el desastre cristiano en la batalla de Valdejunquera; campaña de SANCHO GARCÉS I (922) por la ribera del Ebro; campaña conjunta de ORDOÑO II y SANCHO GARCÉS (923) que permite la ocupación de Nájera y Viguera; expedición leonesa (932) que permite la ocupación durante un año de Madrid; victoria del conde castellano FERNÁN GONZÁLEZ (955) que toma el castillo de San Esteban de Gormaz; campaña de ORDOÑO III (955) contra Lisboa.

La política de los Omeya en el norte de África les enfrentó a los fatimíes de Egipto, en plena expansión hacia la costa occidental africana. La conquista de Melilla (927) y Ceuta (931) consolida la posición del califato cordobés en África, pero la ofensiva de los fatimíes a mediados de siglo (957-959) reduce su presencia a Tánger y Ceuta.

Los reinos cristianos en la primera mitad del siglo X

Reino Astur-leonés.

En los últimos años de ALFONSO III (-911) la crisis de León se manifiesta en las conjuraciones de magnates como ABDAMINO (905) o sobre todo en las de los hijos del rey (h. 909), GARCÍA, ORDOÑO y FRUELA, que le expulsan del trono con ayuda del CONDE DE CASTILLA GARCÍA FERNÁNDEZ. ALFONSO III se retira a su palacio de Boides (911).

911-914: GARCÍA I REY DE LEÓN (-914); ORDOÑO (II) recibe Galicia y FRUELA (II) se instala en la comarca de Oviedo. Ambos reconocen la superior autoridad de GARCÍA, el cual sólo realiza una única campaña contra Arnedo (914).

914-924: ORDOÑO II. Reanuda las campañas contra Al Andalus, logrando imponer tributo a los marwanidas de Badajoz (915) y sobre todo colabora con el rey navarro SANCHO GARCÉS I, que le permite rechazar a ABD AL RAHMÁN III en San Esteban de Gormaz (917), pero sufriendo por ello el desastre de Valdejunquera (920): el rey ordena la prisión temporal de los condes castellanos NUÑO FERNÁNDEZ, FERNANDO ANSÚREZ, ABOLMONDAR ALBO, por sospecha de colaboración con los musulmanes.

924-925: FRUELA II. Se impone sobre los hijos de ORDOÑO II, pero su hijo ALFONSO FRÓILAZ EL JOROBADO es expulsado del trono (huye a Galicia h. 932) por los hijos de ORDOÑO II con ayuda navarra de SANCHO GARCÉS I.

925-931: ALFONSO IV EL MONJE. Su hermano SANCHO ORDÓÑEZ (929) recibe Galicia y RAMIRO ORDÓÑEZ (RAMIRO II) obtiene el territorio portucalense. Para evitar la fragmentación del patrimonio, ALFONSO IV y RAMIRO acuerdan (931) que éste sea rey, aunque ALFONSO IV acaba rebelándose (932) contra el acuerdo. Durante su reinado se consolida como CONDE DE CASTILLA (d. 929) FERNANDO ANSÚREZ en sustitución de NUÑO FERNÁNDEZ.

931-951: RAMIRO II es uno de los grandes monarcas leoneses: resiste las campañas de ABD AL RAHMÁN III, presta ayuda a los rebeldes de Al Andalus (Toledo, 932) y fomenta la colaboración entre reinos cristianos contra los musulmanes (batalla de Simancas, 939). Apoya inicialmente al CONDE DE CASTILLA, FERNÁN GONZÁLEZ (h. 930-970), que cuenta además con apoyo navarro para la independencia de hecho (primera rebelión del conde en 942-943).

Navarra

905-926: SANCHO I GARCÉS REY DE PAMPLONA (dinastía Jimena) destrona a FORTÚN GARCÉS I. Provoca el retroceso de los BANU QASI de Tudela, enfrentados a AL-TAWIL de Huesca. Colabora con los reyes leoneses ALFONSO III (conquista de Monjardín, 914), GARCÍA I y ORDOÑO II, con los que hay una frecuente relación matrimonial; esto le permite ocupar una parte de La Rioja (918-920) e intervenir en la sucesión leonesa posterior a ORDOÑO II. A pesar del fracaso en Valdejunquera (920) conserva la margen derecha del Ebro (Nájera y Viguera). Frena a ABD AL RAHMÁN III (924) gracias a los habitantes del valle del Roncal. Conquista el condado de Aragón (h. 921) y contrae matrimonio con TODA AZNÁREZ (h. 885-h. 971), tía de ABD AL RAHMÁN III.

926-970. GARCÍA SÁNCHEZ I EL TEMBLÓN, bajo la regencia de su madre TODA y de su tío JIMENO GARCÉS. ABD AL RAHMÁN III apoya (931) a los regentes contra el usurpador ÍÑIGO GARCÉS, quedando Navarra bajo obediencia del califato (937), aunque TODA participa en la batalla de Simancas (939) junto a los restantes reinos cristianos.

Cataluña

Al morir WIFREDO EL VELLOSO (897) los condados catalanes, salvo Ampurias, dependen de su familia, pero su testamento fragmenta el patrimonio: SUNIFREDO recibe Urgel, y el resto de condados junto al de Barcelona pasan conjuntamente a BORRELL (898-911) y SUNYER (911-947). Relaciones pacíficas con el califato. Reconocen todavía la autoridad de CARLOS EL SIMPLE de Francia (893-923), y Narbona conserva el rango de diócesis metropolitana sobre Cataluña.

Los reinos cristianos en la segunda mitad del siglo X

Reino de León

951-956: ORDOÑO III. Apoyado por la nobleza gallega frente a SANCHO EL CRASO, protegido a su vez por FERNÁN GONZÁLEZ y TODA DE NAVARRA (guerra civil, 953). Progresiva independencia del condado de Castilla. Estado de tregua con el califato (d. 956) a excepción de las campañas previas contra Lisboa (955) y San Esteban de Gormaz (FERNÁN GONZÁLEZ, 955). Su hijo VERMUDO ORDÓÑEZ es rechazado (956) para ceñir la corona.

Los reinos cristianos en la primera mitad del siglo x.

956-966: SANCHO I EL CRASO. Rompe la tregua con Córdoba y se enfrenta a FERNÁN GONZÁLEZ; es destronado temporalmente (-958) por ORDOÑO IV EL MALO (o EL JOROBADO) **(958-960)**. SANCHO I se refugia en Navarra y recupera el trono (960) con apoyo musulmán (asedio de Zamora, 959) y castellano (enemigos de FERNÁN GONZÁLEZ) así como de magnates gallegos (PELAYO GONZÁLEZ, RODRIGO VELÁZQUEZ). Prisión de FERNÁN GONZÁLEZ (960) a manos de GARCÍA I SÁNCHEZ DE NAVARRA. Caída y huida de ORDOÑO IV (refugio en Córdoba -962). Protectorado musulmán sobre León bajo ALHAKAM II.
966-984: RAMIRO III. Regencia de su tía ELVIRA RAMÍREZ (-975). Guerra civil (981-984) con VERMUDO ORDÓÑEZ (hijo de ORDOÑO III), que vence en la batalla de Portela de Arenas (Monterroso). RAMIRO III se refugia en Astorga donde muere (985).
984-999: VERMUDO II. Tensiones secesionistas de sus reinos (León, Castilla, Portugal). Pacta con ALMANZOR la ayuda musulmana para someter a los rebeldes, pero rompe el acuerdo (985), lo cual provoca las campañas del amirida. Los magnates rebeldes a VERMUDO II (GONZALO MENÉNDEZ, los BANU GÓMEZ, los ANSÚREZ) colaboran con Almanzor; el rey huye a Lugo (988-991) desde donde logra someter su reino. Reanuda su relación con el califato enviando (994) a una de sus hijas al harén de ALMANZOR y firmando una tregua con él (997). El condado de Castilla resiste mejor la presión musulmana bajo GARCÍA FERNÁNDEZ (970-995); reconciliado con el rey leonés (su hija ELVIRA GARCÍA es la segunda esposa de VERMUDO II), acaba preso combatiendo contra los musulmanes (batalla de Langa). Su hijo SANCHO GARCÍA (995-1017) se pliega al protectorado de ALMANZOR (-1000) pero sufre las últimas campañas del amirida en territorio castellano (1000-1002).

Navarra

La regencia de TODA perdura durante la mayor parte del reinado de GARCÍA SÁNCHEZ I (925-970). TODA acoge (958) a su nieto SANCHO I DE LEÓN, desterrado por ORDOÑO IV, y logra su retorno con ayuda musulmana. El matrimonio de GARCÍA SÁNCHEZ I con ANDREGOTO GALÍNDEZ consolida la soberanía navarra sobre el condado de Aragón. Alianza con León (d. 963). Pérdida de Calahorra frente a los musulmanes.
970-994: SANCHO GARCÉS II ABARCA. Nueva alianza con León y Castilla pero acaba en derrota en Estercuel (975) frente al tuchibí YAHYA; otro intento (981) con Castilla para sostener a GALIB en contra de ALMANZOR fracasa con la derrota de San Vicente de Atienza, en la que muere el INFANTE RAMIRO. La tregua posterior (-992) se ve amenazada por el aviso de campaña: el rey viaja a Córdoba para negociar.
994-1000: GARCÍA SÁNCHEZ II EL TRÉMULO. La campaña de Pamplona (998-999) de Almanzor, deja destruida la ciudad.

Cataluña

966-992: BORRELL (solo). La pacífica relación de Cataluña con Córdoba se interrumpe con la conquista de Barcelona por ALMANZOR (985). Otra campaña (1001) llega a Manresa, aunque no se produce una ocupación permanente del territorio. La petición de ayuda a HUGO CAPETO (987-996) no surte efecto.
992-1018: RAMÓN BORRELL I. Al suceder a su padre quedan definitivamente unidos los condados de Barcelona, Ausona y Gerona.

El califato bajo Alhakam II (961-976), Hisham (976-1009). Almanzor

961-976: ALHAKAM II. Ejerce el protectorado sobre León apoyando a ORDOÑO IV contra SANCHO I, pero ORDOÑO muere en Córdoba (962) sin lograrlo. Los reinos cristianos combinan la rebelión (962, 975) con la sumisión (971) al califato, mientras que en el norte de África el general GALIB vence a los Idrisíes de Arcila (973).
961-1009: HISHAM II. Ascenso político de ABI AMIR «AL-MANSUR» (ALMANZOR) **(-1002)**, reorganizador de la administración y del ejército. Ordena la ejecución de AL-MUGIRA, hermano de HISHAM II, para evitar su proclamación (976). Desplaza al HACHIB AL-MUSHAFÍ (978) y ostenta personalmente el cargo (-991). Vence a GALIB (981) tras casarse (978) con su hija ASMA. Se proclama (991) *malik karin* (noble rey). Otra esposa fue ABDA (h. 983), hija de SANCHO II ABARCA. Sus hijos ABD AL-MALIK y ABD AL-RAHMAN «SANCHUELO», le sucedieron en el cargo de hachib (-1009); un tercer hijo, ABD ALLAH, le traicionó (989) pasándose al enemigo, perdiendo por ello la vida (990).

Campañas militares de Almanzor contra el norte cristiano

981: Tras vencer a GALIB, ALMANZOR ataca Castilla: asedia Zamora y ocupa Rueda, Atienza y Sepúlveda. Adopta el sobrenombre de *al-mansur* (el victorioso).
984: Apoya a VERMUDO II de León, quien vence en la batalla de Portello de Arenas a los nobles rebeldes.
985: Ataque al condado de Barcelona: saquea la ciudad y vence al CONDE BORRELL. Barcelona queda temporalmente con una guarnición cordobesa.
987: Ataques al reino de León, especialmente Coímbra, que queda despoblada.
988: ALMANZOR saquea León y Zamora con ayuda de algunos magnates rebeldes a VERMUDO II; este último se tiene que refugiar en Lugo. También son destruidos algunos monasterios importantes, como los de San Facundo y San Primitivo (Sahagún) y San Pedro de Eslonza.
989: Ofensiva contra Castilla: cerco de San Esteban de Gormaz, donde se produce la defección de su hijo ABD ALLAH en connivencia con el conde castellano GARCÍA FERNÁNDEZ. Conjura fallida de ABD ALLAH «PIEDRA SECA» para asesinar a ALMANZOR y sustituir a HISHAM II.
990: ALMANZOR ocupa Osma y ataca las comarcas alavesas, obligando al conde castellano a entregar a su hijo rebelde ABD ALLAH, que es ejecutado de inmediato.
994: Conquista San Esteban de Gormaz a los castellanos; el conde de Castilla responde con un ataque a Medinaceli.
995: ALMANZOR vence y captura (Alcocer) al CONDE DE CASTILLA GARCI FERNÁNDEZ, que acaba muriendo en prisión. También ataca el condado de Saldaña y ocupa la villa de Carrión.
997: Campaña contra Galicia: saquea Vigo y Santiago de Compostela, llevándose las campanas del templo a Córdoba. VERMUDO II solicita treguas enviando a Córdoba a su hijo bastardo PELAYO.

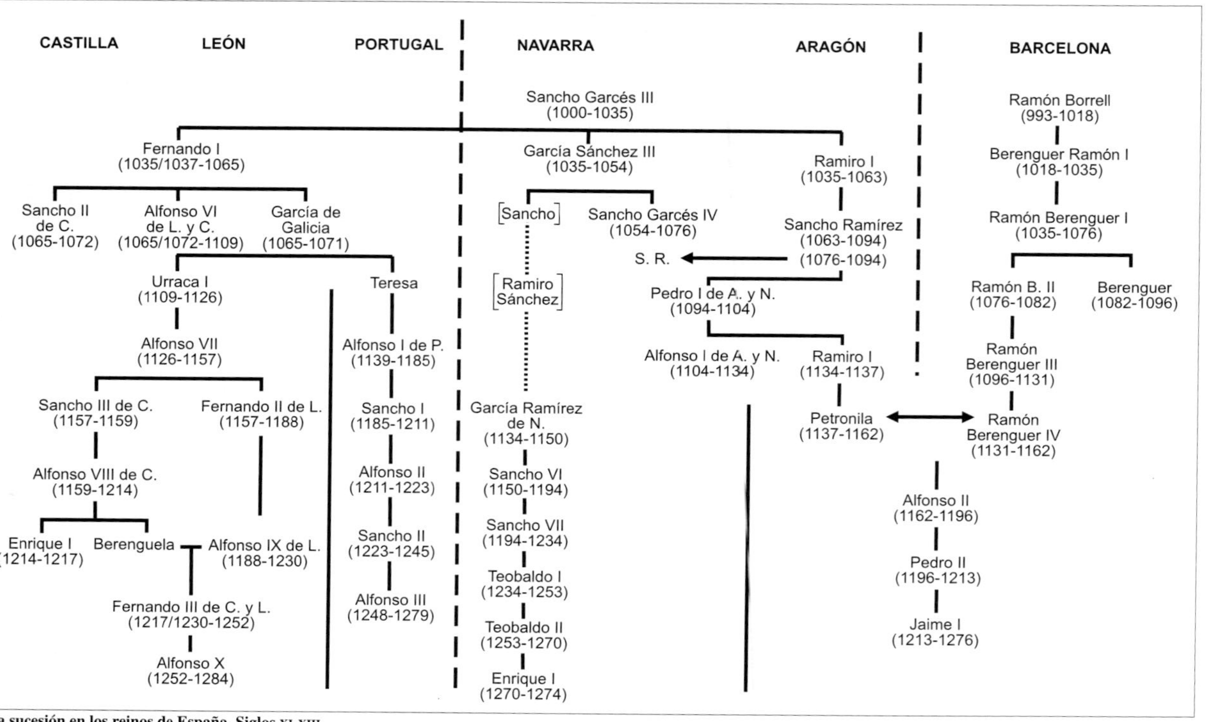

La sucesión en los reinos de España. Siglos XI-XIII.

999: ALMANZOR saquea Pamplona y ataca los condados de Sobrarbe y Ribagorza.
1000: ALMANZOR vence en la batalla de Peña Cervera a la coalición formada por tropas de Castilla, Saldaña y León, y después saquea Castilla.
1002: Última campaña de ALMANZOR. Saquea la Rioja, destruyendo San Millán de la Cogolla. Poco después muere en Medinaceli.

Campañas norteafricanas de Almanzor.
Combate al señor Idrisí de Arcila (986), AL-HASSAN BEN GANNUM, hasta controlar la región de Orán y contra ZIRI BEN ATIYA (998), tras lo cual manda a su hijo ABD AL-MALIK como gobernador del territorio mogrebí.

1002-1009: Su hijo ABD AL-MALIK AL-MUZAFFAR (1002-1008), nuevo hachib de HISHAM II, prosigue las campañas contra los cristianos: Cataluña (1003, con ayuda castellana), León (1005), Aragón (1006) y Castilla (1007 y 1008) sufren sus ataques. Le sucede su hermano ABD AL-RAHMAN «SANCHUELO», pero muere (1009) en una sublevación. Se inician las guerras civiles de Al Andalus (-1031).

La época de Sancho III el Mayor (1000-1035)

1000-1035: SANCHO GARCÉS III EL MAYOR DE NAVARRA. Dueño de los condados de Aragón y Sobrarbe (d. 1015), incorpora el de Ribagorza tras la renuncia de la CONDESA MAYOR (1025), después de haberlo defendido contra los ataques cordobeses de ABD AL-MALIK (1006). Mantiene relaciones de parentesco con los condes de Barcelona y Gascuña. Con el gobernador tuchibí de Zaragoza, AL-MUNDHIR BEN YAHYA, combina la guerra (d.1018) y la negociación para recuperar algunas plazas (Viguera). Al morir divide entre sus hijos el patrimonio acumulado: GARCÍA SÁNCHEZ III EL DE NÁJERA **(-1054)** es rey de Navarra; RAMIRO I (**-1063**) recibe Aragón con título de rey; GONZALO **(-1045)** obtiene Sobrarbe y Ribagorza; FERNANDO, que ya era conde de Castilla, acaba siendo más tarde (1037) rey de León.

Castilla
SANCHO III protege al CONDE SANCHO GARCÍA (1017) y sobre todo a su hijo GARCÍA SÁNCHEZ (1017-1029) frente a ALFONSO V DE LEÓN (999-1028), que deseaba ocupar la zona fronteriza entre el Cea y el Pisuerga. Castilla participa en las contiendas civiles previas a la disolución del califato, apoyando (1009-1016) la causa del rebelde SULAYMAN: el CONDE GARCÍA SÁNCHEZ llega en una expedición a Córdoba con sus tropas (1010). La influencia de SANCHO III sobre Castilla se convierte (d. 1024) en pleno dominio tras el asesinato (1029) de GARCÍA SÁNCHEZ: reclama entonces la titularidad del condado en nombre de su esposa, la castellana MUNIA, hermana del conde asesinado. Traspasa pronto el título condal a su hijo FERNANDO. SANCHO III supervisa además la paz entre León y Castilla ocupando con sus tropas las zonas fronterizas en litigio.

León
999-1028: ALFONSO V, autor del **Fuero de León** (h. 1017-1020). Su oposición al conde de Castilla por razones territoriales complica indirectamente las relaciones con SANCHO III DE NAVARRA, especialmente entre 1020-1022, pero su boda con URRACA, hermana del rey navarro, mitiga la tensión.
1028-1037: VERMUDO III. La presencia navarra se acentúa por la regencia que ejerce su madre URRACA (1028-1032), auxiliada por tropas de su hermano SANCHO III. Domina la oposición de algunos magnates leoneses, incluyendo al obispo de Santiago (1030). Al alcanzar la mayoría de edad VERMUDO III, perdura la influencia del rey de Navarra (1033-1035), el cual promueve la creación de la diócesis de Palencia con los territorios que Castilla y León reclamaban; esta zona forma parte de la dote de la leonesa SANCHA, casada en segundas nupcias con FERNANDO I, nuevo conde de Castilla.

Cataluña
992-1018: RAMÓN BORRELL I refuerza la hegemonía de la casa condal de Barcelona en Cataluña y participa en las luchas civiles del califato apoyando a MUHAMMAD II (campaña contra Córdoba, 1010), poniendo fin a la tradicional sumisión de los condes de Barcelona. Ataca la frontera del Ebro y el Segre llegando hasta Gaya (1016). Desvincula a Cataluña del mundo franco debido en parte a la desaparición de los carolingios y la instauración de HUGO CAPETO **(987-996)** en el trono francés.
1018-1035: BERENGUER RAMÓN I EL CURVO, bajo la larga regencia de su madre ERMESINDA y el abad de Ripoll, OLIBA, prosigue el avance por el Ebro y se vincula a Castilla a través del matrimonio con SANCHA. Organiza la herencia entre sus hijos a semejanza de SANCHO III DE NAVARRA: RAMÓN BERENGUER I EL VIEJO **(-1076)** recibe los condados de Barcelona y Gerona; RAMÓN obtiene las tierras al sur del Llobregat y GUILLERMO **(-1054)** el condado de Ausona. Años más tarde los hermanos menores renuncian en el mayor sus derechos para evitar la excesiva fragmentación del patrimonio familiar, permitiendo así la cohesión del territorio catalán.

La desmembración del Califato Omeya (1009-1031)

1009-1010: Guerra civil. Los árabes proclamaron a MUHAMMAD II **(1009-1010)**, quedando depuesto temporalmente HISHAM II**;** los bereberes nombran a SULAYMAN, que goza del apoyo castellano del CONDE SANCHO GARCÍA, el cual vence a sus enemigos en el Jarama (1009) y Alcolea (1010). Pero SULAYMAN es rechazado por WADIH, gobernador de la Marca media, aliado con los condes catalanes RAMÓN BORRELL de Barcelona y ARMENGOL de Urgel, con los que vence en la batalla de Vácar (1010): SULAYMÁN huye a Játiva y MUHAMMAD II recupera el trono, permitiendo a las tropas catalanas el saqueo de Córdoba.
1010-1013: 2.º período de Hisham II. Apoyado por los jefes eslavos, por WADIH y por los castellanos; éstos reciben en compensación las plazas que ALMANZOR había ocupado. Pero el general eslavo IBN ABI WADAA (1011) permite el regreso de SULAYMAN.
1013-1016: 2.º período de Sulayman. Tras abdicar HISHAM II, SULAYMAN cuenta con apoyo bereber. No puede parar la aparición de taifas ni el retroceso militar en el norte de África (sólo se conservan Arcila, Tánger y Ceuta). Una revuelta provoca la **subida de los Hammudíes.**

Condados de Castilla (930-970).

Desintegración del califato de Córdoba y reinos de taifas (1015).

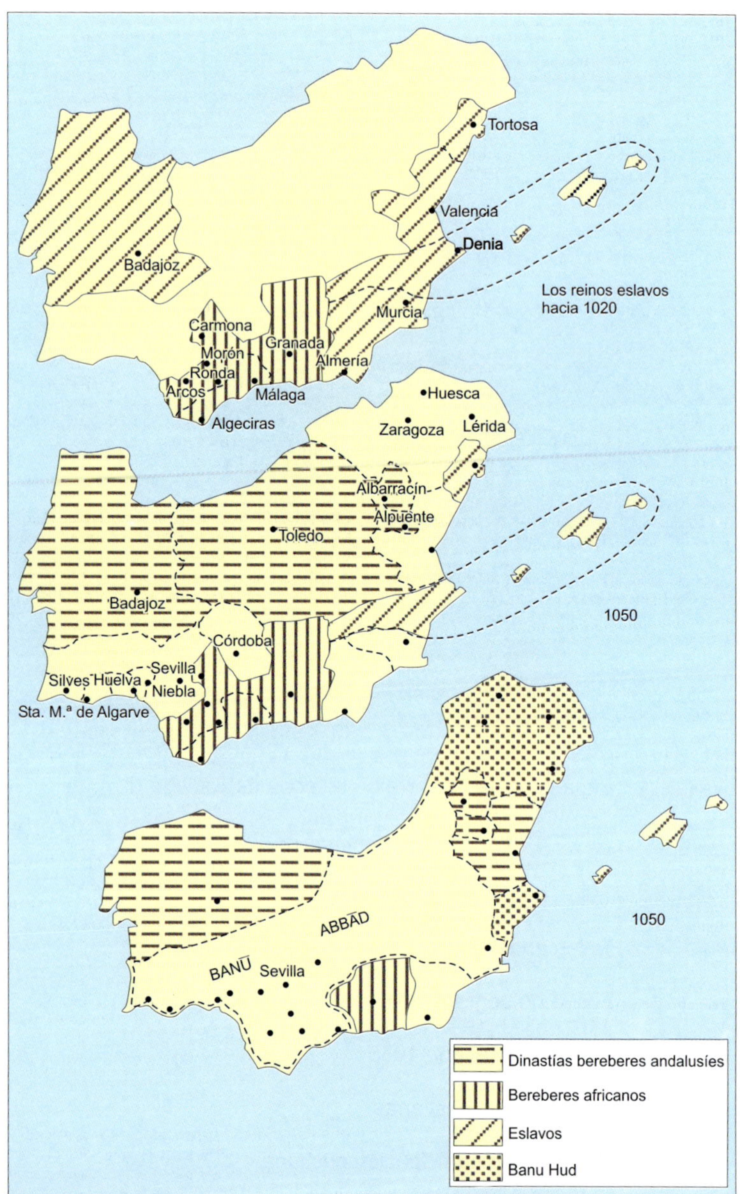

Evolución de los reinos de taifas.

1016-1031: La caída del califato.
1016-1018: ALÍ, primer hammudí en el trono, impone un sistema dictatorial; es asesinado por los eslavos palatinos. Dos candidatos se enfrentan por el trono: QASIM y AL-MORTADHA.
1018-1023: QASIM, hermano de ALÍ (apoyado por los berberiscos), y ABD AL-RAHMAN IV «AL-MORTADHA», un Omeya que cuenta con la ayuda de eslavos y la población cordobesa hasta que muere en una revuelta (1021). QASIM se enfrenta a nuevas sublevaciones que le alejan del poder (1021-1023). Cuando regresa por segunda vez al trono (1023) una sublevación en la capital y la ofensiva del bereber YAHYA le conducen a prisión hasta su muerte (1037).
1023-1024: ABD AL-RAHMAN V «AL-MUSDTADHIR», proclamado por los habitantes de Córdoba deseosos de restaurar la legitimidad Omeya. Una conjura de la guardia palatina le derriba del trono y muere.
1025: MUHAMMAD II «AL-MUSTACFI», impuesto en la anterior rebelión palaciega, perece el mismo año de su elección; interregno de seis meses.
1025-1027: YAHYA, otro hammudí, logra ser califa, pero no abandona Málaga; envía un general para gobernar Córdoba, pero los bereberes de YAHYA son expulsados por los eslavos JAIRAN de Almería y MOJAHID de Denia.
1027-1031: HISHAM III –último califa, nombrado por un Consejo de Estado (1027)– no entra en la capital hasta 1029. Le derriba un golpe provocado por la población cordobesa y la nobleza. Fin del califato.

Aparición de los primeros reinos de taifas (1009-1031).
Taifas andalusíes (aristocracias de origen árabe o muladí): **Córdoba** (IBN CHAHWAR, 1031-1070), disputado más tarde por Sevilla y Toledo; **Sevilla** (BANU ABBAD,1021-1091); **Ronda** (BANU IFRAN, 1039-1059); **Carmona** (BANU BIRZAL, 1013-1067); **Morón** (BANU DAMMAR, 1013-1066); **Arcos** (BANU IZRUM, 1011-1068); **Huelva y Saltes** (BANU BAKR, 1012-1052); **Niebla** (BANU YAHYA, 1023-1053); **Silves** (BANU MUZAIN, 1048-1063); **Algarve** (BANU HARUN, 1026-1052); **Mértola** (IBN TAFUR, h. 1044); **Badajoz** (BANU AL-AFTAS, 1022-1094); **Toledo** (BANU ZENNUM, 1036-1085); **Zaragoza** (BANU TUCHIB, 1017-1039, y BANU HUD, 1039-1110); **Albarracín** (BANU RAZIN, 1012-1104); **Alpuente** (BANU QASIM, -1092); **Murcia** (dominado sucesivamente por Almería, Valencia y Sevilla -1091).
Taifas eslavos (antiguos oficiales amiríes de la corte y tropas eslavas): **Valencia** (dominio alterno entre amiríes y toledanos 1021-1095); **Tortosa** (unido a Denia); **Denia** (BANU MUCHAHID, 1009-1076; AL-MUQTADIR y AL-MUNDIR de Zaragoza, 1076-1091); **Baleares** (unido a Denia); **Almería** (BANU JAYRAN, 1012-1038; AL-MANSUR de Valencia, 1038-1041).
Taifas bereberes (aristocracias de orígen norteafricano o hispano-beréber): **Málaga** (BANU HAMMUD, 1035-1057); **Algeciras** (BANU HAMMUD, 1035-1058); **Granada** (BANU ZIRÍ, 1012-1090).

PLENA EDAD MEDIA

El período 1035-1065

Castilla y León

1035-1037: VERMUDO III DE LEÓN regresa al morir SANCHO III DE NAVARRA y reclama a Castilla el obispado de Palencia, pero muere en la **batalla de Tamarón** (4/IX) ante castellanos y navarros. El acuerdo (1038) entre FERNANDO I y GARCÍA SÁNCHEZ III permite a Navarra incrementar sus territorios (Trasmiera, Villarcayo, Mena, La Bureba y Oca) a costa de Castilla.
1037-1065: FERNANDO I DE CASTILLA Y LEÓN. Desarrollo de la idea imperial leonesa y hegemonía peninsular en el sometimiento paulatino de las taifas (d. 1055) mediante parias. Apoya a la taifa de Toledo (1043) contra la de Zaragoza, hasta someter a esta última al pago de parias (1060); nuevo ataque (1065) por la ruptura de vasallaje que AL-MUQTADIR hace en represalia por la toma de Barbastro (1064), llegando las tropas castellanas hasta Valencia aunque sin conquistarla. También la taifa de Toledo queda sometida al mismo régimen de parias (1062). Conquista Viseo, Lamego (1057-1058) y Coímbra (1064) a la taifa de Badajoz, como paso previo al establecimiento del régimen de parias, que alcanza también a la taifa de Sevilla (1063). Se enfrenta a Navarra en la **batalla de Atapuerca** (1054) donde muere su hermano GARCÍA SÁNCHEZ III (1/IX): la frontera castellana alcanza el Ebro (1057-1058) recuperando territorios incorporados por SANCHO III.

Navarra

1035-1054: GARCÍA SÁNCHEZ III EL DE NÁJERA. Pierde la hegemonía por la presión militar de Castilla-León (que aspira a recuperar los territorios cedidos en 1038) y de Aragón. Sin embargo, sus hermanos RAMIRO I y FERNANDO colaboran en la conquista de Calahorra (1045). La derrota en Atapuerca (1054) frente a los castellanos acelera el retroceso territorial navarro.
1054-1076: SANCHO IV GARCÉS DE PEÑALÉN, proclamado rey en el campo de la batalla de Atapuerca.

Aragón

1035-1063: RAMIRO I extiende sus fronteras por el Ebro frente a los BANU HUD de Tudela y Lérida (conquista de Santa María de Buil y Morillo de Monclús, h. 1050). Contra el reino de Navarra de su hermano GARCÍA SÁNCHEZ III ataca sin éxito Tafalla (1043), pero tras la batalla de Atapuerca obtiene Sangüesa (1054) y más tarde (1062) ocupa Falces y Benabarre. Ocupa también los condados de Sobrarbe y Ribagorza (d. 1037) tras el asesinato (1045) de su hermano GONZALO. Muere RAMIRO I combatiendo en la **campaña de Graus** (1063) contra AL-MUQTADIR de Zaragoza, que había recibido ayuda militar castellana.
1063-1094: SANCHO RAMÍREZ. Asedia Barbastro (1064) con un ejército dirigido por GUILLERMO DE AQUITANIA, con caballeros normandos, italianos y franceses. La plaza permanece un año en manos cristianas (al mando de ARMENGOL III de Urgel). Tal vez, la campaña tuvo el respaldo del papa ALEJANDRO III, pero no debe considerarse una «cruzada».

Cataluña

1035-1076: RAMÓN BERENGUER I EL VIEJO gobierna o tiene supremacía sobre todos los condados catalanes; renuncian a la herencia paterna sus hermanos SANCHO (1049) y GUILLERMO (1058) en su beneficio. Se impone a la CONDESA ERMESINDA, su abuela, que conservaba el

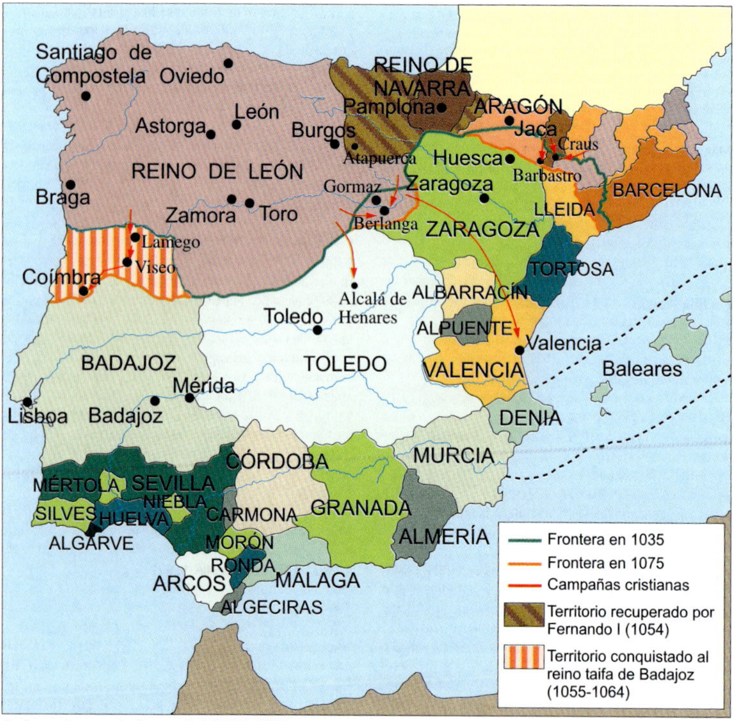

Frontera en 1035
Frontera en 1075
Campañas cristianas
Territorio recuperado por Fernando I (1054)
Territorio conquistado al reino taifa de Badajoz (1055-1064)

León en tiempos de Fernando I (1037-1065).

Dominios de Sancho el de Peñalén (1076).

condominio sobre los condados catalanes. Obtiene el vasallaje de otros condados catalanes importantes, como Cerdaña (1058), Ampurias, Besalú y Pallars. Colabora con ARMENGOL III DE URGEL (que además le presta vasallaje en 1063) contra los BANU HUD. Vence el intento secesionista (1050-1059) de MIR GERIBERT, vizconde de Barcelona. Contrae matrimonio con la CONDESA ALMODIS DE LA MARCHE, mejorando sus aspiraciones dinásticas en el sur de Francia. Intenta la conquista de Tarragona, aún sin repoblar (1059), y ocupa Ager (1050) y Camarasa.

El imperio leonés de Alfonso VI hasta la conquista de Toledo (1065-1085)

Castilla y León

1065-1072: Al morir FERNANDO I, Castilla queda para SANCHO II EL FUERTE (-1072), ALFONSO VI es rey de León (-1072), GARCÍA recibe Galicia (-1071) y URRACA diversas rentas. Las discordias entre los hermanos provocan una oleada de conflictos hasta la victoria plena de ALFONSO VI (1072). GARCÍA es capturado en Santarem por SANCHO II y despojado de Galicia (1071), teniendo que buscar refugio en Sevilla (-1073). La pugna entre SANCHO y ALFONSO VI, empezada en la **batalla de Llantada** (19/VII/1068), culmina con el **combate de Golpejera** (I/1072) con victoria castellana, teniendo que huir ALFONSO a la taifa de Toledo, pero en el asedio de Zamora (defendida por URRACA), SANCHO II es asesinado (7/X) por BELLIDO DOLFOS. ALFONSO VI reúne de nuevo el patrimonio de FERNANDO I (-1109). RODRIGO DÍAZ DE VIVAR pierde el cargo de alférez real que había recibido de SANCHO II. Durante estos años Castilla y Navarra se enfrentan por las tierras fronterizas en el **riepto de Pazuengos** (1066) donde RODRIGO DÍAZ EL CAMPEADOR vence a JIMENO GARCÉS, y en la guerra (1067) que SANCHO II sostiene contra SANCHO IV DE NAVARRA y SANCHO RAMÍREZ DE ARAGÓN por la posesión de Bureba, Montes de Oca y Pancorbo.

1072-1085: GARCÍA trata de recuperar Galicia pero queda preso en el castillo de Luna (1073-1090). A continuación ALFONSO VI emprende el sometimiento de las taifas. PEDRO ANSÚREZ y AL-MUTAMID DE SEVILLA devastan Granada (1074). Tropas castellanas colaboran con AL-MAMUN DE TOLEDO en la toma de Córdoba (1075), al tiempo que Castilla impone parias a Granada. La lucha contra la taifa de Badajoz (d. 1079) se realiza en colaboración con AL-QADIR, que había perdido Toledo ante la ofensiva de AL-MUTAWAKKIL; Toledo es liberado (1080) por tropas castellanas. Protectorado de RODRIGO DÍAZ (1080) sobre la taifa de Zaragoza, el cual rechaza a SANCHO RAMÍREZ DE ARAGÓN en Barbastro (1084). La rendición de Toledo (6/V/1085), pactada entre ALFONSO VI y AL-QADIR, supone la cima de la idea imperial leonesa, pero precipita la llamada de socorro a los almorávides norteafricanos formulada por el REY DE SEVILLA AL-MUTAMID.

Navarra

1054-1076: SANCHO IV GARCÉS EL DE PEÑALÉN mantiene relaciones cordiales con ALFONSO VI (entrevista de San Millán de la Cogolla, 1074), pero su muerte violenta a manos de su hermano RAMÓN, permite al rey de Castilla-León efectuar la conquista del reino en unión con SANCHO RAMÍREZ DE ARAGÓN, que es reconocido rey de Navarra a cambio de jurar vasallaje y entregar a ALFONSO VI los territorios de Álava, Vizcaya, parte de Guipúzcoa y La Rioja.

Aragón y (d. 1076) Navarra

1063-1094: SANCHO RAMÍREZ, siendo rey de Aragón se declara vasallo de la Santa Sede (1068) para contrarrestar la excesiva hegemonía castellana en la marcha hacia el Ebro. Tras su ascenso al trono de Navarra (1076) ataca la taifa de Zaragoza, protegida por RODRIGO DÍAZ, EL CID, a la que toma las plazas de Ayerbe y Graus (1084).

Cataluña

1076-1082: RAMÓN BERENGUER II EL CABEZA DE ESTOPA y BERENGUER RAMÓN II EL FRATRICIDA, condes de Barcelona (-1082) en sus crecientes desavenencias (-1079) están a punto de provocar una guerra civil; intervención mediadora (1080) de GREGORIO VII, pero el segundo asesina a su hermano (1082). Prosigue a pesar de ello la repoblación por tierras de Urgel, presionando a las taifas del bajo Ebro.

1082-1097: BERENGUER RAMÓN II EL FRATRICIDA (solo). Un grupo de nobles (conde de Urgel) solicita de ALFONSO VI su mediación para salvaguardar los derechos de RAMÓN BERENGUER III, hijo del conde asesinado, pero la concordia entre todas las partes (1086) asegura la regencia del fratricida.

El imperio de Alfonso VI y los almorávides (1086-1109)

Castilla y León

1086: ALFONSO VI ataca Zaragoza, Lorca, Murcia y Almería, e impone en Valencia a AL-QADIR. Desembarco de los almorávides de YUSUF BEN TASHFIN: **batalla de Sagrajas** (23/X). La derrota interrumpe el pago de parias (d. 1087). Rebelión de magnates gallegos (RODRIGO OVEQUIZ, obispo DIEGO PELÁEZ).

1088-1089: Campañas del CID en Levante: somete Valencia, Alpuente y Albarracín, mientras que GARCÍA JIMÉNEZ ataca Lorca desde Aledo. Campaña de YUSUF a petición de AL-MU'TAMID contra ALEDO con tropas de Sevilla, Granada, Almería y Murcia. Segundo destierro del CID.

1090-1091: Campaña de YUSUF contra Toledo (1090), iniciando además la anexión de taifas (Granada, Málaga). Conquista Córdoba (III/1091), Carmona, Sevilla (XI), Almería y Murcia. ALFONSO VI recibe como dote de ZAIDA, antigua nuera de AL-MU'TAMID, las plazas de Cuenca, Ocaña, Consuegra y Uclés; solicita un tributo extraordinario a sus reinos *(petitum)* para afrontar la amenaza almorávide. ALVAR FÁÑEZ es derrotado en Almodóvar del Río (7/IX) por ABU BAKR.

1092: Campaña fracasada de ALFONSO VI contra Valencia sin contar con el CID.

1093-1094: Alianza de ALFONSO VI y AL-MUTAWAKKIL de Badajoz: éste le entrega Santarem, Lisboa y Cintra, pero los almorávides ocupan el reino de Badajoz. El CID conquista Valencia (15/VI/1094) y vence en la batalla de Cuarte (25/X) a los almorávides de MUHAMMAD BEN TASHFIN con la ayuda navarro-aragonesa de PEDRO I. RAIMUNDO DE BORGOÑA, casado con URRACA, es vencido en Lisboa por los almorávides: los castellanos abandonan la línea del Tajo.

España después de la conquista de Toledo (1085).

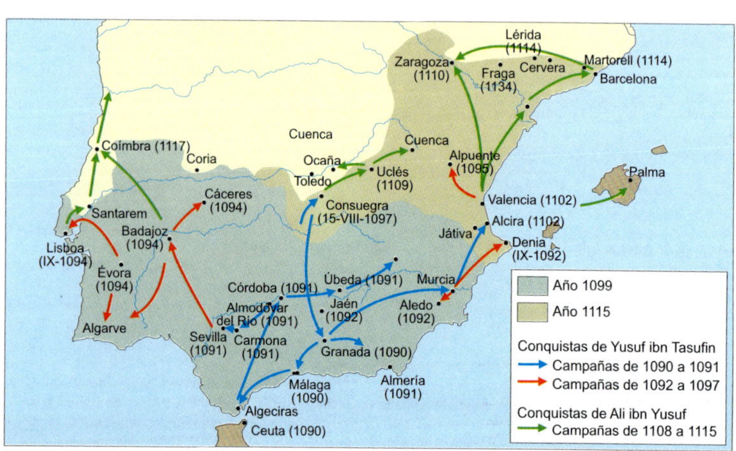

Las conquistas de los almorávides.

1097: 4.ª campaña de YUSUF que vence a ALFONSO VI en la batalla de Consuegra (15/VIII). ALVAR FÁÑEZ es vencido en Cuenca por IBN AISHA.
1098-1099: Última campaña del CID, contra MURVIEDRO (24/VI), antes de morir (10/VII/1099). JIMENA resiste en Valencia la presión almorávide (-1102).
1108: ALÍ BEN YUSUF ataca Uclés, donde muere el único hijo varón de ALFONSO VI, SANCHO, junto con GARCÍA ORDÓÑEZ, CONDE DE NÁJERA.
1109: Segundo matrimonio de URRACA con ALFONSO EL BATALLADOR, rey de Aragón. Muere ALFONSO VI.

Aragón y Navarra
1087: ALFONSO VI y SANCHO RAMÍREZ atacan sin éxito Tudela; pactan la cesión de territorios a Castilla y la constitución del condado de Navarra en favor de SANCHO SÁNCHEZ.
1090: Tropas navarras apoyan a ALFONSO VI ante la 3.ª campaña de YUSUF (contra Toledo).
1094: Muere SANCHO RAMÍREZ asediando Huesca. PEDRO I (1094-1104), REY DE ARAGÓN Y NAVARRA, prosigue las operaciones contra la taifa de Zaragoza que goza de ayuda castellana: vence en la batalla de Alcoraz (19/XI/1096) y ocupa Huesca.
1097: Victoria del CID y PEDRO I en la batalla de Bairén (I) contra los almorávides, consolidando la defensa de Valencia.
1099-1104: Avances de PEDRO I: vence en la 1.ª batalla de Bolea a las tropas de Zaragoza y entra en Barbastro (X/1100); campaña contra Zaragoza (II/1101), 2.ª batalla de Bolea (X/1101), Almuniente (1102), Caparroso, Santacara (XI/1102) y Piracés (V/1103).

Cataluña
1090: Campaña de BERENGUER RAMÓN II y AL-HACHIB DE LÉRIDA contra el CID: batalla de Tévar (V). Acuerdo territorial: el CID se reserva Valencia y el conde de Barcelona Lérida y el bajo Ebro.
h. 1097: BERENGUER RAMÓN II es vencido en duelo judicial en presencia de ALFONSO VI: destierro y exilio.
1097-1131: RAMÓN BERENGUER III EL GRANDE, conde de Barcelona, yerno del CID. Rechaza los ataques almorávides (1102, 1107) contra Barcelona, aunque éstos se apoderan de Lérida (1102) y Balaguer. Obtiene los derechos sobre Besalú (1111) y Carcasona (1112). Su segundo matrimonio con DULCE DE PROVENZA le permite recibir este condado. Rivalidad con los condes de Urgel (ARMENGOL V y ARMENGOL VI), emparentados con PEDRO ANSÚREZ, CONDE DE SALDAÑA.

La época de Alfonso I de Aragón el Batallador (1104-1134)

Castilla y León
1109: Pacto entre URRACA **(1109-1126)** y su marido ALFONSO I EL BATALLADOR. Los almorávides saquean Talavera, Guadalajara y Madrid; asedian Toledo (VIII-IX). Contraofensiva de ALVAR FÁÑEZ.
1110: Oposición del conde de Traba en Galicia en defensa de ALFONSO RAIMÚNDEZ, hijo de URRACA y RAIMUNDO DE BORGOÑA. Autonomía del condado de Portugal con TERESA hija de ALFONSO VI y mujer de ENRIQUE DE BORGOÑA.
1111-1115: Guerra civil en Castilla: ruptura matrimonial entre ALFONSO I y URRACA, división de los grandes magnates en torno a la causa de ALFONSO RAIMÚNDEZ, defendida por los TRABA y el arzobispo de Santiago, DIEGO GELMÍREZ. ALFONSO I vence en la batalla de Candespina (IV/1111) y Viadangos, pero pierde en Carrión, Astorga (1112) y Burgos (1113). Ofensivas almorávides contra Santarem, Évora, Coímbra y Oporto (1111), Oreja, Zorita, Guadalajara y Toledo (1113).
1116-1117: Proclamación de ALFONSO RAIMÚNDEZ como rey en Santiago. Revueltas de la hermandad de Santiago. Los almorávides atacan Coímbra (1117).
1118-1126: Hegemonía de GELMÍREZ en Galicia: defiende las costas contra los ataques almorávides (1119-1120). Declive político de URRACA en Castilla.
1127-1134: ALFONSO VII (1126-1157) reprime las rebeliones internas y la fragmentación política de sus reinos frente a la CONDESA TERESA DE PORTUGAL (1127), los LARA (1130), GONZALO PELÁEZ (1132), etc. Con ALFONSO I firma las **paces de Támara** (1127). Ataques cristianos en Andalucía. Independencia de hecho del CONDE DE PORTUGAL ALFONSO ENRÍQUEZ (vasallaje a ALFONSO VII en 1127).

Aragón y Navarra
1104-1110: Primeras campañas de ALFONSO I contra el reino de Zaragoza: Tauste, Egea y Balaguer (1105), Tamarite y San Esteban (1107).
1110: Muere AL-MUSTAIN DE ZARAGOZA en la batalla de Valtierra (24/I), luchando contra navarros y aragoneses; su hijo ABD AL-MALIK huye a Rueda mientras los almorávides ocupan la taifa (V). ALFONSO I ataca (VII) el reino desde Ejea.
1111-1115: Intervención en Castilla-León.
1117-1118: Campaña de conquista del reino de Zaragoza. Participación de cruzados francos al mando de GASTÓN DE BEARN. Rendición de Zaragoza (11/XII/1118).
1119: Conquista de Tudela, Tarazona y Borja.
1120: Batalla de Cutanda: conquista de Calatayud y Daroca.
1124: Conquista de Borja y expedición a Peña Cadiella.
1125-1126: A petición de los mozárabes granadinos, ALFONSO I ataca la región de Murcia (1125), Granada y Córdoba (1126); regresa con numerosos refugiados; los mozárabes restantes serán deportados al norte de África.
1129: Conquista de Molina de Aragón; enfrentamiento con ALFONSO VII por Almazán.
1133: Conquista de Mequinenza y ataques a las cuencas del Segre y el Cinca. Asedio de Tortosa.
1134, julio: ALFONSO I, derrotado por los almorávides en la batalla de Fraga.
1134: Testamento incumplido de ALFONSO I (muerto el 7/IX): donación de sus reinos a los Órdenes Militares. Separación de Aragón y Navarra y reclamación castellana de Zaragoza y tierras fronterizas.

Cataluña
1113-1131: RAMÓN BERENGUER III EL GRANDE prosigue el afianzamiento de Cataluña, vence a los almorávides en Congost de Martorell (1113). Ataque naval a Ibiza y breve desembarco en Mallorca con barcos de Pisa (1114-1115); viaja a Italia (1116). Asedio de Lérida (1117).

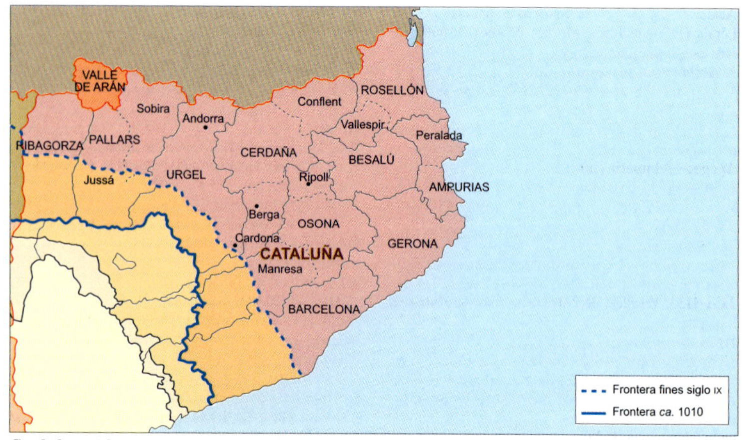

Condados catalanes.

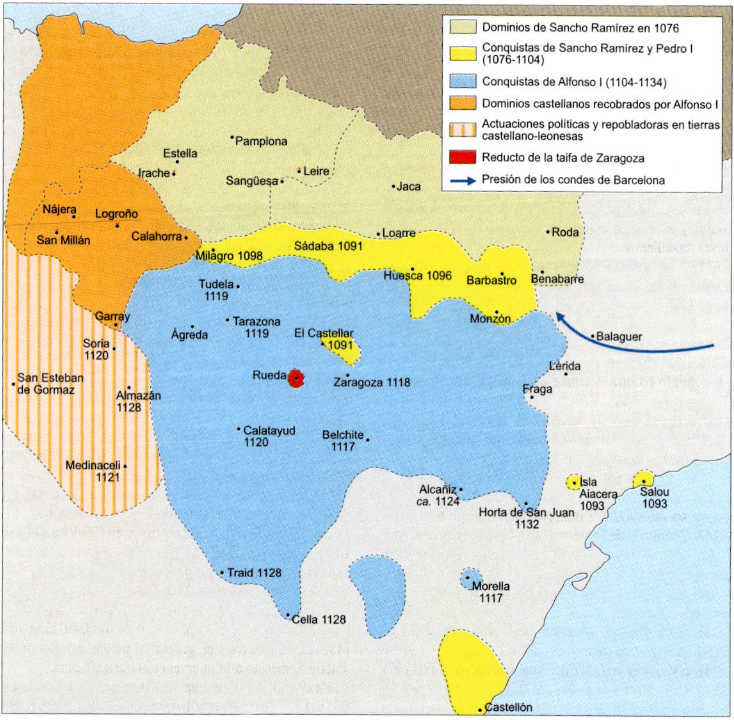

Reconquista y repoblaciones en Navarra y Aragón (1076-1134).

Ataques a Tortosa (1119). Acuerdo de protectorado con Lérida (1120) mal aceptado por ALFONSO I, que debe retirarse (1123) ante la actitud catalana. Derrotado ante los almorávides en Corbins (1124).
1131: RAMÓN BERENGUER IV **(-1162)**, conde de Barcelona.

Apogeo del imperio leonés: Alfonso VII (1126-1157)

Castilla y León

1128: Matrimonio de ALFONSO VII con BERENGUELA (hija del conde de Barcelona) refuerza la alianza con Cataluña frente a ALFONSO I.
1131-1133: Vasallaje de ZAFADOLA, señor de Rueda de Jalón; campañas cristianas contra Sevilla (1132) y Cádiz (1133) para provocar un levantamiento andalusí.
1134-1135: ALFONSO VII reclama Zaragoza y las tierras castellanas, vascas (Álava, Guipúzcoa) y riojanas de ALFONSO EL BATALLADOR: sitio de Vitoria y ocupación de Nájera y Zaragoza (XII). Coronación imperial solemne en León (mayo de 1135).
1139-1143: Conquistas a los almorávides: Colmenar de Oreja (1139) y Coria (1142); victoria de MUNIO ALFONSO en Montiel (1143).
1145: Paz de San Esteban de Gormaz entre ALFONSO VII, RAMÓN BERENGUER IV y GARCÍA RAMÍREZ DE NAVARRA.
1146: Ruptura de ALFONSO VII y ZAFADOLA (m. 1146): victoria castellana en la batalla de Chinchilla (5/II/1146).
1147: Conquista de Calatrava (enero), de Almería (-1157) por ALFONSO VII (17/X) con ayuda genovesa y de los cruzados de GUILLERMO DE MONTPELLIER.
1151: Tratado de Tudején (27/I) entre ALFONSO VII y RAMÓN BERENGUER IV: proyecto frustrado de reparto de Navarra; reserva para los reyes aragoneses de Valencia, Denia y Murcia aunque sujetos al vasallaje debido a los reyes castellanos.
1157: Reparto de la herencia de ALFONSO VII: SANCHO III (1157-1158) recibe Castilla y Toledo, FERNANDO II (1157-1188) recibe León y Galicia.

Portugal

1137-1138: ALFONSO ENRÍQUEZ (-1185) intenta extender su dominio (contra el conde de Traba, y ataca sin éxito Tuy: treguas (-1139) y renovación del vasallaje a ALFONSO VII (1138). Los almorávides destruyen Leiría.
1139-1140: Guerra contra León y treguas (-1143).
1143: Entrevista de ALFONSO ENRÍQUEZ y ALFONSO VII en Zamora: reconocimiento del reino de Portugal, y su separación de Galicia. Probable homenaje vasallático de ALFONSO I ENRÍQUEZ a ALFONSO VII.
1147: Conquista de Santarem (III). Una flota de cruzados asedia y conquista Lisboa (VI-XI). Ocupación de plazas cercanas.

Navarra

1134-1140: GARCÍA RAMÍREZ EL RESTAURADOR **(1134-1150)** presta vasallaje a ALFONSO VII y pacta con RAMIRO II en Vadoluengo (XII), pero ataca Aragón (1137-1140).
1140-1145: Guerra de GARCÍA RAMÍREZ contra el proyecto de reparto del reino pactado entre ALFONSO VII y RAMÓN BERENGUER IV; ofensiva castellana (1140) en Navarra: toma de Pamplona. Ofensiva aragonesa: victoria en Ejea. Acuerdo con Castilla (1144): cesión de la frontera del Jalón con los musulmanes.
1151: SANCHO GARCÉS VI EL SABIO rey de Navarra (1150-1194) presta homenaje a ALFONSO VII.

Aragón

1134-1137: RAMIRO II EL MONJE. Matrimonio con INÉS DE POITIERS y nacimiento de PETRONILA (1136). Acuerdo de Alagón (1136) con ALFONSO VII por el que el reino de Zaragoza pasa a su poder en calidad de vasallo. Matrimonio de PETRONILA con RAMÓN BERENGUER IV (1137): nace la corona de Aragón. RAMIRO II abandona el trono (=1157).

Cataluña y (d. 1137) Aragón

1137-1140: RAMÓN BERENGUER IV (1131-1162) pacta con ALFONSO VII (entrevista de Carrión, 1140) la ayuda castellana a cambio del homenaje feudal; también proyectan el reparto de Navarra.
1140-1143: La Orden del Santo Sepulcro y la del Hospital ceden (1140) a RAMÓN BERENGUER IV los derechos al trono heredados de ALFONSO I; la del Temple cede los suyos (1143) con importantes compensaciones.
1140-1145: Guerra contra Navarra: conquista de Sos.
1147: Conquista de Tortosa (31/XII) con el ejército cruzado que manda GUILLERMO DE MONTPELLIER.
1149: Acuerdo territorial (1/VII) entre RAMÓN BERENGUER IV y GARCÍA RAMÍREZ y proyecto de reparto de tierras musulmanas. Conquista de Lérida, Fraga y Mequinenza.

Las taifas postalmorávides (1144-1172) y el imperio almohade (h. 1200)

1120-1128: Origen del movimiento almohade (*al-muwahhidum* = los unitarios) por la predicación de IBN TUMART (m. 1128) y el liderazgo político-militar de ABU MUHAMMAD AL-MU'MIN.
1128-1143: Enfrentamiento creciente entre los almorávides (bajo el reinado de ALÍ BEN YUSUF, 1106-1143) y los almohades en el norte de África.
1143-1145: **Aparición de las taifas** postalmorávides durante el reinado de TASHFIN BEN ALÍ, último rey almorávide (1143-1145), que muere sitiado en Orán, en plena revuelta antialmorávide. Secta andalusí de los **al-muridin** (los adeptos) liderada por ABU-L-QASIM BEN HUSAYN BEN QASI (ABENCASI), opuesta al imperio almorávide y a ZAFADOLA: ocupan Mértola, Evora, Beja, Silves, Niebla y Huelva. Otro poder autónomo es el de IBN GANIYA: aspira a gobernar todo Al Andalus al retirarse las tropas almorávides de la península: vence a los al-muridin en Sevilla y a ZAFADOLA en Córdoba (1145). En Badajoz se alza SIDRAY BEN WAZIR (1145-1146) dispuesto a resucitar el antiguo reino occidental. Valencia queda bajo el poder de ABDALAZIZ y Málaga bajo AL-HUSAYN. Con apoyo castellano prosigue ZAFADOLA su empeño por controlar amplios territorios (Jaén, Granada, Murcia) y sobre todo de acaudillar un vasto movimiento andalusí opuesto a la intervención norteafricana.
1146: ZAFADOLA se enfrenta a ALFONSO VII y muere combatiendo en Chinchilla (5/II): división de sus dominios. IBN FARACH controla Murcia y MUHAMMAD BEN ABD ALLAH se

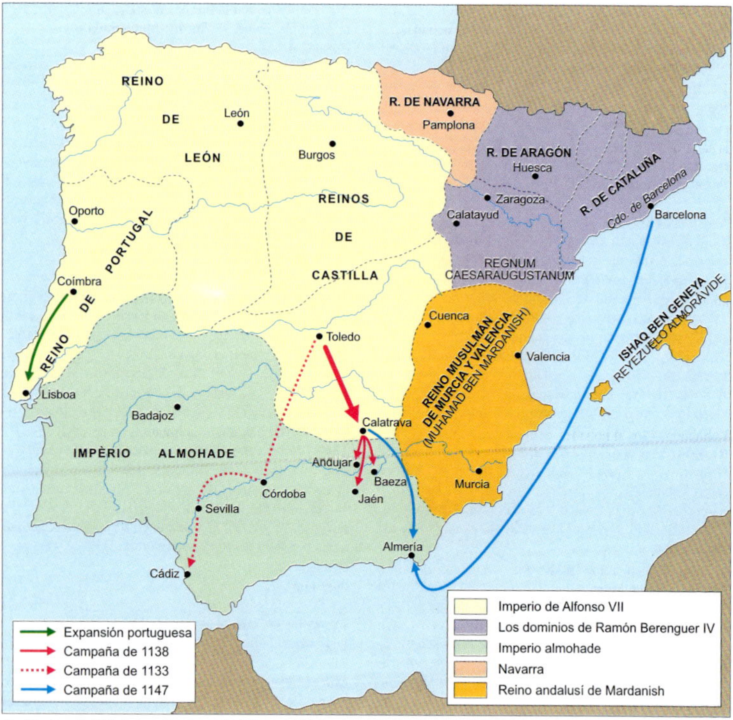

REINO DE LEÓN
León
Burgos
REINOS DE CASTILLA
R. DE NAVARRA
Pamplona
R. DE ARAGÓN
Huesca
Zaragoza
Calatayud
R. DE CATALUÑA
Cdo. de Barcelona
Barcelona
REGNUM CAESARAUGUSTANUM
Oporto
REINO DE PORTUGAL
Coímbra
Lisboa
Cuenca
REINO MUSULMÁN DE MURCIA Y VALENCIA
(MUHAMAD BEN MARDANISH)
Valencia
ISHAQ BEN GENEYA
REYEZUELO ALMORÁVIDE
Toledo
Calatrava
Badajoz
IMPÈRIO ALMOHADE
Andújar
Baeza
Jaén
Córdoba
Sevilla
Murcia
Almería
Cádiz
Expansión portuguesa
Campaña de 1138
Campaña de 1133
Campaña de 1147
Imperio de Alfonso VII
Los dominios de Ramón Berenguer IV
Imperio almohade
Navarra
Reino andalusí de Mardanish

La Península Ibérica en tiempos de Alfonso VII.

Toledo
TAIFA DE VALENCIA
(1145-1172)
Palma (1146-1203)
Valencia
Badajoz (1145-1150)
Évora (1144-1146)
TAIFA DE MURCIA
(1145-1172)
Mértola (1145-1146)
Córdoba (1145-1148)
Murcia
Niebla
Sevilla
1146
Jaén
Silves (1144-1146)
Granada
1154
Guadix
1151
Ronda
1146
Jerez (1145-1146)
Málaga (1145-1153)
Almería, cristiana (1147-1157)
Campaña de Alfonso VII
Campañas valencianas
Invasión almohade

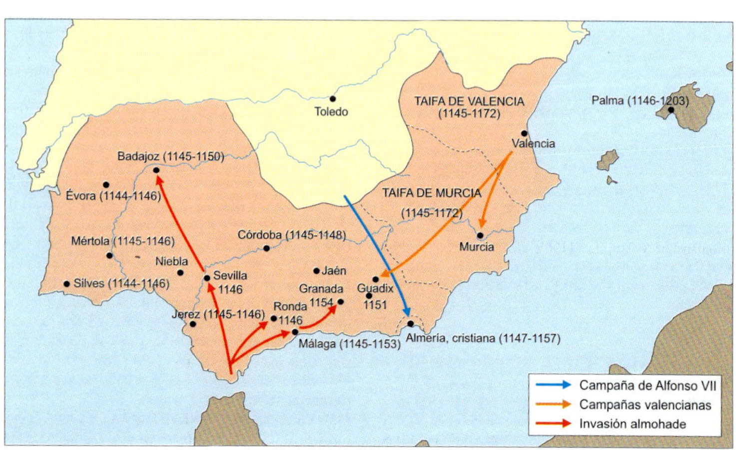

Invasión almohade.

adueña de Valencia. ABENCASI ofrece sus reinos al califa almohade AL-QA'IM. Desembarco de los almohades en Tarifa y Algeciras; someten Jerez, Arcos, Ronda, Niebla, Mértola y Silves.
1147: IBN MARDANISH LOPE (EL REY LOBO) se instala en Murcia encabezando el movimiento andalusí de resistencia. Uno de sus caballeros, PEDRO RUIZ DE AZAGRA, recibe la taifa de Albarracín. Los almohades toman Sevilla (I); reacción hostil en Cádiz, Murcia, Badajoz y Silves.
1148: IBN GANIYA entrega Córdoba y Jaén a los almohades.
1150: El califa almohade convoca en Salé a los reyes de taifas españoles; su hijo YAQUB es nombrado gobernador de Al Andalus con residencia en Sevilla. Los taifas de Evora-Beja, Niebla-Tejada y Badajoz se entregan a los almohades.
1153: Los almohades ocupan Málaga.
1155: Los almohades conquistan Granada. ALFONSO VII conquista Andújar.
1157: Los almohades expulsan a los castellanos de Almería (21/VIII).
1159-1165: Campañas de Ibn Mardanish (el rey Lobo) contra los almohades: ocupa Jaén (1159) y Úbeda, Baeza y Carmona, con ayuda de su suegro IBRAHIM BEN HAMUSHK (ABENMOCHICO). Toma de Granada (1162). Campañas almohades (1163) contra portugueses y leoneses en Extremadura. IBN MARDANISH fracasa tratando de asaltar Córdoba (1165).
1165: Los almohades conquistan Andújar, Baza y Vélez-Málaga. Vencen a IBN MARDANISH en Fahs al-Yallab (15/X), cerca de Murcia.
1168-1172: Retroceso y fracaso final de IBN MARDANISH (m.1172). Ruptura con ABENMOCHICO (1168) tras hacerse vasallo de ALFONSO II DE ARAGÓN; pérdida de Jaén (1168), Valencia (1169) y de Lorca (1170); rebelión de Alcira y Elche (1171). Su hijo HILAL se somete a los almohades (1172).
1171: Ataque frustrado de los almohades contra Santarem.
1172: Los almohades atacan Huete.
1174: Tropas almohades al mando de ABU HAFS invaden la transierra leonesa y toman Alcántara y Cáceres y cercan Ciudad Rodrigo, que es defendida por FERNANDO II. Los almohades repueblan Beja.
1184-1199: ABU YAQUB AL-MANSUR, califa almohade. Durante su reinado se suceden las campañas militares contra los reinos cristianos y los últimos taifas. Ataque a Santarem (1184); ataque naval a Baleares (1187), que permanece independiente del califato bajo ABD ALLAH BEN ISHAQ BEN GANIYA; victoria contra los castellanos en la **batalla de Alarcos** (19/VII/1195); recuperación de Montánchez y Trujillo (1196); ataques contra Castilla (1197) con la colaboración de tropas leonesas.
1199: ABU ABD-ALLAH AL-NASIR, MIRAMAMOLÍN, califa almohade (-1213).

Los cinco reinos (1157-1180)

Castilla

1157-1158: SANCHO III. Vasallaje de SANCHO VI de Navarra. Renueva con RAMÓN BERENGUER IV (1158) el tratado de Tudején. Acuerdo de Sahagún (23/V/1158) con su hermano FERNANDO II sobre límites y futuro proyecto de reparto de Portugal (incumplido).
1158-1169: Minoría de ALFONSO VIII. Discordias entre los linajes nobles de CASTRO y LARA. Ofensiva de SANCHO VI en La Rioja (1159). Predominio leonés (1162-1169) tras la invasión de FERNANDO II y los CASTRO; resistencia de los LARA, custodios de ALFONSO VIII, que recuperan Toledo (1166) y la Transierra.
1170: Alianza con ALFONSO II DE ARAGÓN en Sahagún (VI); matrimonio de ALFONSO VIII con LEONOR DE AQUITANIA.
1173-1177: Guerra contra Navarra con apoyo aragonés: SANCHO VI es vencido. Sentencia de ENRIQUE II DE INGLATERRA sobre límites entre Castilla y Navarra: paz de Fitero. ALFONSO VIII conquista Cuenca (21/IX).
1179: Tratado de Cazola (20/III) con ALFONSO II DE ARAGÓN: acuerdo de límites, quedando Murcia para el dominio castellano. ALFONSO VIII ocupa el «infantado» de Medina de Rioseco, en disputa con León.

León

1157-1188: FERNANDO II. Fueros de Ledesma y Ciudad Rodrigo (1161) para fijar la frontera con Portugal. Invasión de Castilla (1162-1169) en compañía de los CASTRO.
1169: Alianza de FERNANDO II con los almohades para frenar los ataques portugueses de GERALDO SEMPAVOR, en torno a Badajoz y Trujillo.
1174: La frontera leonesa con los almohades retrocede hasta el Tajo.

Portugal

1158-1159: ALFONSO I conquista Alcáçer do Sal (24/VI/1158), y ocupación temporal de Évora y Beja.
1162: ALFONSO I ataca Ledesma y ocupa temporalmente Salamanca, pero es rechazado por FERNANDO II.
1165: Ataque fracasado contra Galicia; entrevista con FERNANDO II DE LEÓN en Lérez (30/IV): boda del rey leonés con URRACA, hija de ALFONSO I.
1166-1172: Campañas de GERALDO SEMPAVOR en la transierra. En 1173 se pasa al bando almohade.
1170-1185: el INFANTE SANCHO queda asociado al trono por enfermedad de su padre ALFONSO I. Conquista de Beja (1178). Invade el infante la comarca de Ciudad Rodrigo, pero es vencido en Argañal (1180).
1179: INOCENCIO III reconoce el título de rey a ALFONSO I.

Navarra

1157: SANCHO VI renueva el vasallaje a SANCHO III DE CASTILLA, pero tropas navarras ocupan La Rioja (1159).
1162: Vasallaje a FERNANDO II DE LEÓN como regente de Castilla.
1167: Acuerdo fronterizo de Fitero con Castilla: SANCHO VI conserva tierras castellanas.
1168: Paz de veinte años entre SANCHO VI y ALFONSO II DE ARAGÓN, firmada en San Adrián de Sangüesa.
1176-1179: Guerra con Castilla; pérdida de Logroño. Entrevista con ALFONSO VIII (15/IV/1179); Álava y Guipúzcoa siguen bajo dominio navarro.

Corona de Aragón

1150-1162: Alianza de RAMÓN BERENGUER IV con ENRIQUE II PLANTAGENET (entrevista de Toulouse, 1159) y aproximación al emperador FEDERICO I.

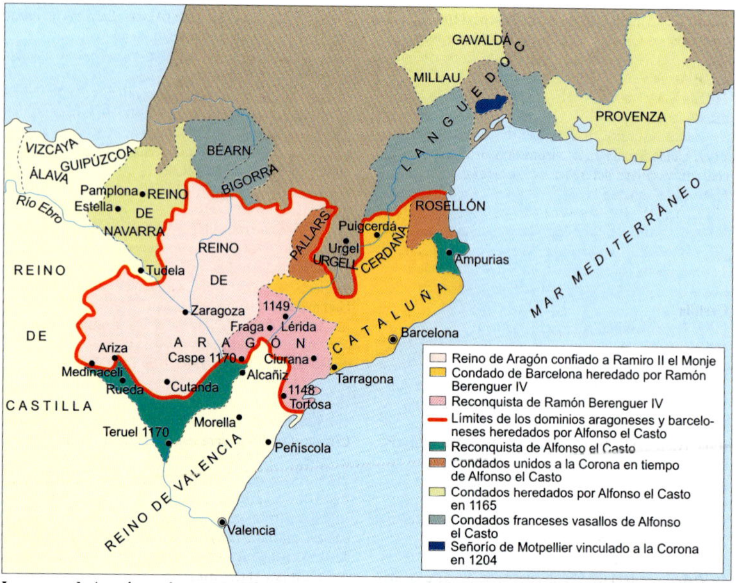

La corona de Aragón en tiempos de Alfonso II.

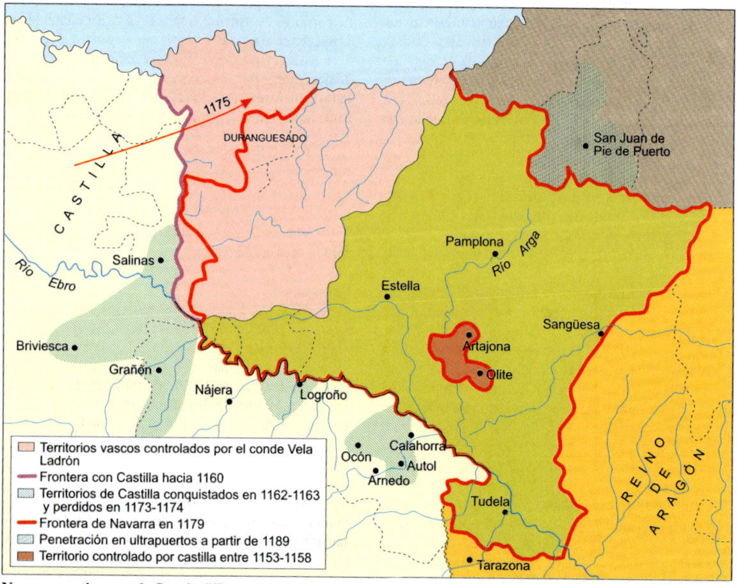

Navarra en tiempos de Sancho VI.

1162-1173: Minoría de ALFONSO II (1162-1196): su madre PETRONILA renuncia (1164) en su hijo a todos sus derechos sobre Aragón: nace así la **Corona de Aragón**.
1170: Alianza con ALFONSO VIII DE CASTILLA (VI).
1172: Conquista de Caspe, valle del Alfambra y fundación de Teruel.
1173-1176: ALFONSO II incorpora Provenza.
1177: Colaboración en la conquista de Cuenca: Castilla cede el vasallaje del reino de Zaragoza anulando el **tratado de Tudején**.
1179: Tratado de Cazola con ALFONSO VIII de Castilla.

Los cinco reinos (1180-1213)

Castilla

1182: Expedición militar por la comarca de Córdoba.
1183: Tratado de Fresno-Lavandera (1/VI) con León sobre fronteras.
1184: Conquista de Alarcón.
1186: Fundación de Plasencia. Conquista de Iniesta.
1188: Tras la ocupación de Tierra de Campos, curia de Carrión: ALFONSO IX DE LEÓN promete fidelidad a ALFONSO VIII.
1189: Una expedición militar castellana llega a Alcalá de Guadaira.
1190-1191: Se forma la alianza anticastellana (León, Navarra, corona de Aragón, Portugal).
1194: Tratado de Tordehumos (20/IV) entre ALFONSO VIII y ALFONSO IX: Castilla devuelve plazas conquistadas. Expedición militar del ARZOBISPO DE TOLEDO, MARTÍN LÓPEZ DE PISUERGA, por Jaén y Córdoba.
1195-1197: Alarcos. Guerra entre Castilla y León. Ofensiva almohade en el Tajo. Ofensiva castellana en León.
1198: Vistas de Calatayud entre ALFONSO VIII y PEDRO II EL CATÓLICO: acuerdo para el reparto de Navarra.
1205: Invasión castellana de Gascuña; rápida retirada.
1206-1209: Paces de Cabreros (26/III) y Valladolid con León.
1207: Paces de Guadalajara y Mallén con SANCHO VII DE NAVARRA.
1212: Campaña de las Navas de Tolosa: gran victoria de ALFONSO VIII y sus aliados (PEDRO II EL CATÓLICO, SANCHO VII DE NAVARRA) sobre los almohades (16 julio).

León

1181: Tratado de Medina de Rioseco (21/III) con Castilla: la frontera vuelve a ser la del testamento de ALFONSO VI.
1188. ALFONSO IX REY DE LEÓN (-1230): pleito sucesorio con su medio hermano SANCHO, apoyado por ALFONSO VIII (invasión castellana de Tierra de Campos, conquista de Coyanza); paz en Soto Hermoso. **Primeras Cortes leonesas**.
1191: ALFONSO IX se suma a la alianza anticastellana.
1196-1197: Alianza de ALFONSO IX con los almohades contra Castilla. CELESTINO III excomulga al rey leonés. Acuerdo con Castilla: matrimonio (-1204) de ALFONSO IX con BERENGUELA; en 1201 nace el futuro FERNANDO III.

Portugal

1181: Tropas portuguesas rechazan un ataque contra Évora.
1189: Ataques en el Algarve (ALVOR, SILVES) con cruzados daneses y frisones.
1190-1191: Pérdida de tierras al sur del Tajo ante los almohades.
1196: SANCHO I ocupa Tuy a los leoneses.
1208: Matrimonio del heredero ALFONSO (II) con URRACA. Revueltas en Oporto y Coímbra.
1211: ALFONSO II, rey de Portugal (-1223), sufre la invasión leonesa (1211-1212).

Navarra

1194-1234: SANCHO VII EL FUERTE. Alianza (1196) con León contra Castilla: ataque a las comarcas de Soria y Medinaceli.
1198-1199: Guerra con Castilla, que incorpora Álava y Guipúzcoa.
1201-1202: SANCHO VII y JUAN SIN TIERRA acuerdan el protectorado navarro sobre Gascuña.
1209: Paz de Monteagudo (10/II) con PEDRO II.

Corona de Aragón

1185: Acuerdo (IV) entre ALFONSO II y RICARDO CORAZÓN DE LEÓN para recuperar Ariza, ocupada por el castellano NUÑO SÁNCHEZ.
1186: Acuerdos de ÁGREDA (21/I) y BERDEJO (5/X) con Castilla para la ocupación de Albarracín; al morir PEDRO RUIZ DE AZAGRA, su hermano FERNANDO conserva el enclave gracias a la ayuda navarra.
1191: ALFONSO II rompe su tradicional (-1196) amistad con Castilla y ataca Ariza.
1196-1213: PEDRO II. **Acuerdo de Daroca** (1201) con ALFONSO VIII por el que recupera Ariza. Nace la Orden de san Jorge de Alfama. Viaje a Provenza e Italia (1204): coronado en Roma por INOCENCIO III. Una flota almohade ataca Barcelona (1210); PEDRO II responde atacando las comarcas de Castellón. PEDRO II muere en la **batalla de Muret** (12/IX/1213) frente a SIMÓN DE MONFORT; JAIME I REY DE ARAGÓN (-1276).

Conquistas cristianas en el siglo XIII (1213-1235)

León

1214: ALFONSO IX conquista Alcántara a los almohades pero fracasa ante Mérida.
1217-1218: Invasión de Castilla intentando proclamarse rey a la muerte de ENRIQUE I; paz de Toro con FERNANDO III por la que recibe tierras vallisoletanas.
1219: Ataque contra la frontera portuguesa y apoyo al bastardo MARTÍN SÁNCHEZ.
1218-1230: Campañas leonesas contra los almohades: conquista de Cáceres (1229), Montánchez (1229), Mérida (1230), Talavera la Real, Badajoz.
1230: FERNANDO III DE CASTILLA es rey de León al morir su padre ALFONSO IX.

Castilla y (d. 1230) León

1214-1217: ENRIQUE I, bajo custodia de los LARA. Matrimonio con MAFALDA DE PORTUGAL (1215), aunque anulado por INOCENCIO III (1216). **La paz de Toro** (1216) con León no evita la invasión de Castilla (1217) a su muerte. Proclamación de FERNANDO III (1217-1252) como rey de Castilla.

La frontera a principios del siglo XIII.

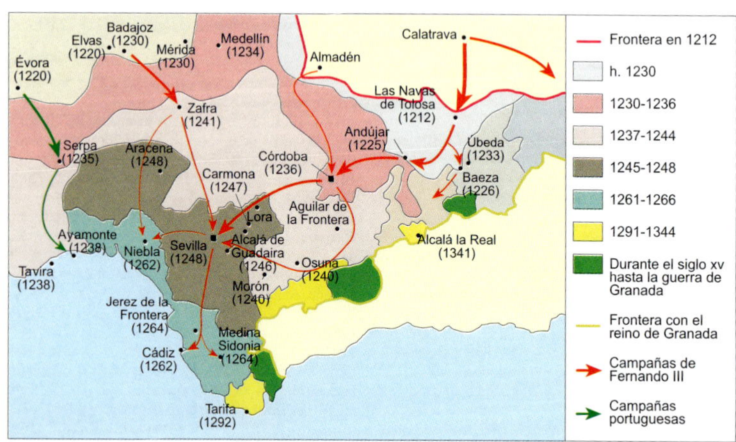

La conquista de Al Andalus.

1224-1225: Primeras campañas de FERNANDO III en Andalucía: conquista Quesada (1224) y apoya a AL-BAYASÍ en contra de AL-ADIL (1225). Castilla ocupa Capilla y Baeza.
1231: Acuerdo de Sabugal entre FERNANDO III y ALFONSO II DE PORTUGAL sobre fronteras y colaboración armada contra el Islam.
1232-1235: Conquistas en Extremadura y Andalucía: Trujillo (1233), Úbeda (1233), Medellín (1234), Alanje, Magacela y Santa Cruz (1235).

Portugal
1212-1223: Conflicto entre ALFONSO II (1211-1223), sus hermanas SANCHA y TERESA y la Iglesia por el reparto de rentas y villas del reino. Intervención militar leonesa contra ALFONSO II (1219); acuerdo final con la Iglesia (1223).
1223-1248: SANCHO II. Campañas contra los almohades: conquista de Elvas (1226-1229). Acuerdo de Sabugal (1231) con FERNANDO III, que le permite el avance por el Algarve: ocupa Serpa, Moura y Aljustrel (1232).

Navarra
h. 1213: SANCHO VII adquiere los castillos musulmanes del Rincón de Ademuz para mantener territorios propios en la frontera musulmana.
1231: SANCHO VII y JAIME I acuerdan en Tudela prohijarse mutuamente, en perjuicio de los derechos sucesorios de TEOBALDO, conde de Champaña, sobrino del rey y potencial heredero.
1234: Muerto SANCHO VII, los estamentos navarros proclaman rey a TEOBALDO I **(1234-1253)** ante el beneplácito de JAIME I: se instaura la **dinastía de Champaña** en Navarra (-1274).

Corona de Aragón
1213-1218: Regencia de JAIME I (1213-1276). El INFANTE FERNANDO recupera Toulouse (1217) frente a SIMÓN DE MONFORT, pero las presiones pontificias obligan a dejar Occitania.
1220: Ataque frustrado contra Albarracín. Primer enfrentamiento con la nobleza aragonesa.
1221: Alianza con Castilla en Ágreda. Matrimonio (-1229) con Leonor.
1222: Conquista de Castejón.
1223-1225: Segundo enfrentamiento con la nobleza (prisión de JAIME I en Alaón, 1223). Ataque fracasado contra Peñíscola.
1226-1227: Tercer conflicto con la nobleza zanjado en el acuerdo de Alcalá gracias al apoyo prestado por Cataluña al rey.
1229-1235: Conquista de Mallorca (1229-1232) e Ibiza (1235). Pacto de sumisión de Menorca (1231).
1232-1235: Campañas en Levante: preparativos en las Cortes de Monzón (1232) y conquista de Peñíscola y Burriana (1233), Castellón de la Plana (1234) y de las plazas valencianas próximas a Valencia.

La culminación de las conquistas (1236-1268)

Castilla y León
1236: FERNANDO III conquista Córdoba (29/VI).
1237-1238: Operaciones de avance hacia Sevilla: los leoneses ocupan Santaella, Hornachuelos, Mirabel y Zafra, mientras que los castellanos se apoderan de Aguilar, Cabra, Osuna, Cazalla y Morón.
1243: Anexión de Murcia a Castilla (-1266). Resistencia temporal de Lorca, Cartagena y Mula (-1244).
1244: Tratado fronterizo de Almizra (25/V) con JAIME I: los aragoneses abandonan Villena y los castellanos Moguente y Enguera.
1245: Ataques castellanos a la vega de Granada (Arjona, Caztalla, Begíjar, Carchena). Comienza el asedio de Jaén.
1246: MUHAMMAD I de Granada presta vasallaje a FERNANDO III y entrega Jaén (III). Conquista de las inmediaciones de Sevilla: Alcalá de Guadaira, Constantina, Lora y Alcalá del Río.
1247-1248: Asedio de la ciudad de Sevilla (d.VIII/1247) y rendición (23/XI/1248).
1249-1250: Conquista de Jerez, Medina Sidonia, Rota y Sanlúcar.
1252: ALFONSO X EL SABIO rey de Castilla-León (-1284).
1254: Tratado de Toledo (31/III): alianza entre ALFONSO X y ENRIQUE III DE INGLATERRA. ALFONSO X invade Navarra hasta Tudela.
1256-1263: Candidatura de ALFONSO X al Sacro Imperio.
1260: Entrevista de Ágreda (11/III) entre y ALFONSO X y JAIME I; expedición castellana fracasada a Salé (IX-X).
1262-1264: ALFONSO X conquista Cádiz y el reino de Niebla (1262); entrevista con MUHAMMAD I DE GRANADA en Jaén para preparar la conquista de Ceuta.
1264-1266: Rebelión de los musulmanes de Andalucía y Murcia dirigidos por MUHAMMAD I DE GRANADA: treguas (1265-1266) y victoria castellana. Gran emigración de musulmanes a Granada y norte de África.

Portugal
1238-1239: SANCHO II conquista Ayamonte, Mértola, Tavira y Cacela.
1246-1248: Guerra civil entre SANCHO II (apoyado por Castilla) y su hermano ALFONSO (III), que vence en la batalla de Leiría.
1248-1279: ALFONSO III REY DE PORTUGAL. Prosigue la ocupación del Algarve (-1253) pese a la oposición castellana, que lo considera propio en virtud del tratado de Coímbra (1212): se acuerda la paz (1253) y el matrimonio del rey con BEATRIZ, hija de ALFONSO X, que recibe el Algarve como dote.
1267: ALFONSO III y ALFONSO X se entrevistan en Badajoz: Castilla cede sus derechos en el Algarve a Portugal.

Navarra
1234-1253: TEOBALDO I. Se enfrenta a la nobleza navarra (1236).
1238-1239: TEOBALDO I parte para la cruzada con LUIS IX de Francia.
1253-1270: TEOBALDO II rey de Navarra.
1254: Tratado de Monteagudo (9/IV) entre Navarra y Aragón.

Corona de Aragón
1236-1238: Conquista de los alrededores de Valencia (1236-1237) por JAIME I y asedio de la ciudad (IV-IX) hasta su rendición (28/IX). Ocupación plena del territorio valenciano (1238-1253).

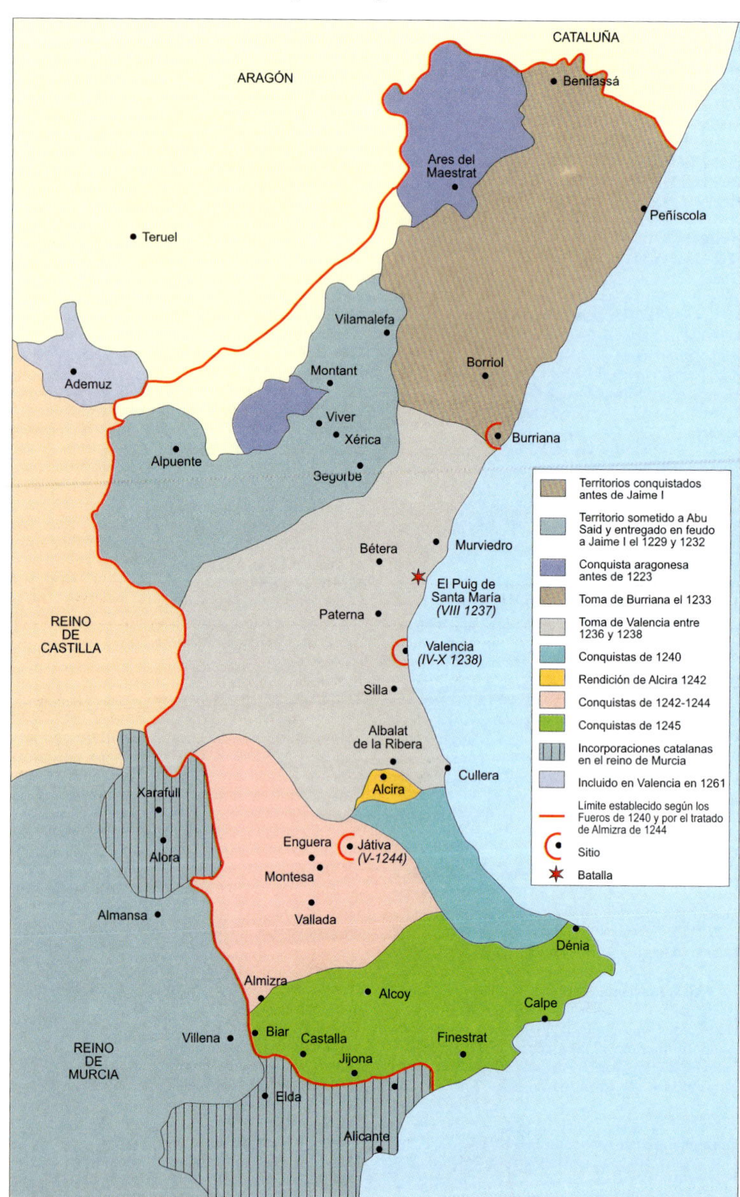

La conquista del reino de Valencia.

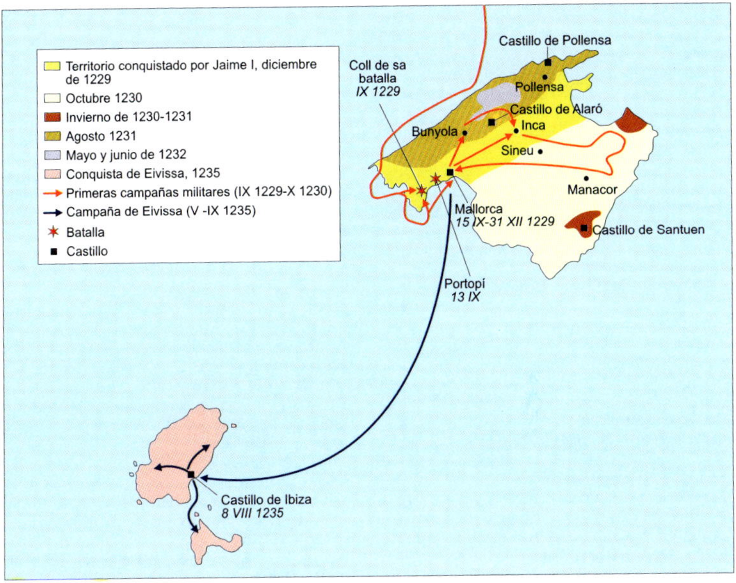

Conquista de Mallorca e Ibiza (1229-1235).

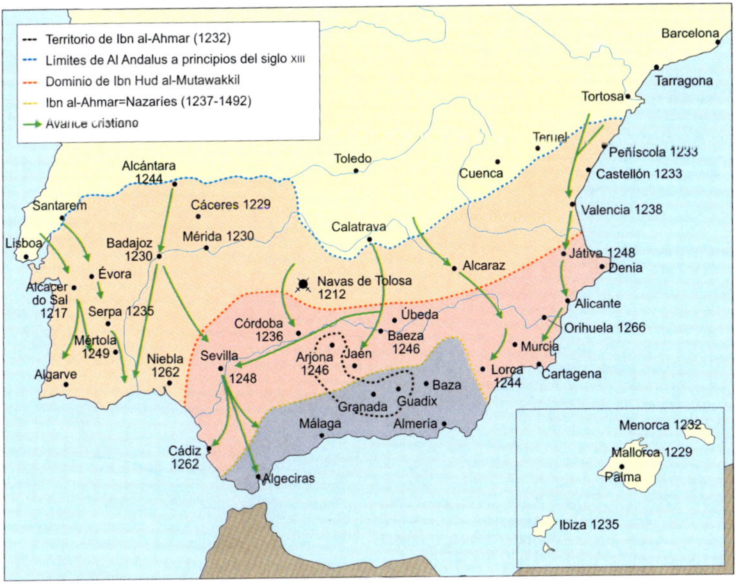

Fin del imperio almohade y líneas de avance cristiano.

1244: Tratado de Almizra: la corona de Aragón deja de tener frontera con el Islam, aunque prosigue la ocupación de Valencia: conquista de Biar, Játiva, Denia y Cullera (1244-1245). El Cinca, frontera entre Aragón y Cataluña.
1247: Sublevación valenciana dirigida por AL-AZRAK.
1250: Sentencia de Ariza (X): el INFANTE ALFONSO, gobernador de Aragón y Valencia, y el INFANTE PEDRO, gobernador de Cataluña.
1252-1253: Rebeliones contra JAIME I en Montpellier y Valencia.
1258: Tratado de Corbeil (11/V) con LUIS IX de Francia: JAIME I renuncia a sus derechos en el sur de Francia (salvo Montpellier, Rosellón y Cerdaña), y LUIS IX renuncia a los suyos sobre Cataluña.
1260: Conflicto con el primogénito ALFONSO por el reparto de reinos dispuesto por JAIME I en su nuevo testamento.
1265-1266: Durante la sublevación musulmana, JAIME I conquista Villena, Elche, Orihuela (1265) y Murcia (1266) pero lo devuelve a ALFONSO X.

Del imperio almohade al nacimiento de Granada (1200-1265)

El declive del imperio almohade

1203: Una flota almohade parte de Denia y toma Mallorca, último bastión almorávide que contaba con apoyo catalanoaragonés. Es vencido ABD ALLAH IBN GANIYA.
1210-1212: Ataque naval almohade a la costa barcelonesa; campaña en la península del califa ABU ABD ALLAH, asedia y conquista Salvatierra, pero es derrotado en las **Navas de Tolosa** (16/VII); regresa a África donde es envenenado (1213).
1213-1224: ABU YAQUB YUSUF II AL-MUSTANSIR. Mantiene tregua con Castilla-León (1214-1224). Soporta el primer ataque benimerín contra Fez (1216) y la sublevación en Murcia de ABU MUHAMMAD ABD ALLAH AL-ADIL (1219).
1224: MUHAMMAD ABD AL-WAHID proclamado califa de Marraquesh (-1225), pero el ejército de Al Andalus y algunas tribus africanas proclaman califa al gobernador rebelde de Murcia, AL-ADIL (-1227). Rebrote de taifas locales: Valencia, Baleares (-1229), Murcia y Baeza (rebelión de ABD ALLAH AL-BAYASÍ en Baeza con ayuda de FERNANDO III).
1227: ABU-L-'ULA AL-MA'MUN, gobernador de Sevilla, califa de Al Andalus (-1232), frente a YAHYA BEN ABU ABD ALLAH (-1236), califa de Marraquesh.
1228-1238: Independencia de IBN HUD, rival de AL-MA'MUN. IBN HUD acaba dominando todo Al Andalus (1229) salvo Niebla y Valencia, expulsa a los almohades de Algeciras y Gibraltar (1231). Tras ser vencido por ALFONSO IX en Alange (1230), mantiene treguas con FERNANDO III (1233, 1235), al que paga elevadas parias. Su ocaso político se debe tanto a la pérdida de Córdoba frente a los cristianos (1236) como a las sublevaciones internas, especialmente de MUHAMMAD I, gobernador de Arjona, dueño de Guadix y Baza (1232), de Jaén, Sevilla, Carmona y Córdoba (1233). En 1234, IBN HUD avanza frente a su rival recuperando algunas ciudades (Sevilla, Córdoba, Carmona), llegando a mantener con él una tregua (1234-1237), pero cuando IBN HUD es asesinado en Almería (1238), MUHAMMAD I organiza en Granada el centro de su dominio, al tiempo que aparecen taifas en Murcia, Orihuela y Lorca. Sevilla se incorpora a Túnez esperando recibir ayuda militar contra los castellanos. Niebla bajo ABENMAFOD.

Nacimiento del reino nazarí de Granada:

1238-1248: MUHAMMAD I de Granada logra dominar Loja, Alhama, Almería y, gracias a la alianza con el linaje de los ASQILULA, Málaga. Se declara seguidor del califa almohade (1242), pero pacta con FERNANDO III al que entrega Arjona (1245) y Jaén (1246), sometiéndose al vasallaje castellano y al pago de *parias* de 150.000 *maravedíes* de oro al año. Sus tropas participan en el asedio castellano de Sevilla (1247-1248).
1254: MUHAMMAD I renueva el vasallaje a ALFONSO X.
1260: Expedición militar castellana a Marruecos: JUAN GARCÍA DE VILLAMAYOR se apodera temporalmente de Salé (IX) pero es rechazado por el benimerín YAQUB BEN ABD ALLAH, al que supuestamente ayudaba.
1262: Los castellanos conquistan Niebla (rendición del rey taifa ABENMAFOD, hasta entonces tributario de Castilla) y Cádiz. ALFONSO X se entrevista con MUHAMMAD I para preparar la conquista de Ceuta, y le pide la entrega de Tarifa y Gibraltar.
1264: Rebelión de los musulmanes (VI) de Andalucía y Murcia, apoyados por MUHAMMAD I con ayuda de los **voluntarios de la fe** norteafricanos dirigidos por IBN IDRIS; se apoderan de Alcalá de Benzayde (la Real), Jerez, Arcos, Rota, Sanlúcar, Lebrija, Utrera y Medina Sidonia. Pero la rebelión de Málaga, Guadix y Comares contra MUHAMMAD I refuerza la contraofensiva de ALFONSO X (IX-XII), que restaura la frontera andaluza. JAIME I somete Murcia (febrero 1266).
1265: Ataque castellano en la vega de Granada. ALFONSO X y MUHAMMAD I se entrevistan (X) en Alcalá la Real: tregua (-1273). MUHAMMAD I vuelve a ser tributario de Castilla: 250.000 maravedíes anuales. ALFONSO X y JAIME I se entrevistan en Alcaraz (XII): Castilla recupera el territorio murciano.

AL ANDALUS. ECONOMÍA Y SOCIEDAD

Población: Mínimo de 3.000.000 hab. en Hispania cuando ocurre la invasión de 711. Doce mil beréberes y dieciocho mil árabes en la primera oleada. Hasta setenta mil beréberes y treinta mil árabes con sus familias en total, en el s. VIII.
Zonas de asentamiento: Árabes en los puntos estratégicos: Sevilla, Córdoba, Toledo, Calatayud, Zaragoza. Beréberes en zonas montañosas de Andalucía, Sierra Morena, cuenca del Guadiana, actual Extremadura, La Jara, Levante. Llegada de mercenarios «eslavones» en el siglo X, y de más contingentes beréberes desde fines del X y en los ss. XII-XIV.
Islamización. Grupos sociales: Mejor organización de los invasores: permanencia de las estructuras tribales, «linajes agnáticos, endógamos y polígamos [...] gran capacidad de expansión demográfica [...] de absorción e integración en sus propias estructuras de elementos indígenas» (Guichard) dominados y menos organizados. A lo que se añade el atractivo de la teoría social islámica, basada en la igualdad de los musulmanes como miembros de la comunidad. La presión en pro de la islamización y «orienta-

lización» aumenta con ABD AL-RAHMAN II (m. 852): resistencias de mozárabes y de conversos (**muladíes**) que se extienden durante el período de luchas y anarquía (**fitna**) entre 850 y 912. El número de conversiones aumenta mucho bajo el califato: hacia 900 un 25 por 100 de la población hispana se había islamizado, hacia 1000, 75 por 100, hacia 1100, 80 por 100. Los conversos o **muladíes** (*muwallad*): gran peso político en época de los reinos de taifas. Antes, permanencia en su seno de descendientes de la aristocracia romano-visigoda; junto con los **mozárabes**, juegan su papel como transmisores de elementos culturales pre-islámicos que se insertan en la nueva civilización andalusí, variedad regional de la islámica: aspectos de la vida material, vivienda, red viaria y divisiones administrativas de origen romano, algunos tipos de contratos agrarios, técnicas arquitectónicas, lengua romance y ciertas expresiones literarias (**jarchas**). El peso de la arabización-islamización aumenta decisivamente entre los ss. X y XII.

Minorías religiosas: Tolerancia hacia los «hombres del libro» –cristianos y judíos– por precepto religioso, que capitulan como tributarios (*dimmíes*) y se limitan a la práctica no proselitista de su ley religiosa. Los cristianos o **mozárabes** (*mustarib*: arabizado), muy numerosos en algunas zonas rurales (Andalucía montañosa, Levante, valle del Ebro) y en ciudades como Toledo, Mérida, Córdoba, Sevilla, Granada, Málaga, Zaragoza, Coímbra. Su cultura religiosa y literaria latina prolonga la de época visigoda, de modo tradicional y en decadencia desde mediados del s. IX; su influencia en el reino asturleonés de los ss. IX y X, paralela a la fuerte emigración mozárabe. Extinción de la minoría en el s. XII, debido a las persecuciones y deportaciones efectuadas por almorávides y almohades, y a la emigración a los reinos hispano-cristianos: importancia de los mozárabes toledanos en los ss. XII y XIII en la transmisión cultural de Al Andalus a la España y la Europa de la época. Los **judíos:** gran auge de esta minoría (hasta cincuenta y cinco mil personas según Ashtor) y florecimiento de juderías (Lucena, Elvira/Granada, Tarragona) hasta las persecuciones almohades; importancia de cortesanos, hacendistas y médicos judíos al servicio de emires. Desarrollo de la reflexión religiosa inspirada en el Talmud babilónico.

Sistema social: Predominio de una minoría aristocrática (*jassa*) sobre el pueblo (*umma*). Cierto desarrollo de «clases medias» urbanas al margen de las estructuras de raíz tribal y de las propias de los dirigentes político-administrativos y militares. Predominio de la ciudad sobre las zonas rurales, y de las formas de acumulación de renta basadas en la práctica del comercio y los impuestos sobre él, y en los pagos habituales efectuados por arrendatarios y censualistas tributarios a los propietarios de la tierra, con frecuencia absentistas.

Economía: Hay noticias procedentes de geógrafos e historiadores de la época ricas en descripciones cualitativas, pero no en datos sobre rendimientos e importancia económica relativa, difícilmente encuadrables en el tiempo para el análisis de tendencias y coyunturas.

Régimen de la tierra: Conservación de propiedad por hispanos y visigodos que pactaron (*ahd*) con los invasores, y por sus descendientes. Reparto de otras tierras entre los recién llegados, tomadas a los que se rendían en otras condiciones (*suhl*), o cedían parte de la propiedad a los invasores como *hospites*, o bien atribución de rentas de la tierra (*iqta*). Formación de grandes patrimonios: de los emires y califas, de los jefes militares y altos funcionarios, de la comunidad (bienes amortizados a favor de instituciones religiosas: *habus/habices*). Permanencia general de los cultivadores –a veces antiguos propietarios– que permanecen como *consortes / sharik* con diversos contratos agrarios de origen romano: *muzaraa* o aparcería que deja al cultivador la mitad (medianero: *munasif*) o el quinto (quintero: *mujammis*) de la cosecha; *musaká* para tierras de regadío (un tercio para el cultivador); *mugárasa* o de plantación de árboles. Peor situación de los temporeros y jornaleros.

Cultivos: Florecimiento de la agronomía (tratados de IBN BASSAL, s. XI, e IBN ALAWANZ, s. XII). Auge de las técnicas y zonas de regadío, sobre todo cercanas a las ciudades: mejor uso de acequias, aceñas, norias, pero predominio de los grandes cultivos de secano: trigo y cebada (introducción del trigo duro, o *adargama*, y del sorgo), leguminosas (habas y guisantes de Zaragoza); gran extensión de la vid: uva pasa de Málaga, Elche, Ibiza; consumo de vino pese a la tradición islámica en contra; fuerte producción de aceite de oliva: Aljarafe sevillano, alto valle del Guadalquivir (Jódar), Barbastro y La Litera. Los frutales: importancia del almendro y de la higuera; introducción de los agrios en el s. X. Adaptación de nuevas especies: arroz en Valencia, caña de azúcar en Salobreña, algodón en Sevilla y Mallorca. Otras fibras textiles: lino, de regadío, en Granada, Almería, Lérida, Mallorca; esparto en el SE. Colorantes: rubia, pastel, cochinilla. El azafrán, «primera especia producida en Europa».

Ganadería: Fama del ganado bovino y ovino de las sierras del Sistema Central, de los mulos de Mallorca y Córdoba, del ganado caprino de las serranías gaditanas, de los pastos de las marismas del bajo Guadalquivir; camellos en las zonas áridas del SE; proliferación del asno como animal para las labores agrícolas. Posible introducción de la trashumancia por los beréberes.

Avicultura: abundancia de palomares, y de recetas de preparación de aves en los tratados de cocina. Aclimatación del pavo real.

Apicultura: gran consumo de miel; fama de la de la zona de Lisboa y de la de Sevilla, Jaén y Tortosa.

Explotaciones forestales: Posible máxima extensión de la cobertura forestal (Cazorla, Alcaraz, Cuenca, Tortosa). Al Andalus, exportador de madera al resto del mundo islámico. Astilleros en Alcacer do Sal, Silves, Sevilla, Algeciras, Málaga, Alicante. Importancia de la industria del mueble de lujo.

Pesquerías, salinas, coral: Sardina en la costa mediterránea granadina y en la onubense (abastecimiento de Sevilla desde Saltés); almabraba del atún en la costa gaditana, en mayo. Salinas de Cádiz, Almería, Alicante, Ibiza; terrestres de Zaragoza y Malah (Granada). Coral en Almería y Ceuta. Ámbar en las costas atlánticas (Lisboa).

Minería: Numerosas explotaciones, pero sin noticias sobre su productividad e importancia económica real: hierro en Constantina (norte de Sevilla), Guadix, y al norte de Huesca (Aínsa, Bielsa). Mercurio de Chillón (Almadén) y Ovejo. Cobre de Río Tinto, Granada, Almería, montes de Toledo. Azufre de Hellín. Pizarras bituminosas de Sigüenza (posible fabricación de *nafta*). Arenas auríferas en los ríos Darro, Segre y Tajo. Oro y plata en Hornachuelos (Córdoba). La greda de Magan

Al Andalus, árabes, beréberes, mozárabes y judíos.

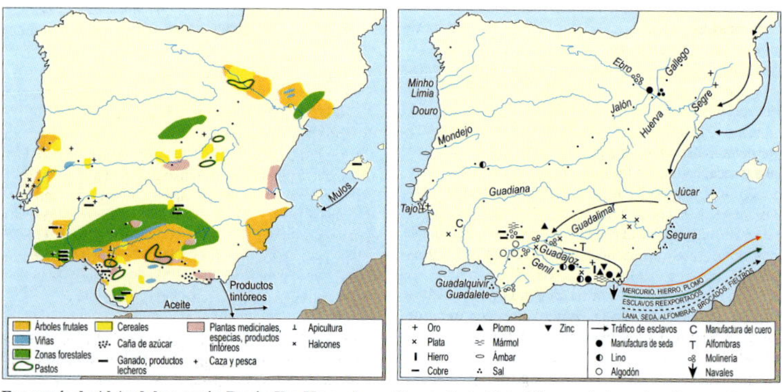

Economía de Al Andalus, según Razí e Ibn Hawqal.

Economía de Al Andalus, según los geógrafos musulmanes.

(Toledo). Mármoles (Macael, en Almería; Montemayor, en Málaga).
Manufacturas: Los talleres estatales de tejidos de seda, lino y lana en Córdoba desde ABD AL-RAHMAN II. Sederías en Almería y Granada. Lienzos de lino en Zaragoza. Fama del trabajo del cuero (cordobanes, guadamecíes) y de las armas (Toledo, Córdoba, Málaga, Calatayud); de las cerámicas y lozas doradas (Málaga); de la orfebrería y marfil; del vidrio (invención del cristal por ABBAS IBN FIRNAS a mediados del s. IX); fabricación de papel (Játiva, s. X).
Moneda: Acuñación de cobre (*feluses*: *follis* hispanogodos), y de **dirhems** de plata (ABD AL-RAHMAN II, de 2,77 a 3,11 g). De moneda de oro durante el califato (dominio de las rutas africanas de comercio del oro). Degeneración bajo las taifas y restauración de la buena moneda bajo los almorávides (dinares de oro de 3,88 a 4,05 g, *morabetinos*) y los almohades (*doblas* de 4,60 g; el dirhem de plata de 2,72 baja a 1,5 g). Continuidad del sistema almohade en la Granada nazarí.
Sociedades mercantiles: conocimiento de la **shirka**, en que los socios ponen capital y trabajo, y de la **qirad** o **mudaraba**, equivalente a la **commenda** europea.
Comercio interior y desarrollo de las ciudades: Auge de las ciudades y centralización en ellas de la actividad mercantil. Crecimiento de antiguas ciudades y fundación de hasta veintitrés nuevas (Calatayud, Uclés, Murcia, Madrid, Lérida, Badajoz, Almería, Gibraltar). Estimaciones de población máxima, según perímetro amurallado: Córdoba, 100.000 (s. X); Sevilla, 83.000 (s. XII); Toledo, 37.000; Almería, Granada, Mallorca, Badajoz, por encima de 25.000; Málaga, Écija, Jerez, Valencia, Zaragoza, entre 15.000 y 20.000. Control del artesanado y comercio y, en general, del buen orden urbano por el *muhtasib*, oficial dependiente del *qadí* (juez); *alamines* o inspectores de calidad al frente de cada oficio. Lugares de venta: el **zoco** o mercado principal, próximo a la mezquita mayor, y los zocos y *azoguejos* especializados, de barrio, para redistribución, y extramuros o rurales; la *alcaicería* y tiendas (*al-janat*) para la venta y custodia de las mercancías de más valor; las *alhóndigas* (*funduq*) o mesones de almacenamiento, suministro y venta al exterior, especializados por productos. Inexistencia de ferias.
Comercio exterior: Gran desarrollo en el s. X –dominio de las rutas norteafricanas–: Sevilla y Pechina (Almería), puertos principales. Importaciones: esclavos, pieles, maderas, metales y armas de Europa; esclavos, libros, adornos y joyas de Oriente; oro, esclavos y cereales, del N de África. Al Andalus, exportador de aceite de oliva, uva pasa y frutos secos, textiles de lana y seda, colorantes (azafrán, grana), cobre, mercurio y estaño, ámbar, coral, cerámica, mármoles, cueros elaborados, papel (desde el s. X), madera, pieles de conejo; redistribuye oro y esclavos. El cambio desde mediados del s. XII: aumento de la dependencia respecto a las marinas y mercaderes cristianos. Tratado comercial de los almohades con Génova en 1161; de Mallorca con Génova (1181 y 1188) y Pisa (1184): rebajas arancelarias, concesión de *fondacos* y privilegios de extraterritorialidad.
Fiscalidad: La limosna legal, **zakat**, transformada en un diezmo de los ingresos. Los ingresos personales del emir o califa, integrados en su tesoro (**almojarifazgo**) así como los impuestos extralegales sobre las propiedades muebles e inmuebles (**almaguana**, alaçer, derechos sobre el ganado y las yuntas) y sobre el comercio (**magrán** o gabela, aduanas del 10 por 100, o 2,5 por 100 para mercaderes del país); más la capitación (**alfitra**), los impuestos sobre las herencias, la toma de bienes sin dueño (mostrencos), y las contribuciones de los no musulmanes (**chizia** o capitación, **jarach** o contribución territorial).

LOS REINOS DE LA ESPAÑA MEDIEVAL: POBLAMIENTO Y ORGANIZACIÓN DEL TERRITORIO

Del Cantábrico al Duero (siglos VIII-XIV)

Siglo VIII: Asentamiento de grupos beréberes y algunos árabes hasta la altura de Lugo, Astorga, León, Amaya, La Bureba y alto Ebro. Emigración de muchos tras las revueltas de los años 740-? Desorganización del poblamiento en el valle del Duero y fuerte despoblación. Consolidación del reino de Asturias, al que acuden muchos colonos procedentes de la submeseta norte y de las actuales tierras portuguesas al norte del Tajo, para poblar el norte de Galicia (Lugo), Asturias, actual Cantabria, norte de Burgos (valle del Mena) y Álava. Uso del procedimiento de **presura** u ocupación de tierra yerma y sin dueño para ponerla en explotación, bien bajo control del rey o de un obispo o noble, bien por acción espontánea de los colonos. La *presura,* medio habitual de colonización hasta el XI.

Siglos IX y X: Avance colonizador hacia el S desde los últimos años de ALFONSO II (Brañosera, 824. Sede episcopal de Compostela, 834). Con ORDOÑO I y ALFONSO III se pueblan Braga y Tuy, Astorga y León, Briviesca y Miranda. Se alcanza la línea del Duero: Oporto (868), Simancas y Zamora (889 y 893), Roa y San Esteban de Gormaz (912).
924: Conquista e integración de la alta Rioja en el reino de Pamplona.
Desde mediados del siglo IX hasta comienzos del XI ocurre un vasto proceso de colonización rural en las tierras así incorporadas, protagonizado por gentes procedentes del N, y también por cristianos *mozárabes* que emigraban de Al Andalus. Variedades regionales desde Galicia y el futuro Portugal, pasando por León hasta Castilla y Rioja; la aldea, forma básica del poblamiento rural: núcleo de viviendas y parcelas de huerto, rodeado por tierras cerealistas y, en un círculo más lejano, por espacios de bosque y pasto de uso común. En ella suele haber iglesia: o bien «iglesia propia» de patronato o bien parroquia dependiente del obispo, y una incipiente asamblea o **concilium** formado por los cabezas de familia.
La aldea está sujeta directamente al poder del rey a través de su representante (los distritos se organizan mejor en el s. XI: *Merindades, tenencias, tierras*), o bien al dominio de un centro monástico o de los miembros de alguna familia noble (*seniores, potestates, infanzones*).

Siglo XI: Expansión de la gran propiedad en muchas zonas y formación de grandes dominios rurales. Los casos mejor conocidos pertenecen a monasterios: Samos, Sobrado y Celanova en Galicia; Eslonza y Sahagún en

Caminos de Al Andalus, según al-Idrisí.

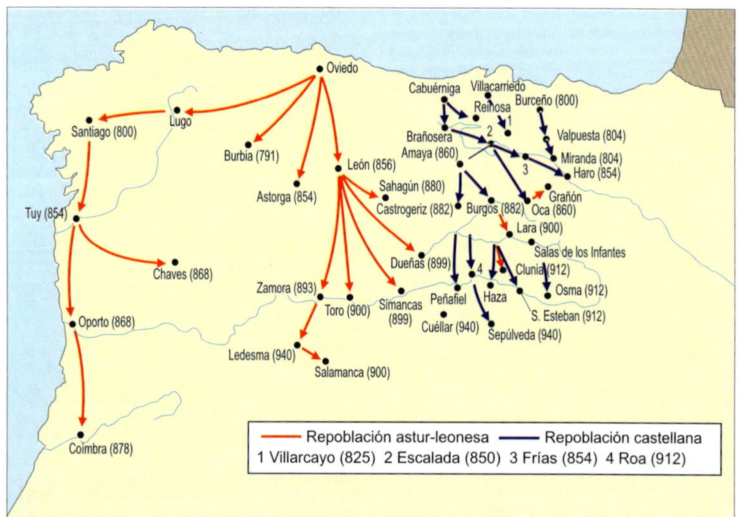

Repoblación gallega, leonesa y castellana (siglos VIII-IX).

León; Oña, Cardeña y Arlanza en Castilla; San Millán de la Cogolla en La Rioja; a los que se añadirán los dominios de monasterios cistercienses desde la cuarta década del XII: Moreruela (Zamora) y los muchos de Galicia y norte de Portugal.
Desaparición de la **presura** sustituida por formas mejor organizadas de colonización (*cartas pueblas, repartimientos*). Aumento del número de campesinos *solariegos* y *collazos* cultivadores en tierra ajena, señorial, y de encomendados (*hombres de behetría*). Incidencia del renacimiento urbano sobre el mundo rural desde mediados del s. XI pero permanencia de la densa red de aldeas creada anteriormente.

Siglo XI (segunda mitad) a siglo XIII (primer cuarto): Crecimiento sostenido de la población entre los siglos X y XIII como base de los procesos de colonización. Su apogeo entre 1160 y 1230.
La repoblación en el Camino de Santiago: El Camino, importante vía de inmigración, comercio, promoción urbana y organización del territorio desde Navarra hasta Galicia entre 1075 y 1180 aproximadamente. A los **francos** procedentes de más allá de los Pirineos se añadieron muchos autóctonos para promover **burgos** que ampliaban antiguas **civitates** o eran el origen de nuevas ciudades dotadas de **fuero** con importantes mejoras jurídicas para los *francos* o, en Castilla y León, para todos los vecinos, y promoción de **concejos**. Ejemplos principales, con indicación de fecha de *fuero*: Jaca (1063), Estella (1090), Puente la Reina, Pamplona y Sangüesa, Nájera (1076), Logroño (1095), Miranda de Ebro (1099), Castrojeriz, Belorado (1116), Sahagún (1085), Carrión (1086), Mansilla, Villafranca del Bierzo, Avilés (1145). Y los fuertes crecimientos urbanos de Burgos, León, Astorga, Lugo, Oviedo y Santiago.
La repoblación en otras zonas: Fenómeno amplio e intenso, tanto en el ámbito rural como en la promoción de núcleos urbanos. En tiempos de ALFONSO VI, nueva población de Guimarâes, auge de Braga, Palencia, Zamora y Valladolid, todas ellas en la retaguardia de las **extremaduras** que entonces comenzaban a poblarse. Los años 1157-1230, época de máxima intensidad en la «colonización interior» y en la mejora de la condición jurídica de los pobladores. Ejemplos, con indicación de fecha de *fuero* o de principal acción pobladora: en el **sector central de la cuenca del Duero**, Benavente (1164), Villalpando (1165), Valencia de don Juan, Mansilla y Mayorga (*ca.* 1181), Herrera de Pisuerga, fuerte crecimiento de Medina de Rioseco, Palencia, Valladolid. En el noroeste, profunda transformación del poblamiento gallego: Mondoñedo, Ribadeo y Vivero, La Coruña (fuero, 1208), Betanzos (1201), Padrón, Noya y Pontevedra (desde 1164-1169), Monforte de Lemos (1199), Ribadavia y Verín. Repoblación de la zona de Sanabria y Alcañices a comienzos del XIII. En El Bierzo, fuero de Villafranca (1192), Bembibre (1199) y Ponferrada (1209). Llanes en Asturias (1206). En el noreste, en tiempos de ALFONSO VIII DE CASTILLA, gran crecimiento de Burgos, apertura al comercio y navegación en el Cantábrico, incorporación de Álava y Guipúzcoa (navarras desde 1035); en relación con ello: Castro Urdiales (1163), Santander (1187), Laredo (1190), San Vicente de la Barquera (1210), Pancorbo (1176), Frías (1202), Haro, Treviño, Vitoria (1181-1202), San Sebastián (1186-1193), Guetaria (1209), Motrico y Zarauz.

Siglos XIII-XIV: Continuación de las transformaciones del poblamiento en el N, con formación de pueblas y villas nuevas dotadas de **fuero** (a menudo derivado de los de Logroño o Benavente, a veces el de Sahagún o el de San Sebastián) y término territorial, que atraen población de las zonas rurales próximas. En Asturias, la mayor parte de las **polas** nacieron entre 1252 y 1272: Ribadesella, Villaviciosa, Gijón, Luarca, Somiedo, Lena, Cangas, Grado, Pola de Allande, etc. En Vizcaya, Bermeo (1236) y Orduña; y en Guipúzcoa, en época de ALFONSO X, Tolosa, Segura, Mondragón, Vergara y Villafranca. Ya en el XIV se completó el proceso en ambas zonas: Bilbao (1300), Ochandiano, Plencia, Azpeitia; entre 1325 y 1350, Portugalete, Lequeitio, Ondárroa, Rentería, Azcoitia, Eibar, Elgoibar, Zumaya; después de 1350, Elorrio, Guernica, Munguía, Orio, Cestona y Villarreal de Urrechua, entre otras.

Navarra, Aragón, Cataluña

Las tierras originarias

Navarra: En el núcleo del reino, unos 5.500 Km^2 en torno a Pamplona, ocurrió un proceso de colonización rural semejante al castellano-leonés, que dio como resultado unas 1.040 aldeas a mediados del siglo XI. En las «tierras nuevas» del SO se consolidó la frontera con Castilla en el último tercio del XII: La Guardia (1164), Los Arcos (1175), Viana (1219). La ribera de Tudela, conquistada en 1119, se organizó como las próximas tierras aragonesas del valle medio del Ebro, y fue el principal polo de atracción de pobladores en el s. XII y Tudela la mayor ciudad del reino: fundación de Olite (1147) en el camino de Tudela a Pamplona. Fuerte crecimiento de la población y aumento de las ciudades en el siglo XIII: Tudela alcanza los 7.500 hab., Pamplona los 6.000 y Estella los 5.000.
Aragón: En el núcleo originario del reino, poblamiento altomedieval mediante aldeas, semejante al navarro, que llega a su apogeo a comienzos del s. XII. Promoción de las **civitates** y **burgos** desde fines del s. XI: Jaca, en relación con el Camino de Santiago, Uncastillo, Aibar, Luesia, Ayerbe. Otros, en torno a castillos, en los ss. XII y XIII: Luna, Pilluel, Puy Pintado, Berdún.
Cataluña: Los condes de la **Cataluña Vieja**, nacida como **marca** del imperio carolingio, comenzaron a dirigir la repoblación y organización del territorio en el s. IX y comienzos del X en espacios vacíos o desorganizados hasta las líneas de los ríos Llobregat-Cardener y cordillera pre-litoral, por medio de la **aprisio** –similar a la *presura*– efectuada por grupos familiares que quedaban sujetos al poder condal y eclesiástico (restauración sede de Vich, fines s. IX). Entre 920 y 1020 aproximadamente, se amplía el proceso «aprisionario», bajo control de condes, vizcondes, *vicarii*, obispos y monasterios, a otros 5.000 km^2 en los condados de Barcelona, Manresa, Urgel, Pallars y Berga, y se forma una red amplia y homogénea de castillos, especialmente en la frontera con Al Andalus, que seguía siendo *terra de ningù* en los límites de los condados de Barcelona, Osona-Manresa, Cerdaña-Berga y Urgel. Desde 1020-1030, avances territoriales por medio de con-

Reino de León (1230).

quistas militares lentas, seguidos por la organización sistemática de *aprisiones*, especialmente en los condados de Urgel (Ager, Balaguer) y Barcelona (Campo de Tarragona). Desde comienzos del s. XII, a la continuación de la colonización rural se añade la promoción de los centros urbanos: Barcelona, Perpiñán, Seo de Urgel. Así como las fundaciones para fijar mejor límites entre condados: Puigcerdá (1178), Bellver (1225) y Llivia, en Cerdaña; Abella de la Conca, en Urgel (med. s. XII); Salses y Colliure en Rosellón, en tiempos de JAIME I. Monasterios y nobles fundan «vilas novas»: San Juan de las Abadesas, San Pol de Mar, San Feliú de Guixols, Besalú o Camprodón entre los primeros; Vilafranca de Conflent, en Cerdaña, a fines del s. XI, o Torroella de Montgrí (Ampurias) a fines del s. XII, entre las segundas. Los condes de Barcelona fundaron Vilafranca del Penedés (1151) y, ya en el s. XIII, promovieron Tarrasa, Figueras, en el condado de Besalú, Palamós y La Ral, en el de Gerona, además de proteger el crecimiento y capitalidad de Barcelona.

Las tierras de nueva conquista. Siglos XII y XIII

Aragón: El valle medio del Ebro se conquista desde fines del s. XI: Huesca, 1096; Barbastro, 1100; Zaragoza, 1118; Tudela, 1119; Borja y Tarazona, Calatayud, Daroca, 1120. En general, insuficiente capacidad para repoblar el territorio, lo que facilita la permanencia por capitulación de casi todos los musulmanes en zonas rurales, como aparceros o *exáricos* de los nuevos propietarios cristianos, y con ello la de las estructuras agrarias y de uso de la tierra. También permanecieron *mozárabes* a los que se suman muchos más, traídos de Al Andalus por ALFONSO I (1125-1126), así como judíos en las principales ciudades. A los colonos repobladores aragoneses y navarros se unieron a lo largo del s. XII muchos *francos* del norte de los Pirineos: clérigos, mercaderes, caballeros que reciben grandes propiedades, a veces origen de señoríos, y traen colonos de aquel origen (bearneses, gascones, normandos). Otorgamiento de franquicias, privilegios y, desde mediados del s. XII, fueros locales, con predominio del derecho nobiliario sobre el «burgués». Restauración y dotación de diócesis, intentando reconstruir límites antiguos: Zaragoza, Huesca, Barbastro, Tarazona. Con frecuencia los primeros obispos fueron *francos*. El Macizo de Teruel y el Bajo Aragón se conquistaron y poblaron a partir de los años cuarenta del s. XII, a menudo utilizando como instrumento jurídico el «derecho de frontera», de origen castellano, presente ya en Calatayud y Daroca (fuero de 1142), para facilitar la actividad militar y la promoción de «caballeros villanos», y la constitución de concejos con *tierras* amplias en las que se fundan aldeas: Albarracín, señorío de los Azagra poblado desde 1169 con predominio de navarros; Teruel, 1171; en **realengo**, Alcalá (de la Selva) y Alfambra –ambas en 1174–, que pasaron a la orden militar del Templo. En el Bajo Aragón, Alcañiz (**carta puebla de 1157**) fue de la orden de Calatrava desde 1179, que dirigió la colonización de gran parte del territorio, Montalbán de la de Santiago desde 1210 y Aliaga de la del Hospital a partir de 1180. Eran tierras casi despobladas, en las que no hubo *mozárabes* ni permanecieron musulmanes. Los pobladores eran de origen aragonés, navarro y castellano. Gran importancia de la ganadería y, hasta mediados del s. XIII, de las actividades guerreras en la frontera.

La «Cataluña nueva»: La conquista de Balaguer (1105) por el CONDE DE URGEL y la de Zaragoza (1118) abren el camino, pero la resistencia almorávide retrasa hasta 1148-1149 la conquista de Tortosa y Lérida. Entre tanto, lenta repoblación de Tarragona, abandonada por los musulmanes, y de su campo desde 1129 (por el OBISPO OLEGUER de Barcelona; ROBERT BORDET, normando, jefe militar): **carta de franquicia en 1149**, que aumenta mucho el número de pobladores. Tras la capitulación, Tortosa y Lérida reciben cartas-pueblas, «arquetipos de este estatuto urbano de nueva factura» (Font Rius), núcleo de sus futuras **Costums**, compiladas en la segunda mitad del s. XIII, y conservan parte de la población anterior en zonas rurales, pero muchos musulmanes emigran a Valencia y hay un cambio global en el régimen de propiedad, a favor de los nuevos pobladores. Al mismo tiempo, aunque más lentamente, se pueblan comarcas próximas, libres ya de peligro militar: consolidación de Cervera, colonización de la Conca de Barberá (Montblanch, Espluga de Francolí), con gran intervención de los monasterios cistercienses de Poblet y Santes Creus. Las zonas montañosas próximas a la desembocadura del Ebro, en los años setenta –tras la repoblación en Teruel– (Miravet, Gandesa, Horta, Ascó), y el delta (Amposta, bajo JAIME I): en ellas permaneció más población musulmana, bajo jurisdicción de las órdenes militares del Temple y del Hospital. La colonización de la «Cataluña Nueva» fue protagonizada por los reyes-condes de Barcelona, las órdenes militares, algunos monasterios cistercienses y las sedes episcopales de Lérida, Tarragona y Tortosa, con muy pocas herencias del pasado andalusí y de la época altomedieval: no hay servidumbre campesina, ni régimen feudo-vasallático clásico, ni «aprisiones» espontáneas, sino igualdad jurídica de los colonizadores –cada cual en su estamento– y planificación institucional. La colonización contribuyó, en la segunda mitad del s. XII, a «catalizar la percepción común de una cohesión e identidad catalana que comportó, significativamente, tanto la denominación global de *Catalunya* como el aumento de poder del casal de Barcelona». Con ella culminó la formación del «ámbito físico de la sociedad catalana medieval» (F. Sabaté).

Castilla, León y Portugal: tierras incorporadas desde finales del siglo XI

Del Duero a Sierra Morena

Después de la conquista de Toledo (1085), la frontera con Al Andalus pasó a la línea del Tajo, en Castilla, y después, paulatinamente, a las tierras de La Mancha, actual Extremadura y Sierra Morena, donde el dominio de los reyes cristianos se consolidó ya en el segundo cuarto del s. XIII. Aunque en algunas zonas había subsistido escasa población de la época anterior, fue preciso poblar y organizar de nuevo grandes espacios regionales: las **extremaduras** entre el Duero y el Sistema Central, el reino de Toledo y sus márgenes y, ya en el siglo XIII, la cuenca del Guadiana.

La repoblación de las extremaduras

Primeros intentos de colonización en zonas próximas al sur del Duero durante el s. X (obispado en Salamanca, 953),

Cataluña a finales del siglo XII.

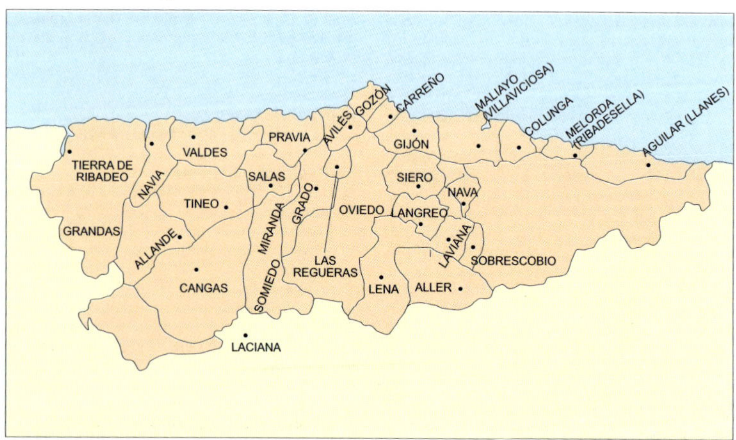

Las polas de Asturias (siglo XIII).

Castilla hacia 1214.

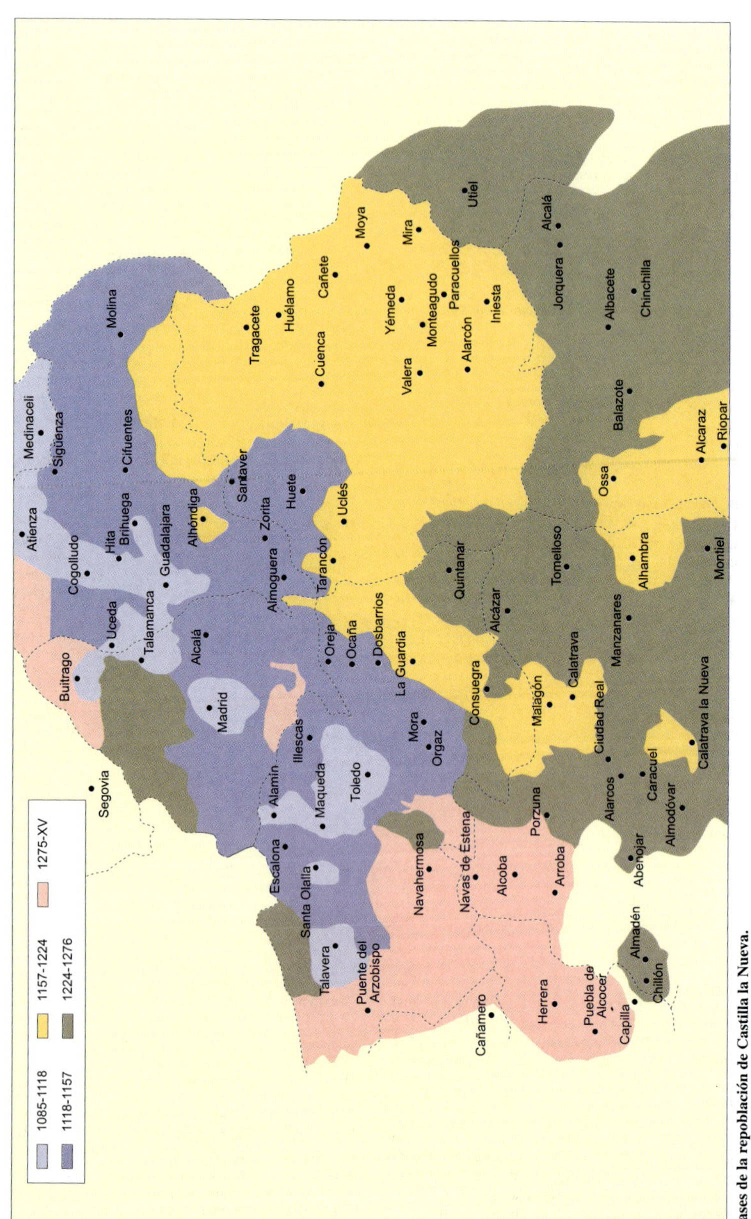

Fases de la repoblación de Castilla la Nueva.

pero abandono tras las campañas de Almanzor, hasta la definitiva población de Zamora, Toro, Simancas y Tordesillas a mediados s. XI y la conquista de Coímbra (1064). Posible permanencia de alguna población de origen anterior.
Repoblación al sur del Duero desde el último tercio del s. XI: Sepúlveda (*fuero* 1076, control paso Somosierra), Íscar (1086), Cuéllar, Coca, Olmedo (1090), Medina del Campo y Tordesillas ya en el s. XII.
Después de 1085 (toma de Toledo), necesidad de defender los pasos del Sistema Central (Sierras de Guadarrama, Gredos, Béjar y Gata) poblando ciudades de situación estratégica. El CONDE RAIMUNDO DE BORGOÑA, yerno de ALFONSO VI, dirige la repoblación de Segovia y Ávila (desde 1088) y Salamanca (desde 1100), dotándolas de amplísimos territorios para su posterior colonización sistemática.
En el alto Duero, tras la consolidación de San Esteban de Gormaz y Medinaceli (1104) y la fundación del obispado de Osma (1088) y del Burgo de Osma, ALFONSO I DE ARAGÓN organizó el territorio y mejoró su población, para controlar los accesos al valle medio del Ebro: Soria (1119), Ágreda, Deza, Ariza, Almazán, Berlanga. Después de la toma de Sigüenza (1124) y del pacto con ALFONSO VII DE LEÓN en 1127, éste continuó el proceso de organización y colonización.
La repoblación de las zonas rurales se prolongó hasta la segunda mitad del s. XII y, en su transcurso, se establecieron también algunos núcleos de importancia: Alba de Tormes, Ledesma, Ciudad Rodrigo, Béjar, Miranda del Castañar. Generalmente, el territorio (**tierra**, **alfoz**) dependiente de cada ciudad se dividía en sectores (*sexmos, cuartos, ochavos*), donde los repartidores del rey o del concejo instalaban en aldeas de 5 a 15 *vecinos* y daban tierras en pleno dominio útil a los colonos, procedentes de Galicia y León, Castilla y Navarra. Hacia 1250 había unas 1.400 aldeas en la *extremadura* castellana y unas 450 en la leonesa.
La colonización de la parte de las *tierras* de Segovia y Ávila situada en el Sistema Central y al sur de éste (*transierra*) no se consolidó hasta el último tercio del s. XIII. Ejemplos: Manzanares, Colmenar, Guadarrama, El Escorial, Collado, Robledo de Chavela, El Espinar, Las Navas.

Organización social y política de las extremaduras
Crecimiento de las principales ciudades, dotadas de gobierno local autónomo (*concejo*), cabecera de *tierras* y de las aldeas instaladas en ellas, sede de obispados desde principios s. XII (Osma, Segovia, Ávila, Salamanca), en torno a los que se organiza un potente clero urbano (cabildos catedralicios, *beneficios* parroquiales). Igualdad jurídica de todos los *vecinos* de ciudad y aldeas, regidos por **fueros** que contienen un «**derecho de frontera**» privilegiado propio de las *extremaduras* y de las tierras que se organizaron según su modelo. Principales fueros: Sepúlveda, Medinaceli, Soria, Ciudad Rodrigo, y, más al sur, Teruel, Cuenca, Coria. Pero jerarquización social según la cuantía de los deberes militares y fiscales y el grado de riqueza; de menor a mayor: *moradores*, *vecinos* y, entre éstos, *peones* y *caballeros*. Auge de la **caballería villana** desde mediados del s. XII, que ejerce los principales cargos (*oficios* o *portiellos*) del *concejo* y organiza en su beneficio las actividades guerreras y la explotación de las zonas de pasto y *monte*. Escaso desarrollo del comercio y la artesanía urbanos hasta mediado el s. XIII. Casi todo el territorio es **realengo** y apenas hubo **señoríos** de nobles e instituciones eclesiásticas antes del s. XIV, momento en el que también se consolidó el dominio de los *linajes* de caballeros en las ciudades.

La repoblación de Toledo y la «transierra»
1085-1118: Ocupación y organización de los principales núcleos fortificados en el sector central del valle del Tajo, al norte del río: Toledo, Talavera, Maqueda y Escalona, Madrid, Talamanca, Uceda, Guadalajara, Hita, Atienza, Medinaceli. Fundación de Buitrago (paso de Somosierra). Gran importancia, desde el primer momento, de Toledo como ciudad, con población cristiana **mozárabe** anterior a la que se añade mucha más en el s. XII, junto a inmigrantes castellanos y *francos*, y una importante comunidad judía. Emigración de casi todos los musulmanes de la ciudad y región. Pero permanencia del régimen y tipos de cultivo y poblamiento rural. Restauración de la sede arzobispal de Toledo, 1086, como Primada de España.
1118-1157: Aprovechando la decadencia de los almorávides, se consolida y amplía el dominio territorial. De este a oeste, Sigüenza (toma en 1124, señorío de su obispo) y Molina (señorío de los Lara, desde 1136), Atienza, Hita, Guadalajara, Alcalá de Henares y Brihuega (del arzobispo de Toledo), se organizan según el sistema de ciudad y *tierra*, mientras que comienza la colonización al sur del Tajo en los años 1140 (Oreja, Zorita, Uclés) e incluso en la cuenca del Guadiana (Calatrava, Consuegra, desde 1147). Importante colonización rural en la zona de Toledo, con fundación o mejora de un centenar de aldeas (**alquerías**) antes de fin del s. XII, bajo control de propietarios residentes en la ciudad; fuerte inmigración **mozárabe** y judía desde Al Andalus a Toledo en torno a 1147. Retraso y menor intensidad de la colonización en Talavera y su *tierra*, sobre todo al sur del Tajo (La Jara), debido a la inseguridad, a pesar de la conquista y repoblación de Coria (1142).
1157-1220: Divisiones entre los reinos cristianos y presión militar de los almohades. Madurez de Toledo como centro de «economía urbana» (**zocos, alcaicería, alhóndigas** o mesones, control por **almotacén** y **alamines**, concentración de la gestión hacendística en un **almojarifazgo**, acuñación de moneda de vellón, y de **morabetinos** de oro desde 1172). Conquistas y repoblaciones en los márgenes oriental y occidental: en el primero, Cuenca (1177), Alarcón y Alcaraz (1213); en el segundo, Plasencia (1186): Aplicación del «derecho de las extremaduras» (**fueros** de Plasencia y Cuenca) y de la organización en régimen de ciudad y *tierra*. Primer intento de repoblación en La Mancha a cargo de las **Órdenes Militares** (Calatrava, San Juan, Santiago), que reciben grandes **señoríos** para defender y poblar aquel territorio desierto, así como enclaves estratégicos al sur del Tajo: Zorita y Calatrava y su Campo a la Orden de Calatrava; Uclés y, desde 1213, el Campo de Montiel a la de Santiago; Consuegra y el Campo de Criptana a la de San Juan.
1220-1275: Procesos de colonización contemporáneos a los de Andalucía y Murcia. Escasez de pobladores y predominio de la dedicación a la ganadería, estante y trashu-

Territorios andaluces incorporados a Castilla en el siglo XIII.

mante, con agricultura complementaria a cargo de los campesinos asentados en las nuevas pueblas. Toledo extiende su tierra hacia el sur (*montes y extremos de Toledo*, 1246) y Talavera establece las primeras aldeas en La Jara y Campo de Arañuelo. Repoblación sistemática de La Mancha por las Órdenes Militares, donde ALFONSO X establece un sólo enclave de **realengo** (Ciudad Real, 1255). En la actual Extremadura se organizaron tres ciudades de **realengo** con sus *tierras* y aldeas: Cáceres, Trujillo –la más extensa– y Badajoz, que tuvo sede episcopal, pero más de la mitad del territorio correspondió a señoríos de Órdenes Militares: Santiago (Mérida, Llerena), Alcántara (Alcántara, tierras de La Serena), Templo (Jerez, Valencia del Ventoso).

Organización social y política de Toledo y la «transierra»
Al igual que en las *extremaduras*, se procede siempre a *repartimientos* sistemáticos de tierra en lotes para colonos-vecinos, según su categoría socio-militar (**heredamientos**) o, de mayor tamaño, para nobles e instituciones eclesiásticas (**donadíos**): los repobladores son casi exclusivamente castellanos, o leoneses y gallegos en el sector más occidental. Los **señoríos** tuvieron más importancia en la organización de la repoblación, en especial los episcopales y los de Órdenes Militares; estos últimos predominaron en la cuenca del Guadiana y, además, obtuvieron un régimen eclesiástico especial por concierto con los respectivos obispados. El régimen de organización en ciudad o **villa y tierra**, los **fueros** y los **concejos**, la jerarquización social, siguen el modelo de las *extremaduras*. La ciudad de Toledo y su territorio son, en estos aspectos, peculiares: no hay concejo sino gobierno por **alcaldes** y notables nombrados por el rey, así como otros oficiales (**dominus villae, almotacén**). No hay *fuero* sino derecho, en principio distinto para cada grupo (mozárabes, que se rigen por el **Liber Iudiciorum**, castellanos, francos) y, a partir de 1118, común para todos y acumulado en sucesivas cartas reales de privilegio, que favorecían especialmente a los caballeros. Además, la población *mozárabe* actuó como «grupo asimilador», puente entre culturas, y así se pudo conservar viva la «civilización urbana» de tradición andalusí, a lo que colaboró también la comunidad judía. Los *francos* fueron, en su mayoría, clérigos o mercaderes y artesanos y estaban ya integrados con el resto de la población a fines del s. XII.

Andalucía y Murcia
Las conquistas de 1224 a 1266 incorporaron a la Corona castellano-leonesa toda la actual Extremadura al sur del Tajo, la Andalucía del Guadalquivir con sus zonas montañosas próximas (Sierra Morena al norte, las sierras subbéticas al sur y este) –unos 55.000 a 60.000 km²– y Murcia –en torno a 10.000 antes de su división en 1304–. La fijación de la frontera entre estos territorios y el emirato de Granada ocurrió entre 1264 (gran revuelta de los *mudéjares* andaluces y murcianos; emigración de casi todos) y 1275 (primera invasión de los *meriníes* norteafricanos), coincidiendo con el agotamiento de las posibilidades de atraer nuevos colonos de otras regiones de la Corona. Los reyes conquistadores –FERNANDO III y ALFONSO X –dividieron el territorio en reinos de nueva creación (Jaén, Córdoba y Sevilla, y Murcia).

Zonas y momentos de la «repoblación»
Nueva población de Andújar y Baeza desde 1226, de Úbeda desde 1236, y de Arjona desde 1244. Dotación de la sede episcopal en Baeza. Amplios señoríos de la sede arzobispal de Toledo en Cazorla, desde 1231, gobernados por un adelantado del arzobispo, de la orden militar de Santiago en Segura y su sierra, y de la orden militar de Calatrava en Martos y Porcuna, Alcaudete y Priego en 1246, cuando se tomó Jaén que, con 11 *collaciones* o parroquias, pasó a ser sede principal del obispado.
Lenta población de Córdoba desde 1236 –abandonada por todos sus pobladores musulmanes–. Escasez de inmigrantes para **poblar** la amplia **medina** y su arrabal de la **axarquía**: se establecen 13 *collaciones* además de la de la nueva catedral. En 1241, después de la capitulación de la *campiña*, se organiza el concejo y Córdoba recibe una *tierra* de 9.000 km², con una veintena de poblaciones, desde la Sierra, al norte, pasando por la campiña, hasta la *banda morisca* o frontera con Granada, al sur. Después de 1264, tendencia a entregar plazas de la frontera en señorío, para asegurar mejor su defensa.
En la **campiña**, Écija, que capituló en 1240, no fue abandonada por su población musulmana hasta 1263, y las plazas de la frontera pasaron poco después a manos de órdenes militares: Estepa a la de Santiago, Osuna a la de Calatrava, Morón a la de Alcántara. La orden de San Juan recibió en 1240 un señorío en torno a Lora, junto al Guadalquivir. Marchena y Carmona se poblaron, según el modelo de Sevilla, como concejos exentos.
Sevilla era la mayor ciudad de Andalucía, y su población musulmana la abandonó después de la capitulación en noviembre de 1248. Su **repartimiento** y el de las zonas rurales próximas se efectuó en 1252-1253 dando **heredamientos** a unos 4.000 vecinos y **donadíos** a bastantes otras personas e instituciones. La ciudad, donde se dotó arzobispado, tuvo 24 **collaciones**, y barrios especiales para mercaderes extranjeros (**barrio de Génova, barrio de Francos**) y para población dedicada a oficios marítimos (**barrio de la Mar**), pues ALFONSO X restauró las atarazanas, mantuvo una flota de galeras y creó el oficio de *Almirante*. El concejo sevillano ejerció jurisdicción sobre una *tierra* de 12.000 km², con más de 80 poblaciones, dividida en cuatro sectores: la *Sierra* al norte, cuya «repoblación» se cuidó mucho, sobre todo en el sector fronterizo con Portugal o *banda gallega* (Aroche, Aracena), la *Ribera*, a lo largo del Guadalquivir, el *Aljarafe* (el otero), al oeste, con numerosas aldeas, cubierto de olivares e higueras, y la *campiña* hasta la frontera o *banda morisca*.
En tierras del Guadalete, bajo Guadalquivir y costa atlántica, las repoblaciones comenzaron después de la revuelta y emigración de los musulmanes en 1264, aunque ya había presencia militar castellana antes, y Cádiz se pobló en 1262-1263, con la idea de convertirla en gran base naval, lo que no se consiguió, como tampoco después con El Puerto de Santa María, que, entre 1272 y 1280, fue de la nueva orden militar de Santa María de España, cuya misión era la «cruzada» por vía marítima. La principal población fue Jerez, organizada al modo sevillano, con al menos 1927 *vecinos* y una amplia *tierra* en la que no fue posible instalar aldeas, debido al peligro fronterizo, que dificultó la buena repoblación de las plazas avanzadas: Arcos de la Frontera, Medina Sidonia, Alcalá de los Gazules, Vejer y, desde 1292, Tarifa.

Portugal. Siglos XII-XIII.

Desde fines de siglo, las principales iniciativas se tomaron en zonas de señorío (ALFONSO PÉREZ DE GUZMÁN, EL BUENO, en Sanlúcar de Barrameda, Rota, Chiclana, Conil).
La frontera con Portugal quedó fijada en Ayamonte (1240) aunque Castilla mantuvo derechos sobre el Algarve hasta 1267. En 1263, ALFONSO X repobló Niebla, recién conquistada, según el modelo de Sevilla, con una *tierra* de 3.000 km^2 en la que había una veintena de aldeas; a la vez se poblaron como villas con concejos propios exentos, Huelva y Gibraleón.
Reino de Murcia. Después del pacto de sumisión de Alcaraz (abril 1243) y del tratado de frontera con Aragón (Almizra, marzo 1244), los castellanos instalaron guarniciones militares en las plazas principales de Murcia, y, paulatinamente, algunos pobladores. En 1250 se dotó el obispado de Cartagena y en 1258 el rey creó el cargo de Adelantado Mayor del reino. La repoblación y **repartimientos** comenzaron después de sofocarse la revuelta musulmana, en febrero de 1266, y fueron paralelos a la emigración de gran parte de los antiguos pobladores. En la Huerta se utilizó la antigua organización catastral: los repartos se escalonan entre 1267 y 1277, y afectan también a tierras de secano y a todas las ciudades principales: Murcia (en torno a 1.700 *vecinos*), Lorca (más de 700), Orihuela (más de 1.200), Cartagena, Alicante, Elche, Mula. En total, unos 5.000 vecinos con **heredamientos** –no menos de 20.000 personas–, más lo que se repartió en **donadíos**: el descenso de población con respecto a la época anterior fue fuerte. Muchos pobladores –en torno a la mitad en Murcia y Orihuela, algo menos en Lorca– eran de origen catalán y aragonés, mientras que el resto procedía de la Corona de Castilla, en general.

Rasgos comunes
Aunque se respetaron los derechos reconocidos a los musulmanes en cada **capitulación**, el éxodo de éstos después de la revuelta de 1264 fue casi total y produjo una disminución demográfica pues, además, el número de los nuevos pobladores fue siempre escaso: en Andalucía, en torno al 60 por 100 procedían de Castilla, otro 30 por 100 de León y un 10 por 100 de otros reinos peninsulares y de diversos países europeos. Se restauraron las comunidades judías: Sevilla fue la segunda en importancia, después de Toledo. El flujo migratorio cesó a partir de 1275-1285, ante las dificultades políticas y militares y el cambio de tendencia demográfica. Paralelamente, triunfo del poblamiento rural concentrado, más apto para la defensa, y aumento de los cultivos extensivos de secano (cereales), y de las zonas dedicadas a pasto de ganado y *monte*, aunque la *huerta* se mantuvo en Murcia, donde había sido importante en la época anterior. El predominio inicial de la mediana y pequeña propiedad, resultado de los **repartimientos**, se vio matizado por la entrega de **donadíos** y, sobre todo, por la expansión de la gran propiedad desde el último cuarto del s. XIII. Las ciudades tuvieron una importancia primordial como grandes núcleos de población y centros de organización económica, y vincularon la actividad agraria a la mercantil, en especial Sevilla, que unía a su condición de capital de una gran región agraria, la de puerto principal para el comercio atlántico y mediterráneo. La nueva sociedad se organizó según criterios y jerarquías ya conocidos, y consolidados por las circunstancias de la guerra y la frontera: una cúspide de «caballeros de linaje» nobles, grupos amplios de caballeros villanos, y la gran masa del vecindario, que combatían como «peones» y ejercían las actividades económicas agrarias y artesanas.
La mayor parte del territorio permaneció bajo directa jurisdicción regia –**realengo**–, en concejos urbanos que organizaban además amplias *tierras*. El derecho local o **fueros** derivaba del de Cuenca en Úbeda y Baeza, y del de Toledo en el resto: en todos los casos garantizaba la libertad e igualdad jurídica de los *vecinos*, y fue la base de gobiernos municipales oligárquicos desde el principio. Las concesiones de señoríos no fueron abundantes en la primera época y favorecieron, sobre todo, a las órdenes militares y a la sede arzobispal de Sevilla; el auge de los señoríos de la nobleza seglar comenzó después, desde finales del s. XIII. Por lo demás, tanto Murcia como Andalucía alcanzaron sus dimensiones regionales y comenzaron a tener identidad propia dentro de la Corona de Castilla desde la época de la «repoblación»: a ello contribuyó la presencia de la frontera con Granada –hubo Adelantados Mayores en Andalucía y Murcia desde 1252-1258–, y la organización eclesiástica: obispado exento de Cartagena, cuyo territorio era el reino de Murcia, obispados de Jaén-Baeza y Córdoba, sufragáneos de Toledo, arzobispado de Sevilla, con Cádiz y Silves como diócesis sufragáneas.

Portugal. Siglos XII y XIII
Entre los ríos Miño y Mondego: tierras del antiguo Condado Portucalense, con centro eclesiástico en Braga, capital en Guimaraes, Oporto como puerto principal, y Coímbra, con mucha población de origen *mozárabe*, como cabeza de la frontera; gran potencia de nobles y monasterios, que conceden la mayoría de los **forais** o cartas-pueblas que sirven para la instalación de numerosas pequeñas aldeas con tres a diez familias, hasta bien entrado el s. XIII.
Después de las conquistas de Lisboa y Santarem (1147), ALFONSO I organiza la repoblación de las tierras vacías al sur de Coímbra: Leiría, Ourem, Torres Vedras, instalación de un importante monasterio cisterciense en Alcobaça. Lisboa y Santarem se poblaron con portugueses y **francos** de otros países; permanecieron **mozárabes** y algunos musulmanes. En 1174, *foral* de Thomar, poblado por la orden militar del Templo, que también recibió un gran señorío en la Beira Baixa (Castelo Branco). La orden del Hospital se instaló en Crato. Al sur se pobló Évora como punto avanzado, a fuero de Ávila: fue centro del señorío de la orden militar de Calatrava, que se extendió por el Alto Alentejo y Ribatejo (Avis, 1213).
SANCHO I intensificó la colonización en Beira Baixa y Alentejo desde 1185, con ayuda de las órdenes militares: la de Santiago tuvo un gran señorío al sur del Tajo, en torno a Palmela. Al norte, en la Beira Alta, fortalecimiento de Viseu, fueros y población de Covilhâ (1186), Guarda (1199), Pinhel (1209), frente a la leonesa Ciudad Rodrigo, y más al norte, en Tras-os-Montes, repoblación en torno a Braganza (fuero en 1187), prolongada hasta el último cuarto del XIII (Vila Real, 1272). En las tierras de nueva conquista y colonización, pleno desarrollo del régimen concejil (*concelhos perfeitos*): llegaría a haber

Fueros de población del reino de Valencia.

setenta y tres, frente a sólo cinco en las del antiguo Condado Portucalense.
Tras la conquista de Alcacer do Sal (1217), avance definitivo y colonización del Alentejo por las órdenes militares: Calatrava y Santiago (Palmela, Aljustrel). Los santiaguistas conquistan el Algarve entre 1238 y 1250 (Silves, sede episcopal), y la orden de San Juan las tierras de Serpa y Moura, al este del Guadiana, desde 1232. SANCHO II da fuero a Elvas y ALFONSO III a Vila-Viçosa (1270) y Beja, como centros de **realengo** en Alto y Bajo Alentejo respectivamente. **Tratado de Badajoz** (1267), que fija la frontera con León-Castilla –salvo en la zona de Serpa y Moura– y consolida la incorporación del Algarve a Portugal. Contraste entre el aprovechamiento extensivo, de predominio ganadero, en Beira Baixa y Alentejo, y el policultivo mediterráneo del Algarve.
DINIS I promueve el desarrollo de Lisboa, Oporto y otros núcleos urbanos (numerosos privilegios para la celebración de ferias), fortifica las zonas de frontera terrestre (*o rei lavrador*: más de 40 castillos y amurallamientos entre el Miño y el Guadiana) y consigue las tierras de Riba Coa, al oeste de Ciudad Rodrigo, y Olivenza, Serpa y Moura (**Tratado de Alcañices**, 1297).

Reinos de Valencia y Mallorca (1230-1300)

Valencia
Conquista rápida (1229-1245), y pactos para la permanencia de la mayoría de los musulmanes, salvo en el norte. Hacia 1270 había unos 200.000 musulmanes frente a 30.000 cristianos (unos 5.229 «vecinos» instalados); casi total inexistencia de *mozárabes*, pero presencia de importante minoría judía. Los pobladores proceden de Cataluña y Aragón, son escasos y se concentran en los núcleos urbanos.
Zona norte: predominio de los grandes señoríos de las órdenes militares del Templo (Morella) y del Hospital, y de nobles aragoneses. Enclaves realengos en Burriana, Peñíscola, Onda, Murviedro y en las nuevas poblaciones de Castellón y Villarreal.
Zona centro, en torno a Valencia (conquistada 1238): repoblación **realenga** con catalanes y aragoneses. Predominio de la pequeña propiedad, sobre todo en la Huerta, pero muchos pequeños señoríos en aldeas y alquerías pobladas por musulmanes. Según el *Llibre del Repartiment*, en la ciudad –que fue abandonada por los musulmanes– se distribuyeron 2.600 edificios a unos 2.000 vecinos, en su Huerta se avecindaron otros 1.800.
Zona sur, ocupada por capitulación entre 1239 y 1245: no hay señoríos al comienzo y los pobladores cristianos son pocos, en Gandía, Alcira, Játiva, Denia, Alcoy.
Nuevas instalaciones tras las revueltas musulmanas de 1247-1248 y de 1276, sobre todo en el sur, lo que prolonga el proceso repoblador hasta bien entrado el s. XIV. Paulatina sustitución de la iniciativa regia por las señoriales desde mediados del s. XIII.
Ordenamiento jurídico: derecho aragonés en el noreste (cartas-pueblas de Morella y Burriana), apoyado por la nobleza originaria de aquel reino. **Costum** otorgada a la ciudad de Valencia en 1240, extendida en los años siguientes a la mayoría del territorio al referirse a ella las diversas cartas-pueblas locales que regulan obligaciones y derechos de los campesinos, y son la base de la nueva organización social y de la repoblación del territorio –o del nuevo estatuto de los mudéjares– tanto en realengo como en señorío, en las zonas de huerta como en las de secano, a las que se fueron replegando los musulmanes, que solían conservar su antiguo régimen tributario, mientras que el de los cristianos fue más suave aunque tuvo la misma tipología básica. La **Costum** o **Furs** de Valencia es apoyada por los catalanes y por los aragoneses del Bajo Aragón y Teruel, que pueblan sobre todo en el *realengo*, extendido en 1297-1304 a Orihuela, Alicante, Elche y otras poblaciones conquistadas por JAIME II en el reino de Murcia.
Constitución política y eclesiástica: consideración como reino efectivo, con Cortes propias (1261). Plena organización municipal de Valencia desde 1266. Predominio político y económico-mercantil de la capital. Creación de un obispado cuyos límites coinciden con los del reino.

Mallorca
Tras la conquista de la isla (fin 1229-mayo 1232), repartimiento completo, pues de los 50.000 musulmanes, sólo 10.000 consiguieron capitulación: emigración o cautiverio de la inmensa mayoría. Llegada masiva de colonos y reparto de las 3.500 casas de la ciudad y de 115.000 hectáreas de tierras de cultivo (13.442 *caballerías*). JAIME I reparte directamente la **medietas regis**: 2.113 casas, 320 talleres urbanos, 46.000 ha en 817 fincas, con predominio de la mediana propiedad o enfiteusis perpetua –de 25 a 100 hectáreas– pese a las mercedes hechas a nobles y a la orden militar del Temple. El CONDE NUÑO SANÇ del Rosellón, el de Ampurias, PONS HUGO III, el VIZCONDE DE BEARN y el OBISPO DE BARCELONA reparten la **medietas magnatum** entre sus propios vasallos y colonos, siempre en enfiteusis. Fuerte cambio en los paisajes agrarios y tipos de cultivo, con predominio de los cereales, olivar y viñedo sobre el regadío, más extendido en época musulmana.
Procedencia de los pobladores: al menos la mitad son catalanes, sobre todo del Ampurdán y Rosellón, un cuarto proceden del Languedoc y en torno al 13 % son italianos. Grupos menores de aragoneses y navarros.
Organización política y eclesiástica: reino por sí (*Regnum Maioricarum*), con una sola ciudad, Mallorca, que recibe carta de franqueza en 1230 , según el modelo de la de Tortosa, y privilegios en 1256-1257. Organización de su municipio entre 1249 y 1273. Alta jurisdicción del Batlle y el Veguer regios en toda la isla. Vigencia de los *Usatges* catalanes en el ámbito del derecho privado. Dotación de obispado y fundación de 32 iglesias rurales entre 1232 y 1248.
Nuevo impulso organizador bajo JAIME II DE MALLORCA (1276-1311): promoción de Alcudia y de las antiguas alquerías de Lluchmajor, Felanitx, Petra, fortificación de Capdepera. Hacia 1329 vivían en la isla unos 53.000 cristianos, 2.300 judíos y 12.600 musulmanes cautivos.
Ibiza y Formentera: conquistadas en 1235 por nobles (GUILLEM DE MONTGRÍ, NUÑO SANÇ, el INFANTE PEDRO DE PORTUGAL), que reciben la tierra en feudo de JAIME I y la reparten. Cautiverio de la población musulmana. Las islas tendrían unos 2.277 hab. en 1329.
Menorca: tributaria desde 1231. Conquistada en 1287 por ALFONSO III; cautiverio o emigración de los musulmanes –de 4.000 a 6.000– y repoblación con catalanes. Unos 3.627 habitantes en 1329.

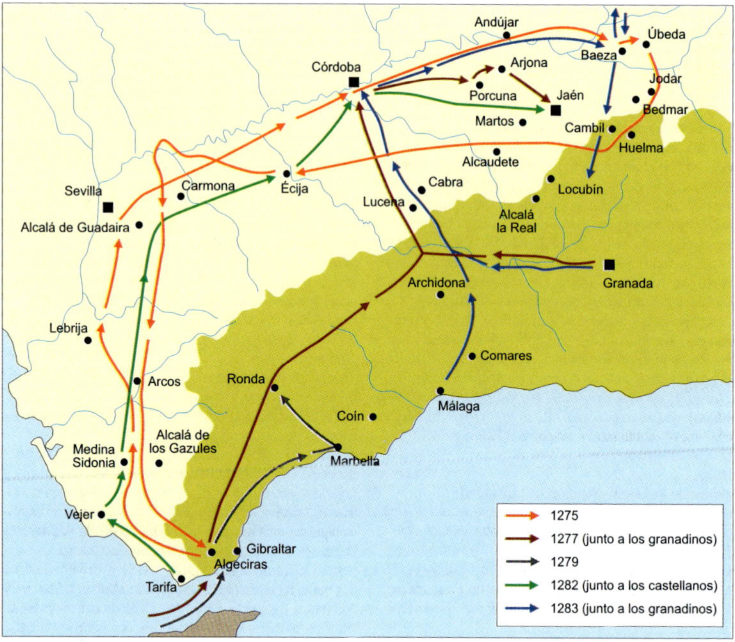

Invasiones de los meriníes (1275-1283).

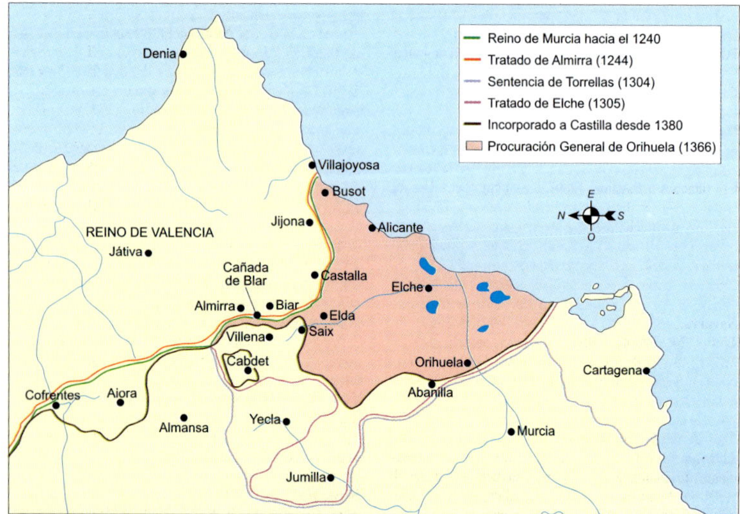

La frontera meridional de Valencia durante el siglo XIV.

BAJA EDAD MEDIA. REYES CATÓLICOS (1270- 1515)

1270-1300

Castilla y León

ALFONSO X soporta la sublevación (d.1269) de su hermano el INFANTE FELIPE, con apoyo de la alta nobleza. Fracasa (1273-1275) el **proyecto imperial** de ALFONSO X. **Problema sucesorio** (d.1275) al morir FERNANDO DE LA CERDA: sus hijos (los infantes de La Cerda) disputan a SANCHO (IV) la corona. La REINA VIOLANTE y los infantes se refugian en Ariza (1277) al amparo de Aragón. Las Cortes reconocen a SANCHO como heredero (1278). Los titubeos de ALFONSO X provocan la sublevación de SANCHO (IV) que le declara depuesto del trono (Junta de Valladolid, 1282). ALFONSO X se refugia en Sevilla (-1284). **Ataques meriníes** (1275-1285) en el Guadalquivir, en colaboración con los granadinos (1277, 1283), o en alianza con los castellanos frente a Granada.

1284-1295: SANCHO IV EL BRAVO. Sigue el **problema sucesorio:** sublevación de ALFONSO DE LA CERDA (1288) con apoyo nobiliario y aragonés (1289); SANCHO IV obtiene el apoyo francés (Tratados de Lyon, 1288 y de Bayona, 1290). ALFONSO III DE ARAGÓN obtiene a cambio la promesa de dominio sobre Murcia y Cartagena. La guerra concluye (1291) con las vistas de Monteagudo y Soria con el compromiso mutuo de luchar contra los meriníes.

1292-1294: Alianza con JAIME II DE ARAGÓN y MUHAMMAD II contra los meriníes: conquista de Tarifa (1292). MUHAMMAD II exige la plaza pero SANCHO IV la retiene. Los granadinos y meriníes asedian Tarifa (1294), defendida con éxito por GUZMÁN EL BUENO.

1295: FERNANDO IV EL EMPLAZADO (-1312) bajo la regencia (-1301) de MARÍA DE MOLINA. Prosigue el **problema sucesorio**: ALFONSO DE LA CERDA se proclama rey en Sahagún (1296) con apoyo portugués, aragonés y navarro. JAIME II DE ARAGÓN invade Murcia (1296-1299): la sentencia arbitral de Torellas (1304), parte este reino entre Castilla y Aragón.

Portugal

d. 1279: DINÍS I REY DE PORTUGAL (-1325). Participa en las alianzas peninsulares para aumentar territorios en la frontera (ataques a Badajoz, 1289). La guerra contra Castilla (1296-1297) concluye con la Paz de Alcañices (1297) gracias a la mediación de la reina ISABEL DE PORTUGAL: las poblaciones de Riba Coa, junto a Ciudad Rodrigo, y Olivenza, Serpa y Moura, en el SO, pasan a dominio portugués.

Navarra

1270-1274: ENRIQUE I REY DE NAVARRA.

1274-1305: JUANA I REINA DE NAVARRA; dinastía de Francia en Navarra (-1328). Matrimonio (1284) de JUANA con FELIPE IV (de Francia).

Corona de Aragón. Mallorca

1276-1285: PEDRO III EL GRANDE. Nace el reino independiente de Mallorca (-1343) bajo su hermano JAIME II (1276-1311), señor también de Rosellón, Conflent, Cerdaña y Montpellier, que rehúsa el vasallaje debido y colabora (1283) con el rey de Francia en el ataque a Cataluña. Expansión mediterránea: protectorado sobre Túnez (1280) e incorporación de Sicilia tras las **Vísperas Sicilianas** (1282) frente a CARLOS DE ANJOU: enemistad de FELIPE III DE FRANCIA (guerra de 1283-1285). Concede a la nobleza aragonesa el **Privilegio General** (1283), confirmado en 1284. Ocupa (1284) Albarracín y acaba con la revuelta del artesano BERENGUER OLLER, en Barcelona (1285).

1285-1291: ALFONSO III EL LIBERAL. Su hermano JAIME recibe Sicilia (-1291). Enemistad con CARLOS DE ANJOU (hecho prisionero y devuelto en el **tratado de Campofranco**, 1288) y con el Papado: guerra contra Francia, Navarra y Castilla (1289) hasta la paz de Tarascón (1291). Confirma y amplía el **Privilegio de la Unión** (1288).

1291-1327: JAIME II EL JUSTO DE SICILIA, rey de Aragón. Paz con SANCHO IV DE CASTILLA en Monteagudo (1291) donde obtiene el derecho sobre el norte de África; colabora en la toma de Tarifa (1292). Tras el tratado de Anagni (1295) renuncia a Sicilia a cambio de los derechos sobre Córcega y Cerdeña. Intenta (1296-1298) la conquista de Murcia con apoyo granadino.

1300-1330

Castilla y León

1301-1312: Reinado pleno de FERNANDO IV. Guerra privada (1306) entre JUAN DE LA CERDA y DIEGO LÓPEZ DE HARO. **Tratado de Alcalá** (1309) con Aragón sobre futuras conquistas en Granada. Cerco fracasado de Algeciras y toma de Gibraltar (1309) por GUZMÁN EL BUENO.

1312-1325: Minoría de ALFONSO XI (1312-1349). Conflictos por la regencia (1313-1315) entre MARÍA DE MOLINA y los INFANTES JUAN y PEDRO DE LA CERDA (entrevistas de Palazuelos, 1313-1314), solventado en las Cortes de Burgos (1315), y entre don JUAN MANUEL y PEDRO DE LA CERDA (1316). Conquista de Bélmez (1317), Cambil, Tiscar y Rute (1319) en la frontera granadina. Anarquía a la muerte de MARÍA DE MOLINA (1321-1325).

d. 1325: Mayoría de edad de ALFONSO XI. Aliado con ALFONSO IV DE ARAGÓN (vistas de Ágreda y Tarazona, 1328). Frente a Granada, victoria de don JUAN MANUEL en Antequera (1326) y campañas del rey (1327) en Olvera, Pruna, Ayamonte, la Torre de Alhaquin y Teba (1330). Las revueltas nobiliarias concluyen con el asesinato (1326) de JUAN DE LA CERDA EL TUERTO, la rendición del infante don JUAN MANUEL (1330) y el vasallaje prestado al rey por ALFONSO DE LA CERDA (1331). ALFONSO XI es coronado en Burgos (1331).

Portugal

1319: DINÍS I funda la Orden de los caballeros de Cristo con los bienes del Temple en Portugal.

1320-1325: Guerra civil entre DINÍS I y su hijo ALFONSO (IV). ALFONSO ocupa Coímbra (1321). Concordia entre ambos (1322): ALFONSO recibe Coímbra, Oporto y Faira. Nueva ruptura (1323) en Alvalade, solucionada por la mediación de la REINA ISABEL.

1325: ALFONSO IV rey de Portugal (-1357).

1326. ALFONSO SÁNCHEZ y su hijo JUAN ALFONSO DE ALBURQUERQUE invaden Portugal.

Navarra

1305-1316: LUIS I (X de Francia d. 1314) EL TESTARUDO jura los fueros (1307) del reino y es alzado rey.

El reino de Mallorca en 1276.

1316-1321: FELIPE II EL LARGO.
1321-1328: CARLOS I.
1328-1349: JUANA II reina, casada con FELIPE DE EVREUX (dinastía Evreux en Navarra -1425).

Corona de Aragón. Mallorca
JAIME II se retira a Murcia (1301) tras fracasar en el asedio de Mula y Alcalá. En Caltabellota (19/VIII/1302) reconoce la independencia de Sicilia. Ataques granadinos (1304) contra Valencia; llegan hasta Crevillente. Paz con Castilla, en la que consigue una parte del reino de Murcia, en torno a Orihuela, Elche y Alicante (Torrellas, VIII). **Tratado de Fez** (1309) con Marruecos en contra de Granada: los aragoneses atacan sin éxito Almería. Recupera el valle de Arán (1313). Se crea la Orden de Montesa (1317). Paz con Granada (1323).
1327-1336: ALFONSO IV EL BENIGNO rey de Aragón, declara (1328) inseparables los reinos de la corona. Interviene en la política castellana pactando con ALFONSO XI una guerra contra Granada, pero la revuelta de Cerdeña (1329) lo impide.
El reino de Mallorca bajo SANCHO I (1311-1324) y JAIME III (1324-1344) permanece independiente hasta su reintegración (1344) tras la conquista de Pollensa (1343) y anexión del Rosellón.

1330-1360

Castilla y León
ALFONSO XI fracasa (1333) al tratar de tomar Gibraltar y firma la paz con Granada (-1338). Guerra con Navarra (1334-1336): pérdida de Fitero y Tudején (1334). Don JUAN MANUEL se autotitula PRÍNCIPE DEL SEÑORÍO DE VILLENA y organiza una alianza anticastellana con Aragón y Portugal (1336-1338) pero ALFONSO XI vence en Peñafiel y ataca Portugal (1337). La amenaza de los meriníes promueve una alianza con PEDRO IV DE ARAGÓN (1339) y ALFONSO IV DE PORTUGAL: **Batalla de El Salado** (30/X/1340) y derrota de los meriníes ante ALFONSO XI y ALFONSO IV. Castilla conquista Alcalá la Real, Priego, Benamejí, Matrera (1341) y Algeciras (1342-1344). Muere de peste el rey asediando Gibraltar (1349-1350).
1350-1369: PEDRO I EL CRUEL. Bajo la privanza de JUAN ALFONSO DE ALBURQUERQUE (-1353) convoca las Cortes de Valladolid (1351), únicas del reinado; firma la paz con Portugal (1351); inicia la persecución de sus hermanos bastardos (los TRASTÁMARA), hijos de LEONOR DE GUZMÁN (asesinada en 1353). ENRIQUE DE TRASTÁMARA busca ayuda en Francia y pacta con PEDRO IV DE ARAGÓN (Convenio de Pina, 1356) para atacar Castilla (**Guerra de los dos Pedros**, 1356-1365). PEDRO I ataca Orihuela, Alicante y Tarazona (1357); tras una tregua (1357) PEDRO I se alía con Portugal e Inglaterra en contra de Aragón y conquista Guardamar (1358); su hermano ENRIQUE vence con ayuda francesa en Araviana (1359) pero es vencido en la primera **batalla de Nájera** (1360). Tras la paz de Terrer (1361) con Aragón ENRIQUE DE TRASTÁMARA se refugia en Francia.

Portugal
ALFONSO IV participa (1336) en la alianza anticastellana junto a Aragón, provocando los ataques de ALFONSO XI (1337), pero colabora contra los meriníes (1340). Renueva la alianza con PEDRO I EL CRUEL (entrevista de Ciudad Rodrigo, 1351).
1357-1367: PEDRO I EL JUSTICIERO firma una alianza con PEDRO I EL CRUEL de Castilla (1358) contra Aragón.

Navarra
Bajo JUANA II (-1349), guerra contra Castilla (1334); ocupación de Fitero y Tudején, hasta concluir en la paz de Fraces (1336).
1349-1387: CARLOS II EL MALO. Ratifica la paz con Castilla (1351, 1356). Asesina (1354) al condestable de Francia y colabora con EDUARDO III contra JUAN II DE FRANCIA.

Corona de Aragón
1336-1387: PEDRO IV EL CEREMONIOSO. Participa en la alianza anticastellana (1336-1338) aunque después colabora militarmente contra los meriníes (1339-1344). Conflicto con JAIME III DE MALLORCA que culmina con la invasión de la isla (1343), quedando JAIME III depuesto (-1349) y refugiado en Aviñón. Se enfrenta, además, al conde de Urgel, JAIME, sublevado junto a la Unión Aragonesa (1347) a la que vence en Épila (1348), quedando abolido el **Privilegio de la Unión**. Vence y da muerte a JAIME III DE MALLORCA en la batalla de Lluchmayor (1349), cuando trataba de recuperar la isla, quedando este reino incorporado definitivamente a la corona. Apoya junto a Francia la causa Trastámara castellana provocando la **Guerra de los dos Pedros** (1356-1365).

1360-1380

Castilla y León
PEDRO I (-1369) firma una alianza (-1363) con CARLOS II DE NAVARRA contra Aragón y Francia en contra de su hermano ENRIQUE DE TRASTÁMARA, que es reconocido rey de Castilla por PEDRO IV en el pacto de Monzón (1363). Alianza anglo-castellana (1362). PEDRO I invade (1363) Tarazona, Magallón y Borja y firma la paz de Murviedro con PEDRO IV. PEDRO I reanuda la guerra asediando Valencia pero es rechazado por PEDRO IV (1364). Paz entre Castilla y Navarra (1364). Alianza entre Aragón y Francia. Guerra civil y anarquía en el reino (1364-1368). Comienza la invasión de Castilla por Soria (1366): en Calahorra ENRIQUE II es proclamado rey (16/III) por las *compañías blancas* (mercenarios franceses) y coronado en Burgos. PEDRO I huye a Galicia, y negocia en Bayona (Francia) la ayuda inglesa (tratado de Libourne, 1366). Aunque en la segunda **batalla de Nájera** (3/IV/1367) obtiene una efímera victoria gracias al PRÍNCIPE NEGRO, la victoria final es de ENRIQUE DE TRASTÁMARA en Montiel (1369). Refugio de los petristas en Portugal.
1369-1379: ENRIQUE II DE TRASTÁMARA. Tregua con Granada (1370-1378). Primera ofensiva contra Portugal (asedio de Braga y Braganza) y paz de Alcoutim (1371); segunda ofensiva (1372) contra Lisboa y paz de Santarem (1373). Con Navarra tratados de paz de Burgos (1371), San Vicente (1373) y Tudela (1373); un nuevo conflicto entre ambos reinos (1378) se concluye con la paz de Briones y Santo Domingo de la Calzada (1378-1379). Paz de Almazán con Aragón (12/IV/1375) por la

Invasión de Castilla por las Compañías Blancas de Bertrand du Guesclin, desde el comienzo del ataque (marzo, 1366) hasta la conquista de Burgos.

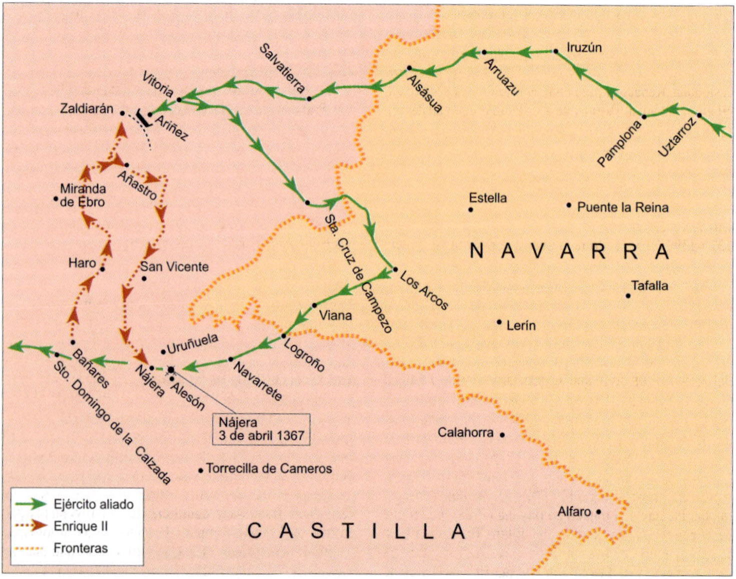

Campaña del Príncipe Negro en 1367 hasta la batalla de Nájera.

que recupera Molina. El DUQUE DE LÁNCASTER reclama el trono castellano (1372) por su esposa, hija de PEDRO I, constituyendo una amenaza latente para los TRASTÁMARA. Reorganización nobiliaria: **mercedes enriqueñas**.

Portugal
1367-1383: FERNANDO I apoya a los petristas castellanos con la esperanza de obtener la corona castellana tras la muerte de PEDRO I: invade Galicia (1369) y su flota bloquea el Guadalquivir (1370) hasta firmar la paz de Alcoutim (1371), pero ENRIQUE II invade el reino y llega a Lisboa (1372); segunda paz en Santarem. Tratado de Londres (1373) con Inglaterra apoyando al DUQUE DE LÁNCASTER en sus pretensiones sobre la corona castellana.

Navarra
CARLOS II (-1387) oscila entre la alianza con PEDRO IV (tratado de Uncastillo, 1363) para atacar Castilla, y la alianza con PEDRO I EL CRUEL; pero emplea sus tropas tratando de recuperar Normandía, siendo derrotado en Cocherel (1364) por BERTRAND DU GUESCLIN: paz con Francia en Vernon (1371). Paces con ENRIQUE II DE CASTILLA en Burgos (1371) y San Vicente (1373), y acuerdo fronterizo de Tudela (1373). Pero la guerra con Castilla rebrota (1378) hasta culminar en la paz de Briones.

Corona de Aragón
PEDRO IV (-1387) apoya a ENRIQUE DE TRASTÁMARA y sufre la ofensiva de PEDRO I EL CRUEL (1363) hasta firmar la paz de Murviedro (1363); rechaza un nuevo ataque castellano en Valencia (1364) y forma un frente común con Francia y el papado, apoyando a ENRIQUE (II), que es proclamado rey de Castilla en Calahorra (1366), pero invierte (d. 1367) sus objetivos (alianza con Inglaterra) y se mantiene neutral en la fase final de la guerra civil castellana. Renace el problema de Mallorca (1374) con la rebelión de JAIME IV (ataque a Cataluña) que cuenta con ayuda de ENRIQUE II DE CASTILLA y del DUQUE DE ANJOU; paz con Castilla en Almazán (1375).

1380-1400

Castilla y León
1379-1390: JUAN I. Primera guerra con Portugal: asedio de Almeida y Saltes (1381); tropas inglesas acuden en defensa de FERNANDO I; paz en Elvas con Portugal (1382). Por el matrimonio con BEATRIZ DE PORTUGAL, única heredera de FERNANDO I (1383), JUAN I reclama la corona portuguesa como rey consorte: entra en Santarem (1384) pero fracasa en el cerco de Lisboa. Sublevación del MAESTRE DE AVÍS que se proclama rey de Portugal (JUAN I DE AVÍS). Derrotas castellanas en Trancoso y Ajubarrota (1385). El DUQUE DE LÁNCASTER desembarca en La Coruña (1386), ocupa varias plazas del noroeste y reclama la corona castellana con apoyo portugués, pero se retira por falta de medios, hasta firmarse la tregua entre Castilla y Portugal (1387), y la paz con el propio duque, mediante el tratado de Bayona (1388), por el que se concierta el matrimonio del futuro ENRIQUE III DE CASTILLA con CATALINA DE LÁNCASTER, hija de JUAN DE GANTE y nieta de PEDRO I EL CRUEL. En las Cortes de Guadalajara (1390) Juan I ordena la restitución de bienes de los antiguos petristas poniendo fin a la contienda civil. Desarrollo institucional: **Consejo Real** (1385).
1390-1406: ENRIQUE III EL DOLIENTE, al principio el consejo de regencia (1390-1393) durante su minoría de edad, es debilitado por las matanzas de judíos (1391), las discordias nobiliarias y los ataques granadinos (1392). Con Portugal firma treguas (1393-1397) pero renace de nuevo la guerra (1397-1399), perdiéndose Badajoz y Tuy. Rebeliones fracasadas de los nobles de la familia TRASTÁMARA (1394-1395) especialmente el CONDE DE NOREÑA (asedio de Gijón, 1395).

Portugal
1385-1433: JUAN I DE AVÍS. Proclamado rey en las Cortes de Coímbra (1385) se impone en la guerra (-1389) contra JUAN I DE CASTILLA con apoyo inglés (casado con FELIPA DE LÁNCASTER); establece treguas (Monçao, 1389) con Castilla que son ratificadas por ENRIQUE III (1393), aunque, más adelante (1396-1399), reanuda la guerra conquistando Badajoz (1396) y Tuy (1398), antes de establecer nuevas treguas (1399). Inicio de la expansión atlántica.

Navarra
Bajo CARLOS II (-1387), principado navarro de Acaya (1383-1402) en Albania.
1387-1425: CARLOS III EL NOBLE. Jura los fueros de Navarra (1390), recupera Cherburgo (1393) frente a los ingleses, se alía con ENRIQUE III DE CASTILLA (1394), y renueva la paz con Aragón (1399).

Corona de Aragón
1381-1387: Crisis política al final del reinado de PEDRO IV: enfrentamiento del rey con su hijo JUAN, DUQUE DE GERONA.
1387-1395: JUAN I apoya a comienzos del Cisma a PEDRO DE LUNA (BENEDICTO XIII), mantiene la alianza con Francia y Castilla y observa buenas relaciones con Navarra (entrevista en Zaragoza con CARLOS III EL NOBLE, 1391). El CONDE DE ARMAGNAC, aliado de los ingleses, ataca Rosellón y Cataluña (1389-1390).
1395-1410: MARTÍN I EL HUMANO, hermano del anterior y su lugarteniente en Sicilia, se proclama rey de Aragón y Cataluña pese a las reclamaciones del CONDE DE FOIX. Delega la lugartenencia de Sicilia en su hijo MARTÍN EL JOVEN.

Expansión mediterránea de la Corona de Aragón (siglos XIII-XIV)

Sicilia
Tras la conquista de las Baleares (1229-1235) y del reino de Valencia (1232-1245) por JAIME I, PEDRO III (1276-1285) revitaliza la tradición gibelina representada por su mujer, CONSTANZA DE SUABIA, en oposición al bando güelfo liderado por CARLOS DE ANJOU, rey de Sicilia y Nápoles. La revuelta antiangevina en Sicilia (vísperas sicilianas, 1282) le permite ocupar la isla pese a la resistencia francesa y pontificia. La flota mandada por ROGER DE LAURIA completa la victoria con la toma de Malta (1283), Gerba (1284) y Gozzo. El contraataque francés en Cataluña (1283-1285) fracasa pese a la toma de Gerona. JAIME II es rey de Sicilia (1286-1291). La

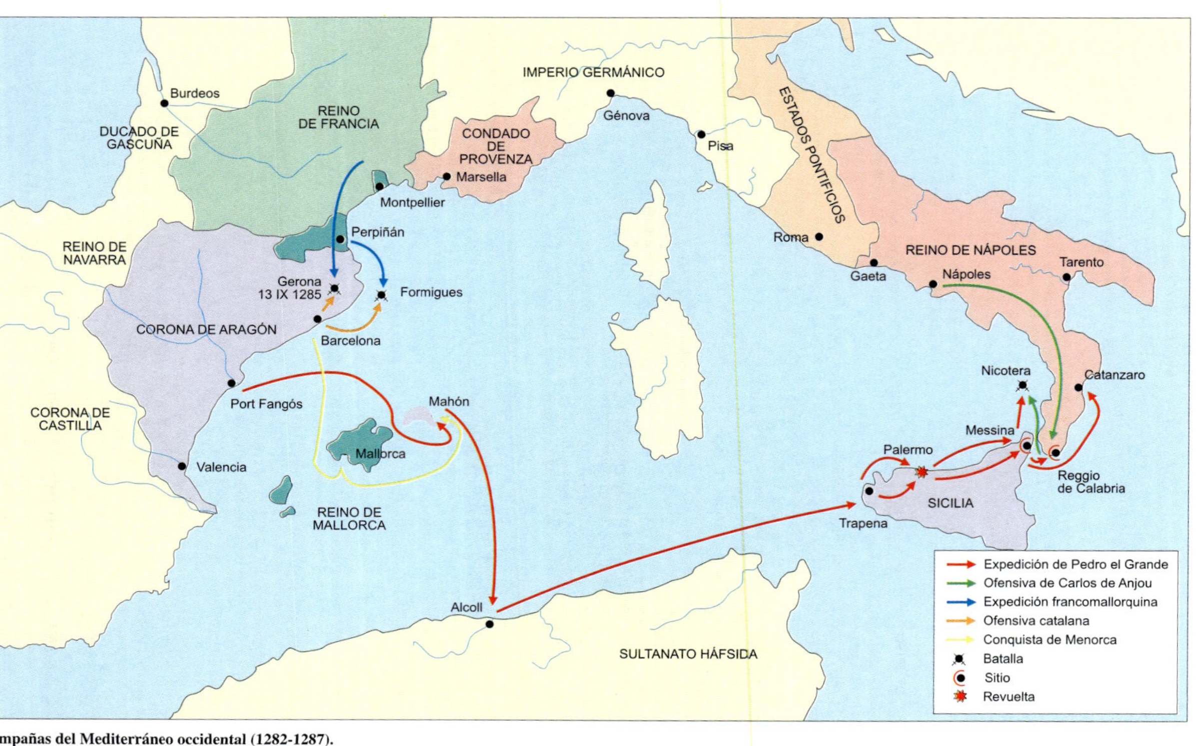

Campañas del Mediterráneo occidental (1282-1287).

Campañas de los catalanes en Grecia (siglo XIV).

Guerra entre Portugal y Castilla 1384-1393.

tregua (1287-1291) entre Carlos II el Cojo de Nápoles y Alfonso III concluye en el tratado de Tarascón (1291) por el que el rey de Aragón se obliga a devolver la isla, en poder de su hermano Jaime (II); pero éste, tras asumir la corona aragonesa (-1327), entrega Sicilia a su hermano Fadrique o Federico (III de Sicilia, 1291-1337). La paz de Anagni (1295) consolida la cesión y reconoce a los reyes catalano-aragoneses el derecho de conquista sobre Córcega y Cerdeña.
Fadrique de Sicilia (1291-1327) se enfrenta temporalmente (1298-1299) a su hermano Jaime II y mantiene la rivalidad con los Anjou y el papado hasta que en la paz de Caltabellota (1302) consolida su dominio en la isla, casándose con Leonor, hija de Carlos II de Nápoles. Frena nuevos intentos napolitanos de conquista, como el de Roberto el Sabio (1309-1343), coronado en Aviñón (1313) como rey de Sicilia, o el de Roberto de Nápoles, con ayuda genovesa (1327).
Su hijo Pedro II (1337-1342) gobierna sin oposición la isla al igual que sus hijos Luis I (1342-1355), firmante de la paz con Juana de Nápoles (1347), Federico IV el Simple (1355-1377) y María I, en cuyo reinado quedó Sicilia incorporada a la corona (1379) por Pedro IV el Ceremonioso.

Grecia

Las tropas licenciadas por Federico III en Caltabellota (1302) forman una compañía mandada por Roger de Flor, Berenguer de Entenza y Bernardo de Rocafort (1305 1309), contratada por Andrónico II Paleólogo para luchar contra los turcos de Asia menor (1303-1305). Tras el asesinato de Roger de Flor (1305), la compañía saquea Tracia y Macedonia con apoyo veneciano y turco. Mandada temporalmente por Fernando de Mallorca (1307) y Tibaut de Chepoy (1309), la compañía entra al servicio del duque de Atenas (1310), hasta rebelarse nuevamente (1311), siendo elegido por los almogávares Roger de Lauro (-1312), sustituido por Manfredo, primer duque siciliano de Atenas (1312-1317). El ducado de Neopatria se conquista (1319), quedando, como el de Atenas, sometido a la corona siciliana; con la incorporación del reino de Sicilia a la corona aragonesa (1379), los estados griegos también forman parte del patrimonio de Pedro IV, aunque Nerio Acciaiuoli acaba haciéndose con el poder en ambos (1388-1390).

Cerdeña y Córcega

Bonifacio VIII declara la constitución del reino de Cerdeña y Córcega (1297) en favor de Jaime II de Aragón aunque la incorporación se retrasa por los problemas internos de la corona. La conquista de Cerdeña (1323-1326) se desarrolla en colaboración de Hugo de Arborea en contra de Pisa (asedio de Cáller 1323-1324), pero el dominio efectivo de la isla se ve comprometido por la guerra contra Génova (1330-1336) y la constante agitación interna promovida por los genoveses. La revuelta sarda (1347) promovida por los Doria en el norte de la isla (toma de Sasser) se sofoca gracias a la ayuda de los jueces de Arborea, pero la alianza de éstos con Génova (1353) desencadena una nueva revuelta; a pesar de la victoria naval catalana en Alghero y de la conquista de esta plaza por Pedro IV (1354), se firma la partición de la isla en la paz de Sanluri (1355). Una nueva sublevación de los Arborea (1364-1386) vuelve a poner en peligro la soberanía aragonesa en la isla.
Tomando Cerdeña como base de operaciones, se inicia la lenta ocupación de Córcega desde el sur (conquista de Bonifacio) con apoyo de Vincentello de Istria en contra de los genoveses. La república corsa (1396), creada por Carlos VI de Francia, interrumpe momentáneamente el avance catalano-aragonés.

Política peninsular (1400-1474)

1400-1425

Castilla y León

Bajo Enrique III (-1406) se conquista Tetuán (1400), se envían dos embajadas a Tamorlán (1401, 1403), comienzan las expediciones castellanas para la ocupación de las Canarias (1402-1405), la paz con Granada se interrumpe con los ataques musulmanes a Murcia (1405), y se extiende el régimen de corregidores en las ciudades.
1406-1419: Minoría de Juan II (1406-1454) a cargo de Fernando de Antequera (1416) y Catalina de Láncaster (1418). Campañas contra Granada: Setenil (1407) y Antequera (1410). Candidatura (1411) y elección de Fernando como rey de Aragón-Cataluña en Caspe (1412).
d. 1419: Mayoría del rey y ascenso político del valido Álvaro de Luna (-1453), condestable de Castilla (d. 1423), frente a los infantes de Aragón, hijos de Fernando de Antequera (Enrique, Juan, Pedro, María), hermanos de Alfonso V de Aragón; en el «golpe» de Tordesillas (1420) el infante Enrique se apodera de Juan II (-1421) por lo que es reducido a prisión (1422-1425) hasta que es liberado tras el tratado de Torre de Arciel (1425) con Aragón.

Portugal

Juan I de Avís (-1433) prorroga el sistema de treguas con Castilla hasta las paces definitivas (1411, Almeirim, 1432). Conquista Ceuta (1415). Enrique el Navegante funda la «escuela» de pilotos de Sagres (1419), alentando la expansión atlántica.

Navarra

Carlos III el Noble (-1425) mantiene la paz con los monarcas peninsulares para garantizar la integridad del reino. En el tratado de París entrega Cherburgo a los franceses (1404). Publica las ordenanzas para la reorganización de la Corte (1413).

Corona de Aragón

La esposa de Martín I (-1410), María de Luna, gobernadora del reino, propone (1402) una solución al problema remensa. Rebelión en Cerdeña de Guillermo de Narbona y Brancaleone Doria (1408-1409), sofocada por Martín el Joven, que fallece (1409) sin hijos.
1410-1412: Interregno tras la muerte de Martín I sin sucesión. Reunión de representantes de los reinos en Calatayud (1411). Concordia de Alcañiz (1412) para la elección de compromisarios que se reúnen en Caspe, donde eligen a Fernando I de Antequera, hijo de Juan I de Castilla: dinastía Trastámara en Aragón.

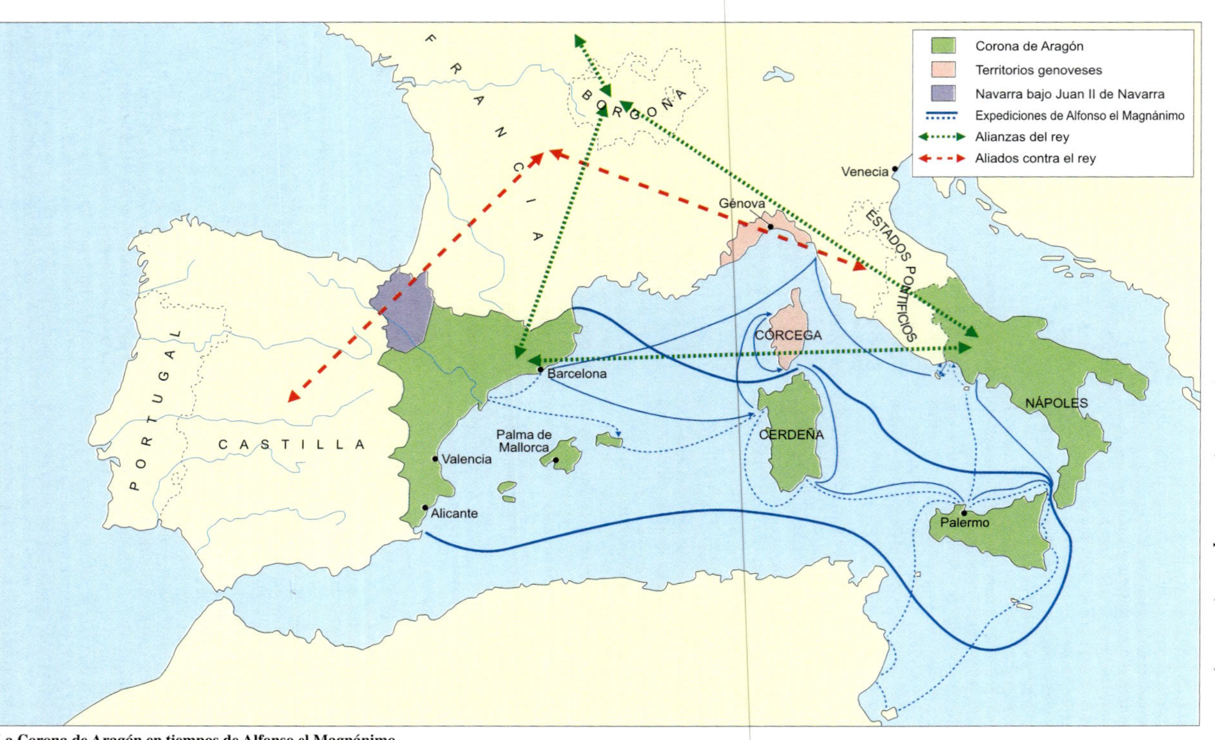

La Corona de Aragón en tiempos de Alfonso el Magnánimo.

1412-1416: Fernando I. Rebelión del conde de Urgel, candidato al trono, con tropas inglesas, gasconas y navarras; victoria de Fernando I con apoyo castellano y aragonés en Alcolea de Cinca y Balaguer (1413); prisión (-1432) del conde de Urgel. Apoyo a Benedicto XIII (entrevista de Morella, 1414) en recompensa a su apoyo decisivo en Caspe.
1416-1458: Alfonso V el Magnánimo. Intervención en la política napolitana (1416-1423): Juana I de Nápoles solicita su ayuda frente a Luis de Anjou, declarando a Alfonso V heredero de sus estados, cambiando su decisión por Renato de Anjou (1423). Intervención en la política castellana de sus hermanos Enrique y Juan (casado con Blanca de Navarra): arbitraje de Alfonso V en sus diferencias mutuas frente a Juan II de Castilla.

1425-1450

Castilla y León

Juan II (-1453). Inestabilidad política por la pugna entre los partidos nobiliarios de los infantes de Aragón y de Álvaro de Luna, condestable de Castilla y partidario de un mayor poder real. La hegemonía de los infantes de Aragón (1426-1429) culmina con el destierro del condestable, pero su retorno acelera la guerra con Aragón (1429-1430) en la que los infantes pierden buena parte de su poder y patrimonio (treguas de Majano, h. 1436); pero la hegemonía personalista de Álvaro de Luna (1430-1438) permite el retorno de los infantes (1439-1444), aunque son nuevamente vencidos en la primera batalla de Olmedo (1445), tras la cual se establece la «tiranía» de Alvaro de Luna (1445-1453), que provoca el renacimiento de la liga nobiliaria y con ello su condena a muerte (1453) por orden regia. Frente a Granada, sucesión de campañas de desgaste en la frontera, e intervención en las querellas políticas internas. Con Aragón se firma la paz definitiva en Toledo (1436), y con Portugal en Medina del Campo (1431).

Portugal

Bajo Juan I **(-1433)** se intenta la conquista de alguna de las islas Canarias (1425).
1433-1438: Duarte I fracasa al tratar de conquistar Tánger (1437).
1438-1481: Alfonso V. Regencia del infante Pedro, duque de Coímbra (1439), que obliga a la infanta Leonor a abandonar el reino (1440). El infante Pedro es derrotado y muerto en Alfarrobeira (1449).

Navarra

1425-1441: Blanca de Navarra y en su nombre su marido Juan de Navarra (-1479), infante de Aragón (futuro Juan II), interviene en la política castellana como cabeza del partido de los infantes de Aragón, arrastrando al reino a la derrota militar en la guerra castellano-aragonesa (1429-1430). La paz de 1436 entre Castilla y Aragón se sella con el matrimonio (1437-1455) de su hija Blanca con Enrique (IV) de Castilla. Establece (d. 1434) estrechas relaciones con los condes de Foix.
1441-1479: Juan de Navarra posterga al legítimo heredero del trono, su hijo Carlos de Viana (-1462), que reclama sus derechos en lucha contra su padre desde 1449: división del reino en los bandos de *agramonteses* y *beamonteses*, partidarios estos últimos del príncipe de Viana.

Corona de Aragón

Segunda estancia de Alfonso V en Italia (d. 1432): participación en la liga antimilanesa con Venecia y Florencia (1426), derrota de los infantes de Aragón en Castilla (1430), derrota de Ponza (1435), junto a sus hermanos, frente al duque de Milán (presos h. 1436). Se apodera de Nápoles (1442) y es coronado rey (1443). Su ausencia prolongada de la península le obliga a delegar el poder en su esposa María de Castilla y en su hermano Juan (de Navarra).

1450-1474

Castilla y León

1454-1474: Enrique IV. Amplio poder de los **privados** del rey, Juan Pacheco (hasta 1462 y 1469-1474), Miguel Lucas de Iranzo, Beltrán de la Cueva (1462-1469), Andrés Cabrera (1469-1474); inestabilidad endémica entre bandos nobiliarios y urbanos estimulada por la guerra civil (1465-1468) contra su hermano Alfonso, tras ser proclamado rey este último en la llamada **farsa de Ávila** por la liga nobiliaria. Una vez muerto Alfonso, el pacto de Guisando (septiembre 1468) del rey con su hermana Isabel asegura la sucesión al trono de ésta en detrimento de Juana (1462-1530), hija de Enrique IV, considerada ilegítima. Frente a Granada, campañas de desgaste (d. 1455) y conquista de Jimena (1456) y Gibraltar (1462). Respecto a Aragón y Navarra, apoya la causa del príncipe de Viana y de los catalanes sublevados contra Juan II, lo cual le convierte en señor del principado de Cataluña (1462-1463) hasta que la mediación de Luis XI de Francia (sentencia de Bayona, 1463) le otorga la merindad de Estella, nunca entregada a Castilla. Desde 1469, influido por Juan Pacheco, el rey defiende de nuevo los derechos sucesorios de Juana, que contará con apoyo de su tío Alfonso V de Portugal. Por su parte, Isabel contrae matrimonio (octubre 1469) con Fernando, hijo de Juan II de Aragón, y obtiene el apoyo, cada vez más amplio, de la alta nobleza opuesta a Pacheco, de muchas ciudades y del arzobispo de Toledo, Alfonso Carrillo.

Navarra

Guerra civil (1450-1461) entre Carlos, príncipe de Viana, y su padre Juan de Navarra: derrota de Carlos en Aybar (1451) pese a la ayuda militar castellana, quedando preso (-1453) hasta una nueva concordia con su padre (Zaragoza, 1453), pero la guerra renace (1455) con la ayuda de Enrique IV al príncipe de Viana. Juan de Navarra proclama a su hija Leonor, casada con Gastón de Foix, heredera del trono (1457), y los beamonteses proclaman rey a Carlos, que huye fuera del reino; la última concordia con su padre concluye en prisión (1460) y muerte (1461), provocando el alzamiento de Cataluña (1462) contra Juan II.
1461-1479: Juan de Navarra (d. 1458 rey de Aragón) gobierna mediante lugartenientes y firma la paz con los beamonteses tras la muerte de su hija Blanca (1464): pero Gastón de Foix, casado con la princesa Leonor, se rebela (1467) contra Juan II, resurgiendo la guerra civil (-1471) entre agramonteses y beamonteses.

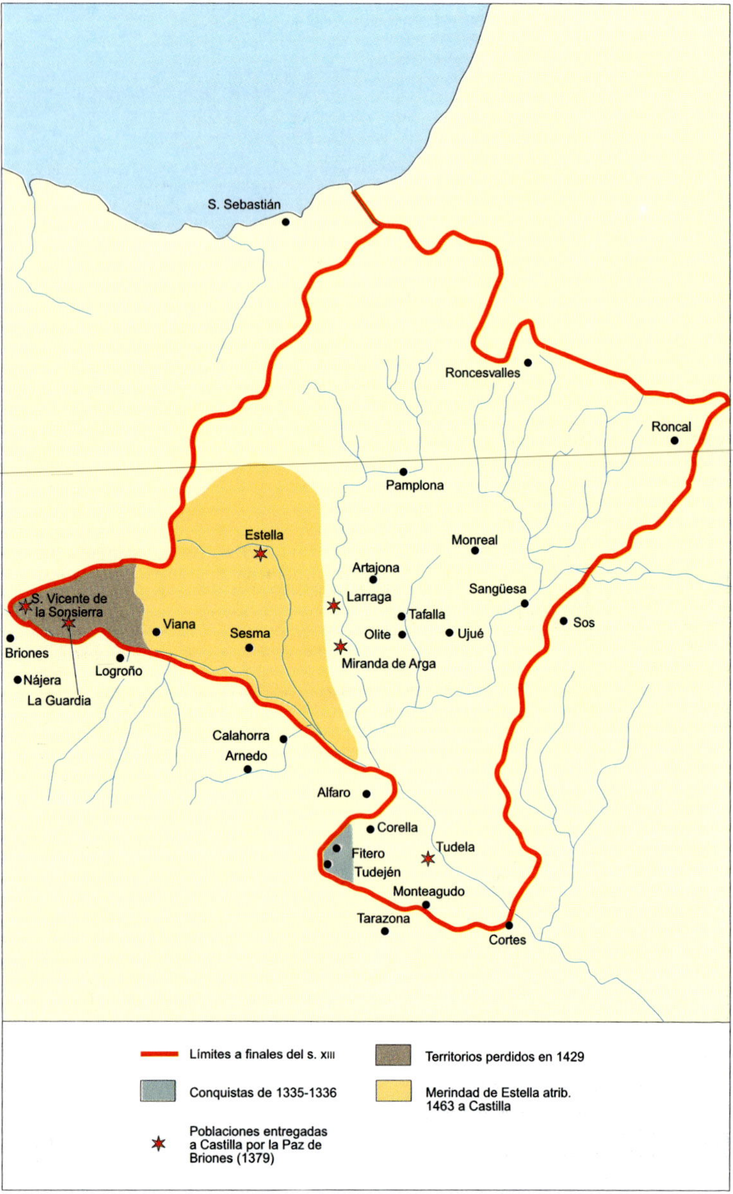

La frontera de Navarra en los siglos XIV y XV.

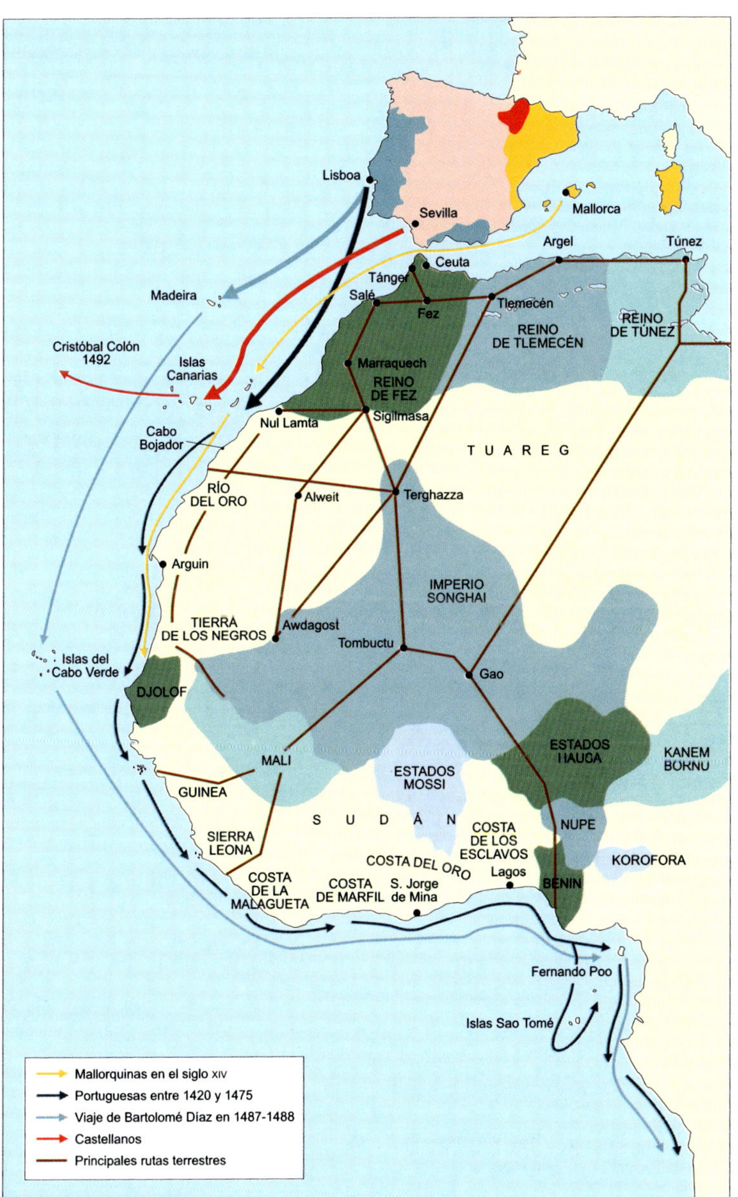

Expediciones a África (siglo XV).

Corona de Aragón

1458-1479: JUAN II DE ARAGÓN, regente de Navarra (d. 1425) por su primera esposa BLANCA DE NAVARRA, participa en las ligas nobiliarias castellanas contrarias a ÁLVARO DE LUNA. Su segunda esposa, JUANA ENRÍQUEZ, gobernadora del principado de Cataluña. Guerra civil catalana (1462-1472) y sublevación contra JUAN II: ostentan el señorío sobre el principado ENRIQUE IV (1462-1463), el CONDESTABLE PEDRO DE PORTUGAL (1463-1466) y RENATO DE ANJOU (1466-1472), hasta concluir la rebelión con la victoria real sobre Barcelona (capitulación de Pedralbes). Paralelamente se desarrolla el **primer alzamiento remensa** (1462-1472).

Portugal

Bajo ALFONSO V (-1481), alianza con Castilla por el matrimonio de la INFANTA JUANA, hermana del rey, con ENRIQUE IV (1455); ambos monarcas se entrevistan en Elvas (1456). El CONDESTABLE PEDRO DE PORTUGAL, rey de los catalanes (1463-1466). Alianza con ENRIQUE IV (1465) en la guerra civil castellana (-1468) y en la defensa de la causa de JUANA.

Expansión atlántica de Portugal (siglo XV)

Patrocinio de las navegaciones atlánticas (1415-1460) por el infante ENRIQUE EL NAVEGANTE, hijo de JUAN I, desde su residencia de Sagres.
1415: Los portugueses conquistan Ceuta.
1418: Descubrimiento de las islas de Porto Santo por JOÃO GONÇALVES ZARCO y TRISTÃO VAZ TEIXEIRA.
1425-1439: Colonización de Madeira tras el descubrimiento (1419) de BARTOLOMÉ PERESTRELLO.
1427-1449: Conquista y colonización de las Azores; GONÇALO BELHO CABRAL descubre (1431) la isla de Santa María.
1434: GIL EANES rebasa el cabo Bojador y descubre la ruta de retorno a la península a través de las Azores.
1434-1446: Expediciones de GIL EANES, ANTÃO GONÇALVES, NUNHO TRISTÃO, DINÍS FERNÁNDEZ, etc., hasta la desembocadura del Senegal.
1436-1437: Asedio fallido de Tánger por tropas de DUARTE I.
1443: Fundación de la factoría de Arguim.
1458: ALFONSO V conquista Alcácer-Seguer.
h. 1458-1462: El genovés ANTONIO DE NOLI y DIOGO GÓMES descubren las islas de Cabo Verde.
1460: PEDRO DE SINTRA llega hasta Sierra Leona.
1465-1470: Exploración del golfo de Guinea por PEDRO DE SINTRA, DIEGO AFONSO y SOEIRO DA COSTA.
1471: ALFONSO V conquista Arcila y Tánger (tras los fracasos de 1437 y 1463).
1471-1473: Exploración de las islas de Santo Tomé, Annobón, Príncipe y Fernado Poo.
1473: LOPO GONÇALVES recorre la costa de Gabón.
1474: RUI SEQEIRA alcanza el cabo de Santa Catalina por debajo de la línea del Ecuador.
1480: El tratado de Alcaçovas-Toledo reconoce a Portugal el monopolio de la navegación al sur del cabo Bojador.
h. 1482: Construcción del fuerte de San Jorge de Mina en costa de oro, iniciándose el patrocinio directo de la corona en las exploraciones y conquistas.
1482-1486: Viajes de DIOGO CAO.
1487-1488: Viajes de BARTOLOMEU DIAS llegando hasta el cabo de Buena Esperanza y a las costas africanas del Índico.
1491: Llegan noticias a Portugal de PERO DA COVILHAM sobre la forma de llegar a la India.
1494: Tras el tratado de Tordesillas con Castilla, los portugueses empiezan las primeras expediciones a América: ÁLVAREZ CABRAL descubre (1500) la Tierra de Santa Cruz (actual Brasil).

El reino de Granada (1272-1492)

La batalla del Estrecho

1269: Apertura de la ruta marítima mercantil Mediterráneo-Atlántico por mercaderes italianos y catalanes.
1273: Muere MUHAMMAD I.
1274: Los meriníes en Ceuta y Tánger.
1274, enero: MUHAMMAD II renueva el pacto de vasallaje y *parias*, pese a que continúa la rebeldía de los ASQILULA en Málaga y Guadix.
1275: El sultán meriní ABU YUSUF desembarca en la península, en auxilio de MUHAMMAD II, del que recibe la tenencia de Ronda, Algeciras y Tarifa para asegurar el paso de tropas. Incursiones devastadoras de los meriníes en Andalucía (1275, 1277, 1278), y apoyo de los ASQILULA a ABU YUSUF, al que llegan a entregar Málaga.
1279: Reacción de ALFONSO X, que asedia Algeciras. Talas en la vega de Granada (1280-1281).
1282-1283: Los meriníes apoyan a ALFONSO X en lucha contra su hijo SANCHO, ayudado por MUHAMMAD.
1291: Tratado castellano-aragonés de Monteagudo: reparto de zonas de futura conquista en el norte de África. Guerra contra los meriníes.
1292, octubre: SANCHO IV conquista Tarifa. Asediada por los meriníes (agosto 1294): defensa heroica de ALFONSO PÉREZ DE GUZMÁN, EL BUENO.
1309: Coalición anti-granadina de meriníes (que recuperan Ceuta), catalano-aragoneses (que asedian Almería) y castellanos (sitio de Algeciras, primera conquista de Gibraltar). Tregua en enero de 1310: FERNANDO IV recupera los castillos perdidos en la frontera de Jaén en 1295-1302.
1327-1330: Campañas de ALFONSO XI de Castilla. Tomas de Olvera y Pruna (1327), de Teba (1330). Tregua por cuatro años en febrero de 1331 (*parias* de 12.000 *doblas* al año, regulación del comercio en la frontera).
1339-1340: Generalización de las hostilidades en la frontera. Destrucción de la flota castellana del almirante JOFRE TENORIO en el Estrecho de Gibraltar (abril 1340). ABU-L-HASAN desembarca en la península. Victoria de ALFONSO XI y ALFONSO IV de Portugal sobre meriníes y granadinos en el Salado, junto a Tarifa (30 octubre 1340).
1341: ALFONSO XI toma Alcalá de Benzaide (la Real), Priego, Rute y Benamejí.
1342, agosto-1344, marzo: Asedio y conquista de Algeciras por ALFONSO XI. Tregua por diez años. Aislamiento granadino: retirada y decadencia meriní, neutralidad de Aragón, mayor intervención económica genovesa en Granada.
1350: ALFONSO XI muere asediando Gibraltar.

La segunda mitad del siglo XIV

1354-1391: MUHAMMAD V. Continúa la construcción de los principales palacios de La Alhambra, y la reorganización interior del emirato.

1359-1362: MUHAMMAD depuesto; se suceden ISMA'IL II y MUHAMMAD VI. PEDRO I DE CASTILLA ayuda a MUHAMMAD V a recuperar el trono (marzo 1362) y le otorga la condición de caballero de *la Banda*: el escudo heráldico de esta Orden sirve de base al de la dinastía nasrí.

1362-1369: IBN AL-JATIB, visir hasta 1374, principal filósofo e historiador granadino. En 1367-1368, los granadinos, en apoyo de PEDRO I y contra ENRIQUE II, asaltan Jaén y Úbeda, asedian Córdoba, toman y arrasan Algeciras en 1369.

La inestabilidad del siglo XV

1406: Preparativos para la guerra en Castilla.

1407-1410: Campañas del INFANTE FERNANDO, regente de JUAN II. Conquistas de Zahara (1407) y de Antequera (septiembre 1410).

1417: MUHAMMAD VIII EL PEQUEÑO.

1419-1431: Comienzo de las luchas políticas en Granada con la revuelta de los «Abencerrajes», que imponen a MUHAMMAD IX EL ZURDO (1419). MUHAMMAD VIII regresa en 1427, apoyado por el linaje de los BANNIGAS. MUHAMMAD IX y su partido recuperan el poder en abril de 1430. Asesinato de MUHAMMAD VIII en 1431.

1431-1439: Guerra entre Castilla y Granada. JUAN II y ÁLVARO DE LUNA reanudan el proyecto del INFANTE FERNANDO cuyo objetivo final es la conquista de todo el emirato.

1431: Toma de Jimena de la Frontera, batalla de La Higueruela en la vega de Granada (junio). Castilla apoya a YUSUF IV, que entra en Granada (enero 1432), pero es depuesto y ejecutado en abril por MUHAMMAD IX.

1433-1445: Guerra fronteriza de desgaste y asalto a castillos: tomas de Xiquena, en la frontera de Murcia (1433), El Castellar, en la gaditana (1433), Solera y Huéscar (1434) y Huelma (1438), en la de Jaén. Entre 1436 y 1445, las poblaciones de la frontera este de Granada reconocen el dominio castellano (Vélez Blanco, Vélez Rubio, Galera, Benamaurel). Retroceso castellano a partir de 1445.

1453: Muerte de MUHAMMAD IX. Pugna entre su sucesor, MUHAMMAD X y SA'D, apoyado por Castilla desde 1454. Los turcos toman Constantinopla.

1455: Primera campaña de ENRIQUE IV, basada en la mezcla de presión militar –talas y destrucciones– e intervención en las luchas internas granadinas, en este caso a favor de SA'D, que apresa y hace matar a MUHAMMAD X en la llamada Sala de los Abencerrajes de La Alhambra, pero sólo acepta treguas breves con Castilla (*parias* de 12.000 doblas y 600 cautivos cristianos liberados cada año).

1456: Los granadinos toman Solera (Jaén), los castellanos Jimena de la Frontera (Cádiz).

1462, verano: Conquista de Gibraltar y Archidona. Nueva revuelta de los «Abencerrajes», que alzan otro efímero emir, YUSUF, en Málaga.

1464: Tregua. ABU-L-HASAN sucede a su padre SA'D, con apoyo de los «Abencerrajes».

1470: Última revuelta de éstos contra el emir.

1476, 1478, 1481 (marzo): Treguas, la última por un año. Frecuentes incidentes en la frontera: asaltos granadinos a Villacarrillo y Cieza (1477) y Zahara (noviembre 1481).

La guerra de conquista

1482-1491: Los **Reyes Católicos** llevan a cabo la conquista de Granada utilizando todas las experiencias anteriores –militares, financieras– y justificándola con los mismos argumentos –«reconquista», «cruzada»–, pero con una concentración y continuidad de medios mucho mayor, sostenidos por una autoridad monárquica más fuerte; relación con la situación en el Mediterráneo, donde continuaba el avance turco. Uso masivo de la artillería desde 1485, y de ejércitos mayores (hasta 11.000/13.000 de a caballo y 40.000/50.000 infantes), y acumulación de recursos financieros procedentes de toda Castilla, a los que se añaden las limosnas de «cruzada» recaudadas en Aragón y las aportaciones de nobles y ciudades (el costo total de la guerra se calcula en cinco millones de *ducados*). Hábil manejo de las querellas políticas internas granadinas y empleo, en general, de un sistema generoso de «capitulaciones» para evitar acciones bélicas y abreviar la conquista.

1482, 28 febrero: Asalto por sorpresa a Alhama, a cargo del marqués de Cádiz, RODRIGO PONCE DE LEÓN, con tropas de nobles y de Sevilla. Violentos intentos de ABU'L-HASAN para recuperarla.

1483: Los «Abencerrajes» proclaman emir a MUHAMMAD XI, BOABDIL, que entra en Granada mientras ABU'L-HASAN y EL ZAGAL se mantienen en Almería y Málaga. Derrota de un ejército cristiano en La Ajarquía de Málaga (marzo). BOABDIL derrotado y preso en la batalla de Lucena (abril). Su padre vuelve a Granada, pero los REYES CATÓLICOS pactan con BOABDIL y sus partidarios una tregua, y le liberan: su precaria instalación en Guadix.

1485: MUHAMMAD EL ZAGAL se hace con el poder en Granada: triunfo del partido «belicista». MUHAMMAD XI huye a Castilla. Conquistas castellanas de Cártama y Coín (abril), Ronda y su serranía (junio), Cambil y Alhabar, en la frontera de Jaén (septiembre). En otoño, BOABDIL vuelve al este del emirato.

1486: MUHAMMAD XI entra en Granada en la primavera, pero reconoce a EL ZAGAL el título de emir, rompiendo su pacto con Castilla. Los REYES CATÓLICOS conquistan las plazas y castillos de la vega de Granada (Loja, Illora, Moclín, Montefrío, Colomera), y bloquean la capital (mayo-junio) hacen prisionero a BOABDIL, y le reconocen, en el futuro, un amplio señorío en el este (Guadix, Baza, Vera, los dos Vélez), a cambio de su vasallaje y ayuda para combatir a EL ZAGAL.

1487: MUHAMMAD XI se instala en Granada cuando EL ZAGAL no consigue detener la nueva campaña castellana contra Vélez Málaga (mayo). Nuevo pacto entre BOABDIL y los REYES CATÓLICOS: retendría la ciudad de Granada y el título de emir hasta que se le entregara el señorío en el este, cuando hubiera concluido la guerra contra EL ZAGAL, que se retira a Almería. Violenta y prolongada resistencia de Málaga; entre mayo y agosto: cautiverio de sus habitantes (único gran asedio que no concluyó en capitulación con respeto de libertad y bienes de los vencidos).

1488, junio: Campaña corta en el este, y fácil capitulación de las plazas que iban a ser del señorío de BOAB-

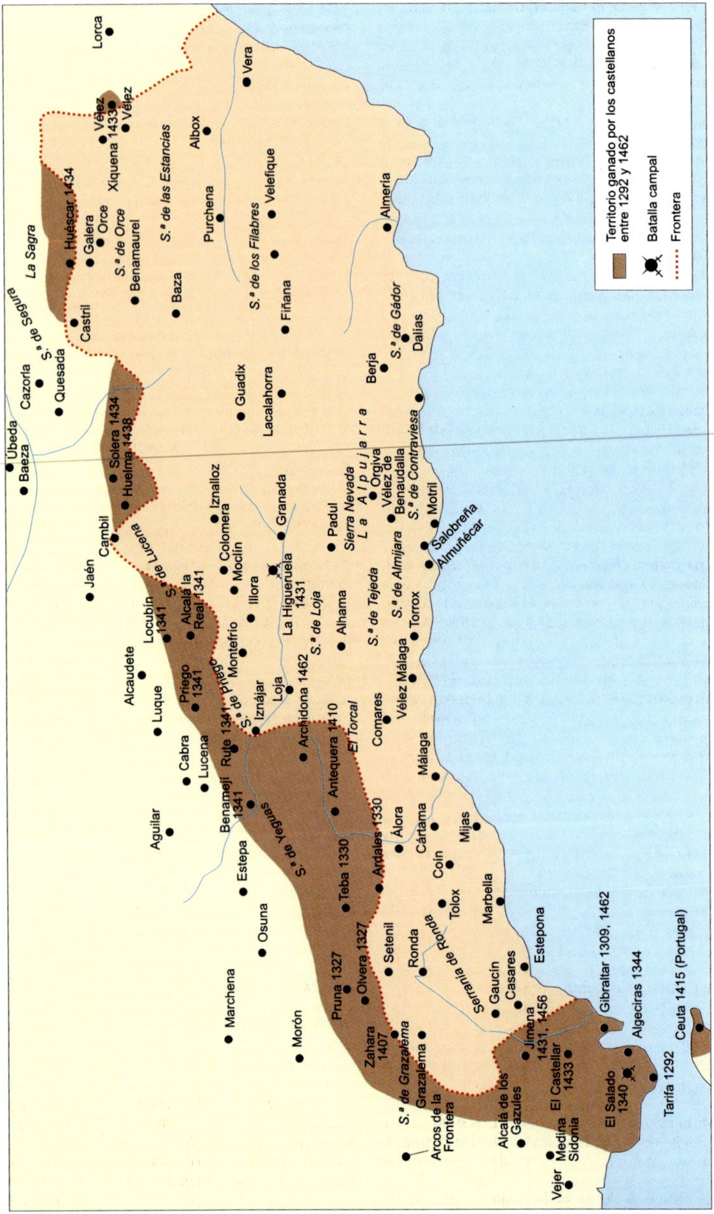

El reino de Granada en 1480.

Dil: Vera, Mojácar, el valle del Almanzora, la sierra de los Filabres, los dos Vélez .
1489: Gran campaña contra El Zagal en Almería, Guadix y Baza. Costoso asedio de Baza entre junio y diciembre; tras la capitulación de Baza, El Zagal entrega Guadix y Almería.
1490, enero: Boabdil rompe el pacto, presionado por los granadinos.
1491: Cerco de la ciudad de Granada, a partir de abril. Construcción de Santa Fe como ciudad-campamento para cortar la comunicación entre la ciudad y La Alpujarra. Cerco por hambre, acompañado de escaramuzas, pero sin empleo de la artillería. Negociaciones secretas en otoño, que culminan en las capitulaciones de 25 de noviembre.
1492: Entrega oficial de Granada el **2 de enero**: Boabdil marcha a Las Alpujarras, que se le ha concedido como señorío, y, en otoño de 1493, al Magreb. Respeto a la vida, residencia, propiedades y religión de los granadinos.

La nueva organización de Granada
1485-1500: Entrada en el reino de unos 40.000 pobladores cristianos, con sus familias, procedentes sobre todo de Andalucía. Instalación y **repartimiento** de bienes, respetando lo capitulado en cada caso con los granadinos, especialmente en las ciudades: Málaga, Vélez Málaga, Ronda, Marbella, Loja, las villas de la Vega de Granada, Guadix, Baza, Vera, Almería, Almuñécar, Salobreña, la ciudad de Granada (mediante compra de casas y tierras o por merced real). Repoblación, al mismo tiempo, de la antigua frontera (Antequera, Archidona, Alcalá la Real, Huelma, etc.). Organización del régimen municipal, y de la administración del reino: Capitán General en Granada, articulación de la defensa de la costa y guarnición en un centenar de fortalezas, Corregidores, Arzobispado en Granada con tres sedes episcopales sufragáneas (Málaga, Almería, Guadix). Merced regia a diversos nobles castellanos de unas 150 localidades rurales pobladas por musulmanes, en señorío. Importante emigración de granadinos al Magreb, en especial los de las clases dirigentes. Entre diciembre de 1499 y mediados 1501, ante la presión inquisitorial para que los cristianos convertidos al Islam (*helches*) volvieran a su antigua religión, diversas revueltas, sofocadas, y nuevas **capitulaciones** que regulan el bautismo de todos los musulmanes granadinos y su paso a la situación legal común de la Corona de Castilla. El reino de Granada había llegado a tener unos 300.000 hab.; en 1530 había en él 125.000 *moriscos* (descendientes de musulmanes) y 105.000 *cristianos viejos* (procedentes de la colonización).

Islas Canarias. Conquista y repoblación

Nuevo descubrimiento y conquista
1336: Nuevo descubrimiento de las Islas: el genovés Lanzarote Malocello viaja a la que lleva su nombre. Las Islas figuran en el *portulano* del mallorquín Angelino Dulcert (1339).
1344: El papa Clemente VI inviste a Luis de la Cerda con el reino de las Canarias y el título de «Príncipe de la Fortuna». Reclamaciones de Castilla y Portugal al dominio sobre las islas.
1351: Fundación del obispado misionero de Fortuna.
1352-1393: Se fija su sede en Telde (Gran Canaria). Viajes de misioneros mallorquines y catalanes hasta 1391. Fin de la sede en 1393.
1402: Juan de Bethencourt y Gadifer de la Salle conquistan Lanzarote. Protección y encomienda de Enrique III de Castilla, a quien hacen pleito-homenaje.
1403: Protección pontificia, fundación de la diócesis de Rubicón, en Lanzarote.
1404-1408: Conquista de Fuerteventura.
1418-1430: Maciot de Bethencourt, sobrino de Juan, cede el señorío, cuya titularidad pasa a la familia sevillana de Las Casas, por merced de Juan II. Intentos portugueses para ocupar La Gomera y Gran Canaria.
1434-1436: El papa Eugenio IV reconoce el derecho de Castilla a las Islas. Promulga disposiciones para la protección y evangelización de los aborígenes.
1445: Fernán Peraza y sus hijos Guillén e Inés, señores de Canarias. Conquista de El Hierro.
1448-1454: Intentos del infante portugués Enrique el Navegante para instalarse en las islas.
1449: Castillo de San Sebastián, en La Gomera. Juan II cede al duque de Medina Sidonia el señorío sobre la costa africana entre los cabos Aguer y Bojador.
1452: Inés Peraza y su marido Diego García de Herrera, señores de Canarias.
1454: Paz castellano-portuguesa. Pleno reconocimiento del dominio de Castilla en las Islas.
1461: Torre de Gando, en Gran Canaria, y Torre de Añazo en Tenerife (1474), construidas ambas por García de Herrera por acuerdo con los «bandos de paces» aborígenes.
1462-1474: Protección pontificia a las misiones en las Islas y a los «bandos de paces» de Gran Canaria y Tenerife. Nunciatura apostólica de Guinea, que incluye a las Canarias (1474).
1475-1479: Guerra entre Castilla y Portugal. Intentos portugueses en las Islas. **Tratados de Alcaçovas-Toledo** y pleno reconocimiento de la soberanía de Castilla en las Islas, y del monopolio de Portugal en la navegación hacia Guinea, al sur del cabo Bojador.
1477: Isabel I obtiene para la Corona los derechos de conquista en Gran Canaria, Tenerife y La Palma. Respeta el señorío de los Peraza en las otras cuatro islas.
1478-1479: Comienza la conquista de Gran Canaria por Juan Rejón y sus socios, que «capitulan» con los reyes los términos de la intervención. Fundación del Real de Las Palmas.
1480: Pedro de Vera se hace cargo de la conquista, por nueva «capitulación». Sumisión del rey o **guanarteme** del «bando» de Telde en 1481 y del de Gáldar en verano de 1483. Vera, gobernador real de la isla hasta 1491.
1492-1493: Alonso Fernández de Lugo «capitula» y lleva a cabo la conquista de La Palma apoyado por los **cantones** o «bandos de paces». Fundación de Santa Cruz de la Palma.
1494-1525: Lugo «capitula» la conquista de Tenerife. Primer desembarco en Añaza (Santa Cruz) en mayo de 1494, derrota en el norte (**Matanza de Acentejo**). Segundo desembarco en noviembre de 1495, y victorias de Agüere (La Laguna) y Acentejo. Dominio de La Orotava en primavera-verano de 1496, y capitulación de los régulos o *menceyes* en Los Realejos. Resistencias aisladas hasta 1499. Fernández de Lugo, gobernador real

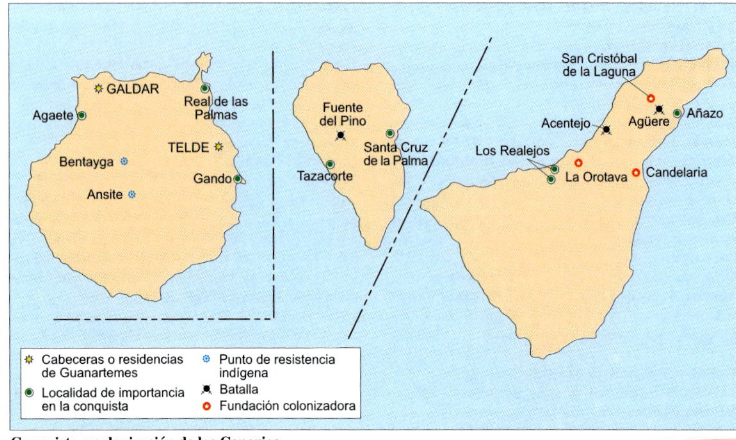

Conquista y colonización de las Canarias.

España hacia 1480.

de Tenerife y La Palma en 1496, y Adelantado desde 1502 hasta su muerte en 1525.

Repoblación y nueva organización

De los 20.000 a 25.000 hab. de las Islas hacia 1525 no más de un cuarto serían aborígenes –guanches, canarios, palmeros, gomeros– ya integrados culturalmente; el resto procedía de la inmigración de castellanos, andaluces y gallegos, portugueses, y grupos de mercaderes y marinos vascos, burgaleses, catalanes, genoveses, más algunos esclavos negros (*guineos*) y musulmanes. La mayoría de los colonos inmigrantes eran agricultores, y recibieron en reparto **heredamientos** (*datas*) en pleno dominio, y artesanos: gracias a ellos se desarrolló una nueva economía de subsistencia basada en el cereal, el viñedo y la ganadería, complementada con la explotación de la caña de azúcar en regadío, que exigía fuertes inversiones por lo que estaba en manos de aristócratas y mercaderes. El azúcar fue el principal producto de exportación en un activo comercio, gravado con pocos impuestos, que permitió importar manufacturas y disponer de medios de navegación empleados también en las pesquerías. El modelo de organización política fue el **concejo** de tipo castellano (Las Palmas de Gran Canaria, San Cristóbal de La Laguna, Santa Cruz de la Palma), en cuya *tierra* se instalaban otras poblaciones menores, y cuyo poder estaba en manos de caballeros y mercaderes. La corona estuvo representada en Gran Canaria por un Gobernador y, desde 1526, por la Audiencia –competente en todo el archipiélago– y en Tenerife y La Palma por el Adelantado. El obispado de Canarias pasó de Rubicón a Las Palmas, y se organizó desde 1485 según el modelo de Sevilla.

Los Reyes Católicos (1475-1515)

1474, 13 diciembre: Isabel I se proclama reina de Castilla en Segovia.
1475, 15 enero: Concordia entre Isabel y su marido Fernando, que fija los términos del gobierno conjunto.
1475-1479: Guerra contra los partidarios de Juana, apoyados por Alfonso V de Portugal y Luis XI de Francia. Luis XI ocupa los condados catalanes de Rosellón y Cerdaña (marzo 1475). Victoria de Fernando sobre los portugueses en Toro (marzo 1476). Cortes de Madrigal, formación de la **Hermandad de ciudades** del reino (abril 1476). Viaje de los reyes a Extremadura y Andalucía (1477-1478). Nace el príncipe Juan (junio 1478), heredero del trono. Tregua indefinida con Francia (octubre 1478).
El papa Sixto IV crea la nueva Inquisición a instancia de los reyes (noviembre 1478).
1479: Muere Juan II. Fernando e Isabel, reyes de la Corona de Aragón (enero). Los últimos rebeldes en Extremadura vencidos en la batalla de La Albuera (febrero).
Tratados de Alcaçovas-Toledo: paz entre Portugal y Castilla (septiembre), y hasta mayo de 1480, Cortes en Toledo, donde los reyes regulan numerosos aspectos de gobierno y justicia.
1481: Comienza a actuar la Inquisición contra los conversos «judaizantes» en Sevilla, después de un plazo de reflexión y confesión voluntaria (febrero). Los reyes reúnen Cortes en Aragón, Cataluña y Valencia. Especial importancia de las catalanas para la recuperación o *redreç* del Principado después de la guerra civil (1461-1472).
1482, febrero 28: Toma de Alhama. Comienza la conquista de Granada.
1484: Fray Tomás de Torquemada, inquisidor general. La Inquisición se extiende a Aragón entre 1484 y 1488. Cortes aragonesas de Tarazona. La reina Catalina de Navarra casa con el noble francés Juan de Albret (reinado efectivo desde 1492).
1486: Viaje real a Galicia: pacificación y reforma de la gobernación de este reino. Inocencio VIII declara de **patronato real** las nuevas diócesis que se establecen en Canarias y Granada.
1492: Rendición de Granada (2 enero). Pragmática real que ordena la expulsión de los judíos que no se bauticen en el plazo de tres meses (31 marzo). **Capitulaciones de Santa Fe** (17 abril) entre la Corona y Cristóbal Colón, primer viaje colombino y descubrimiento de América (12 octubre). Atentado contra el rey Fernando en Barcelona (7 diciembre). Tratado de Tours-Barcelona con Carlos VIII de Francia, reintegración de Rosellón y Cerdaña en Cataluña (diciembre 1492-enero 1493).
1493-1494: Negociaciones con Juan II de Portugal sobre las zonas de exploración y conquista en el Atlántico. Bulas de Alejandro VI favorables a la posición castellana (mayo-septiembre 1493). **Tratado de Tordesillas**, que establece la divisoria en el meridiano situado a 370 leguas al oeste de las islas de Cabo Verde (junio 1494).
1495-1496: Primera guerra entre los Reyes Católicos y Carlos VIII de Francia por el dominio de Nápoles. Alejandro VI otorga a Isabel y Fernando el título de **Reyes Católicos** (diciembre 1496).
1496-1497: Formalización de alianzas y capitulaciones matrimoniales con la casa de Habsburgo (Juan/Margarita; Juana/Felipe), Inglaterra (Catalina de Aragón/Arturo, efectivo en 1501; más adelante, Catalina/Enrique) y Portugal (Isabel/Manuel I; más adelante, María/Manuel I). Muere el príncipe de Asturias, Juan (octubre 1497); Isabel y Manuel I, herederos. Fadrique I, rey de Nápoles (1497-1501).
1497, septiembre: Tropas del duque de Medina Sidonia toman Melilla.
1499, diciembre-1501: Revueltas y bautismos de los musulmanes granadinos.
1500: Muere Isabel, princesa heredera; en 1502 pasa a serlo Juana, casada con Felipe de Habsburgo. Tratado de Chambord-Granada, de partición de Nápoles entre Luis XII y los Reyes Católicos (noviembre).
1502-1503: Segunda guerra de Nápoles. Victorias de Gonzalo Fernández de Córdoba, el Gran Capitán, sobre las tropas francesas (Seminara, Ceriñola, Garellano).
1504, 26 noviembre: Muere Isabel la Católica en Medina del Campo.
1505: Cortes de Toro. Juana I, reina. Fernando el Católico *gobernador* del reino.
1506: Matrimonio de Fernando con Germana de Foix, sobrina de Luis XII de Francia, para proteger sus intereses en Nápoles. Felipe I –en nombre de Juana– se hace cargo del gobierno en Castilla; Fernando marcha a Aragón y Nápoles (verano). Muerte de Felipe I. Primera regencia de Francisco Jiménez de Cisneros, arzobispo de Toledo.
1507, agosto: Fernando el Católico regresa a Castilla y se hace cargo de la *gobernación*. Cisneros, cardenal e Inquisidor general.

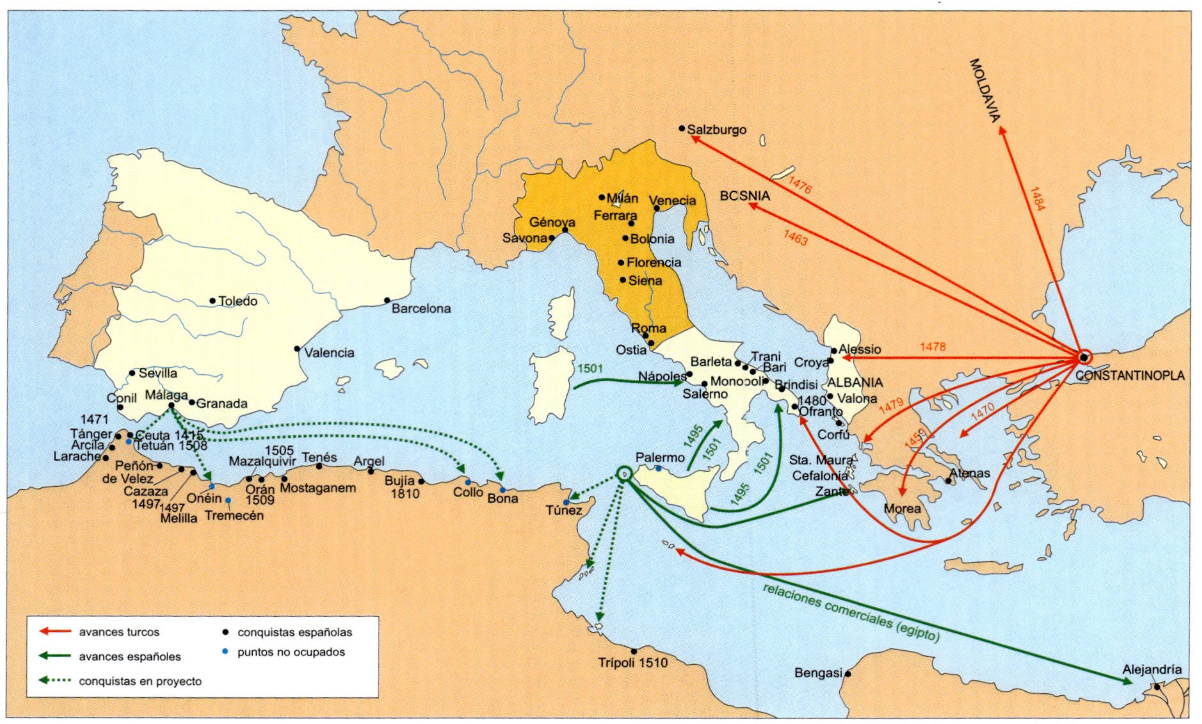

Expansión española en el Mediterráneo durante la época de los Reyes Católicos.

Conquista de Nápoles, 1495-1504.

Principales aduanas y «puertos» de cobro terrestres y marítimos a fines de la Edad Media.

1509: Toma de Orán, a iniciativa de CISNEROS. Hasta **1511**, campañas en la costa norte de África.
1510: FERNANDO EL CATÓLICO recibe del papa la investidura como rey de Nápoles.
1512: Liga Santa en Italia contra LUIS XII, que domina Milán. FERNANDO anexiona Navarra arguyendo que han perdido sus derechos CATALINA y JUAN DE ALBRET, aliados con LUIS XII.
1515: Cortes de Burgos: unión dinástica del reino de Navarra a la Corona de Castilla.
1516, 23 enero: Muere FERNANDO EL CATÓLICO en Madrigalejo (Trujillo). CISNEROS, regente en Castilla. ALFONSO DE ARAGÓN, hijo del rey y arzobispo de Zaragoza, en Aragón.

ECONOMÍA Y SOCIEDAD, SIGLOS XII-XV

1050-1093: Cobro de **parias** a diversos reinos musulmanes. Aumento de la circulación monetaria y de la disponibilidad de oro y plata. Primeras acuñaciones de moneda de vellón por ALFONSO VI en Toledo. Crecimiento urbano en algunas zonas y expansión lenta del comercio.
Siglo XII: Revueltas e inestabilidad del período 1110-1133 (en plazas del Camino de Santiago: 1110-1117). Madurez de la «sociedad feudal». Linajes de «nobleza vieja». Organización concejil, más temprana al sur del Duero y desarrollo de la «caballería villana». Reorganización política de la España cristiana.

Castilla y León. Segunda mitad siglo XII

Comienzo de la **trashumancia** ganadera al sur del Sistema Central. Privilegios reales de libre pasto en el reino y exención de montazgos, en especial a favor de instituciones eclesiásticas.
Primeras **ferias** de periodicidad anual o semestral: Valladolid (1155), Sahagún, Carrión (1169), Alcalá de Henares (1184) y Brihuega (1215).
Comercio marítimo: Repoblación de los puertos cantábricos de Castilla por ALFONSO VIII. Privilegio de SANCHO VI DE NAVARRA a San Sebastián (1150). Promoción urbana de Burgos.
Moneda: acuñaciones de **morabetinos** de oro desde 1172-1173 (moneda de origen almorávide, 3,90 g, ley superior a 22 quilates), y de moneda de vellón (*dineros leoneses* y *burgaleses*). *Moneda forera*, primera contribución directa extraordinaria otorgada por Cortes para evitar que el rey devaluara (*quebrara*) la moneda (fin de siglo). Posible devaluación monetaria hacia 1200, en contraste con la acumulación y disponibilidad de moneda de oro almohade por SANCHO VII DE NAVARRA. Tasa de precios o **posturas** por ALFONSO VIII en 1207 y, en 1212, por ALFONSO II DE POR-

TUGAL. Acuñación de vellón de menor valor (*pepiones*) en Burgos a comienzos del reinado de FERNANDO III.

Castilla y León. Segunda mitad del siglo XIII

Reorganización de los espacios económicos interiores después de las grandes conquistas y sostenido desarrollo de la actividad mercantil. Nueva fiscalidad monárquica, devaluaciones monetarias y otros aspectos de incipiente política económica.
1252: Tasa de precios, reiterada en 1258 y 1268.
1265-1294: Fuertes devaluaciones monetarias, coincidiendo con el **fecho del imperio** y las guerras contra los musulmanes. ALFONSO X mantiene el valor de la moneda de oro (**dobla**, 4,6 g, que sustituye al **morabetí** de 3,9 g) pero deprecia la de **vellón**, que es la de mayor demanda para los intercambios cotidianos, en 1265 (**blancas** o **dineros alfonsíes**), 1271 (**dineros prietos**) y 1278. El **maravedí** pasa a ser «moneda de cuenta» que fluctúa junto con la de vellón: una *dobla* valía 3 mrs. en 1268, 22 en 1294.
1268: Cortes: regulación del tráfico de «cosas vedadas» y de los «puertos» aduaneros. Legislación sobre pesos y medidas. Regulación de la **usura** o préstamo de dinero a un interés máximo de *tres por cuatro* (33,3 por 100). Primera petición de un *servicio* o contribución extraordinaria muy superior a la *moneda forera*: se hace habitual a partir de entonces. ALFONSO X desarrolla una fiscalidad nueva, capaz de concentrar mucha más renta a disposición del rey: aduanas (**diezmos** en el norte y en fronteras terrestres, **almojarifazgos** en el sur); *servicio* sobre el ganado trashumante desde 1261; participación en las rentas de la Iglesia, desde 1265 (dos novenos del diezmo eclesiástico, o **tercias reales**, una *décima* sobre el total de las rentas eclesiásticas), tributos nuevos de los judíos (**cabeza de pecho** desde 1280). Primeras **sisas** sobre las compraventas en 1292 y 1309, coincidiendo con guerras contra Granada.
1230-1260: Pleno desarrollo de la gran trashumancia, que utiliza los pastos de invierno de la cuenca del Guadiana, Sierra Morena, alto Guadalquivir y Murcia. Privilegios de protección regia en 1273 a la asociación o **Mesta** de ganaderos implicados en ella, a cambio del pago de un *servicio* desde 1269. Primera mención a la lana *merina* en torno a 1300, aunque no se consolida su producción hasta el s. XV. Primer desarrollo de la manufactura pañera de baja calidad a fines del s. XIII, con centros en Burgos, Zamora, Palencia, Soria, Segovia, Ávila, Toledo, Cuenca.
Ferias: Nuevo impulso desde los años cuarenta: Valladolid, ampliada en 1255 y 1263; Miranda de Ebro y Benavente, 1254; Guadalajara, 1263. Implantación de ferias en las ciudades de nueva conquista: Sevilla (1254), Badajoz (1258), Murcia (1266), Écija (1274), Córdoba y Jerez (1284), expansión del fenómeno por todo el reino hasta la cuarta década del s. XIV.
Comercio exterior: Entre 1221 y 1267, primeras noticias sobre comercio castellano con Gascuña, Bretaña, Inglaterra, Flandes. A mediados de siglo, comienza la exportación de hierro de Vizcaya.
1254: Tratado comercial anglo-castellano. Auge de Burgos y del comercio castellano en el Golfo de Vizcaya y Mar del Norte. La lana de Castilla va sustituyendo a la inglesa en el abastecimiento de la industria textil de Flandes.
1285: Cofradía de Nuestra Señora de Gamonal, en Burgos, de caballeros y mercaderes.
1294: Salvoconducto de EDUARDO I DE INGLATERRA a los mercaderes castellanos, presentes en Southampton, Portsmouth, Sandwich, etc.
1296: Hermandad de la Marina de los puertos cantábricos castellanos, más Vitoria, para la defensa de sus intereses mercantiles; ampliada en 1343. 1300: Fundación de Bilbao. Fin siglo XIII a 1330: Primeras noticias sobre el **cabildo de mareantes y navegantes** de Laredo y la cofradía de marinos y pescadores de San Vicente de la Barquera.
1252-1253: Privilegios de ALFONSO X a los mercaderes genoveses y a los vecinos del *Barrio de la Mar* de Sevilla. Creación del Almirantazgo. Puesta en funcionamiento de las atarazanas.
1270, aprox: La apertura de la ruta regular marítima por el Estrecho de Gibraltar, entre Italia e Inglaterra y Flandes potencia la posición mercantil de Sevilla y los puertos de la Andalucía atlántica: escala en cruce de rutas, oferta de productos agrarios, barcos.

Corona de Aragón (producciones y comercio en el siglo XIII)

Ganadería: Consolidación de circuitos de trashumancia. Casa de los Ganaderos de Zaragoza desde comienzos del s. XIII. Lligallòs o mestas de ganaderos de Teruel (1259), Morella (1271).
Manufacturas: Noticias sobre pañería en Zaragoza, Jaca (1218), Huesca (1249), Lérida, Barcelona (lino y algodón desde mediados s. XIII). Importancia de la producción de hierro en el Pirineo catalán hacia 1300 (Ripoll, Camprodón, Ribas). Coral catalán, sal de Ibiza y Alicante como productos de interés para la exportación.
1293-1313: Creación y rápido desarrollo, con vistas al comercio exterior, de la manufactura textil catalana. Primeras ordenanzas para la pañería barcelonesa (1308). Comienzo de la manufactura textil de Valencia (1311).
1315-1319: Primeras ordenanzas para la manufactura textil en Mallorca.
1339: Disposiciones de PEDRO IV sobre el textil, y nuevas ordenanzas municipales en 1383, 1388, 1402 y 1423 (**crida de les drapades**).
Moneda: Acuñación del croat de plata (3,27 g) desde 1284. En 1241, 20 por 100 de interés máximo del préstamo de dinero (y en 1333, en Navarra).
Ciudades y comercio: Auge urbano, especialmente en Cataluña. Los mercados suelen ser ya diarios en las principales ciudades, semanales en las demás. Predominio social de los mercaderes y, entre ellos, de los *homes d'honor (ciutadans honrats)*. 1262: Ya existe la Cofradía de mercaderes de Zaragoza.
Desarrollo del comercio exterior catalán, mallorquín y valenciano: «Acta de navegación» de JAIME I para el puerto de Barcelona en 1227. Desarrollo de las relaciones mercantiles con el norte de África: *fondaco* (1252) catalán en Túnez. **1227:** Primera noticia sobre barcos catalanes en Alejandría (*fondaco* desde 1262).
1288: Privilegios a los mercaderes de la Corona de Aragón. **1290 y 1320:** Consiguen tasas aduaneras menores en Constantinopla.
1243-1255: Construcción de las atarazanas de Barcelona.

Ferias, mercados y ceca.

1257: Ordenanzas de la **Universidad de prohombres de la ribera** en Barcelona, primera organización de mercaderes y otras personas implicadas en el comercio marítimo; desde 1272 nombran **Cónsules de la Mar**. Paulatinamente, las *ordenanzas* de funcionamiento se transforman en el *Libro del Consulado de mar*, vigente en Valencia desde 1283, reformado en 1336-1343, alcanzará su redacción definitiva hacia 1370, como código de derecho mercantil y marítimo ampliamente utilizado en todo el Mediterráneo, y texto legal por el que se rigen los *consulados* de mercaderes de Valencia, Mallorca (1343), Barcelona (1347) y otras plazas.

1265-1266: Jaime I regula el funcionamiento del municipio de Barcelona y le otorga poder para nombrar *cónsules* catalanes en puertos extranjeros: a mediados del s. XV había cónsules de catalanes en 41 ciudades de otros países.

1282-1348: Gran auge del comercio exterior del reino independiente de Mallorca, en las mismas rutas y con características semejantes al catalán.

Organización de las corporaciones de «oficios»

Menciones cada vez más frecuentes en el siglo XIII a la organización de oficios o *mesteres* de artesanos y comerciantes. Nombramiento de *cónsules, veedors/veedores, alcaldes* o *alamines* al frente de diversos oficios, bajo control del *almotacén* o *mostassaf*, dependiente del municipio, que redacta *ordenanzas* para el control de la actividad artesanal y comercial, cada vez más diversificadas a lo largo del siglo XIV. Prohibiciones (Castilla: 1242, 1250, 1256. Tudela: 1330. *Código de Valencia*. Cortes de Daroca, 1311, etc.) de *cofradías* o *ayuntamientos malos* para evitar las prácticas monopolísticas y las revueltas: en Castilla y Navarra las corporaciones de *oficios* nunca tuvieron parte en el poder municipal, salvo excepciones, al contrario que en Portugal y Corona de Aragón, donde estaban representados en los consejos locales por lo que la organización corporativa maduró antes (s. XIV).

Baja Edad Media

La crisis del siglo XIV

Paulatino cambio de tendencia desde la segunda mitad del siglo XIII en algunos aspectos; contracción de la actividad económica desde la cuarta década del XIV, precedida de momentos difíciles desde comienzos de siglo. Agravamiento de los impagos y deudas debidas a préstamos de dinero, en manos especialmente de judíos. Epidemias y catástrofe demográfica desde 1348-1350. Pero consolidación de la actividad mercantil y de la generalización del uso de la moneda, así como de las reformas fiscales.

Aspectos sociales generales: Reajustes en la estructura y el ejercicio del poder, las relaciones sociales y las formas de distribución de la renta:

Transformaciones de la monarquía, desde ALFONSO X y JAIME I: concentración de poder, hacia el **Estado moderno**, de base estamental y absolutista.

1265/1275-1330/1350: Desarrollo y madurez de la autonomía de los poderes municipales. Luchas de grupos privilegiados entre sí (caballeros, «ciudadanos honrados») y con el resto de la población urbana por el reparto de poder. Triunfo general de los regímenes oligárquicos o de «patriciado urbano». Castilla: **hermandades** concejiles en 1282, 1295-1303, 1313-1325; formación de bandos; entre 1326 y 1348 se generaliza la obligatoriedad de la *caballería de cuantía* y se sustituyen las asambleas abiertas de vecinos por *regimientos* reducidos. **Cataluña:** el dominio de los consejos municipales por los «ciudadanos honrados»; las resistencias de artesanos: revuelta de BERENGUER OLLER en Barcelona (1285).

Relaciones de poder monarquía/nobleza. **Castilla:** inestabilidad desde la revuelta nobiliaria de 1272 al enfrentamiento con PEDRO I desde 1355; renovación y consolidación de la nobleza desde 1369. Las cuestiones de fondo: participación en el poder de la monarquía y en su renta; expansión de nuevas formas de régimen señorial. Las formas: bandos nobiliarios; no hay pacto monarquía/nobleza como estamento. 1283: **Privilegio General** en Aragón y las Cortes en Cataluña: «pactismo», Cortes como plataforma de relación. La revuelta de la *Unión* aragonesa en 1347: victoria regia pro consolidación de poder del estamento noble.

La presión señorial en tierras del norte en pro de mayor sujeción campesina: Cataluña *vieja*, obligación del pago de *remensa* por los campesinos (Cortes de 1281 a 1321). Aragón, 1332, 1380: auge de la práctica del *ius maletractandi*, plena jurisdicción de los señores sobre los campesinos. Castilla, 1285, 1325: los reyes reiteran el derecho de los *solariegos* a desplazarse libremente con sus bienes muebles. Limitaciones para los campesinos de *behetría*: desde 1348 han de elegir patrono dentro de un linaje noble y no libremente (*de mar a mar*).

Evolución demográfica en los siglos XIV y XV

Población y territorio hacia 1300: Corona de Castilla, 3.000.000 hab., 355.000 km². Cataluña, 400.000 hab., 35.000 km². Aragón, 200.000 hab., 45.000 km². Valencia, 200.000 hab., 25.000 km². Mallorca, 50.000 hab., 5.000 km². Navarra, 100.000 hab., 10.000 km². Portugal, 900.000 hab., 89.000 km². Granada, 300.000 hab., 33.000 km².

La entrada en la crisis: desde 1265/1270 a 1325/1330. Aceleración desde 1330 aproximadamente.

1302: Hambre. En los años siguientes, noticias sobre empobrecimiento, disminución de rentas.

1333: Hambre en Navarra, Castilla, Cataluña (*lo mal any primer*).

1335-1347: Varios años de malas cosechas, sobre todo entre 1343 y 1346.

Las grandes epidemias de peste bubónica: 1348-1350, primera epidemia general; muere entre un tercio y dos tercios de la población, según zonas. Persecuciones contra los judíos.

Fechas de las siguientes epidemias generales: 1363-1364, 1374-1375, 1383-1384, 1395, 1400-1401.

1391: Momento de máxima depresión. Persecuciones contra judíos.

1390-1405/1410: Gran carestía de oro y plata en toda Europa.

Siglo XV: Recuperación demográfica, sobre todo desde el tercer decenio y en el sur de la península. Brotes epidémicos de peste más locales y dispersos pero frecuentes. Ejemplos: Valencia, al menos veintinueve años con peste entre 1400 y 1512; principales brotes: 1410, 1414, 1420, 1428, 1439, 1450, 1459, 1475, 1478, 1489, 1507. Sevilla: 1413, 1422, 1442, 1447, 1458, 1467, 1478, 1485, 1487, 1494, 1507.

Poblamiento: La reordenación del poblamiento rural y la abundancia de despoblados se debe en parte a las hambres, epidemias y guerras, pero también al proceso de reorganización de la actividad económica y del poder político, que favorece, al mismo tiempo, el desarrollo de las ciudades y de la centralidad urbana. Y, en Castilla, a la ganadería: ordenanzas de la *Mesta* de 1379.

Población hacia 1500: Castilla, con Granada, 4.500.000 hab.; Cataluña, 303.000 hab.; Aragón, 257.000 hab.; Valencia, 250.000 hab.; Mallorca, 55.000 hab.; Portugal, 1.000.000 hab.

Corona de Castilla

Siglo XIV

Moneda: Tasas de precios y salarios en 1351, tras la desorganización introducida por la **peste**. PEDRO I acuña por primera vez **reales** de plata (equiv. 3 mrs.; la **dobla**, 35). Fuertes depreciaciones o quiebras de moneda de **vellón**, por causa de las guerras, en 1369 (nueva tasa de precios) y 1386. Aumento de la masa monetaria en circulación y reajuste de equivalencias bajo ENRIQUE III. Hacia 1398: la **dobla**, 95 mrs.; **real**, 8.

Fiscalidad real: ALFONSO XI da un nuevo impulso al aumento y concentración de renta de la Corona al regular la explotación de **salinas** (1338), el cobro de **montazgo** único (1343), y generalizar el cobro de la **alcabala** sobre las compraventas. Apogeo de la presión fiscal entre 1369 y 1390, al tiempo que se organizan las instituciones gestoras (*Contadurías Mayores de Hacienda y de Cuen-*

Minas y salinas.

tas, *Tesorerías*, *Recaudamientos*, régimen de arrendamiento de rentas).

Comercio exterior: Privilegios a los castellanos y vizcaínos en Brujas (1336, 1343, 1348, 1367 en especial, y 1384). Comercio y privilegios de castellanos en Ruán, Harfleur, Nantes y otros puertos bretones y normandos (1340, 1363, 1364). Los navarros, autorizados a utilizar el puerto guipuzcoano de Fuenterrabía (1365). Incidencia de la guerra anglo-francesa (1350), destrucción en Winchelsea de una flota mercante castellana. Tratado franco-castellano de Toledo (1368) y fuerte disminución del comercio con Inglaterra. Victoria naval castellana sobre una flota inglesa en La Rochelle (1372). Treguas de Leulingham (1389) y retorno al comercio anglo-castellano hasta 1415. «Acta de navegación» de ENRIQUE III (1398), que pretende dar preferencia al flete de barcos castellanos en los puertos del reino. En Andalucía: licencias de libre exportación de hasta un tercio de la cosecha de cereales, desde 1320-1325, una vez asegurado el abastecimiento interno.

Siglo XV

Nueva fase larga de expansión económica y crecimiento de la actividad productiva y mercantil desde la segunda o tercera década del siglo, que se prolongará hasta finales del XVI.

Sector agrario: Aumento del precio de la tierra cultivada. Desde fines de siglo, roturaciones de tierras baldías; actuaciones de **jueces de términos** reales para evitar privatización o mal uso de la tierra. Mayor previsión en el abastecimiento cerealista (fundación de **pósitos** de almacenamiento, además de los lugares de venta obligatoria: **alhóndigas**, **almodíes**), pero crisis de abastecimiento, debidas en parte al exceso de exportación (carestía cerealista de 1503-1506).

Aumento de la cabaña ganadera estante y trashumante. **Nuevas ordenanzas de la Mesta** en 1492 y 1511 y privilegio de *posesión* en 1501 para asegurar el uso de pastos a sus ganados; su cabaña pasa de 1.500.000 cabezas en 1400 a 2.700.000 a fines de siglo.

GABRIEL ALONSO DE HERRERA publica su *Libro de Agriculturan* (1513), fundamental tratado de agronomía.

Producciones y tráficos interiores: Desciende la presión de los impuestos indirectos (**alcabalas**) por unidad vendida, aumenta mucho el número de mercados semanales **francos** de impuestos; sistematización de las ordenanzas municipales sobre abastecimiento urbano, carnicerías, pescaderías, actividad de los revendedores o **regatones**; expansión de barrios y arrabales artesanales y mercantiles.

Ganadería, manufactura textil.

Ferias: Aparición desde finales del XIV de muchas en lugares de **señoríos** y otras zonas rurales, que así se integran mejor en la actividad mercantil: Cuéllar. Potenciación de algunas ferias en ciudades de **realengo** y creación de otras: Madrid, Segovia. Nacimiento (1407) y rápido desarrollo de las ferias de Medina del Campo (*ordenanzas* de 1421), como centro de contratación de mercancías, en especial lana, y de regulación de pagos y créditos; los REYES CATÓLICOS las consideran *generales* del reino; forman ciclo (celebraciones en mayo y octubre), completado por las ferias próximas de Villalón y Medina de Rioseco.

Política mercantil y monetaria: Las Cortes de 1442 y 1445 reiteran la orden de libre comercio interior de cereales. Las de 1435 fijan en 25 por 100 el interés máximo del préstamo de dinero, ordenan de nuevo el uso en todo el reino de las medidas de Toledo para cereales y vino y las de Burgos para paños. Las de 1436 y 1445 liberalizan las actividades de banca y cambio de moneda. Desarrollo de nuevas formas de préstamo (**censo consignativo**). **Moneda**: enfrentamiento entre los partidarios de estabilizar la moneda de **vellón** (reformas de 1442 y 1462) y la política regia habitual, que promueve su depreciación frente a monedas de oro y plata escasas: tras la crisis de la guerra civil (1464-1480), la **dobla** equivale a 485 mrs. y el **real** a 31. Los REYES CATÓLICOS introducen como moneda de oro el **ducado**, a partir de 1497 (375 mrs.) y deprecian el *vellón* en otro 10 por 100 (*real*, 34 mrs.).

Política fiscal: Madurez de la legislación hacendística sobre instituciones y gestión de las rentas, que permanecerá con pocas variaciones en los ss. XVI y XVII. Descenso de la presión fiscal en lo que se refiere a impuestos indirectos (**alcabalas**, **aduanas**), pero ocupación de partes cada vez mayores de las rentas reales por la alta nobleza, en especial en sus señoríos, y aumento de las contribuciones *extraordinarias*, sobre todo en época de los REYES CATÓLICOS, que consiguen restaurar en 1504 el nivel de ingresos existente un siglo atrás y comienzan la emisión de deuda pública (**juros**).

Organización de las manufacturas: Crecimiento de la producción de paños de lana de calidades medias para consumo interior y exportación a Portugal y Granada. Centros principales: Palencia y Zamora, Segovia, Cuenca, Toledo, Úbeda, Baeza, Córdoba, Murcia. En 1438 y 1462 se ordena la reserva de un tercio de la producción de

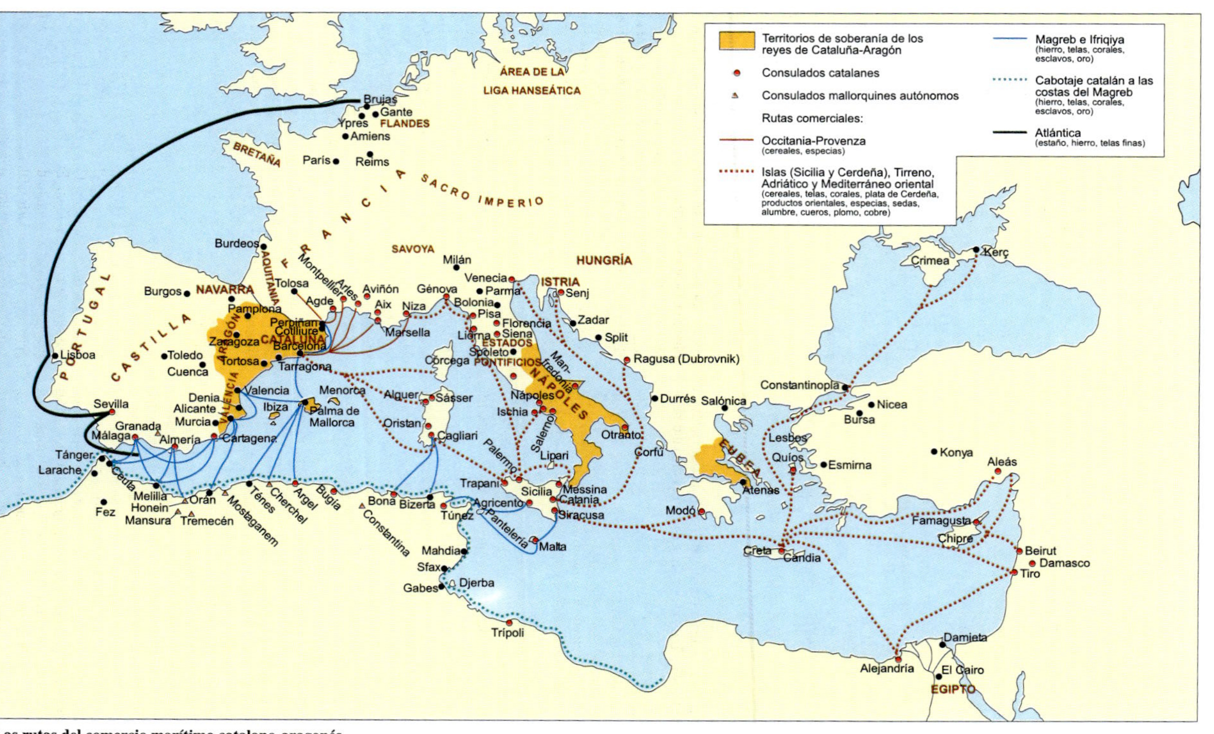

Las rutas del comercio marítimo catalano-aragonés.

lana para abastecer a la industria textil castellana. Ordenanzas generales, dadas por la monarquía, sobre técnicas y calidades en 1489, 1491, 1500 y, en especial, 1511.
Continuidad de la producción de seda en Granada y de su régimen de venta en las **alcaicerías** de Granada, Málaga y Almería (1494, 1501). Pragmática real, febrero 1515, sobre su producción y *obraje* de los tejidos. Sustitución del moral por la morera en Murcia y Valencia e incremento de la producción sedera y de la exportación, promovidas ambas por genoveses.
Corporaciones de artesanos: sistematización y generalización de las ordenanzas por **oficios**, que regulan la práctica profesional, las técnicas y calidades, sobre todo en época de los REYES CATÓLICOS, y del control por los municipios, que siguen nombrando **veedores** a menudo (**Casa de veeduría de los paños**, en Cuenca, 1496-1500). Integración de los artesanos en gremios, aunque la participación en las cofradías de oficio –asistenciales y religiosas– es voluntaria. Pero en los ramos de producción destinada al gran comercio, vg. la pañería, los gremios no consiguieron el monopolio productivo debido a los intereses de los mercaderes –**señores de los paños**– y a sus prácticas de control de la materia prima, pago de trabajo a domicilio y control de mercados.
Comercio exterior:
A) El Norte: Guerra comercial con La Hansa teutónica (1419-1443). Tratado que sitúa en Brujas el punto habitual de encuentro entre hanseáticos y vizcaínos y castellanos, y en La Rochela el límite sur de la navegación hanseática hacia Castilla, no así hacia Portugal (agosto 1443, renovado en 1461 y 1476). Fundación de la *universidad* de mercaderes de Burgos (1443). Escisión temporal, por divergencia de intereses, entre vizcaínos y castellanos en Brujas, con *naciones* y *cónsules* distintos (1455-1466). Auge de la producción de hierro de Vizcaya (de 18.500 *quintales* en 1406 a 38.500 en 1480): su regulación por el **Fuero de las Ferrerías** (1440, confirmado 1483). Prohibición de exportar mineral en bruto (1499, 1503). Nuevos tratados comerciales con Inglaterra (1467 y 1471) y rápido auge de las relaciones: paños, estaño, plomo, pescado ingleses contra grana, pastel, aceite, hierro, vino, cueros castellanos. Expansión de los intereses mercantiles y financieros burgaleses a toda Castilla (d. 1480). *Universidad* de mercaderes de Bilbao (1489). Nuevos privilegios de vizcaínos en Brujas (1493). Fundación de los *Consulados* de mercaderes de Burgos (1494) y de Bilbao (1511).
Apogeo del comercio castellano en Flandes: lana –controlada por los burgaleses–, hierro –de procedencia vasca–, vino, alumbre, pastel, grana, sal, aceite, productos agrarios, contra paños, lienzos y manufacturas flamencas. Brujas cede la capitalidad mercantil a Amberes. Nuevos intentos (1499 y 1500) de los REYES CATÓLICOS para imponer un «acta de navegación», de la que se exceptúa a venecianos, genoveses e ingleses.
B) El Sur: Gran crecimiento del comercio atlántico a partir de Andalucía. Aumento considerable en la producción agraria y pesquera (trigo, vino, aceite, frutos y legumbres, cueros, lana, sal, grana, atún de las *almadrabas*, pescado salado) e interacción entre intereses aristocráticos y mercantiles. Fuerte crecimiento de población, en especial de las ciudades (Sevilla: de 20.000 a 40.000 hab. a lo largo del siglo) y de los recursos fiscales obtenidos por la monarquía y los demás poderes político-sociales.
Desde mediados de siglo, incremento de la presencia mercantil y financiera genovesa en Sevilla y su región. La ceca sevillana, primera en importancia del reino, especialmente en acuñación de moneda de oro (las otras: Burgos, Toledo, Cuenca, La Coruña, Segovia con Enrique IV). Sevilla, centro financiero a fines de siglo.
Incidencia de las conquistas y exploraciones en el norte de África y Atlántico medio: Tratados de Alcaçovas-Toledo (1479): fin de los viajes castellanos a Guinea. Cádiz, cabecera del comercio (1493) con el norte de África (*Berbería*). Consolidación del reparto político y económico del espacio del Atlántico medio entre castellanos y portugueses en el tratado de Tordesillas (1494). Málaga sigue siendo capital mercantil del reino de Granada después de la conquista. Continúa la presencia genovesa en el comercio de la seda, frutos secos y otras especialidades granadinas. Reanudación del comercio con el norte de África a fines de siglo.
C) El Mediterráneo: Numerosos barcos vascos dedicados al transporte desde comienzos del siglo XIV. *Cónsules* de castellanos en Mallorca (1400), Sicilia (1421), Florencia. Actividades: la redistribución de cereales, cueros, pescado salado, atún, aceite y jabón sevillanos, cueros, cochinilla, sal de Ibiza, entre Barcelona, Ibiza, Marsella, Génova y Sicilia.
Sociedad: Consolidación de la alta nobleza, expansión de sus señoríos, influencia en los gobiernos oligárquicos de las ciudades de **realengo** hasta 1476-1480. Generalización del régimen de herencia vinculada en **mayorazgo** (leyes de Toro, 1505). Pruebas más estrictas para el acceso a la hidalguía (leyes de Córdoba, 1492). Hacia la «universal hidalguía» en Vizcaya, Guipúzcoa, Asturias.
Crisis política en 1464-1479: última gran pugna nobiliaria para establecer «un gobierno aristocrático con cabeza monárquica». Revueltas campesinas en Galicia (*Irmandade*, 1467-1469). Pacificación por los REYES CATÓLICOS: Cortes de Toledo (1480), *corregidores* en las ciudades, *hermandad* de ciudades desde 1476 (no se integran las de Vizcaya [1390-1415], Álava [1442] y Guipúzcoa [1457], constituidas para la lucha contra los *banderizos*), nueva declaración sobre libertad de movimiento de los *solariegos*, viaje real a Galicia en 1486 para completar la pacificación del reino.
Aumento de la población urbana: Valladolid y Toledo superan los 30.000 hab.; Medina del Campo los 20.000; Burgos, 10.000; Segovia, 15.000. En el sur, ciudades mayores: Córdoba, 25.000; Jaén, 20.000; Úbeda y Baeza, en torno a 13.000, como Écija y Jerez de la Frontera; Murcia, 10.000.

Corona de Aragón
Siglo XIV
Moneda y crédito: Legislación catalana sobre banca y cambio (1301). Acuñación del *florín de Aragón* (1346), según el modelo florentino (3,5 g) pero con ley de 18 quilates desde 1351-1365. En 1340 el municipio de Barcelona comienza a emitir deuda pública (*censals* perpetuos al 7,12 %; *violaris* vitalicios al 14,24 %), seguido a poco por Mallorca y otras ciudades.

Comercio marítimo de Castilla siglo XV.

Comercio: Aumento de las rutas mercantiles y mayor complejidad del tráfico y los productos. Las rutas principales: en Levante, *Ultramar* musulmán (en especial Alejandría) y *Romanía* griega; Magreb; Sicilia, Cerdeña, Mallorca; Nápoles; Valencia; Sevilla; Portugal; Flandes. Y con Aragón por vía terrestre y fluvial (curso del Ebro).

Anexión de Cerdeña (1323). Importancia de la sal sarda en los tráficos mercantiles (1323 ss.).

Problemas de abastecimiento triguero en Valencia y limitación de las exportaciones (1329-1330); importaciones habituales desde Andalucía, Aragón, Sicilia, Cerdeña, Magreb.

Construcción de la *lonja* de comercio de Barcelona (1339-1392). Ampliación de las atarazanas o astilleros de Barcelona y apogeo de la construcción naval (1378). *Portulano* de ANGELINO DULCERT, en Mallorca, y rápido desarrollo de esta técnica cartográfica fundamental para la navegación (1339).

Fiscalidad: Generalización de los impuestos otorgados por las Cortes al rey sobre el tráfico de mercancías, además del reparto o *compartiment* de impuesto directo (*generalidades* o aduanas desde las Cortes de Monzón de 1362, distintas para cada país de la Corona; *bolla* sobre la producción pañera; *lezdas* o *lleudas* locales), en relación con la formación de la nueva fiscalidad regia, bajo PEDRO IV, y con su gestión por las Cortes y ciudades.

Las dificultades desde mediados de siglo: Tasas de precios en Cataluña (1349); brusco aumento de precios (1340-1380); crisis de la actividad mercantil y financiera en Barcelona y quiebras bancarias (1381-1383); creación de los *defenedors de la mercadería* en Barcelona, para garantizar la adecuada actividad mercantil (1394).

El incremento de la emisión de deuda pública municipal (*censals*) desde mediados de siglo, lleva a crear bancas públicas que garanticen el pago de intereses: *Taula de canvis* municipal de Barcelona (1401); de Valencia (1407). «Contrato santo» para reorganizar la deuda pública en Mallorca (1405).

Siglo XV

Precios y salarios: Tendencia general a la baja de precios, mayor que la de salarios.

Apogeo y crisis de la actividad mercantil: A pesar de la contracción de la actividad, el comercio llega a sus mejores momentos en la segunda mitad del s. XIV, en los mismos mercados y con las mismas técnicas que las repúblicas mercantiles italianas.

Nueva «fase larga de prosperidad y auge mercantil catalán» desde comienzos del s. XV, con apogeo en 1420-1430. El comercio con *Levante* se centra en Alejandría y Rodas (ápices en 1430 y 1454). Aumento de la presencia mercantil catalana en Nápoles desde 1445, en especial entre 1455 y 1458.

Ordenanzas de Barcelona que sistematizan las normas sobre seguro marítimo (1435-1484, las más completas en 1458).

El partido de la *Busca* se hace con el gobierno municipal de Barcelona (1454): medidas proteccionistas, «acta de navegación», depreciación monetaria. Oposición política y económica de la *Biga*, que integra a los partidarios de la situación anterior.

De 1462-1478 guerra civil y hundimiento del comercio exterior catalán; la población de Barcelona desciende de 7.600 a 4.000 *focs*.

Redreç o recuperación parcial bajo FERNANDO EL CATÓLICO, en especial desde 1495 y en el Mediterráneo. Nueva «acta de navegación» en 1491. Barcelona alcanza los 5.500 *focs* en 1500.

También en Mallorca se produce cierta recuperación: auge de la pañería durante la guerra civil catalana. Nuevas ordenanzas de *redreç de la drapería* en 1486, favorables a los intereses de los mercaderes. En 1507 *taula de canvis* municipal, mejor control de la ingente deuda pública y del pago de sus intereses a acreedores a menudo catalanes.

Valencia: Los momentos de carestía triguera, problema de una ciudad en crecimiento: 1412-1413, 1473, 1502-1503, 1516-1517. Valencia pasa de unos 26.000 hab. en 1359 a más de 40.000 en 1489.

Auge de la actividad artesana: de 15 «oficios» representados en el *Consell* municipal en 1283 a 30 dos siglos después. Plenitud del sistema de gremios desde la segunda mitad del siglo.

1483-1502: Construcción de la nueva *lonja*, símbolo del apogeo mercantil. Características del comercio valenciano: oferta de algunos productos agrarios (arroz –cultivo en auge–, frutos, caña de azúcar, lino, grana, cordobanes) y artesanos (cerámica, paños, seda en la segunda mitad del s. XV). Salida para productos castellanos del interior (lana, ganados, cueros). Puerto de entrada de especias, tintes, metales, mercería y quincallería, trigo, esclavos y oro africanos. Buena integración en los circuitos mercantiles mediterráneos (comercio con las islas, Granada, Berbería, *Levante*) y presencia de mercaderes y capitales italianos, en especial genoveses en la segunda mitad del siglo, también florentinos, lombardos, venecianos, del sur de Alemania: Valencia, principal centro de operaciones comerciales y financieras en la península para muchos de ellos.

Movimientos sociales

A) **Mallorca**. Tensiones entre la población campesina (*forans*), sobrecargada de impuestos, deudas y prestaciones y la ciudad. Primera crisis fuerte en 1424. Revuelta general en 1450-1452, vencida con ayuda del ejército enviado por el rey, así como una nueva tentativa en 1462. Persistencia del malestar campesino.

B) **Cataluña Vieja**. Reclamaciones por vía judicial de los campesinos sujetos al pago de *remensa* a su señor para poder abandonar la tierra que cultivan, para que se suprima o limite. Son unas 80.000 personas a fines del s. XIV. Primeros desórdenes entre 1413 y 1432. Insurrección en 1455 y, de nuevo, desde 1462, durante la guerra civil. En 1486 el rey promulga la sentencia arbitral de Guadalupe, que fija la cuantía de la *remensa* y su supresión una vez hecho el pago; afectó a unas 50.000 personas.

Judíos y musulmanes en la España cristiana medieval

Tolerancia y coexistencia con los judíos y musulmanes, como tributarios y posibles conversos, partiendo del reconocimiento de la superioridad de la fe cristiana. Protección del rey, del que dependen ilimitadamente (son *tesoro real*). Marginalidad jurídica e ideológica, aunque compartan las mismas estructuras sociales, salvo en lo prohibido por las respectivas *leyes* religiosas (vg., matrimonios mixtos).

Siglos XII y XIII: Formación de las comunidades musulmanas de *mudéjares, moros* o *sarraïns*, a medida que avanza la conquista cristiana hacia el sur y se producen, además, desplazamientos internos de población. Emigración de judíos a la España cristiana y crecimiento de sus comunidades; equiparación jurídica parcial con los cristianos en muchos *fueros* locales.

Población y reparto a fines del s. XIII: En torno a 100 juderías en Castilla y 34 en León; 15 juderías importantes en Aragón, 10 en Cataluña, 10 en Valencia. Las comunidades mayores, en torno a 200 familias (Toledo, 350); las de tipo medio, en torno a 50-100.

El deterioro de la situación en el s. XIV: Endurecimiento de la doctrina eclesiástica y de la situación legal; antijudaísmo popular en una época de crisis, en parte por motivos económicos (usura, gestión de impuestos reales por judíos).

Leyes de los **Concilios** universales **IV de Letrán** (1215) y **Vienne** (1311) sobre señales en los vestidos, prohibición de determinados oficios y de la convivencia estrecha con cristianos (crianza, comida, vivienda, baño), y apartamiento de judíos y musulmanes en barrios propios.

1280: Ejecución de ISAAC DE LA MALEHA, tesorero o *almojarife mayor* de ALFONSO X. Fortísimo impuesto o *pecho* confiscatorio a los judíos: primeros padrones fiscales conocidos. En Aragón, protección de PEDRO III y reacción en contra de las Cortes desde 1283.

1348-1351: Persecuciones, asaltos y muertes de judíos en ciudades de la Corona de Aragón, tras la primera epidemia de peste. Apenas en Castilla.

1355-1366: Asaltos a juderías en Toledo, Nájera, Burgos, etc. Durante las guerras entre PEDRO I y ENRIQUE DE TRASTÁMARA, fuerte propaganda antijudía de este último hasta su acceso al trono.

Juderías y Morerías en la baja Edad Media.

1391: Grandes persecuciones y asaltos en Sevilla y otras ciudades de Andalucía, Castilla la Nueva –no en Murcia– y Corona de Aragón. Muertes, emigraciones a otras zonas del reino o del exterior, bautismos (¿100.000 bautizados en Castilla?). Disminución de la comunidad judía (75.000 en Castilla) y redistribución territorial de sus componentes.

1405-1416: Fuerte proselitismo: predicaciones de VICENTE FERRER. Coacción: leyes de 1408 y 1412, que sistematizan la marginación física, residencial y social y aumentan las limitaciones profesionales de judíos y mudéjares. En Aragón: catequesis o *disputa* de Tortosa (1413-1414); leyes marginadoras de 1415. Tras la destitución definitiva del PAPA BENEDICTO XIII, y la muerte de FERNANDO I (1416), fin del proselitismo intenso, suspensión de las medidas legales.

Siglo XV: Se restaura parcialmente la situación. Castilla (cartas de protección regia, 1443, 1450): judíos en unas 400 poblaciones, muchas de ellas pequeñas o de tipo medio –a menudo en señoríos de la nobleza o eclesiásticos–, formando *aljama* en las principales. En Aragón, 19 *aljamas*, que concentraban al 85 por 100 de los judíos de toda la Corona, tres en Cataluña y tres en Valencia.

1432: Estatutos (*takkanoth*) de Valladolid, que regulan la vida interna de las comunidades o *aljamas* judías de Castilla, dirigidas por alcaldes (*dayanim*) elegidos por los cabezas de familia. El rey designa un *Juez Mayor* de las aljamas del reino. La mayoría de los judíos son artesanos y pequeños comerciantes; algunos profesionales liberales (medicina); una minoría rica, dedicada a las finanzas y gestión de impuestos. Profesiones de los mudéjares: mayoría de campesinos en Aragón y Valencia. Muchos oficios urbanos en Castilla relativos a la construcción, alfarería, herrería, cuero, hortelanos, pescadores en zonas costeras.

Judíos y *mudéjares* pagaban impuestos directos especiales, en señal de su sujeción ilimitada a la corona: en Castilla, la *cabeza de pecho* fue sustituida por el más gravoso *servicio y medio servicio*. El de los judíos se fijó en 450.000 *maravedíes*, el de los *mudéjares* en 150.000, lo que indica tanto las dimensiones y el nivel de riqueza de ambas comunidades.

1449: Revuelta en Toledo contra los judeoconversos. Polémica sobre los judaizantes. Postura moderada de ALONSO DE CARTAGENA, *Defensorium unitatis christianae*.

1461: ALONSO DE ESPINA, *Fortalitium Fidei*, virulento y calumnioso escrito contra los conversos y en pro del proselitismo coactivo hacia los judíos (impreso en 1487).

La iglesia en la España visigoda.

1467, 1473: Revueltas y ataques contra los conversos en Toledo y Ciudad Real (1467), y en Córdoba y Jaén (1473).
1478, 1 noviembre: SIXTO IV establece la nueva Inquisición. Comienza a actuar en febrero 1481.
1476, 1480: Cortes de Madrigal y Toledo: se ordena de nuevo, y se lleva a la práctica, el apartamiento de los judíos y *mudéjares* castellanos en barrios especiales de residencia habitual.
1492, 31 marzo: Pragmática regia ordenando que, antes de fin de julio, los judíos que no aceptaran el bautismo abandonaran los reinos de Castilla y Aragón. Éxodo de unas 100.000 personas desde Castilla, unas 12.000 desde Aragón; algunos bautismos antes del fin del plazo y otros de judíos que retornaron, hasta 1499.
1497, 1498: Se toman las mismas medidas en Portugal y Navarra: 30.000 y 3.500 expulsados.
1502, febrero: Pragmática obligando al bautismo o a la emigración a los musulmanes *mudéjares* de Castilla. Semejantes en 1518 para Aragón y 1526 para Valencia. Bautismo generalizado y paso a la condición de «cristianos nuevos», *moriscos*.
Población mudéjar, hacia 1500: Castilla, 20.000 hab. Granada, máximo 150.000 hab. Aragón, 25.000. Navarra (Tudela), menos de 1.000 hab. Cataluña, 5.000 hab. (bajo valle del Ebro) y Valencia, en torno a 75.000.

LA IGLESIA EN LA ESPAÑA MEDIEVAL

Época hispano-visigoda

Sobre la base de la administración política de Hispania, la Iglesia de época romana y visigótica estableció las siguientes provincias: Tarraconense (sede metropolitana: Tarragona), Cartaginense (Cartagena, y luego Toledo), Bética (Sevilla), Lusitania (Mérida) y Bracarense (Braga, con Lugo en época sueva). Además, el dominio visigodo sobre la Narbonense (con sede en Narbona) incluyó esta provincia en la Iglesia hispana. Dentro de cada provincia fue frecuente la supresión de diócesis o la erección de otras nuevas. Por otra parte, la Iglesia mostró una gran vitalidad organizativa, espiritual y cultural.
409-411: Entran en Hispania los vándalos, suevos y alanos; los segundos se apoderarán de la Gallaecia.
448: El rey suevo REKHIARIO se convierte desde el paganismo al catolicismo, y se supone que su pueblo también.

Geografía diocesana hispana, desde el siglo VIII hasta mediados del XIII.

456: Los visigodos llegan a Hispania como aliados de Roma, pero se independizarán pronto e irán ocupando la Península.

465: Por la acción del misionero AJAX, el rey suevo y su pueblo adoptan el arrianismo.

527: El **II Concilio de Toledo** ordena la construcción de escuelas para la formación de los sacerdotes.

***ca.* 550:** SAN MARTÍN DE BRAGA o de Dumio, originario de Panonia, llega a la Gallaecia (coincidente con el Reino Suevo).

***ca.* 560:** Nace SAN ISIDORO DE SEVILLA, la figura más destacada de la Iglesia hispano-visigoda.

561: El **I Concilio de Braga** reorganiza las diócesis de la provincia de Gallaecia o Bracarense e incorpora a ella los obispados de Lamego, Viseo, Coímbra e Idanha, antes pertenecientes a la Provincia Lusitana o Emeritense.

563: Bajo el REY TEODOMIRO y por la acción de SAN MARTÍN DE BRAGA, los suevos se convierten definitivamente al catolicismo.

572: El **II Concilio de Braga**, presidido por SAN MARTÍN, se propone la lucha contra los residuos paganos: SAN MARTÍN redacta para ello su *De correctione rusticorum*. Por entonces surge también el *Parroquial Suevo* o *Divisio Theodomiri*, que da a conocer la geografía eclesiástica sueva.

***ca.* 579-580:** Muere SAN MARTÍN DE BRAGA.

585: El rey visigodo LEOVIGILDO anexiona el Reino Suevo.

589, 8 mayo: En el **III Concilio de Toledo**, presidido por el arzobispo de Sevilla SAN LEANDRO, tiene lugar la conversión del REY RECAREDO y los visigodos al catolicismo.

600, 13 marzo: Muere SAN LEANDRO y le sustituye su hermano SAN ISIDORO en la sede hispalense.

Siglo VII: El s. VII es el de la «era isidoriana», momento culminante de la vida religiosa y cultural de la iglesia hispano-visigoda, con figuras como el propio SAN ISIDORO, los obispos de Toledo SAN ILDEFONSO y SAN JULIÁN, los de Zaragoza SAN BRAULIO y TAJÓN...

606: Muere el obispo MÁSONA de Mérida, creador de importantes obras benéfico-sociales en esta ciudad.

610, 23 octubre: Toledo es reconocida ya por los obispos de la provincia Cartaginense o Carpetana como única capital metropolitana de la misma, en detrimento de Cartagena.

613: El rey SISEBUTO ordena el bautismo forzoso de los judíos.

615-619: SAN ISIDORO redacta su *Regula monachorum*.
***ca.* 620:** SAN ISIDORO elabora sus *Etimologías*.
624: Los bizantinos son expulsados plenamente de Hispania: se erigen nuevas diócesis y se rectifican algunas divisiones.
633: En el **IV Concilio de Toledo**, presidido por SAN ISIDORO, se aborda la cuestión judía, se refuerza el poder de los obispos y de los nobles y se dan importantes normas disciplinares.
636, 4 abril: Muere SAN ISIDORO.
***ca.* 646:** SAN FRUCTUOSO DE BRAGA redacta su *Regula monachorum*.
***ca.* 650:** SAN FRUCTUOSO realiza un viaje al sur de Hispania, ejerce gran influencia espiritual y funda monasterios.
Después del 656: Se redacta la *Regula Communis*, vinculada al monacato fructuosiano.
666: En el **Concilio de Mérida** se producen grandes cambios dentro de las provincias Lusitana y Galaica, con el restablecimiento de los antiguos límites rotos por los suevos.
681: Se elabora la *Recensión Juliana*, recopilación de las actas conciliares de la Iglesia hispano-visigótica.
690: Muere SAN JULIÁN DE TOLEDO: se cierra la «era isidoriana».
702: Se celebra el último del los concilios de Toledo del período visigodo (XVIII).

Geografía diocesana hispana del siglo VIII a mediados del XIII

La invasión islámica provocó notables transformaciones en la organización eclesiástica hispana medieval: desaparecieron algunas sedes y surgieron o se trasladaron otras, y la configuración de los reinos cristianos influyó en la de la geografía de la Iglesia. Tres innovaciones destacan en cuanto se refiere a las provincias metropolitanas: la desaparición de la Emeritense, suplantada por la Compostelana; la incorporación de la Narbonense al Reino Franco; y la aparición de varios obispados exentos. En el siglo XII hay ya bien deslindadas cuatro provincias, con cabeceras en los cuatro reinos hispano-cristianos: Braga (Portugal), Compostela (León), Toledo (Castilla) y Tarragona (Aragón-Cataluña); a ellas se une Sevilla en el s. XIII.
785: Se restaura por primera vez la sede de Lugo, que funcionará también como heredera de Braga en los siglos VIII y IX.
885-891: El obispo SCLUA de Urgel intenta sin éxito suplantar la antigua dignidad metropolitana de Tarragona, en un deseo de independizarse de Narbona.
952-970: La sede de Iria se traslada de forma efectiva a Compostela.
958-959: El abad CESÁREO DE MONTSERRAT es consagrado en Compostela como arzobispo de Tarragona, pero no obtiene apoyo ni éxito suficiente.
1005: Los obispos titulares de la antigua sede de Huesca empiezan a residir en Jaca.
1063: Los obispos de Huesca fijan su residencia en Jaca.
1086, 18 diciembre: Después de reconquistar Toledo (1085), ALFONSO VI concede el rango metropolitano a la sede episcopal restaurada.
1088, 15 septiembre: El papa URBANO II confirma el rango metropolitano de Toledo.
1089: Después de la primera reconquista de Tarragona, se restaura la sede.
1095, 5 diciembre: URBANO II aprueba el traslado definitivo de la sede de Iria a Compostela y concede la exención a la diócesis.
1096: Al ser reconquistada Huesca, se restablece su obispado en esta ciudad. URBANO II concede la exención a Burgos, restaurada a mediados del s. XI como continuación de Oca (15 julio).
1099: Se reconoe de forma definitiva la dignidad metropolitana de Braga, en la persona del obispo cluniacense don GERALDO.
***ca.* 1104:** El OBISPO PELAYO de Oviedo elabora la **División** o **Hitación de Wamba**, supuesto documento visigodo sobre la organización eclesiástica hispana en el reinado de Wamba, frente a la sede toledana.
1104, 15 abril-1105: PASCUAL II concede, frente a Toledo, la exención a León.
1104, 31 octubre: El OBISPO GELMÍREZ logra de PASCUAL II el palio arzobispal para Compostela.
1105, 30 septiembre: PASCUAL II concede la exención a Oviedo, frente a Toledo.
1118, 21 marzo: Reconquistada definitivamente Tarragona, se comienza «de iure» la restauración de su antigua provincia.
1118: Se restaura la sede de Zaragoza.
1120, 27 febrero: El PAPA CALIXTO II concede a GELMÍREZ la dignidad metropolitana para Compostela.
1124, 23 junio: GELMÍREZ obtiene definitivamente del papa que Compostela se constituya en heredera de Mérida.
1149: La reconquista de Lérida conlleva su plena restauración episcopal.
1232, 31 julio: El PAPA GREGORIO IX, ante las disputas entre Gerona, Barcelona y Tarragona por el obispado de Mallorca (reconquistada en 1229), concede la exención a éste.
1234: Se restaura la sede de Mérida y se incorpora a Compostela.
1236-1237: Se restaura Córdoba y se incorpora a Toledo.
1239: Reconquistada Valencia (1238) y restaurada la sede, se incorpora a Tarragona, después de un pleito con Toledo.
1246: La sede de Baeza, restaurada en 1228, se traslada a Jaén. Se concede la exención al obispado de Marruecos (31 octubre), cuyos titulares residían en Castilla.
1249, 24 junio: Se restaura la sede de Sevilla, una vez reconquistada la ciudad, y se comienza la reconstrucción de la antigua provincia Bética. El centro misional del obispado de Marruecos pasará a esta ciudad.
1250: INOCENCIO IV, a petición de ALFONSO X, restaura la sede de Cartagena (31 julio). El mismo papa concede a esta diócesis la exención, para superar las discusiones entre Toledo y Tarragona (6 agosto).

Geografía diocesana hispana de 1250 a 1500

Junto con la restauración de la provincia de Sevilla a finales del s. XIII, en la Baja Edad Media aparecerán otras nuevas: Zaragoza, Lisboa, Valencia y Granada. Asimis-

Geografía diocesana hispana de 1250 a 1500.

mo, hay que hacer notar la extensión de la Iglesia hispana a las islas Canarias. Por otra parte, el **Cisma de Occidente** provocará algunos cambios de importancia.

1255: Se restaura la sede de Badajoz definitivamente. Silves es incorporada a Sevilla.

1258, 18 marzo: ALEJANDRO IV une la sede de Albarracín-Segorbe.

1261: Se restaura la sede de Medina Sidonia.

1266: La sede de Medina Sidonia se traslada a Cádiz.

1289, 20 marzo: NICOLÁS IV concede a Sevilla la dignidad metropolitana. Como sufragáneas cuenta con Medina Sidonia-Cádiz y Silves, y dudosamente Marruecos.

1318, 18 julio: JUAN XXII otorga una bula por la que se crea la provincia de Zaragoza, segregada de Tarragona, ya que dicho papa y JAIME II DE ARAGÓN eran conscientes de la gran extensión de Tarragona; además, el rey deseaba también ajustar los límites eclesiásticos con los políticos. Como sufragáneas de Tarragona se señalan: Gerona, Vich, Urgel, Barcelona, Lérida, Tortosa y Valencia. Y dependientes de Zaragoza: Huesca, Tarazona, Calahorra-La Calzada, Pamplona y Albarracín-Segorbe. Sin embargo, JAIME no consigue que se funden otros nuevos obispados.

1344, 30 abril: Después de reconquistada la ciudad, se crea el obispado de Algeciras; el obispo de Cádiz lo sería también de aquí.

1351, 7 noviembre: Se crea el obispado de Canarias, con sede en Telde (Gran Canaria), y posiblemente exento, siendo el carmelita FRAY BERNARDO su primer titular.

1353: El obispado de Marruecos parece seguir exento, pero hay dudas sobre si en esta fecha pasa a depender de Sevilla.

1369: La conquista granadina acaba con el obispado de Algeciras.

1369, 2 julio: En una bula de URBANO II, dada al obispo franciscano BOUNOT TARÍN, aparece exenta su sede de Telde (Canarias).

1385, 23 noviembre: En pleno Cisma de Occidente, el papa de Aviñón CLEMENTE VII concede la exención a Pamplona, intentando halagar al Reino de Navarra y a CARLOS II DE FRANCIA.

1393, 10 noviembre: Durante Cisma de Occidente, BONIFACIO IX crea la provincia metropolitana de Lisboa, que cuenta como sufragáneas a Lamego, Guarda-Idanha, Évora (perdidas las tres por Compostela) y Silves (perdida por Sevilla). A cambio, Compostela ganará de Braga

Las Órdenes monásticas antiguas, siglos X-XV. Benedictinos, cluniacenses y cistercienses.

los obispados gallegos y Astorga, por orden del papa de Aviñón CLEMENTE VII.

1406, 7 julio: Se consolida la diócesis de Canarias, ahora dependiente de Sevilla, con la fundación del obispado de San Marcial de Rubicón (Lanzarote).

1417-1431: Durante el pontificado de MARTÍN V, ya superado el Cisma, los obispados gallegos y Astorga obedecen como metrópoli a Santiago de Compostela, mientras que los portugueses se someten a Braga o a Lisboa (Oporto, Viseo y Coímbra a la primera; Lamego, Idanha-Guarda, Évora y Silves a la segunda).

1418, 17 febrero: Después del Cisma, y a petición del obispo y el cabildo catedralicio de Zaragoza, el papa MARTÍN V revisa el asunto de la exención de Pamplona, anulando el privilegio de CLEMENTE VII y reincorporando la diócesis a Zaragoza.

1470, 11 octubre: El papa PAULO II concede la exención a la diócesis de Valencia respecto de Tarragona, aunque en realidad es más bien un privilegio personal al cardenal RODRIGO DE BORJA, vicecanciller de la Iglesia Romana.

1485, 25 agosto: La sede episcopal de Canarias se traslada de San Marcial de Rubicón a Las Palmas de Gran Canaria.

1487, 5 diciembre: Reconquistada la ciudad, se restaura de forma definitiva la sede de Málaga.

1492: El cardenal RODRIGO DE BORJA obtiene de INOCENCIO VIII la dignidad metropolitana para Valencia (9 julio), que contará con Cartagena y Mallorca, antes obispados exentos, como sufragáneas. Una vez reconquistada Granada por los REYES CATÓLICOS (2 enero), se restaura la antigua sede de Ilíberis en la ciudad y ALEJANDRO VI le concede el rango metropolitano (10 diciembre), siendo el jerónimo FRAY HERNANDO DE TALAVERA su primer arzobispo, y contando con las diócesis de Guadix y Almería como sufragáneas.

Órdenes monásticas. Siglos X-XV

El gran fenómeno que para el monacato occidental supuso el benedictinismo, también penetró y triunfó en España, sobre el antiguo monacato hispano-visigodo. Y dentro del benedictinismo, tuvieron igualmente éxito en la Península las reformas de Cluny y del Císter. Asimismo, los canónigos regulares de San

Las Órdenes monásticas, siglos x-xv. Canónigos regulares y Premonstratenses.

Agustín y la Orden Premonstratense conocieron una importante expansión.

Primera mitad del siglo x: La **Regla de San Benito** se va adoptando en diversos monasterios hispanos: Arlanza (912), Silos y San Martín Pinario (919), Albelda (924), Irache (928), ...

965: El abad Guarín de Cuxá introduce en esta abadía pirenaica el «ordo cluniacensis».

1005-1035: Sancho III el Mayor de Navarra introduce a los cluniacenses en sus territorios.

1008-1046: El abad Oliba se halla al frente de los monasterios de Ripoll y Cuxá, y será también obispo de Vich.

1037-1065: Fernando I favorece en Castilla y León a los cluniacenses.

1066-1109: Alfonso VI impulsa fuertemente a la Orden de Cluny en sus territorios.

1079: Sahagún se incorpora al movimiento cluniacense. Lo mismo hace Nájera (3 septiembre), donde hay resistencias.

1085: El primer arzobispo de la sede toledana restaurada es un cluniacense, Bernardo de Sauvetat.

1086: Se funda Montearagón (canónigos regulares).

Finales del s. xi-principios del s. xii: Por medio de Cluny, el benedictinismo y el rito latino han triunfado plenamente en España.

¿1132?: Se funda Moreruela, que parece ser el primer monasterio cisterciense español.

1140-1142: Los cistercienses fundan Osera (1140), Fitero (1140-1141) y Sacramenia (1142).

1145, 20 enero: El conde Armengol VI de Urgel dona Retuerta a los premonstratenses.

1150, 4 diciembre: Se funda Santes Creus (cisterciense).

1150-1151: Ramón Berenguer IV funda Poblet (cisterciense).

***ca.* 1150:** Cluny establece un «camerarius» o lugarteniente del abad de la casa madre para los monasterios españoles de la Orden, que residirá generalmente en Nájera o en Carrión.

1164: Nacen el monasterio cisterciense de Santa María de Huerta y el premonstratense de La Vid.

1169: Se fundan los monasterios de monjas cistercienses de Cañas y Gradefes, y el de canónigos regulares de Benevívere.

1175: Se organiza otra provincia ibero-cluniacense, Galicia, de vida efímera.

Las Órdenes mendicantes en España: Dominicos.

1179: Se fundan Las Huelgas de Burgos, de monjas cistercienses.
Desde 1216-1217: A partir de las disposiciones de INOCENCIO III en el IV Concilio de Letrán, los benedictinos de la provincia Tarraconense-Cesaraugustana irán dando origen a la llamada «Congregación Claustral Tarraconense-Cesaraugustana».
1297: Desde esta fecha, los abades de Santes Creus serán los capellanes mayores de los reyes de Aragón.
Finales del s. XIII-principios del s. XV: Progresiva relajación y decadencia de la vida religiosa.
1336: BENEDICTO XII, papa cisterciense, estimula sin gran éxito la reforma benedictina con la bula «Summi Magistro», sí adoptada en la provincia Tarraconense-Cesaraugustana.
1347: CLEMENTE VI otorga a la «circaria» o provincia premonstratense de España la plena exención respecto de los obispos.
1390, 27 septiembre: JUAN I DE CASTILLA funda el monasterio de San Benito de Valladolid, cuna de la reforma benedictina de España: observancia de la Regla y priores trienales.
1425, 24 octubre: El PAPA MARTÍN V permite al reformador cisterciense FRAY MARTÍN DE VARGAS fundar dos monasterios (congregación de Monte Sión) y le otorga la exención respecto de los monasterios de Piedra y Cîteaux y del Capítulo General de la Orden.
1446, 2 junio: Perseguido y encarcelado por la propia Orden, muere FRAY MARTÍN DE VARGAS.
1450: El PAPA NICOLÁS V disuelve la Congregación de Monte Sión, que restaurará CALIXTO III.
2ª mitad del s. XV: Hay intentos de reforma cisterciense, que en España en general culminan bajo los REYES CATÓLICOS.
1493: Montserrat, bajo la dirección del abad GARCÍA DE CISNEROS, se incorpora a la reforma de San Benito de Valladolid.
1500: Se constituye la Congregación de San Benito de Valladolid, con el apoyo de los REYES CATÓLICOS, y en Montserrat se edita el *Exercitatorio de la vida espiritual* de GARCÍA DE CISNEROS, obra principal de la «devotio moderna» hispana.

Órdenes mendicantes. Siglos XIII-XV

Uno de los fenómenos más llamativos del s. XIII europeo es la aparición de las Órdenes Mendicantes, que en

Las Órdenes mendicantes en España: Franciscanos.

España se difundieron con notable éxito: dominicos (*Ordo Praedicatorum*, O.P.) y franciscanos (*Ordo Fratrum Minorum*, O.F.M.), y también agustinos y carmelitas. Además, los primeros fueron fundados por un español, Santo Domingo de Guzmán, en su lucha antialbigense.

1213-1215: San Francisco de Asís peregrina a Santiago.

1216, 22 diciembre: Honorio III aprueba la O.P. de Santo Domingo.

1217: La O.F.M. se divide en provincias, y entre las cinco no italianas se cuenta la de España.

1218-1219: Los dominicos abren casas en Madrid, Segovia, Palencia, Burgos, Zaragoza, Zamora, Barcelona y Santiago.

1219: Miguel de Fabra abre en Barcelona el primer centro de estudios de la O.P. en España.

1221: En su II Capítulo General, la O.P. se organiza definitivamente, con cinco provincias, una de ellas España (30 mayo). Muere Santo Domingo de Guzmán (6 agosto).

1228: Las clarisas, rama femenina de la O.F.M., entran en España y fundan un monasterio en Pamplona.

1232: La provincia de España de la O.F.M. se divide en tres: Santiago (noroeste español y Portugal cristiano), Aragón (con Navarra) y Castilla (resto de la Península).

1238-1240: San Raimundo de Peñafort, destacado canonista dominico catalán, ejerce el cargo de Maestro General de la O.P.

1250: El capítulo provincial de Toledo de la O.P. enumera 20 conventos de la Orden en España.

1256, 9 abril: Alejandro IV reúne en una Orden a todos los agustinos; de sus 12 provincias, una será la de España.

1274: Los carmelitas fundan un convento en Sangüesa, comenzando a penetrar en España por la Corona de Aragón.

1285-1291: Munio de Zamora es Maestro General de la O.P.

1299: Las clarisas cuentan con cuarenta y nueve conventos en España, y en el s. XIV fundarán veintitrés.

1301: Se divide la provincia de España de la O.P., al contar con 42 conventos: nace la provincia de Aragón.

1304-1313: Fray Gonzalo de Balboa es el primer español en ejercer el cargo de Ministro General de la O.F.M.

1315: Muere el beato RAIMUNDO LULIO (¿martirizado?), pensador y escritor mallorquín de la Tercera Orden Franciscana.
1324: En el Capítulo de Barcelona de la Orden del Carmelo se traza por primera vez el ideal mariano de la misma.
1347-1349: Los efectos de la «Peste Negra» se unen a los inicios de la decadencia y relajación de las Órdenes religiosas.
1398: MARTÍN EL HUMANO confiere a perennidad el oficio de confesores reales a los franciscanos en Aragón.
1404: Los franciscanos españoles comienzan la evangelización de Canarias, desde donde pasarán a territorios africanos.
1418: Nacen dos nuevas provincias de la O.P. a partir de la de España: Galicia y Portugal. El PAPA MARTÍN V asegura la reforma franciscana castellana de FRAY PEDRO DE VILLACRECES (27 abril).
1419, 5 abril: Muere el gran predicador SAN VICENTE FERRER (O.P.).
1423, 13 junio: El beato ÁLVARO DE CÓRDOBA inicia la reforma dominicana española en el convento de Escalaceli de Córdoba.
1424: Se fusionan las provincias de Galicia y España de la O.P.
1427, 4 enero: El beato ÁLVARO DE CÓRDOBA es nombrado Vicario General de los dominicos reformados en España.
1439, 9 diciembre: EUGENIO IV confirma la Congregación de la Observancia agustiniana de España.
1440, 25 marzo: El PADRE SANTIAGO GIL inicia de forma efectiva en Cervera la reforma observante de la O.P. en Aragón.
1451: SAN JUAN DE SAHAGUN continúa la reforma de los agustinos.
1463: La reforma de FRAY PEDRO DE VILLACRECES se incorpora a la «Observancia» franciscana.
1468, 29 septiembre: Muere el teólogo dominico JUAN DE TORQUEMADA.
1474: Se constituye la Congregación de la Observancia dominicana española en torno a la reforma vallisoletana de la Orden.
1474-1516: Bajo los REYES CATÓLICOS, la reforma de las Órdenes toma un nuevo impulso, y los monarcas toman como confesores a FRAY DIEGO DE DEZA (O.P.) y FRANCISCO DE CISNEROS (O.F.M.), promotores también de la reforma de sus Órdenes.
1482: Portugal aparece como «Provincia Lusitaniae» agustiniana.
1489, 30 abril: INOCENCIO VIII aprueba el nacimiento de las concepcionistas franciscanas de Santa Beatriz de Silva.
1493: La O.F.M. inicia sus actividades misioneras en América.
1498, 16 septiembre: Muere Tomás de Torquemada (O.P.), primer Inquisidor General de España.

Jerónimos y Cartujos

En el período bajomedieval, el monacato hispano conocerá la importante expansión de dos Órdenes religiosas: una, antigua (finales del s. XI), la de la Cartuja; y la otra, surgida a finales del s. XIV en España, es la de los jerónimos (*Ordo Sancti Hieronymi*, O.S.H.). Su auge viene explicado en gran parte por la crisis y la relajación de las Órdenes monásticas antiguas y la crisis general de la sociedad en esta época.

1145: El beato hispano JUAN DE ESPAÑA adapta las *Consuetudines* cartujanas de Guigo para monjas.
***ca.* 1163:** La Orden de la Cartuja entra en España a través de la fundación de Scala Dei (Tarragona).
1272: FRAY ANDRÉS ALBALAT, tercer obispo de Valencia, funda la cartuja de Portaceli.
Segunda mitad-finales del s. XIV: Surgen en Italia y España grupos de ermitaños que desean imitar a SAN JERÓNIMO: Guisando, Villaescusa, Jávea,... A Lupiana (Guadalajara) se retiran dos personajes de la corte de PEDRO I DE CASTILLA: FERNANDO YÁÑEZ DE FIGUEROA y PEDRO FERNÁNDEZ PECHA.
1373, 18 octubre: GREGORIO XI, a través de la bula «Sane petitio», funda la O.S.H. en los Reinos de Castilla y León y Portugal. Lupiana se erige como casa madre.
1374: Los jerónimos fundan el monasterio de La Sisla (Toledo).
1375: Los jerónimos erigen el monasterio de Guisando (Ávila), y surge el femenino de San Pablo de Toledo, que será el primero de monjas jerónimas.
1385: Los cartujos fundan Valdecristo (Valencia).
1389, 15 agosto: La incorporación del santuario de Guadalupe a la O.S.H. supone un considerable impulso para ésta.
1390, 29 agosto: JUAN I DE CASTILLA funda El Paular, introduciendo así a los cartujos en sus reinos.
1396: Se funda el monasterio jerónimo de La Mejorada (Olmedo).
1399, 15 junio: MARTÍN I DE ARAGÓN funda la cartuja de Valldemosa.
1400: El arzobispo de Sevilla don GONZALO DE MENA funda en esta ciudad la cartuja de Las Cuevas, que pronto adquiere gran importancia.
1402 (22 junio)-1410 (18 junio): El cartujo español DOM BONIFACIO FERRER ejerce el generalato de la Orden, pero la Grande Chartreuse le negará la obediencia por adherirse, en el Cisma de Occidente, a BENEDICTO XIII.
1405: Se funda el monasterio de San Jerónimo de Valparaíso (O.S.H., Córdoba)
1408: Los jerónimos fundan en Montamarta y Yuste.
1415: Se celebra en Guadalupe el I Capítulo General de la O.S.H. (los demás serán en Lupiana): la rama jerónima valencianoaragonesa se incorpora a la Orden. Comienza la costrucción de la cartuja de Montalegre (16 febrero), a partir de San Pol de Mar (1270) y Valparadís (1345).
1428: La O.S.H. conoce la escisión «observante» de FRAY LOPE DE OLMEDO, que anhela también la unión con los jerónimos italianos y la elaboración de una auténtica «Regla de San Jerónimo» a partir de los textos monacales de éste.
1431: La escisión de FRAY LOPE DE OLMEDO toma como cabeza el antes monasterio cisterciense de San Isidoro del Campo (Sevilla), por lo que reciben el nombre de «isidros».
1437-1463 (23 enero): El cartujo español DOM FRANCISCO MARESME ocupa el cargo de General de la Orden.
1441: Los jerónimos fundan Nuestra Señora de Prado (Valladolid). La reina doña MARÍA DE ARAGÓN, funda la cartuja de Aniago (Valladolid) (18 octubre).
1442: JUAN II DE CASTILLA dona Miraflores (Burgos) a los cartujos (24 febrero). El Capítulo General de la Orden de la Cartuja crea la provincia de Castilla, segregada de la de Cataluña (30 abril ss.).

Jerónimos y cartujos.

1445: Se funda el monasterio jerónimo de El Parral (Segovia), promovido por ENRIQUE IV DE CASTILLA (aún infante).
1453: NICOLÁS V convoca un Capítulo General de la O.S.H. en Roma para unir a todos los jerónimos de la Iglesia, pero los monjes españoles le hacen desistir del proyecto.
1462: Se funda San Jerónimo el Real de Madrid (O.S.H.).
1484: La Defensión de Jerez de la Frontera se incorpora a la Orden de la Cartuja.
1492: Los «isidros» presentan al Capítulo General de la O.S.H. sus deseos de volver a unirse a la Orden. El jerónimo FRAY HERNANDO DE TALAVERA, confesor y consejero de ISABEL LA CATÓLICA, se convierte en el primer arzobispo de Granada (10 diciembre), donde impulsará la fundación del monasterio de San Jerónimo.

Las Órdenes militares

«Órdenes religiosas fundadas a partir del s. XII con el fin de tomar parte activa en la guerra contra los infieles. Sus miembros participaban de la doble condición de monjes y de *milites*. Como monjes, vivían bajo reglas y prescripciones aprobadas por la Iglesia y pronunciaban los tres votos religiosos [...] Como *milites*, constituían un ejército permanente» (D.W. Lomax).

Las Órdenes de Tierra Santa en España

1113-1135: En Castilla y León, la Orden de San Juan recibe Paradinas y La Bóveda de Toro. ALFONSO I DE ARAGÓN deja como herederas a las Órdenes de San Juan, Templo y Santo Sepulcro (1134).
1150: La Orden de San Juan recibe Amposta, tras participar en la toma de Tortosa. En Castilla, la Orden de Templo recibe Calatrava, que abandona en 1157.

La segunda mitad del siglo XII: Nacimiento de las Órdenes españolas

1158: Origen de la Orden de de Calatrava, para defensa de esta plaza, bajo dependencia religiosa del Císter (1164).
1170-1171: Cofradía de *freiles* para la defensa de Cáceres, transformada en Orden de Santiago, bajo regla de San Agustín (1175).
1175-1176: Orden de San Julián del Pereiro, afiliada al Císter en 1190.

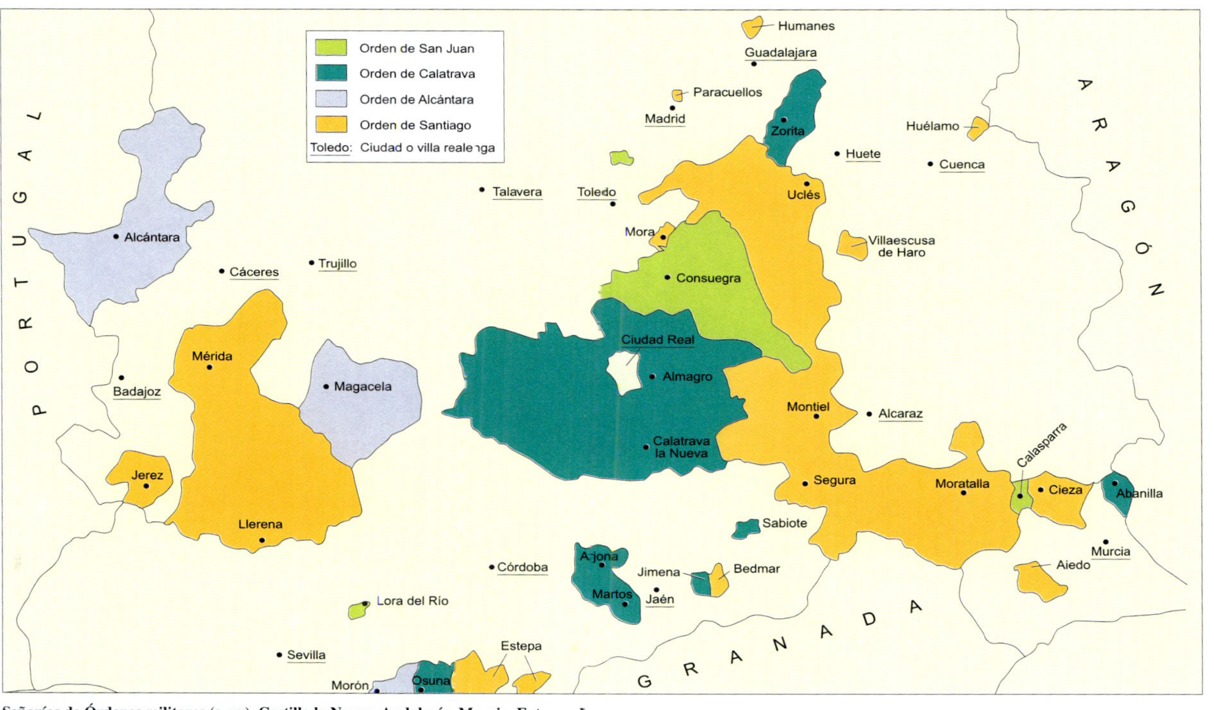

Señoríos de Órdenes militares (s. xv). Castilla la Nueva, Andalucía, Murcia, Extremadura.

El Camino de Santiago.

Toulouse
Montpellier (h. 1245)
Perpiñán (1349)
Huesca (1354 D.: h. 1450)
Gerona (1446)
Palencia (1208) (D.: h. 1270)
Valladolid (1237)
Zaragoza (1474)
Lérida (1300)
Barcelona (1450)
Sigüenza (h. 1490)
Calatayud (s. XV)
Salamanca (h. 1215)
Ávila (1490)
Alcalá (1293 y 1499)
Coímbra (T.: 1306/1308)
Toledo
Valencia (h. 1245 y 1500)
Palma (1483)
Lisboa (1290 y 1377)
Sevilla (1254 y 1502)
Universidad
T.: Traslado
D.: Desaparición

Las universidades en la España medieval.

1158-1212: Necesidad continua de defensa fronteriza frente a los almohades. La Orden de Calatrava recibe señoríos en la línea de defensa del Tajo (Zorita, Almoguera, 1174-1175), en la cuenca castellana del Guadiana (Salvatierra, Calatrava la Nueva, desde 1212) y en Portugal (Évora, Avis). La Orden de San Juan, el Campo de Criptana y Consuegra (1162 y de nuevo 1183), Trevejo, en la *transierra* leonesa y Crato, en Portugal. La Orden de Santiago, Mora y Oreja (1171) y Uclés (1174) en la frontera castellana, Monsanto, Abrantes y Palmela (1172-1173) en la de Portugal; su Hospital de San Marcos de León (1173). En Aragón, la Orden de Calatrava recibe Alcañiz (1179) y la de Santiago, Montalbán. La Orden del Templo recibe señoríos en retaguardia: en León, Ponferrada y Alcañices (1211), Alba de Aliste (1220); en Castilla, Ceinos (1168), Villalcázar de Sirga; en Aragón y Cataluña, Miravet, Alfambra (1196, por absorción de la Orden de Monte Gaudio); en Portugal, Castelo Branco y Thomar.

1217-1222: La Orden del Pereiro pasa a denominarse de Alcántara, tras recibir esta villa en 1218 de la de Calatrava, de la que es filial en León, así como la Orden de Avis en Portugal.

Las grandes conquistas, 1225-1250: La Orden de Santiago conquista el señorío de Montiel, Segura (1242) y su tierra; en Andalucía, Bedmar, Estepa; en Murcia, Moratalla; en Extremadura recibe un gran señorío entre el Guadiana y Sierra Morena (Mérida, Llerena); en Portugal, castillos en Alentejo y Algarve. Protagonismo guerrero de su maestre PELAYO PÉREZ CORREA en Portugal y Castilla. La Orden de Calatrava añade a sus señoríos los castillos andaluces de Martos, Porcuna, Priego, Osuna. La de Alcántara, los de Morón y Cote, así como grandes territorios en Extremadura (Alcántara, Magacela con La Serena), al igual que la Orden del Templo (Capilla, Montemolín, Burguillos, Jerez, Valencia del Ventoso, Fregenal). La de San Juan se instala en Lora del Río (1241) y en Serpa y Moura, en la frontera entre León y Portugal. La Orden Teutónica forma su *encomienda* de Santa María de Castellanos o de la Mota de Toro.

1272: Orden de Santa María de España, fundada por ALFONSO X para la guerra naval. Bases en Cartagena y Puerto de Santa María. En 1280 se incorpora a la Orden de Santiago.

1312: Supresión de la Orden del Templo (300 caballeros en Aragón, 100 en Castilla); sus bienes se incorporan a la Orden de San Juan (*priorato* en Cataluña; *castellanía de Amposta* en Aragón), o bien se integran en la Orden de Montesa en Valencia (1317, Morella), y en Portugal en la de Cristo (1319), ambas de nueva creación.

Siglos XIV y XV: Participación de las órdenes en las luchas políticas internas; ejercicio de los cargos de *maestre* por nobles afectos al rey o por miembros de la familia real. A veces, formación de señoríos para sus descendientes por los maestres, aprovechando su poder: LORENZO SUÁREZ DE FIGUEROA en la Orden Santiago (m. 1409, Zafra y Feria), GUTIERRE DE SOTOMAYOR en la de Alcántara (m. 1456, Belalcázar), PEDRO GIRÓN en la de Calatrava (m. 1466, Urueña y Osuna).

Los Reyes Católicos se hacen cargo de la administración de los maestrazgos: Calatrava en 1489, Santiago en 1493, Alcántara desde 1498. El Papa, en 1501, les concede la administración perpetua (confirmado en 1523). Formación del Consejo de las Órdenes.

Señoríos y rentas hacia 1500: Santiago: Provincia de Castilla, 13.500 km^2, 112 pueblos, Provincia de León, 9.500 km^2, 89 pueblos; 160.000 a 190.000 hab.; renta de la mesa maestral, 60.000 ducados/año; de las encomiendas –en torno a 90–, 60.000. Calatrava: 15.000 km^2, 89 pueblos; renta mesa maestral, 40.000 ducados/año; de las encomiendas –en torno a 45–, 35.000. Alcántara: 7.000 km^2, 47 pueblos, 45.000 hab.; renta mesa maestral, 35.000 ducados/año; de las encomiendas –en torno a 45–, 30.000. San Juan, en Castilla, renta de 40.000 ducados/año.

Organización institucional: Maestre, máxima autoridad: Consejo elector del maestre (*trece* santiaguistas); Capítulo General; Prior (máxima autoridad clerical); División territorial en *encomiendas* (agrupadas en *provincias* o *partidos*, además, *Encomiendas Mayores*, por reinos, en la Orden de Santiago, y en *Grandes Prioratos* en la de San Juan); *casas* o prioratos de clérigos, conventos de *comendadoras* o *freiras*, hospitales. Los *Conventos Mayores* como sedes centrales: Uclés y San Marcos de León en la Orden de Santiago, Calatrava la Nueva y San Benito de Alcántara. Normas: la *Regla*, norma básica; las *constituciones* y *establecimientos* elaborados en Capítulo General; las *definiciones* de reforma, dadas por los abades cistercienses; las *visitas* periódicas, base para proponer reformas y comprobar el cumplimiento de las normas.

El Camino de Santiago

En la Cristiandad medieval se desarrollaron notablemente las peregrinaciones por motivos religiosos a determinados centros de especial significado espiritual. De ellos, tres resaltan como metas principales: Jerusalén, Roma y Santiago de Compostela. Este último tiene su origen en el hallazgo de los restos del Apóstol SANTIAGO EL MAYOR a principios del s. IX.

Siglos I-VII/VIII: Se va afirmando la larga tradición hispánica de que SANTIAGO había predicado en la Península; se acentúa en los siglos VII y VIII y, con ella, la tradición de que sus discípulos, después de martirizado, habían traído su cuerpo a España para enterrarlo. Además, se le va dando un culto creciente en el noroeste hispano, Francia e Inglaterra.

***ca.* 812-818:** Se halla el sepulcro del Apóstol en Compostela, bajo el reinado de ALFONSO II EL CASTO de Asturias. Se erige una nueva iglesia y el rey comunica el hecho a la Cristiandad.

874: ALFONSO III DE ASTURIAS y su esposa JIMENA construyen una nueva iglesia y donan una cruz de oro, lo cual indica su importancia. Se irá estableciendo la costumbre de que los reyes astur-leoneses visiten el sepulcro de Santiago.

895, 25 julio y 25 noviembre: ALFONSO III realiza nuevas donaciones.

950: GOTESCALCO, obispo del Puy en Velay, visita el sepulcro: es la primera noticia de un extranjero que lo hace, aunque parece que hubo otros ya antes.

983-984: El eremita SIMEÓN DE ARMENIA peregrina a Santiago.

997, 11 agosto: En una devastadora campaña, ALMANZOR llega a Santiago, aunque respeta el sepulcro. Después, el rey VERMUDO II lo restaura y mejora.

Siglo XI: Se hacen más frecuentes las noticias sobre la peregrinación, que adquiere un claro rango interna-

cional. Llegan algunos nobles europeos importantes y crecen las pretensiones de los obispos de Iria-Compostela.
Segunda mitad del s. XI: Las peregrinaciones toman gran importancia y se dedican monasterios e iglesias en Europa al Apóstol.
1065: Se produce una gran peregrinación de gentes de Lieja.
1095: El arzobispo de Lyon llega a Santiago con numerosos clérigos y laicos (12 mayo). URBANO II concede el traslado definitivo de la sede de Iria a Compostela (5 diciembre).
Final del s. XI: Se da la primera noticia de un peregrino inglés.
Principios del s. XII: La *Historia Compostelana* del OBISPO GELMÍREZ refleja la gran afluencia de peregrinos a Santiago.
1109: PASCUAL II concede a la sede compostelana la institución de siete cardenales presbíteros semejantes a los de Roma.
1120, 27 febrero: GELMÍREZ obtiene de CALIXTO II la dignidad metropolitana para Compostela.
1147, 8 junio: Unos cruzados ingleses visitan el sepulcro.
1154 (finales): El rey LUIS VII DE FRANCIA peregrina a Santiago.
1180: Se da la primera noticia de un peregrino sueco.
Finales del s. XII-principios del s. XIII: El camino del Somport decae cada vez más, mientras entran más peregrinos por Irún, por Roncesvalles y por la ruta del Ebro, libre ya del dominio y del peligro musulmán. Algunos documentos reflejan que la verdadera peregrinación la formaba una masa anónima y turbulenta de gentes de todo el orbe cristiano, para la remisión de pecados o en cumplimiento de un voto.
Desde 1203: Algunos textos musulmanes comparan el fenómeno con la peregrinación a La Meca.
1213-1215 (final): SAN FRANCISCO DE ASÍS peregrina a Compostela.
1217: Cruzados holandeses y alemanes llegan a Santiago.
***ca.* 1253:** Hay noticia de un monje nestoriano que preparaba en Tartaria la peregrinación a Compostela.
***ca.* 1270:** La PRINCESA SUECA INGRID y otras nobles jóvenes peregrinan a pie a Santiago, Roma y Jerusalén.
Siglo XIV: Peregrinan a Santiago nobles ingleses y franceses, burgueses del norte de Alemania y alemanes pobres. También lo hace SANTA BRÍGIDA DE SUECIA.
1325, 25 julio: SANTA ISABEL DE PORTUGAL peregrina a Santiago.
***ca.* 1350-1450:** Se conservan salvoconductos y otras noticias de diversos peregrinos europeos.
Siglo XV: Los nobles alemanes, franceses, e incluso polacos, consideran la peregrinación como una obligación: se desarrolla un nuevo tipo de peregrino caballeresco.
1434: JUAN II DE CASTILLA, siguiendo una costumbre anterior, ofrece su protección a los peregrinos europeos con motivo del jubileo, y acuden este año numerosos peregrinos.
Siglo XVI: Aunque al principio aún se mantienen las peregrinaciones, irán decayendo, si bien sin desaparecer nunca.

LAS UNIVERSIDADES EN LA ESPAÑA MEDIEVAL

En la Alta Edad Media, las escuelas monásticas destacaron como principales centros de estudio y cultura. Pero las escuelas catedralicias fueron ganando en prestigio e importancia y, en muchas ocasiones, a partir de ellas, surgieron «estudios generales» y «universidades». Este último es un fenómeno de la Europa plenomedieval, que se continuó en los siglos posteriores.
1208: El obispo don TELLO TÉLLEZ de Palencia crea un Estudio General en esta ciudad, a partir de la escuela episcopal, y se ve favorecido por ALFONSO VIII DE CASTILLA.
1214: Al morir ALFONSO VIII, este Estudio entra en crisis.
***ca.* 1215:** Nace el Estudio General de Salamanca, impulsado por ALFONSO IX DE LEÓN, a partir de la escuela catedralicia y de diversas escuelas monásticas.
1237: Se realiza el primer establecimiento de un Estudio General en Valladolid, por iniciativa regia.
1243, 6 abril: El rey FERNANDO III confirma el Estudio General de Salamanca.
***ca.* 1245:** JAIME I DE ARAGÓN intenta sin éxito crear un Estudio General en Valencia, pero sí establece la Universidad de Montpellier.
1254: ALEJANDRO VI, confirma la Universidad salmantina (6 abril). El rey ALFONSO X la confirma y organiza definitivamente el 8 de mayo. ALFONSO X intenta, sin éxito duradero, crear un Estudio General en Sevilla.
***ca.* 1260:** Va surgiendo y afianzándose el Estudio General de Valladolid, por resolución del Concejo y parece que con apoyo regio, ante la decadencia de Palencia.
1263: El PAPA URBANO IV realiza el último intento por revitalizar el Estudio General de Palencia, que desaparece poco después.
1290: El rey don DINÍS DE PORTUGAL funda la Universidad de Lisboa.
1293: Don GONZALO PÉREZ GUDIEL, arzobispo de Toledo, y SANCHO IV DE CASTILLA, fundan el Estudio General de Alcalá de Henares, en realidad sin demasiado éxito.
1300: JAIME II DE ARAGÓN funda definitivamente el Estudio General de Lérida (1 septiembre), con el apoyo de BONIFACIO VIII, que se convertirá en la principal Universidad de la Corona. Se conceden a este centro los privilegios de los estudiantes de Bolonia, que se suman a los de Tolosa (28 septiembre).
1306/1308: La Universidad de Lisboa se traslada a Coímbra, con la aprobación pontificia de CLEMENTE V. Coímbra se convertirá en el centro intelectual del Reino de Portugal, pero la Universidad no quedará definitivamente allí hasta 1535.
1346, 31 julio: El PAPA CLEMENTE VI confirma el Estudio General de Valladolid, pero no autoriza la enseñanza de Teología.
1349: Nace la Universidad de Perpiñán sobre el modelo leridano.
1354, 12 marzo: PEDRO IV DE ARAGÓN funda la Universidad de Huesca.
1377: FERNANDO I DE PORTUGAL lleva de nuevo la Universidad de Coímbra a Lisboa, que quedará aquí hasta 1535.
1382, 8 abril: PEDRO IV DE ARAGÓN concede a la Universidad de Lérida la enseñanza de Teología.
Principios del siglo XV: Salamanca se halla en pleno auge y ocupa el primer puesto de las Universidades hispanas en el s. XV.

1418, 8 julio: Se crea definitivamente la Facultad de Teología de Salamanca.
1430: Se establece definitivamente la enseñanza de Teología en Lérida.
1446: ALFONSO V DE ARAGÓN crea la Universidad de Gerona, sin éxito.
1450, junio-noviembre: ALFONSO V DE ARAGÓN y el PAPA NICOLÁS V fundan la Universidad de Barcelona, pero sin gran éxito inicial.
***ca.* 1450:** Desaparece la Universidad de Huesca.
1459, 17 julio: El arzobispo de Toledo don ALFONSO CARRILLO logra de Pío II la dotación de tres cátedras en Alcalá.
1474, 19 noviembre: Nace la Universidad de Zaragoza (Estudio General) por iniciativa del PAPA SIXTO IV.
1483, 30 agosto: El lulista PEDRO DAGUÍ, por concesión de FERNANDO EL CATÓLICO, funda el Estudio General de Mallorca.
1499: CISNEROS, arzobispo de Toledo, logra de ALEJANDRO VI la bula de fundación de la Universidad de Alcalá (13 abril). Se elaboran las constituciones del «Studi General» de Valencia (30 abril).
1500, 23 enero: Por bula de ALEJANDRO VI, nace propiamente la Universidad de Valencia.
1502, 22 febrero: LOS REYES CATÓLICOS fundan la Universidad de Sevilla.

LENGUAS Y DIALECTOS EN LA ESPAÑA MEDIEVAL

La romanización de España supuso su unificación lingüística en el latín, y de las lenguas prerromanas sólo el vascuence pervivió plenamente. Pero desde el s. III, y sobre todo en el período visigodo, y más aún desde la invasión musulmana del 711, el latín fue evolucionando y dando lugar a diversas lenguas y dialectos romances, siendo el castellano el que lograría el éxito mayor con el avance de la Reconquista. El panorama lingüístico hispano-medieval es tan variado como cambiante por su evolución.
Siglos VIII-X: La invasión musulmana trajo a España el árabe, que iría asentándose y tomando rasgos propios. Los cristianos bajo dominio islámico, a partir del latín de época visigoda (en evolución hacia un romance) e incorporando elementos del árabe, fueron desarrollando diversos dialectos mozárabes. Y al mismo tiempo, en el norte de la Península fueron surgiendo desde el latín varias lenguas romances: gallego-portugués, castellano (surgido en Cantabria) y catalán; el astur-leonés y el navarro-aragonés, sin embargo, no llegarían a constituirse sino como dialectos.
Siglo X: Aparecen los primeros textos en castellano y navarro-aragonés: las «Glosas Emilianenses» (hacia la mitad del s. X) y las «Glosas Silenses» (segunda mitad del s. X). Y también contienen las Emilianenses dos glosas en vasco, que reflejan que esta lengua era entonces sustancialmente como ahora.
Siglos XI-XIII: La Reconquista conlleva el avance de las lenguas de los reinos cristianos, sobre todo el castellano, que se extiende en forma de abanico invertido hacia el sur.
Siglo XI: Castilla y el castellano colonizan definitivamente la Extremadura del Duero. La variedad del castellano que adquiere la primacía es la del área de Burgos.
1085: La conquista de Toledo supone la expansión del castellano hacia este reino taifa, presionando sobre los dialectos mozárabes, que pervivirán especialmente en esta ciudad. También limitará el avance del leonés hacia el sureste y presionará sobre su zona oriental.
1094: ALFONSO VI reparte Galicia y Portugal entre RAIMUNDO y ENRIQUE DE BORGOÑA, respectivamente, con el Miño como frontera: el gallego-portugués empieza a diferenciarse.
Siglos XII y XIII: El gallego-portugués conoce un auge como lengua literaria para la lírica, incluso en Castilla y León.
Siglo XII: La reconquista de la Cataluña Nueva hace del Llobregat el límite entre ésta y la Cataluña Vieja, así como del catalán oriental y el occidental. La frontera norte del vasco se estaciona en Bayona, y la meridional al norte del Ebro, aunque debió de haber una amplia zona bilingüe.
1139, 25 julio: ALFONSO ENRÍQUEZ es coronado rey de Portugal: se consolida cada vez más el Miño como frontera entre Galicia y Portugal, y el gallego y el portugués se separan más.
***ca.* 1200:** El *Poema de Mío Cid* marca un hito en la historia del castellano, que va tomando una posición de hegemonía como lengua, sobre el centro y el oeste de la Península.
1229: Con la conquista de JAIME I, el catalán oriental pasa a Mallorca, donde irá surgiendo el mallorquín a partir de él.
1238: La conquista de JAIME I lleva el catalán occidental a Valencia, donde originará el valenciano.
1252-1284: La labor literaria desarrollada bajo ALFONSO X ayuda a fijar el castellano, que además sustituye al latín en la cancillería de la Corona (en detrimento también del leonés), gana en extensión y prestigio en la Península e influye en otras lenguas y dialectos. Decaen en cambio el astur-leonés, el navarro-aragonés y los dialectos mozárabes.
Siglos XIV y XV: Culmina el proceso: El castellano sigue avanzando y corta el paso al leonés y al aragonés, que retroceden.
***ca.* 1350:** La ruptura del portugués y del gallego es ya evidente.
1355: El catalán pasa a Alghero, en Cerdeña, donde se origina una variedad con influencias del sardo.
Siglo XV: El catalán conoce un mayor desarrollo literario en Valencia.
***ca.* 1400:** El gallego triunfa como lengua convencional de la lírica cortesana en Galicia y también en Castilla.
1479, 19 enero: Con la unión de las Coronas de Castilla y Aragón, el castellano pasa a dominar de forma definitiva sobre el navarro-aragonés en Aragón (pierde el uso oficial y general) y presiona sobre el catalán. Bajo los REYES CATÓLICOS, también irá sustituyendo al gallego en los documentos públicos de Galicia.
1512: Con la anexión de Navarra, el castellano absorbe definitivamente al navarro-aragonés.

LAS GRANDES CORRIENTES ARTÍSTICAS EN LA ESPAÑA MEDIEVAL

El arte en la España medieval ofrece dos grandes áreas: la islámica y la cristiana. Y en cada una conoce varias

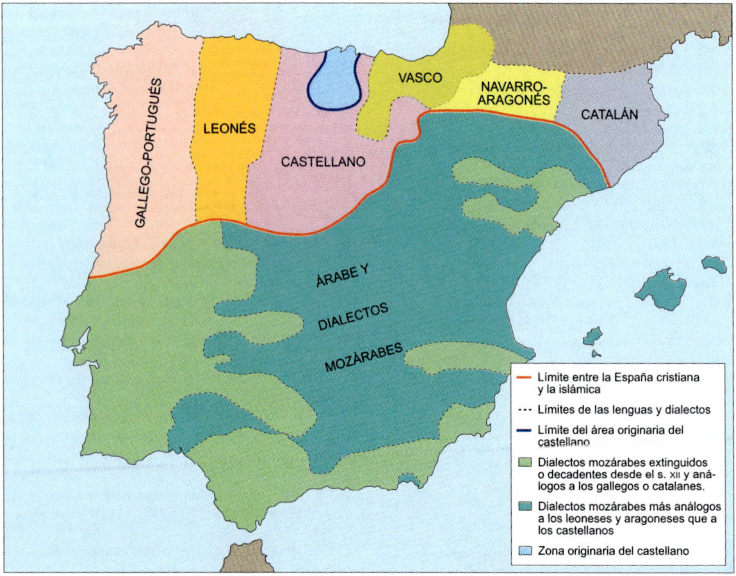

Lenguas y dialectos en la España medieval hacia el año 950.

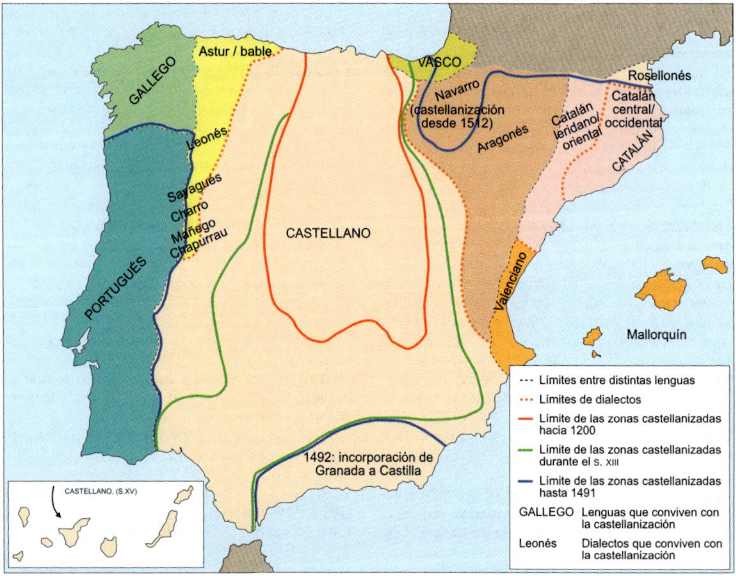

Lenguas y dialectos en la España medieval, año 1500.

Las grandes corrientes artísticas: prerrománico, románico e hispano-musulmán.

fases: el arte hispano-musulmán evoluciona desde el califal o cordobés, pasando por el de los reinos taifas y las invasiones norteafricanas, hasta culminar en el granadino o nazarí. El arte hispano-cristiano, desde el prerrománico visigodo y asturiano y mozárabe, pasando por el románico, llegará al gótico. Asimismo, no hay que olvidar el arte mudéjar, que fusiona elementos del islámico y del cristiano, con sus fases románico-mudéjar y gótico-mudéjar.

Siglos VIII-X: Período cordobés o califal del arte hispano-musulmán, que adopta elementos visigodos, como el arco de herradura.

784: ABD AL RAHMAN I transforma la iglesia visigoda de San Vicente de Córdoba en mezquita de once naves.

Siglos IX y X: Se desarrolla el arte prerrománico asturiano y mozárabe; el primero intenta continuar el arte visigodo, mientras el segundo es el de los cristianos de Al Andalus que quedan aquí o se trasladan a territorio cristiano.

833: ABD AL RAHMAN II prolonga la mezquita de Córdoba.

842-850: Bajo RAMIRO I, el arte asturiano conoce su mayor auge.

Siglo X: La miniatura mozárabe vive su época de apogeo.

***ca.* 950-980:** Aparecen en el arte cordobés los arcos lobulados.

Segunda mitad del s. X y principios del s. XI: Se desarrolla en el Pirineo catalán el primer románico español.

961: ALHAKAM II amplía de nuevo la mezquita de Córdoba.

Siglo XI: Se desarrolla el período de los reinos de taifas en el arte hispano-musulmán, con una decoración abundante.

1030-1081: Se construye el palacio de la Aljafería de Zaragoza.

Segunda mitad del s. XI: Se dan las primeras manifestaciones en España de la arquitectura románica plenamente formada.

1056-1067 y 1072-1101: Se construye San Isidoro de León (románico).

1063: Se construye la catedral románica de Jaca.

1075-*ca.* 1130: Se construye la catedral de Santiago de Compostela, principal obra del románico español, estilo que se difunde a través del Camino de Santiago y la Orden de Cluny.

1085-1100: Se construye el claustro románico de Silos.

Siglos XII-XIII: Se desarrolla el período de las invasiones norteafricanas en el arte hispano-musulmán.

Siglos XII-XIV: El arte mudéjar se desarrolla en España como creación propia y con el ladrillo como material característico.

Siglo XII: El románico castellano conoce varias escuelas regionales: soriana, segoviana, abulense, zamorano-salmantina y gallega.

***ca.* 1150:** El Císter va introduciendo el «estilo cisterciense» o primer gótico en España: Moreruela, Poblet, Santes Creus, etc.

1172: ABU YACUB ordena construir la mezquita almohade de Sevilla.

1183: El maestro MATEO realiza el Pórtico de la Gloria de la catedral de Santiago.

Siglos XIII-XV: El arte gótico se desarrolla en España.

1221-1280: Se erigen las tres grandes catedrales góticas

Las grandes corrientes artísticas: gótico e hispano-musulmán

de Burgos (1221-1260), Toledo (desde 1226-1227) y León (1254-1280).

***ca.* 1250-fin del s. XIV:** Se expande la pintura de estilo francogótico en España.

Finales del s. XIII-1492: Se desarrolla el período nazarí del arte hispano-musulmán, de gran riqueza decorativa.

1298: Se comienza la catedral de Barcelona, abriéndose el siglo de las catedrales góticas catalanas y levantinas: Gerona (desde 1312), Palma de Mallorca (consagrada en 1346), etc.

Siglo XIV: Se desarrolla la pintura gótica de influencia italiana.

1332-1354 y 1361-1390: Bajo los reinados de YUSUF I y MUHAMMAD V, se construye la Alhambra de Granada.

1366: Se termina el Alcázar gótico-mudéjar de Sevilla.

***ca.* 1400:** El llamado «estilo internacional» de la pintura gótica penetra en España y se expande: Borrassá, Martorell, etc.

1402: Se inicia la gran catedral gótica de Sevilla.

***ca.* 1440-1445:** HANEQUIN DE BRUSELAS y JUAN DE COLONIA introducen el gótico flamígero en Toledo y Burgos, respectivamente. Al fundirse con las formas locales, sobre todo mudéjares, da lugar al estilo gótico hispano-flamenco, «isabelino» o «Reyes Católicos», en el que destacan también JUAN GUAS y ENRIQUE EGAS en Toledo, y SIMÓN DE COLONIA en Burgos.

Segunda mitad del s. XV: La influencia flamenca en la pintura da lugar al estilo hispano-flamenco: HUGUET, REXACH, BERMEJO, etc.

1476 ss.: JUAN GUAS construye San Juan de los Reyes (Toledo).

1483: PEDRO BERRUGUETE regresa de Italia. Con JUAN DE BORGOÑA se marca la transición de la pintura gótica a la renacentista.

1495-1521: Bajo MANUEL EL AFORTUNADO, se desarrolla en Portugal el gótico «manuelino», fusión del flamígero y el hispano-flamenco castellano: Jerónimos de Lisboa, Batalha y Tomar.

LA MONARQUÍA DE LOS AUSTRIAS

El reinado de Carlos V (1516-1556)

1516:

Por su testamento de Madrigalejo (enero), FERNANDO EL CATÓLICO nombró a su nieto CARLOS –hijo de JUANA LA LOCA y FELIPE EL HERMOSO, reyes de Castilla–, heredero de todos sus Estados. CISNEROS era designado gobernador interino hasta que llegara CARLOS.

JUAN DÍAZ DE SOLÍS muere en el Río de la Plata.

1517:

7 septiembre: Sale CARLOS de Flandes y el 17 siguiente desembarca en Tazones (Asturias). Le acompañaba un nutrido séquito de señores flamencos, ansiosos de enriquecerse, con el señor de CHIEVRES al frente, que se repartieron nepóticamente los cargos más importantes. CHIEVRES, ADRIANO DE UTRECHT y JUAN DE SAUVAGE serán los peones claves del nuevo rey en los primeros momentos del reinado.

FRANCISCO HERNÁNDEZ DE CÓRDOBA navega por la costa yucateca sin saber que allí floreció la cultura maya.

Herencia de Carlos V.

Comunidades y germanías.

1518:
2 febrero: Se abren las Cortes convocadas en Valladolid, de las que sería presidente don PEDRO RUIZ DE LA MOTA y cuya apertura serviría para que los castellanos manifestaran abiertamente el descontento originado por la política de CARLOS y los flamencos que le acompañaban, de claro menosprecio y postergación de los naturales de estos reinos.
Dada la actitud de los procuradores, el rey ha de jurar respetar las libertades y privilegios de Castilla, antes de ser jurado como rey en unión de su madre, JUANA LA LOCA.
Las peticiones que hacen las Cortes al nuevo rey se resumen en los puntos siguientes: que doña JUANA siguiera considerada como reina; que el infante don FERNANDO, hermano de CARLOS I, permaneciese en España hasta que el soberano se casara y tuviera descendencia, que los cargos del reino se cubrieran con españoles y que el rey aprendiese el castellano.
El sobrino de CHIEVRES, GUILLERMO DE CROY –llamado igual que su tio– es designado para ocupar el arzobispado de Toledo, del que sería titular hasta 1522, fecha en que murió, a los veintitrés años de edad. Tal nombramiento fue considerado otra buena muestra de la arbitrariedad de los extranjeros.
Las Cortes conceden en mayo el servicio extraordinario que se les solicitaba. Otro motivo de descontento fue la recogida y posterior envío fuera del reino de los **ducados de a dos**, la moneda de oro que habían acuñado FERNANDO e ISABEL y que por su calidad disfrutaba de una estima generalizada.
JUAN DE GRIJALVA descubre el imperio azteca.
1519:
La elevación del tipo de arriendo de las rentas reales es considerada como una elevación de la tributación. El ayuntamiento de Toledo quiere presentar a Carlos un *memorial* sobre los peligros de tal medida, pero el rey no recibe a sus emisarios y les reprocha su proceder en carta de 18 de septiembre.
10 febrero: CORTÉS sale de Cuba, rumbo a México, entrando en la capital del imperio azteca el 8 de noviembre y se puso en contacto directo con España. Descontento el gobernador de Cuba, quiere destituirlo y envía para ello a PÁNFILO DE NARVÁEZ, que fue derrotado por CORTÉS, a cuyo lado se pusieron los hombres del vencido. Mientras, la relación con los aztecas se enrarecía; MOCTEZUMA, el emperador azteca, que se había hecho vasallo de España, fue desbordado por el movimiento antiespañol que dirigía su sobrino CUAUTHÉMOC.

9 mayo: CARLOS I juraba los fueros y libertades aragonesas en las Cortes reunidas en Aragón y que votaron un subsidio de 200.000 ducados.
Desde el 26 de febrero funcionaban las Cortes catalanas, que reconocieron a CARLOS como Conde de Barcelona. Interrumpidas y reanudadas el 13 de mayo, se prolongaron hasta principios del año siguiente, por lo que CARLOS no podrá viajar a Valencia.
28 junio: CARLOS I es elegido Emperador del Sacro Romano Imperio Germánico y se convierte en CARLOS V DE ALEMANIA. Así lo decidieron los siete príncipes alemanes que componían el colegio electoral según la **Bula de Oro de 1356**; esos príncipes eran el **rey de Bohemia**, el **margrave de Brandeburgo**, el **duque palatino del Rin**, el **duque de Sajonia** y los **arzobispos de Tréveris, Maguncia** y **Colonia**. La noticia fue malamente recibida en Castilla.
CARLOS I decidió viajar a Alemania y se pensó en las Cortes castellanas como financiadoras de tan costoso viaje, con la consiguiente inquietud de las ciudades.
20 septiembre: MAGALLANES sale de Sanlúcar con cinco naves y doscientos sesenta y cinco hombres, dispuesto a llegar a las Molucas por el oeste.
1520:
Toledo encabeza una iniciativa para coordinar la actitud de los castellanos con vistas a la ausencia real, algo que CARLOS I le prohíbe en cédula de 19 de febrero.
31 marzo: Llega CARLOS y su séquito a Santiago de Compostela, donde habían sido convocadas Cortes, cuyas sesiones se suspenden el 4 de abril para continuar en La Coruña, votando un servicio de 400.000 ducados, gracias una vez más al soborno de un sector de los diputados. Para calmar a los recelosos, CARLOS prometió que no concedería en su ausencia ningún cargo a extranjeros ni permitiría más salidas de dinero y caballos, y nombraba a ADRIANO DE UTRECHT gobernador de Castilla, a JUAN DE LANUZA virrey de Aragón y al CONDE DE MÉLITO virrey de Valencia.
20 mayo: CARLOS I embarcaba rumbo a Alemania y el 7 de octubre entraba en Aquisgrán.
En las ciudades castellanas el descontento no decrecía y cuando llegaron noticias de lo ocurrido en Galicia y de la salida del rey, en todas creció el malestar y en algunas estallaron disturbios. Toledo, Segovia, Zamora, Ávila, Cuenca, Burgos, Salamanca, León, Murcia, Mula y Alicante constituyeron su **comunidad** y promovieron hechos más o menos graves. Los segovianos mataron al procurador TORDESILLAS, y contra ellos enviará ADRIANO al alcalde de Corte, RONQUILLO. La ciudad encomienda la dirección de la defensa a JUAN BRAVO. Muchas ciudades tomaron partido por los segovianos, y el incendio de Medina del Campo por tropas realistas en 21 de agosto promovió una **segunda oleada de formación de comunidades** en Palencia, Cáceres, Baeza, Jaén, Úbeda, Badajoz y Sevilla, entre otras.
30 junio: Ante la amenaza ambiental, CORTÉS decide abandonar la ciudad de México por la noche: la **noche triste** fue el comienzo de una retirada dramática que solo cambia de signo en la afortunada y decisiva **batalla de Otumba** (7 de julio), en la que CORTÉS se desembaraza de sus enemigos y puede llegar a Tlaxcala, tierra amiga, donde puede rehacerse y preparar el nuevo ataque a México.
Toledo invitó a las ciudades a enviar sus representantes a Ávila, donde constituyeron el 29 de julio la **Junta Santa**, de la que fue nombrado presidente el toledano PEDRO LASSO DE LA VEGA; JUAN DE PADILLA sería designado capitán general. La **Junta** se declaró independiente del gobernador real y en sucesivas reuniones fue definiendo los objetivos de las **Comunidades**. ADRIANO, para calmar los ánimos, disolvió el ejército real el 29 de agosto. En este mes, CORTÉS apresaba a CUAUTHÉMOC y entraba nuevamente en la ciudad de México: la conquista había terminado, empezaba la vida de **Nueva España**.
10 septiembre: La **Junta** se traslada a Tordesillas, donde la recibe JUANA LA LOCA, que aprueba su conducta y les promete su apoyo, en una entrevista habida el 24 de ese mes. La **Junta** escribió a CARLOS a Alemania con sus agravios y pidió apoyo a Portugal, decidiendo a ADRIANO a pasar a la acción, declarando la guerra a la **Junta** el 31 de octubre.
Las primeras escaramuzas fueron favorables a los realistas, que entran en Tordesillas, desde donde la Junta se traslada a Valladolid. Los comuneros son presa de disensiones internas. LASSO DE LA VEGA se pasa al bando realista. PADILLA será el nuevo jefe de los rebeldes.
27 noviembre: La expedición de MAGALLANES entra en el Pacífico, después de circunvalar América del Sur. Solo quedaban tres barcos.
CARLOS confirma la concesión hecha por su abuelo a los valencianos para formar unas milicias con que poder defenderse de los piratas berberiscos. Como una epidemia de peste había alejado a la nobleza de la ciudad, fueron los menestrales los organizadores de la milicia, a la que llamaron **Germanía,** y estaría dirigida por una **Junta**, en la que destacaron JUAN LORENZO, cardador, GUILLÉN CASTELVÍ, tejedor apodado *Sorolla*, ONOFRE PERIS, alpargatero y VICENTE MOCHOLÍ, labrador.
La situación degenera en una actitud cada vez más antinobiliaria y díscola de los agermanados, desembocando en desórdenes que ponen en fuga al virrey, el CONDE DE MÉLITO, quien busca refugio en Denia, donde se le unirán muchos nobles y donde podrá aprestar tropas para restablecer la situación. Morella será otro foco nobiliario leal al virrey. Los agermanados controlaban la capital y todas las villas de realengo.
A fines de año se hacen patentes los primeros síntomas de descontento de los menestrales mallorquines, oprimidos por los impuestos: la **Germanía mallorquina** estaba en marcha.
1521:
16 febrero: Se publica con toda solemnidad la carta que el Emperador había firmado tiempo atrás, declarando traidores a los rebeldes comuneros: por haber expulsado a los corregidores, combatido las fortalezas reales, impuesto nuevas cargas fiscales apoderándose de sus rentas y tomado el sello real, entre otros delitos, los rebeldes fueron condenados sin proceso.
En febrero la sublevación de Mallorca era una realidad, extendiéndose a los medios rurales. JUAN CRESPI, mercader de paños, fue elegido jefe de los agermanados, pero abandona por no poder contener los desmanes de los amotinados: su persecución y posterior asesinato desencadenaron una violencia sin límite. El castillo de

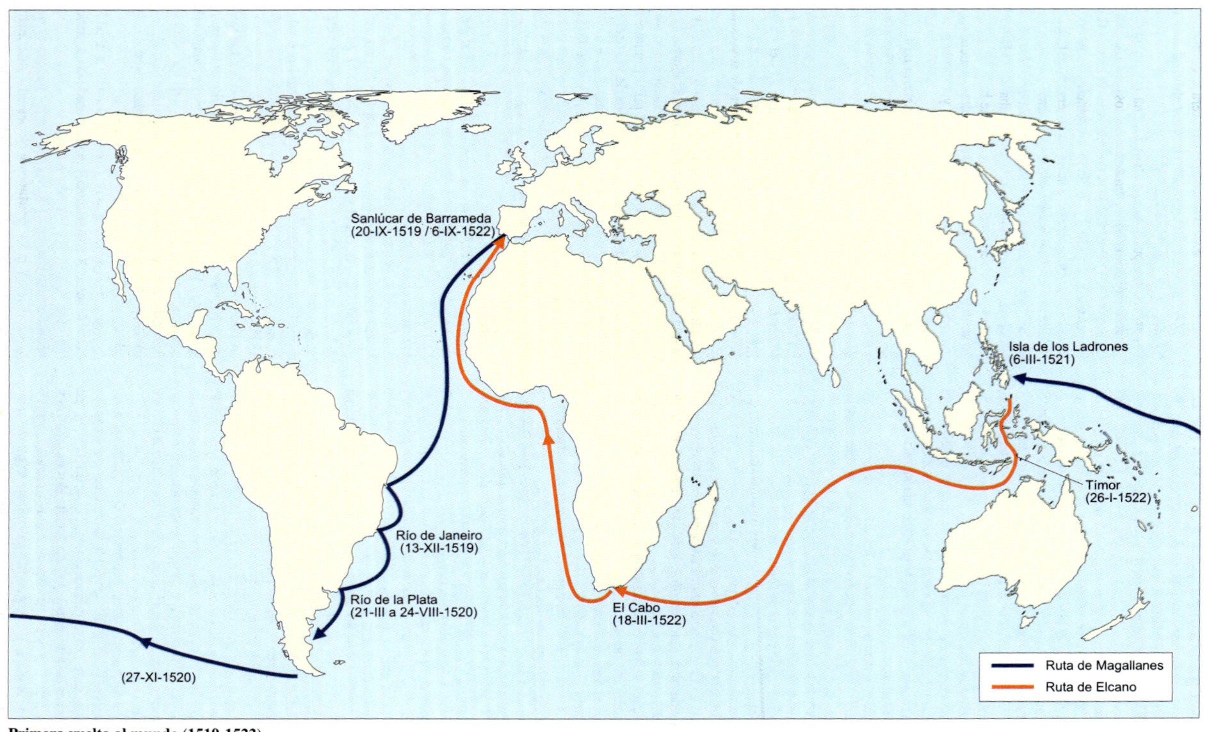

Primera vuelta al mundo (1519-1522).

Bellver es asaltado y muertos los caballeros que allí había. Los nobles huyeron a Ibiza para salvar la vida. Solo resistía en enero Alcudia y ante sus muros se derrumbarían las energías agermanadas.

6 marzo: Magallanes y los suyos llegaban a las *islas de los Ladrones* o Marianas. El 15 de marzo estaban en las Filipinas y, poco después, en Mactán, cerca de Cebú, moría Magallanes en una refriega con los indígenas. Uno de los barcos fue desmantelado. Tomó el mando de la maltrecha expedición Juan Sebastián Elcano.

17 abril: Lutero comparece ante la Dieta convocada en Worms por Carlos V, que ordena el destierro de Lutero si no rectificaba de sus errores.

23 abril: Los comuneros son derrotados en la **batalla de Villalar** y sus jefes, Padilla, Bravo y Maldonado, hechos prisioneros y ajusticiados al día siguiente. Con ellos se desmoronaba la causa comunera. Solo Toledo, Madrid y algunas plazas murcianas resisten algo más, sobre todo Toledo, gracias a la energía de doña María Pacheco, viuda de Padilla, prolongando su resistencia durante seis meses y rebrotando la revuelta en febrero del año siguiente, también sin éxito, emigrando doña María a Portugal para escapar al castigo.

30 junio: Son derrotadas en **Quirós** las tropas francesas que habían conquistado Navarra, que se ven obligadas a abandonar Pamplona y replegarse hacia los Pirineos, aunque en una nueva acometida se apoderaron de Fuenterrabía, que resistiría hasta septiembre de 1524. Para entonces el interés máximo de esta primera guerra entre Carlos V y Francisco I estaba centrado en el Milanesado (Italia).

Los primeros éxitos en Valencia se los apuntan los agermanados, que conquistan Játiva (24 julio). Pero, luego, los reveses se suceden: son derrotados en Oropesa y Almansa y cuando, por orden del almirante y del Condestable de Castilla, entran en el reino valenciano las tropas del Marqués de los Vélez –que habían sofocado las Comunidades murcianas–, la suerte de la Germanía valenciana quedó decidida: la conquista de Elche, Crevillente y Alicante preparan la rendición y disolución de la **Junta**, que entrega Valencia. Játiva y Alcira son los últimos focos agermanados y se mantendrán irreductibles mucho tiempo.

1522:

3 marzo: Las tropas reales entran en Alcira, donde había resistido Peris, ejecutado con otros de sus correligionarios. En Játiva resistía *el Encubierto*, un extraño personaje que se decía era don Juan, hijo de los Reyes Católicos; él fue el animador de la última fase de la Germanía valenciana: rendida Játiva y puesta a precio su cabeza, fue asesinado por dos de sus seguidores en mayo de 1523.

20 abril: Se reforma el Consejo de Aragón, reduciendo su acción básicamente a la Corona aragonesa, pues se limitan algunas de sus atribuciones italianas.

7 julio: Carlos V está de vuelta en España, después de una estancia en Inglaterra, a donde se había trasladado desde Calais para lograr una alianza con Enrique VIII.

Una invasión francesa que se había iniciado en mayo del año anterior, fue rechazada por los españoles en una muestra de patriotismo que esperaban valorara Carlos y diera una amnistía en relación con las **Comunidades**.

6 septiembre: Juan Sebastián Elcano entraba en Sanlúcar con la nave **Victoria** y dieciocho hombres: era todo lo que quedaba de la expedición que saliera a las órdenes de Magallanes. Los supervivientes habían dado la **primera vuelta al mundo**.

1 octubre: Se publica en Valladolid una carta con un **perdón general** para los comuneros, de los que solo eran efectuados los cabecillas más señalados.

28 octubre: Carlos V proclama solemnemente en Valladolid el perdón de las ciudades comuneras castellanas: en adelante esa sería su condición jurídica.

En julio llegan las tropas enviadas por Carlos V a sofocar la germanía mallorquina. Las mandaba don Miguel Gurrea –representante de la Corona, que hubo de abandonar la isla al principio de la revuelta–, quien tras reforzar Alcudia, va conquistando la isla y cerca la capital el 1 de diciembre.

A fines de año nace Margarita, hija natural de Carlos V, y por cuyo segundo matrimonio con Octavio Farnesio, Duque de Parma y Plasencia, será llamada Margarita de Parma. De esta unión nacería Alejandro Farnesio.

1523:

Germana de Foix, segunda esposa de Fernando el Católico, es nombrada lugarteniente general del reino de Valencia y a ella corresponde la tarea de aplicar la represión ordenada por Carlos; represión dura y larga con el ajusticiamiento de los principales implicados.

En marzo, Palma se rinde y con ello terminan las **Germanías**. También fue dura la represión en Mallorca.

En este año, Carlos V pone en marcha una nueva fórmula de gobierno, con Gattinara como primer ministro, quien sabe imponer en todos los dominios de su soberano la autoridad de su condición de canciller: a él se debe la consolidación del Consejo de Estado, inicialmente un consejo íntimo y privado del Emperador y a través del cual los castellanos conectan con la política del Imperio; desde este año lo forman de cinco a ocho consejeros, de los que dos eran súbditos españoles.

1524:

25 julio: Pedro de Alvarado concluye la conquista de Guatemala y funda la Villa de Santiago de los Caballeros.

14 noviembre: Francisco Pizarro sale de Panamá rumbo al sur para conquistar el imperio de los incas, tarea que encomendó el gobernador de Panamá, Pedrarias Dávila, a él y a sus socios Diego de Almagro y Hernán Luque, sacerdote. La expedición regresa al poco tiempo.

1525:

24 febrero: Francisco I de Francia había cercado **Pavía**, defendida por Antonio de Leiva, en cuyo socorro fueron tropas imperiales que derrotan a los franceses y hacen muchos prisioneros, entre ellos el propio Francisco I, que es trasladado a Madrid, donde se encontraba Carlos V.

23 octubre: Se celebran los desposorios entre Carlos V e Isabel de Portugal, hija de don Manuel, rey del país vecino, y María, hija de los Reyes Católicos.

En este año, con antelación a su boda y durante la ausencia de Carlos V, Isabel había desempeñado el cargo de regente.

1526:

14 enero: Se firma el **Tratado de Madrid**: Carlos dejaba libre a Francisco I, quien entregaría a su rival la Bor-

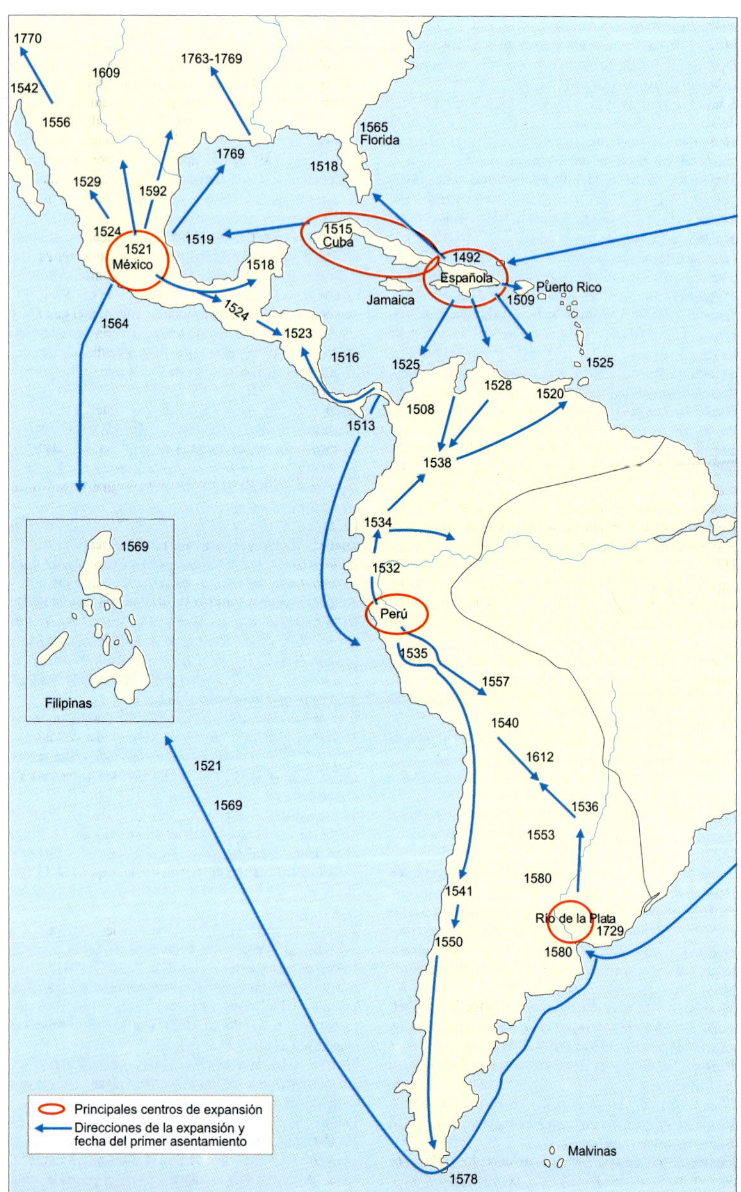

La progresión española en América.

goña, renunciaba a cualquier derecho sobre Nápoles y Milán y dejaba como rehenes a sus hijos, el Delfín y el Duque de Orleans. Una vez libre, Francisco I pondría todo tipo de trabas a cumplir con sus compromisos.
3 marzo: La emperatriz Isabel llega a Sevilla, procedente de Portugal.
10 marzo: Llega el emperador a Sevilla y se celebra su matrimonio con Isabel en el Alcázar.
Mayo: Se constituye la **Liga Clementina** entre Francisco I, el papa Clemente VII y los estados italianos de Florencia, Venecia y Milán para arrojar a los españoles de la península: empezaba la segunda guerra de Carlos V contra Francia, cuyo escenario principal sería el norte de Italia, pero el episodio más sobresaliente se produciría en Roma.
29 agosto: Solimán el Magnífico, sultán otomano, vence a los húngaros en **Mohac**, donde muere su rey Luis I. Le sucede en el trono Fernando, hermano de Carlos V casado con Ana, hermana del rey difunto.
Se reorganiza el Consejo de Estado, que cuenta entre sus miembros a Gattinara, El Duque de Alba, Alonso de Fonseca, arzobispo de Toledo, etc.
Pizarro y sus socios acordaron las condiciones de la empresa y de nuevo se dirigen al sur. Pero la expedición fue difícil. Pizarro decide esperar en la isla del Gallo, mientras le llegaban los refuerzos que habían enviado a buscar; su estado era lastimoso cuando llegaron, pero él y los **trece de la fama** no quisieron regresar, aunque a la postre tuvieron que hacerlo.
1527:
6 mayo: Las tropas imperiales saquean Roma tras perder a su jefe, el Duque de Borbón, en el asalto. El saqueo o **saco de Roma** duró una semana. El Papa se rendiría poco después.
21 mayo: Nace en Valladolid el futuro Felipe II.
1528:
19 abril: Felipe es jurado heredero en las Cortes de Madrid.
21 junio: Nace María, la infanta que se casará con el emperador Maximiliano II, de cuyo matrimonio nacerá Ana de Austria, que será la cuarta esposa de su tío Felipe II.
Isabel actúa nuevamente como regente en Castilla, durante el viaje de su esposo a la corona de Aragón.
1529:
Como la guerra se prolongaba sin que ninguno de los bandos se impusiera claramente, mediaron Margarita, tía de Carlos V, y Luisa de Saboya, madre de Francisco I.
29 junio: Por el **Tratado de Cambray** o **de las Damas** se pone fin a la guerra: Carlos renunciaba a Borgoña, Francisco I renunciaba a Italia y Francisco Sforza era repuesto en Milán como feudatario del emperador, quien recibiría dos millones de ducados para liberar a los infantes franceses que tenía como rehenes.
26 julio: Se ultiman las capitulaciones para la conquista del Perú.
27 septiembre: Comienza Solimán el sitio de Viena, que se prolonga hasta mediados de octubre, cuando los turcos se retiraron fracasados.
5 noviembre: Carlos V llega a Bolonia, donde le esperaba el Papa: allí tendría lugar la **coronación solemne como emperador**. Una vez más dejaba como regente a su esposa y como tal estará hasta su regreso en 1533.
1530:
Muere Gattinara y le sucede como máximo responsable del gobierno –pero no como canciller– Nicolás Perrenot de Granvelle, Granvela, quien mantendrá un fuerte influjo sobre Carlos V en los próximos veinte años, compartido con Francisco de los Cobos, decidido partidario de Carlos desde su llegada a España, compañero de viaje en muchos de los que el emperador hizo por Europa y sólidamente instaurado en el círculo íntimo del soberano, en cuya privilegiada situación se mantuvo hasta su muerte en 1547.
22 febrero: Carlos V recibe solemnemente la segunda corona o **corona de hierro** (la primera o la **de rey de romanos** ya le había sido impuesta con antelación); dos días después se le impondría la tercera o la **corona imperial** en medio de un impresionante ceremonial que no se celebraba desde 1452 y que ya no volvería a celebrarse.
12 julio: Se definen los límites de la Audiencia de México, creada por las cédulas de 29 de noviembre y 13 de diciembre de 1527.
15 noviembre: Ante el fracaso del acuerdo intentado nuevamente en la Dieta de Augsburgo, Carlos V ordena la aplicación de los **edictos de Worms**, en suspenso hasta ahora.
Los protestantes alemanes forman la **Liga de Smalkalda** para defender sus intereses.
1531:
Enero: Pizarro vuelve a salir rumbo al sur.
15 noviembre: Los españoles entran en Cajamarca, a donde acudiría Atahualpa, el soberano inca, que fue hecho prisionero y quiso comprar su libertad con una fantástica oferta de oro que debería hacer realidad en un plazo de dos meses. Atahualpa fue juzgado y ejecutado por la muerte de su hermano Huáscar, al que tenía preso y ordenó matar a fin de que no pudiera arrebatarle el trono aprovechando que estaba retenido por los españoles.
El papa Clemente VII concede en 1531 a la recién fundada Universidad de Granada la calidad de estudio general y los privilegios de las de Bolonia, París y Salamanca.
1532: Carlos V firma con los protestantes la **Paz de Nuremberg**, aplazando la solución del problema religioso, incapaz de resolverlo y amenazado por Francia, los turcos y el propio Clemente VII.
1533, 15 noviembre: Los españoles entran en Cuzco y con ello puede darse por terminada la conquista del Perú, que en adelante sería **Nueva Castilla**.
1534:
Barbarroja se apodera de Túnez, rompiendo el vasallaje que tenía con España su rey Muley Hassan (2 agosto).
La Universidad de Alcalá de Henares consigue los privilegios y exenciones que disfrutaban las Universidades de Salamanca, Valladolid y Bolonia.
El monasterio de Sahagún recibe el título de universidad; el estudio sería trasladado a Irache en 1605.
Se crea el **Virreinato de Nueva España** (México), nombre propuesto por Hernán Cortés a Carlos V en una carta de 30 de octubre de 1520.
1535:
30 febrero: Se funda la Audiencia de Guatemala.
30 mayo: Carlos V sale de Barcelona rumbo a Cerdeña, donde se terminaría de aprestar una expedición para recuperar Túnez. Isabel, nuevamente regente durante su ausencia.

Rebeliones y movimientos sediciosos en Indias.

18 junio: PIZARRO funda Lima, que sería la nueva capital. En julio, sale ALMAGRO a conquistar el territorio que CARLOS V le había concedido más al sur (Chile), al que llamó **Nueva Toledo**.

17 agosto: La expedición imperial retorna a sus bases italianas, tras reponer a MULEY HASSAN en el trono tunecino y guarnecer los fuertes de la Goleta y Bona.

24 junio: Nace JUANA, infanta que se casará con JUAN, príncipe de Portugal, quien moriría pronto y cuyo hijo póstumo fue el rey don SEBASTIÁN (nacido el 20 de enero de 1554).

1 noviembre: Muere FRANCISCO SFORZA de Milán. Las discrepancias sobre su sucesión entre FRANCISCO I y CARLOS V provocan la tercera guerra entre ambos, que se inicia con la invasión francesa de Saboya.

1536:

2 febrero: PEDRO DE MENDOZA funda el Puerto de Nuestra señora Santa María del Buen Aire (Buenos Aires).

Fines de julio: CARLOS V invade Francia con un ejército aprestado en Lombardía y aunque llega a Marsella, la falta de abastecimientos le obliga a retirarse mes y medio después.

1537:

Una nueva mediación femenina, la de las reinas LEONOR y MARÍA, de Francia y Hungría, respectivamente, lleva a la firma de un armisticio de diez meses entre FRANCISCO I y CARLOS V.

26 febrero: Se funda la Audiencia de Panamá.

Abril: ALMAGRO está de regreso en Arequipa, pues celoso de PIZARRO, había desistido de la conquista de Chile. Al saberlo PIZARRO y tener noticia que se proponía conquistar Cuzco, donde había dejado a sus hermanos, les envió tropas de auxilio: era el comienzo de la **guerra civil**.

1538:

18 junio: La **Tregua de Niza** prolonga a diez años los diez meses del armisticio.

En julio, DIEGO DE ALMAGRO fue hecho prisionero por HERNANDO PIZARRO y acusado de traición, fue muerto en la cárcel.

A las **constituciones viejas** de la Universidad de Salamanca (cuya jurisdicción había sido confirmada por el emperador en 1523), se añaden nuevos estatutos.

6 agosto: Después de remontar el río Magdalena, GONZALO JIMÉNEZ DE QUESADA funda Santa Fe de Bogotá, a donde llegan también NICOLÁS FEDERMANN, procedente de Coro y SEBASTIÁN DE BELALCÁZAR, procedente de Quito.

1539:

El desacuerdo con las exigencias fiscales del Emperador genera una presión popular que conduce a la rebeldía de Gante, hacia donde se dirige CARLOS V para resolver la situación personalmente.

1 febrero: CARLOS V despide a nobles y eclesiásticos de las Cortes castellanas reunidas en Toledo desde el año anterior: sus demandas de dinero chocaron con la actitud de los privilegiados, que ya no volverán a ser convocados en las reuniones de Cortes futuras.

1 mayo: Muere la emperatriz ISABEL, a consecuencia de un mal parto. En adelante y durante las ausencias de CARLOS, el príncipe FELIPE actuará como regente, que asume esa condición en este mismo año, cuando sólo tenía doce años de edad, por lo que su regencia estaba «tutelada» por los presidentes de los Consejos de Castilla e Indias, el arzobispo de Toledo y el secretario FRANCISCO DE LOS COBOS.

1540:

14 febrero: CARLOS V entra en Gante sin encontrar resistencias: así se resolvía el **motín de Gante**.

11 octubre: El príncipe FELIPE recibe de su padre, CARLOS V, el ducado de Milán.

1541:

26 junio: PIZARRO fue asesinado por los almagristas, proclamando gobernador al hijo de ALMAGRO. VACA DE CASTRO, representante de la Corona, tomó la iniciativa y decidió imponer su autoridad a todos.

Octubre-noviembre: CARLOS V preparó una expedición contra Argel, que acaba en desastre, favoreciendo el establecimiento de una alianza entre FRANCISCO I y SOLIMÁN EL MAGNÍFICO, preludio de la cuarta guerra contra el emperador, para la que el francés había recibido promesas de ayuda de Suecia y Dinamarca. SOLIMÁN atacaría Hungría. FRANCISCO I tenía como principal objetivo los Países Bajos.

1542:

Julio: Tres ejércitos franceses invaden el Artois, Flandes y Luxemburgo. FRANCISCO I ataca el Rosellón, pero no puede con Perpiñán. Mientras, SOLIMÁN avanza hacia Viena.

16 septiembre: En Perú, VACA DE CASTRO vence a los rebeldes en los llanos de Chupas: era el final de la revuelta. El hijo de ALMAGRO sería ejecutado días después en Cuzco.

20 noviembre: CARLOS V firma en Barcelona las **nuevas Leyes de Indias:** suprimían la audiencia de Panamá y creaban el **Virreinato** y **Audiencia en Lima**.

Zaragoza recibe privilegio real para tener universidad con todas sus facultades; CERBUNA fue su auténtico fundador: él preparó los edificios, contrató profesores, nombró rector y redactó sus estatutos. Años después, en 1555, es equiparada a las de Salamanca, Lérida y otras; la universidad encontró la oposición del Virrey y del Consejo de Aragón y, la enconadísima, de la Universidad de Huesca, pero prosperó.

1543: Se consuma el matrimonio de FELIPE II y su primera esposa MARÍA MANUELA DE PORTUGAL.

1544:

Los escenarios de la guerra se habían polarizado en el norte de Italia y en el norte de Francia.

14 abril: El DUQUE DE ENGHIEN vence a los españoles en Cerisoles, sin más consecuencias.

CARLOS libera Luxemburgo y se dirige contra París por Chalons y Soissons, esperando unir sus tropas a las enviadas por ENRIQUE VIII de Inglaterra, pero éstas se habían atascado en el cerco de Boulogne.

18 septiembre: Se firma la **Paz de Crespy**, por la que los beligerantes se devolvían las conquistas hechas después de 1538; además, FRANCISCO I renunciaba a sus derechos sobre Nápoles y los Países Bajos y CARLOS correspondía con la renuncia a Borgoña. Ambos soberanos se comprometían a luchar contra el turco y trabajar en pro de la unidad de la Iglesia.

1545:

24 febrero: Nace en Ratisbona don JUAN DE AUSTRIA, bastardo de CARLOS V.

9 julio: Nace el príncipe don CARLOS, hijo de FELIPE II y MARÍA MANUELA DE PORTUGAL. La madre murió cuatro días más tarde.

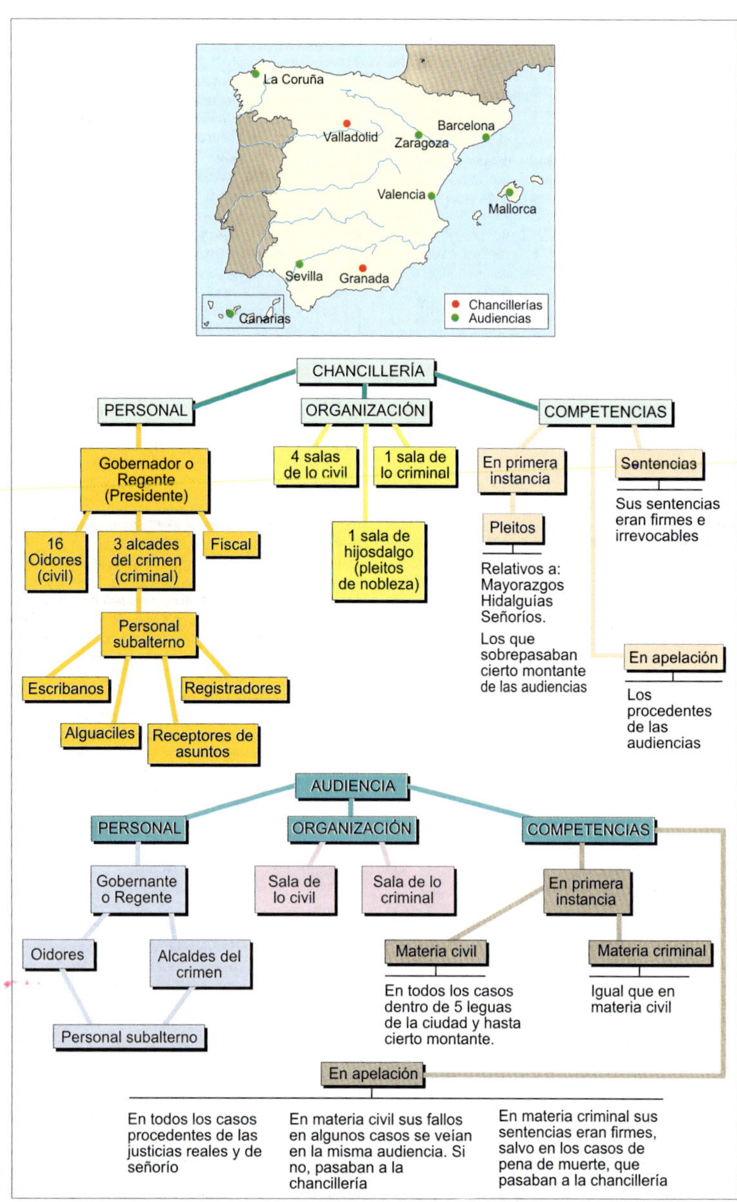

Chancillería y audiencias.

13 diciembre: Se abren las sesiones de la primera etapa del **concilio de Trento**.
Carlos I confirma los estatutos de la Universidad de Valladolid, reformados en 1517 y 1521
1547:
24 abril: Carlos V vence a los protestantes en **Mühlberg** y convoca otra Dieta en Augsburgo.
11 mayo: El concilio de Trento interrumpe las sesiones.
1548:
15 mayo: Se publica el **Interim de Augsburgo** elaborado por la Dieta, una especie de transacción religiosa contenida en 26 artículos que no agrada a protestantes ni católicos.
2 octubre: Felipe sale de Valladolid para reunirse con su padre, dejando como regentes a su hermana María y a su esposo, el Archiduque Maximiliano, quien abandonaría la península en noviembre de 1550. Con Felipe iban el Duque de Alba, Ruy Gomez de Silva y Gonzalo Pérez. Los regentes, con atribuciones recortadas, quedaban asesorados por Juan Vázquez de Molina (sobrino de Francisco de los Cobos), Fernando Valdés y el cardenal Fernando Niño de Guevara.
Dragut saquea Castellamare (Nápoles).
1549:
Dragut de apodera de los Gelves y de la Torre de Aníbal.
La Universidad de Osuna recibe la plenitud de los títulos académicos.
Septiembre: El concilio de Trento cerraba las sesiones de su primera etapa.
1550: Pérez de Vargas, gobernador de la Goleta, recupera la Torre de Aníbal.
1551:
11 mayo: El concilio de Trento abre las sesiones de su segunda etapa.
12 julio: Felipe desembarca en Barcelona acompañado de Maximiliano, que viene a recoger a su esposa. El príncipe asumía así su tercer período de regencia.
Dragut y los turcos se apoderan de Trípoli.
1552:
15 enero: Enrique II de Francia firma con los príncipes protestantes alemanes el **Tratado de Chambord** para luchar contra el emperador: al tiempo que Mauricio de Sajonia se subleva, Enrique II invade la Lorena. Así comenzaba una nueva guerra contra Francia –la quinta– y contra los protestantes.
13 marzo: Enrique II concluye la conquista de los obispados de Metz, Toul y Verdún.
24 abril: Al abandonar Mauricio de Sajonia la causa católica y avanzar sobre el Tirol, el concilio de Trento suspende sus sesiones.
19 mayo: Carlos V vive los peores momentos de su lucha contra los protestantes: desanimado y enfermo se retira de Innsbruck para no ser hecho prisionero. En la Dieta reunida en Passau se muestra una vez más conciliador.
La Audiencia de Sevilla recibe una nueva y más rigurosa reglamentación.
1554:
La ausencia de Carlos y de Felipe convierte a Juana en gobernadora de España hasta 1559: son los años en los que el denominado partido «ebolista» trata de instalarse en el poder. Su jefe, Ruy Gómez, príncipe de Éboli, aglutinaba en su torno a todos los deseosos de desplazar a los colaboradores del emperador, con los que el príncipe Felipe ya tenía algunas discrepancias. Entre Éboli y Felipe surgió un estrecho trato, que convierte a aquel en el centro de los manejos palatinos, consolidando su situación al casarse con Ana de Mendoza y de la Cerda, hija del Duque de Francavilla. Éboli era también el intermediario en la relación con la corte del emperador, donde Francisco de Eraso actuaba en el mismo sentido. El príncipe Felipe, investido por su padre al efecto como **rey de Nápoles y duque de Milán**, se casa con su tía María Tudor, reina de Inglaterra (25 julio). Le acompañaron en el viaje Éboli, los Duques de Alba y Medinaceli, el Conde de Chinchón y el secretario Gonzalo Pérez, entre otros.
A finales de año, la situación económica era tan apurada que los oficiales de la Casa de Contratación dispusieron del dinero de los particulares, iniciativa que aprobaron Juana y el mismo Carlos V; desde entonces estos secuestros fueron frecuentes.
1555:
13 abril: Muere en Tordesillas Juana la Loca.
Alonso de Peralta no sabe defender Bugía, conquistada por los musulmanes.
La nueva Dieta de Augsburgo estuvo presidida por Fernando, hermano de Carlos V. Aquel será quien asuma la responsabilidad de sancionar los términos de la **Paz de Augsburgo**, establecida sobre el principio *cuius regio, eius religio* (el que tenga el gobierno, que determine la religión).
Se organiza definitivamente el Consejo de Italia, mermando el alcance institucional del Consejo de Aragón.
8 septiembre: Felipe se reúne con su padre en Bruselas. Había salido de Inglaterra, donde quedaba María, perdida toda esperanza de descendencia y a la que ya no vería más.
25 octubre: Se reúne en Bruselas una Asamblea, a la que habían sido invitados los Estados Generales, las principales autoridades de los Países Bajos y Fernando: ante ella **abdicó Carlos V** dejando a su hermano el Imperio y los estados patrimoniales austríacos; la «herencia borgoñona» sería para su hijo Felipe, salvo el Franco Condado, que conservaría hasta su muerte.
El estudio de los dominicos de Almagro recibe el título pontificio de Universidad

El reinado de Felipe II (1556-1598)

1556:
16 enero: En un escrito entregado a un secretario, Carlos abdicaba en su hijo todos los territorios de las coronas castellana y aragonesa, la herencia «hispana», las posesiones maternas. Felipe II ratificó a su hermana Juana como regente.
5 febrero: La **tregua de Vaucelles** pone fin a la guerra, que duraba ya tres largos años sin ningún éxito importante para ninguna de las partes implicadas. Los franceses conservan sus ventajas.
Noviembre: Enrique II de Francia rompe la **tregua de Vaucelles**, al tiempo que el papa Paulo IV pretendía privar a Felipe II del reino de Nápoles.
Se crea la Audiencia de Guatemala.
1557:
3 febrero: Carlos V llega a Yuste, lugar elegido para su retiro.

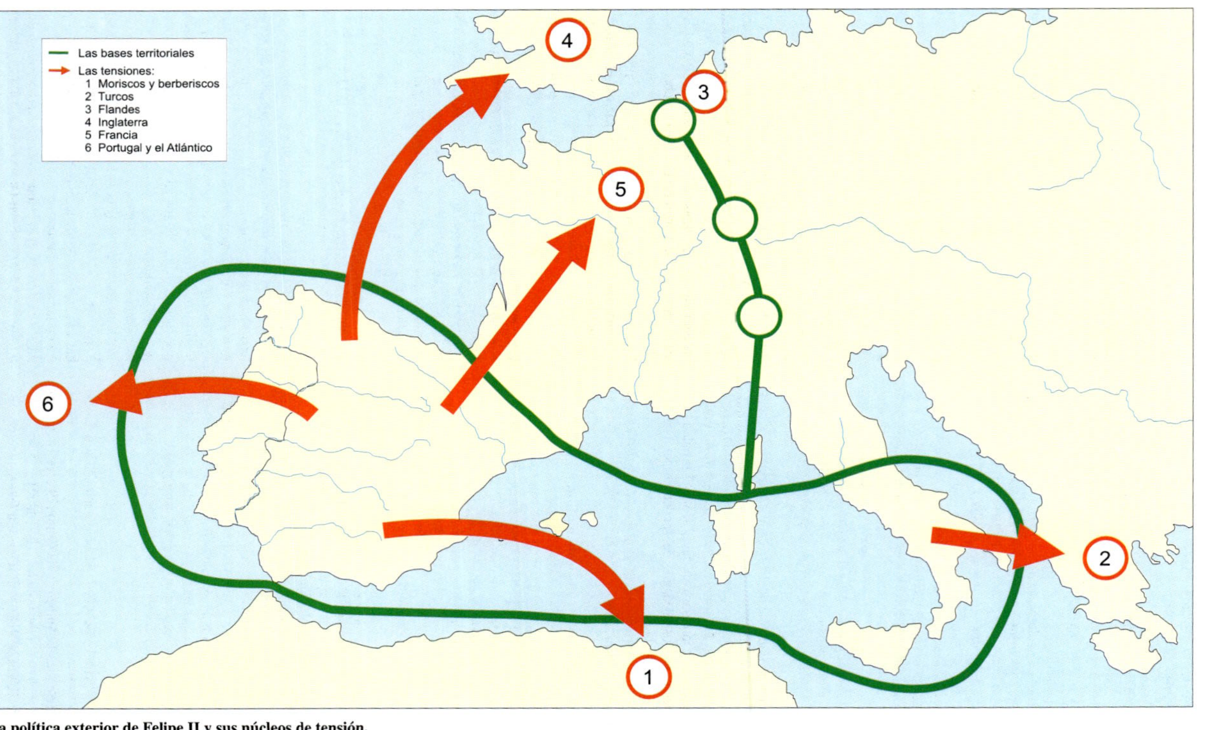

La política exterior de Felipe II y sus núcleos de tensión.

10 agosto: Los españoles vencen a los franceses en la **batalla de San Quintín**.

Los costos de la guerra hacen lógico el decreto financiero de Valladolid de este año que suponía una operación de conversión de la deuda para financiar la guerra hasta 1559, aunque en realidad era la primera **bancarrota** de FELIPE II, generada fundamentalmente por los dispendios de su padre.

1558: Los españoles vencen a los franceses en **Gravelinas** (13 julio); y **Carlos V muere en Yuste** (21 septiembre).

1559:

3 abril: Paz de Cateau-Cambresis firmada entre ENRIQUE II y FELIPE II: se devolvían las conquistas; Francia veía reconocida su posesión de Metz, Toul y Verdún, pero devolvía sus estados al DUQUE DE SABOYA. ISABEL DE VALOIS, hija de ENRIQUE, se casaba con FELIPE II y MARGARITA DE VALOIS, hermana de ENRIQUE, con MANUEL FILIBERTO DE SABOYA. Al recuperar sus estados el DUQUE DE SABOYA, quedaba vacante el cargo de gobernador o regente de los Países Bajos, para el que FELIPE II designó a su hermanastra MARGARITA DE PARMA.

21 mayo: Auto de Fe en Valladolid con 30 penitenciados, acusados de luteranismo, de los que 12 fueron relajados a la justicia secular.

8 septiembre: FELIPE II llega a Valladolid, procedente de Flandes. Para entonces, el **grupo ebolista** disfrutaba plenamente de la confianza del rey y se había instalado sólidamente en los aledaños del poder, a pesar de la resistencia puesta por el DUQUE DE ALBA, que se convertiría en su gran rival, jefe de la facción contraria. El predominio ebolista se mantendrá hasta 1566.

24 septiembre: Auto de Fe en Sevilla también contra acusados de luteranismo; hubo 21 relajados y 80 más sufrieron penas diversas.

8 octubre: Se celebra en Valladolid el segundo Auto de Fe, con asistencia del rey, de la princesa JUANA y del príncipe CARLOS: fueron relajados 13 de los reos, acusados de errores luteranos.

Una pragmática real prohíbe a los universitarios, profesores y estudiantes, acudir a universidades extranjeras, salvo las de Bolonia y Roma (también se permitía a los profesores la de Coímbra).

1560:

22 febrero: Las Cortes Castellanas reunidas en Toledo reconocen al príncipe CARLOS como heredero. En adelante, FELIPE II reuniría las Cortes Castellanas en Madrid cada tres años, poco más o menos, salvo las de 1570, que las reunió en Córdoba, donde se había trasladado para estar cerca de la rebelión morisca de las Alpujarras.

22 diciembre: Nuevo Auto de Fe en Sevilla: 14 condenados a muerte, 34 penitenciados y 3 reconciliados. Termina la amenaza luterana en Sevilla.

El DUQUE DE MEDINACELI, virrey de Sicilia, se apodera de los Gelves o Djerba, recuperada poco después por los turcos, pese a la heroica defensa de don ÁLVARO DE SANDE.

1561: Se inaugura la Audiencia de Charcas, creada diez años antes.

1562, 18 enero: Se abre la tercera etapa del concilio de Trento.

1563: Se crea la Audiencia de Quito (29 agosto), y **Termina el concilio de Trento** (4 diciembre).

1564: 22 enero: FELIPE II autoriza a GRANVELA (consejero de MARGARITA DE PARMA en Flandes y harto impopular entre los naturales) a retirarse «a descansar» a Besançon.

FELIPE II se reúne en Barcelona con los prelados españoles que regresaban de Trento y a partir del 19 de julio publica para sus estados la normativa tridentina.

1565:

En Flandes, nobles jóvenes y no muy ricos, se reunían buscando la fórmula de resistir las órdenes religiosas que llegaran de Madrid: en los primeros días del año aparece un documento conocido como el **compromiso de Breda**, cuyos firmantes se confabulaban para luchar contra la Inquisición, eran más de 2.000, procedentes de la baja nobleza y la burguesía del comercio.

Primeros de marzo: Llega a Madrid, procedente de Bruselas, el CONDE DE EGMONT para informar al rey de la difícil situación generada en Flandes a raíz de la imposición real del cumplimiento de los decretos tridentinos en los Países Bajos. FELIPE II lo recibió cordialmente, pero no cedió.

Abril: Zarpa la flota turca rumbo a Malta, defendida por los caballeros de la Orden de San Juan, pero no puede conquistarla por la oportuna ayuda de la flota española.

15 junio: Comienzan las entrevistas de Bayona entre ISABEL DE VALOIS, esposa de FELIPE II y su madre CATALINA DE MÉDICIS, auténtica directora de la política francesa desde la muerte de ENRIQUE II: la **entrevista de Bayona**, que se prolonga hasta el 1 de julio, viene determinada por las circunstancias internas de Francia, pero se desconocen los acuerdos que se tomaron, si es que los hubo.

27 agosto: Se crea la Audiencia de Chile.

5 noviembre: FELIPE II ordena a MARGARITA DE PARMA, gobernadora de los Países Bajos, proclamar el establecimiento en aquellas tierras de la Inquisición y los decretos de Trento.

MIGUEL LÓPEZ DE LEGAZPI inicia la conquista de Filipinas, acompañado por URDANETA. La conquista no se daría por terminada hasta 1572.

El estudio de Baeza recibe el título de Universidad.

1566:

5 abril: Los descontentos firmantes del **compromiso de Breda** acuden a palacio en Bruselas para entregar una solicitud a la regente, con LUIS DE NASSAU y el VIZCONDE DE BRODORODE al frente. Al oírlos en la plaza, MARGARITA se sobresalta y BERLAYMONT, uno de sus colaboradores, quiere tranquilizarla diciéndole que son *mendigos*: tal será el nombre con el que los rebeldes se autodenominarán en el futuro.

25 abril: Muere GONZALO PÉREZ, el primer secretario de FELIPE II, con el que trabajaba desde 1543, en su época de regente y que mantuvo a su lado cuando regresó a España en 1559. Su puesto fue ocupado por su hijo ANTONIO PÉREZ, a quien el PRÍNCIPE DE ÉBOLI había hecho venir de Italia y lo introdujo en el servicio del rey. El nuevo secretario sería pieza clave del partido ebolista y alcanzaría una gran ascendencia sobre FELIPE II hasta su caída en desgracia en 1579.

A mediados de año llega a España el BARÓN DE MONTIGNY, representante de la nobleza flamenca (como el MARQUÉS DE BERGHES, llegado poco después), para hablar con el rey sobre la situación de los Países Bajos y encontrar una solución.

Agosto: Se suceden los motines en Flandes con asaltos a templos católicos en Saint-Omer, Ypres, Courtray, Valenciennes, Tournay y Amberes, extendiéndose a las provin-

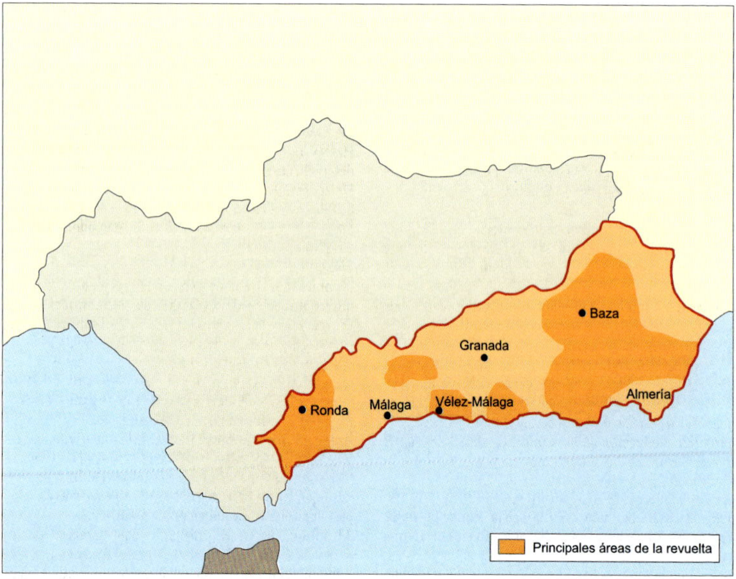

Sublevación de los moriscos granadinos (1568-1571).

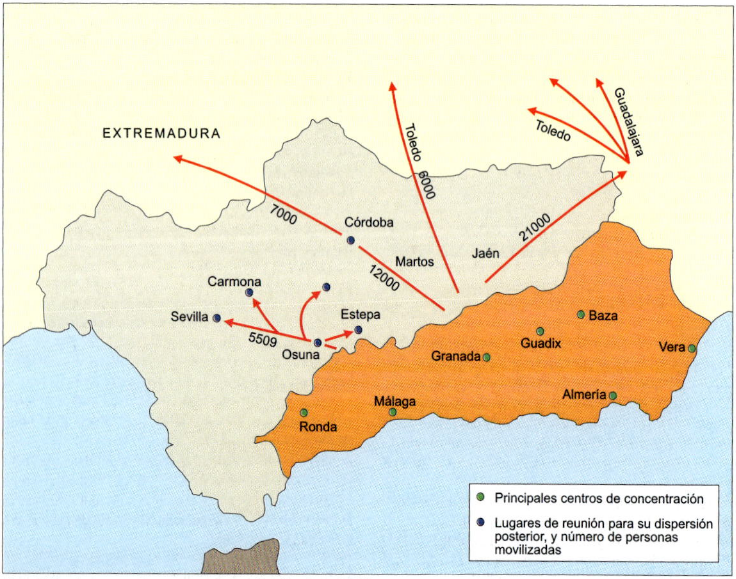

Expulsión de los moriscos granadinos (noviembre, 1570).

cias del norte. Precisamente las noticias llegadas de Flandes provocaron una intensa actividad del Consejo de Estado, donde se imponían las opiniones de ALBA, acelerando la caída de ÉBOLI.
En este año queda definitivamente constituida la Audiencia de Galicia y la nueva Audiencia de Canarias se desvincula de Granada para unirse a la de Sevilla en lo relativo a pleitos de elevada cuantía y penas capitales.
Se publica la *Recopilación de las Ordenanzas de la Real Audiencia y Chancillería de Valladolid.*

1567:
En los primeros meses del año, los desórdenes en Flandes aumentan y comienzan las primeras operaciones de armas, con las que MARGARITA puede ir controlando la situación.
1 enero: Es renovado el edicto de CARLOS V de 7 de diciembre de 1526, que prohibía a los moriscos granadinos la utilización de sus trajes, lengua y costumbres.
14 marzo: Es promulgada por real cédula la **Nueva Recopilación** de las leyes castellanas, donde a las ordenanzas reales de Montalvo (1485) se añadían las pragmáticas de los Reyes Católicos posteriores a 1480 y la posterior producción de las Cortes, CARLOS V, FELIPE II y el Consejo de Castilla hasta el momento de su publicación.
27 abril: El DUQUE DE ALBA, nombrado gobernador de los Países Bajos, sale de Cartagena rumbo a Italia, camino de Bruselas, a donde llegaba a finales de agosto. ALBA había logrado imponer sus criterios y FELIPE le distinguía con toda su confianza, por lo que todos los cortesanos pensaban que el duque era el nuevo hombre fuerte del gobierno, consumando la caída del ebolismo
21 mayo: BERGHES muere y poco después fue encarcelado MONTIGNY (sería estrangulado en prisión en 1570).
17 julio: FELIPE II nombra Secretario de Estado a ANTONIO PÉREZ.
9 septiembre: ALBA detiene a EGMONT, HORN y otros personajes flamencos destacados.
8 diciembre: La Secretaría de Estado para los Asuntos Exteriores se divide en dos: una para los asuntos del norte, que se encomienda a GABRIEL DE ZAYAS, y otra para los asuntos de Italia, encomendada a ANTONIO PÉREZ. La decisión se debe fundamentalmente al cardenal DIEGO DE ESPINOSA, presidente del consejo de Estado, que aprovecha la caída de ÉBOLI y la marcha de ALBA para convertirse en el nuevo hombre fuerte, disfrutando de esa situación hasta 1572, muriendo el 5 de septiembre.

1568:
Empieza a conocerse en Flandes la actuación del **Tribunal de los Tumultos** (o **de la sangre**, como lo denominan los naturales de aquellos reinos), instituido por ALBA para castigar a los responsables de los desórdenes y proceder contra los rebeldes. De procedimientos duros y expeditivos, no tardó en hacerse impopular, sobre todo a raíz del cumplimiento el 5 de junio de la condena a muerte de EGMONT y HORN.
18 enero: El príncipe CARLOS es arrestado por orden de su padre FELIPE II, por sus contactos con los rebeldes flamencos, y moría el 25 de julio en oscuras circunstancias.
28 mayo: ALBA confisca los bienes de los hermanos GUILLERMO DE ORANGE y LUIS DE NASSAU, desterrándolos a perpetuidad.
Entre junio y mediados de noviembre, ALBA desarticula las ofensivas rebeldes procedentes de Alemania, dirigidas por ORANGE y NASSAU.
3 octubre: Muere ISABEL DE VALOIS, tercera esposa de FELIPE II.
25 diciembre: Comienza la **sublevación de los moriscos granadinos**, que habían elegido rey a don HERNANDO DE CÓRDOBA Y VALOR, que se confesaba descendiente de los OMEYAS y adoptó el nombre de ABEN HUMEYA: él envió una partida de sus seguidores a la ciudad de Granada y con ellos comenzó la revuelta.
Se crea la Audiencia de Cuzco, segregándola de la de Charcas.

1569:
20 marzo: Los Estados Generales aceptan en Bruselas una contribución de 2.000.000 de florines, rechazando una cantidad fija, equivalente a la alcabala castellana, con la que ALBA pretendía financiar su política en los Países Bajos y escapar así a los apuros económicos, que ya estaba padeciendo. La política tributaria de ALBA aumentaría su impopularidad, sin que sus éxitos militares resolvieran definitivamente la revuelta.
Ante el desacuerdo entre DEZA, presidente de la Audiencia, y el MARQUÉS DE MONDEJAR, capitán general de Granada, FELIPE II da el mando a su hermanastro don JUAN DE AUSTRIA, que contará con la ayuda de don LUIS DE REQUESENS para controlar la revuelta morisca granadina.
23 junio: FELIPE II ordena la concentración de los moriscos de la capital en sus parroquias, desde donde saldrían deportados para establecerlos en otros lugares de la monarquía castellana: la medida hace huir a los moriscos de la vega para evitar una medida similar.
ABEN HUMEYA es asesinado y uno de sus asesinos, DIEGO DE ARRÓS, es designado como nuevo rey granadino, con el nombre de ABD ALLAH ABEN ABOO.

1570:
10 febrero: Don JUAN DE AUSTRIA, tras conquistar Galera a los moriscos, ordena arrasarla y sembrarla de sal.
28 octubre: Como la guerra persistía, FELIPE II ordena reunir a los moriscos granadinos y dispersarlos por tierras castellanas.
Los últimos focos de resistencia moriscas son partidas dispersas por las Alpujarras y la serranía de Ronda, por donde vagaba ABEN ABOO, asesinado por varios de sus seguidores.
14 noviembre: FELIPE II se casa con ANA DE AUSTRIA.
1571: Se concluyen las capitulaciones de la **Santa Liga** entre FELIPE II, Venecia y el Papa PIO V (25 mayo). La flota cristiana de la Santa Liga, mandada por don JUAN DE AUSTRIA, vence a la escuadra turca en la batalla del golfo de **Lepanto** (7 octubre).
1572: MARÍA ESTUARDO es detenida por ISABEL I de Inglaterra, acusada de traición. El embajador español, GUERAU DE ESPÉS, es expulsado de Inglaterra so pretexto de participar en la conspiración que tramaba MARÍA. La provincia de Holanda nombra como estatúder a GUILLERMO DE ORANGE (15 julio), consolidando así su rebeldía, lo mismo que las otras provincias del norte, donde la autoridad de ALBA era ignorada, sin que el duque pudiera hacer nada por evitarlo.

1573:
11 julio: Harlem es conquistada por las tropas de ALBA, que pese a éxitos como éste sigue sin controlar la

Felipe II y los Países Bajos.

revuelta, por lo que es relevado del mando, sustituido por don LUIS DE REQUESENS, quien se hace cargo de su puesto el 29 de noviembre.

29 julio: Muere el PRÍNCIPE DE ÉBOLI, lo que unido al apartamiento político de Ala y al vacío dejado por ESPINOSA provoca que los dos secretarios reales, ANTONIO PÉREZ y MATEO VÁZQUEZ, pugnen por construir sus propias facciones políticas. PÉREZ será el sucesor, de hecho, de ÉBOLI.

1 octubre: Don JUAN DE AUSTRIA zarpa con su escuadra rumbo a Túnez, conquistándola sin dificultad, al igual que Bizerta. Tras dejar guarniciones españolas retorna a Sicilia y luego a Nápoles.

1574, 18 febrero: La conquista de Middelburgo por los sublevados libera la provincia de Zelanda y la deja en poder de los rebeldes flamencos.

1575, septiembre: El día 14 se hace público un decreto firmado por FELIPE II, el día 1, por el que la Monarquía se declaraba en **bancarrota**. Y el día 27, en un audaz golpe de mano, los españoles conquistan las islas de Duiveland y Schouwen cortando las comunicaciones de los rebeldes flamencos entre el sur de Holanda y Walcheren, poniendo nuevamente en apuros a los rebeldes.

1576:

5 marzo: REQUESENS muere víctima de una rápida enfermedad.

25 abril: Los estados de Holanda y Zelanda acuerdan su unión por el **Acta de Federación** y eligen, después, a GUILLERMO DE ORANGE como jefe con atribuciones comparables a las del rey de España.

4 noviembre: Casi al mismo tiempo que don JUAN DE AUSTRIA entraba en los Países Bajos como sucesor de don LUIS DE REQUESENS, las tropas españolas –que no habían cobrado desde hacía tiempo– saqueaban Amberes: una sangrienta jornada que puso de relieve la **furia española**.

La llegada de don JUAN a Flandes y el nombramiento de consejeros amigos, entre 1576 y 1578, marcan el triunfo político de ANTONIO PÉREZ, al frente del partido heredero de ÉBOLI, también llamado por algunos «papista» (el papa GREGORIO XIII, en su afán por encontrar apoyos en la corte madrileña, buscó la ayuda de los ebolistas. Enfrente tenía PÉREZ a la facción que encabezaban VÁZQUEZ y ALBA, que presentaba ciertas fisuras en su composición y con ideas diferentes ante los mismos problemas. Los Consejos de Estado y Guerra y las juntas que se constituían para abordar tal o cual cuestión serán los principales terrenos del enfrentamiento de ambos grupos.

Diciembre: FELIPE II se entrevista con don SEBASTIÁN, rey de Portugal, en el Monasterio de Guadalupe: FELIPE no pudo hacerle desistir de su empeño de intervenir en Marruecos.

1577: Este año DRAKE comienza un largo viaje que concluiría en 1580, después de dar la vuelta al mundo, regresando con un rico botín arrebatado a los españoles en sus acciones piratas. Don JUAN DE AUSTRIA publica el **Edicto Perpetuo** (27 de febrero): las tropas españolas abandonarían los Países Bajos y se respetarían las libertades y privilegios de las provincias flamencas; los Estados generales respetarían el catolicismo y reconocerían como gobernador a don JUAN, pero el acuerdo no duraría mucho.

1578:

31 enero: Don JUAN, con tropas llegadas de Italia al mando de ALEJANDRO FARNESIO, vence a los rebeldes en **Gemblours**.

31 marzo: JUAN DE ESCOBEDO secretario de don JUAN DE AUSTRIA, es asesinado en Madrid, donde había sido enviado para acelerar la dotación económica de las tropas españolas en Flandes. El responsable del asesinato fue ANTONIO PÉREZ, que quiso evitar así que la víctima descubriera al rey los negocios que se traía entre manos con la venta de secretos de Estado, negocios a los que no era ajena la PRINCESA DE ÉBOLI, quien, según la versión popular de los hechos, mantenía una relación amorosa con PÉREZ, relación que ESCOBEDO había descubierto, y fue muerto para que no la confesara al rey.

14 abril: Nace en Madrid el príncipe FELIPE, futuro FELIPE III.

4 agosto: En la **batalla de Alcazarquivir** el ejército portugués (que había desembarcado en Arcila e iba camino de Larache) es derrotado por los marroquíes, muriendo don SEBASTIÁN y lo más granado de la nobleza y el ejército lusitanos.

28 agosto: El cardenal don ENRIQUE, un viejo enfermo, es jurado rey de Portugal en Lisboa, abriéndose la crisis sucesoria que estallaría a su muerte y que tenía en FELIPE II a su aspirante más cualificado, aunque el bastardo real don ANTONIO, prior de Crato, era el candidato de las clases populares portuguesas.

1 octubre: Don JUAN muere a causa del tifus en su campamento de Namur, donde estaba casi sitiado por los rebeldes. Su sucesor en el mando fue ALEJANDRO FARNESIO.

1579:

5 enero: Las provincias católicas de Artois, Donay y Hainaut firman la **Liga de Arrás**, de carácter defensivo; una unión que ratifican y refuerzan con un tratado firmado con FARNESIO el 19 de mayo, comprometiéndose a no tolerar más que el catolicismo en su territorio.

29 enero: Las provincias protestantes del norte firman la **Unión de Utrecht**, que integra a Holanda, Zelandam Utrecht, Güeldres y Zutfen.

28 julio: FELIPE II decide decretar la prisión de ANTONIO PÉREZ y de la PRINCESA DE ÉBOLI, aunque el secretario siguió en sus funciones. La princesa fue encerrada, acusada de pródiga, en la torre de Pinto y, luego, en la fortaleza de San Torcaz; al cabo de dos años se le permite retirarse a Pastrana, donde morirá en 1591.

1580:

31 enero: Muere don ENRIQUE, rey de Portugal. FELIPE II apresura los preparativos militares para hacer valer sus derechos al trono lusitano. FELIPE II ya había llamado a GRANVELA, que estaba en Roma, y lo nombra presidente del Consejo de Italia: el cardenal será el gobernante efectivo de España mientras FELIPE II está ausente en Portugal.

Junio: El ejército español reunido en Badajoz a las órdenes del DUQUE DE ALBA inicia sus movimientos hacia Portugal, al mismo tiempo que la flota reunida en los puertos andaluces zarpa hacia Setúbal, bajo el mando de don ÁLVARO DE BAZÁN, marqués de Santa Cruz, para reunirse con el ejército. El Prior de Crato, don ANTONIO (hijo del infante don LUIS y de una judía conversa), que se había hecho proclamar rey en Santarem, entra en Lisboa al frente de un ejército de seguidores (24 junio).

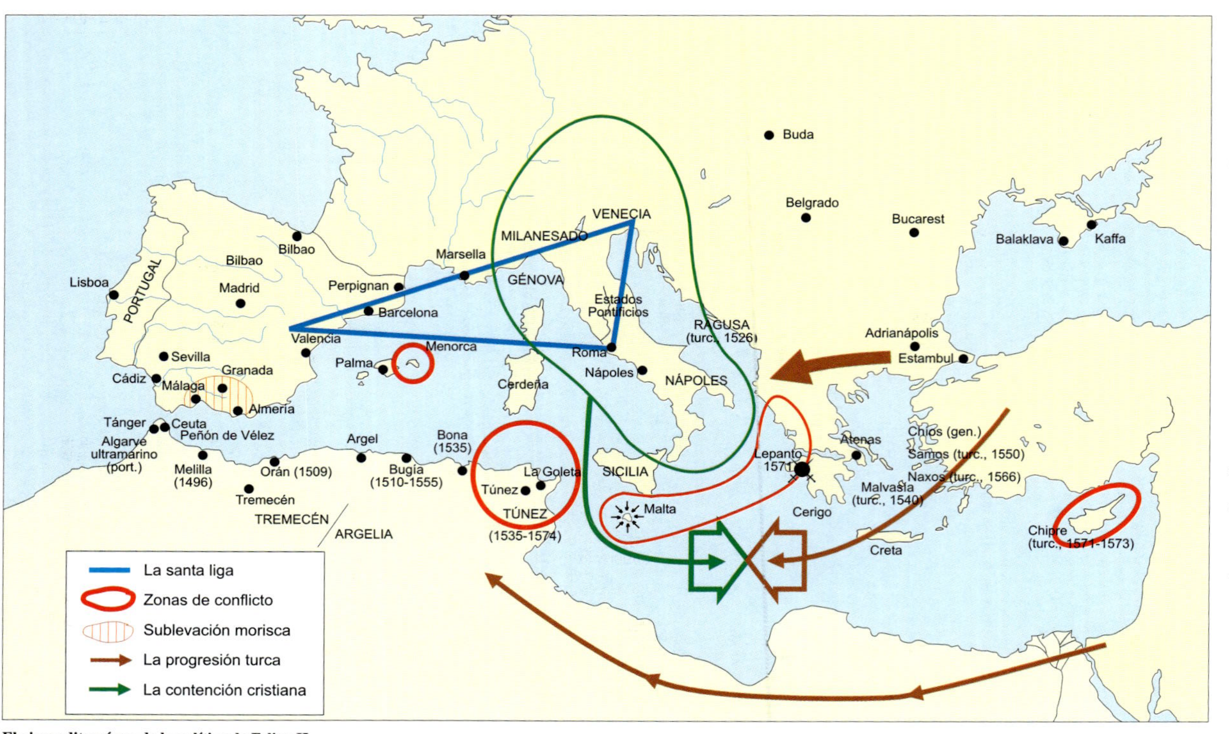

El eje mediterráneo de la política de Felipe II.

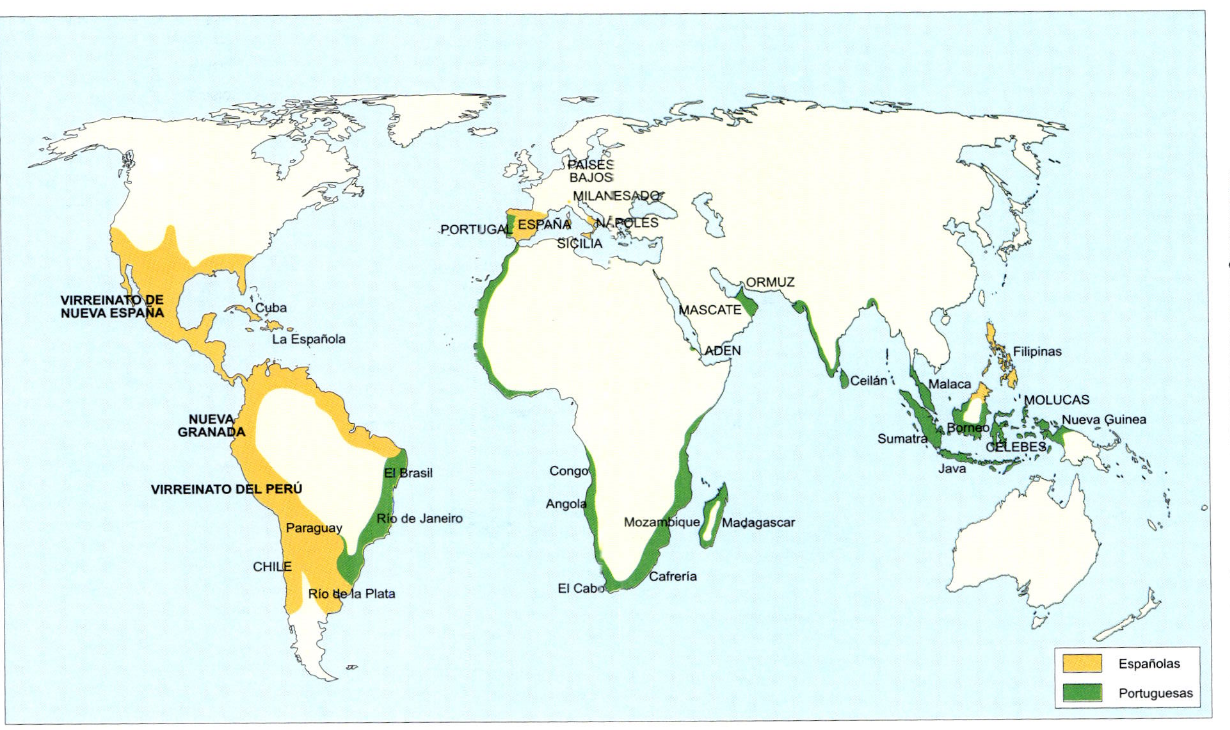

Posesiones de Felipe II.

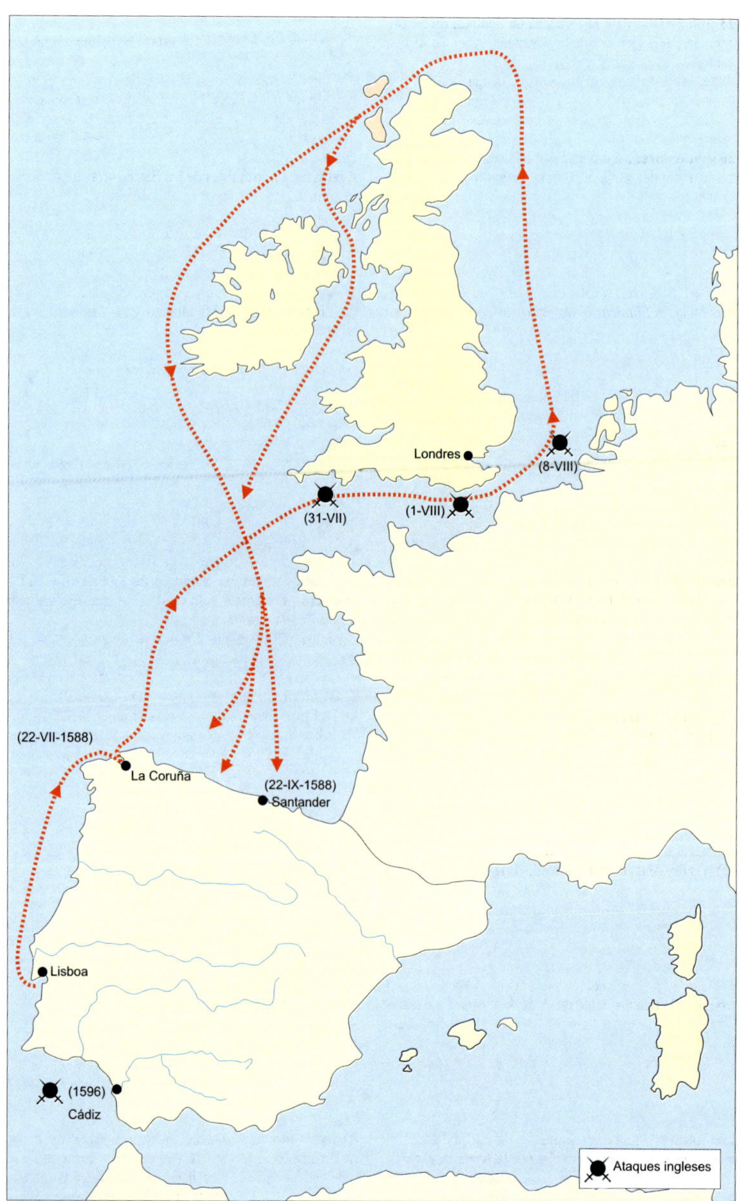

Derrotero de la Gran Armada.

23 julio: ALBA rinde la fortaleza de Setúbal, tras entregarse la ciudad sin combatir. Después, ALBA se dirigió contra Lisboa, donde entró, escapando don ANTONIO, perseguido por SANCHO DÁVILA, que ocupa Oporto, pero no puede apresar al prior fugitivo, que vaga en la provincia Entre Douro y Miño durante seis meses y huye, finalmente, a Francia.
26 septiembre: Muere en Lisboa la reina ANA DE AUSTRIA, a donde había ido acompañando a su marido FELIPE II.

1581:

Aparecen la *Apología* o *Justificación del Príncipe de Orange contra sus calumniadores*. De su contenido y de los manifiestos lanzados por los rebeldes se deriva una serie de panfletos escritos en inglés, francés y alemán, denominados *Filípicas* o *Antiespañolas*, donde se reúnen muchos de los elementos de la **Leyenda Negra**.
15 abril: Las Cortes portuguesas, reunidas en el monasterio de Tomar, juran como rey a FELIPE II.
27 julio: FELIPE II hace su entrada solemne en Lisboa.
Se funda en la isla de Luzón, una de las Filipinas, la ciudad de Manila, que sería la capital del Archipiélago

1583:

11 febrero: FELIPE II abandona Lisboa y por Badajoz y Guadalupe llega a El Escorial el 24 de marzo. Dejaba como Virrey en Portugal a su sobrino, el cardenal y archiduque ALBERTO DE AUSTRIA, donde permanecerá hasta 1593.

1584:

Enero: BERNARDINO DE MENDOZA, embajador español en Londres, es expulsado de Inglaterra como consecuencia de las acusaciones de THROCKMORTON, un conspirador que fue descubierto a finales del año anterior y que confesó la existencia de planes de invasión de Inglaterra desde el continente, con la complicidad de los católicos ingleses en connivencia con el embajador español.
10 julio: GUILLERMO DE ORANGE es asesinado de un pistoletazo. ALEJANDRO FARNESIO quiere aprovechar la circunstancia para apoderarse de las principales ciudades del Brabante: Bruselas, Gante, Manilas y Amberes.
FELIPE II autoriza, por fin, que se le formen dos procesos a ANTONIO PÉREZ: uno, por cohecho; otro, para esclarecer el asunto ESCOBEDO.
Para entonces ya estaba claro que el partido de PÉREZ había sido vencido por su rival, dirigido ahora por el CONDE DE CHINCHÓN y MATEO VÁZQUEZ.

1585:

Agosto: Final del sitio de Amberes y rendición de la plaza a FARNESIO. Era la culminación victoriosa de la campaña en el Brabante.
Septiembre: Culminación de las negociaciones entre los rebeldes flamencos e ISABEL I DE INGLATERRA: esta se compromete a enviarles 6.000 hombres al mando del CONDE DE LEICESTER, que llegan a principios del año siguiente, pero FARNESIO no les da ninguna opción.
14 septiembre: DRAKE inicia una nueva expedición de envergadura contra las colonias americanas españolas y portuguesas.
1586, Julio: A fines de mes entraba DRAKE en Plymouth, quien regresaba de sus correrías por la América española: lo más destacado fue el saqueo de Santo Domingo en las Antillas, Cartagena de Indias en Tierra Firme y San Agustín de la Florida.

1587:

La ejecución de MARÍA ESTUARDO a principios de febrero decide a FELIPE II a preparar la invasión de Inglaterra, dando las órdenes necesarias para que comenzara la reunión de una gran flota en Lisboa que se trasladaría a los Países Bajos para embarcar al ejército de ALEJANDRO FARNESIO y cruzaría el Canal de la Mancha desembarcando en Inglaterra.
6 febrero: La Asamblea de los Estados rebeldes designa gobernador y capitán general a MAURICIO DE NASSAU, hijo de GUILLERMO DE ORANGE.
FARNESIO proseguía consolidando su ventaja militar, ahora con la conquista de la Esclusa y Ostende, plazas importantes en la provincia de Flandes.
19 abril: DRAKE entra por sorpresa en Cádiz destruyendo algunos barcos, dificultando con sus acciones la reunión de la flota española en Lisboa, cuyo jefe era ÁLVARO DE BAZÁN.
A finales de este año o principios del siguiente empezó a reunirse, a la caída de la tarde, una junta informal y en secreto, que sería llamada, una vez consolidada, la **Junta de la Noche**.

1588:

30 enero: Muere el MARQUÉS DE SANTA CRUZ, sustituyéndole al mando de la armada española el DUQUE DE MEDINASIDONIA.
20 mayo: La flota española zarpa de Lisboa rumbo a Inglaterra: la **Gran Armada** o **Armada Invencible** se componía de 130 buques de diferente tonelaje con un total de hombres en torno a los 30.000 (incluidos marineros, remeros y soldados), a los que se añadirían los de ALEJANDRO FARNESIO.
23 mayo: El almirante LORD HOWARD DE EFFINGAHM y DRAKE unen sus escuadras en Plymouth para vigilar el Canal e impedir los movimientos de la escuadra española.
9 junio: La flota española ha de hacer arribada forzosa en La Coruña, de donde vuelve a zarpar el 12 de julio.
21 julio: Se produce el primer combate entre las flotas española e inglesa: queda de relieve la superioridad táctica, maniobrera y artillera de los ingleses.
27 julio: La flota española se refugia en Calais: a la medianoche del día siguiente los ingleses lanzan contra los barcos españoles ocho **brulotes** ardiendo, sacando a la flota del puerto y obligándole a continuar su periplo, continuamente acosada por el enemigo. Para evitar males mayores y que la derrota fuera absoluta, la flota española penetra en el mar del Norte, renunciando a contactar con FARNESIO e inicia el viaje de regreso costeando por el norte las islas británicas. Las pérdidas españolas en hombres y navíos fueron cuantiosas: regresaron a los puertos del norte de España 66 buques y unos 10.000 hombres.
1589, 13 abril: Zarpa una flotilla inglesa desde Plymouth con destino a Lisboa y con el objeto de establecer en el trono portugués al Prior de Crato, don ANTONIO, el rival de FELIPE II en sus aspiraciones a la corona portuguesa. La expedición fue un fracaso, siendo rechazada por la guarnición lisboeta.

1590:

8 mayo: Muere el CARDENAL DE BORBÓN, proclamado rey de Francia como CARLOS X a la muerte de ENRIQUE III el 2 de agosto de 1589, asesinado por el dominico JACOBO CLEMENTE. El CARDENAL DE BORBÓN, prisionero y anciano, murió por entonces sin llegar a reinar. A su

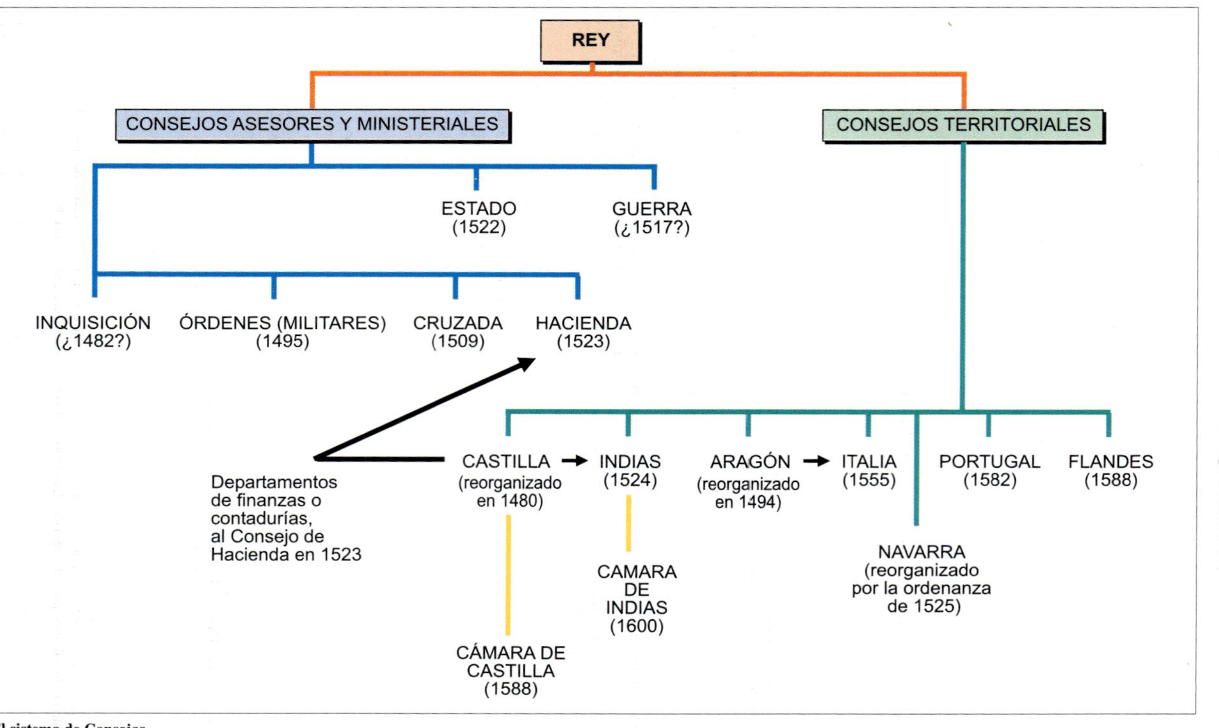

El sistema de Consejos.

muerte, FELIPE II presenta la candidatura de su hija ISABEL CLARA EUGENIA al trono de Francia.
27 julio: ALEJANDRO FARNESIO entraba con los Tercios españoles en París, liberándola del asedio hugonote. FARNESIO había logrado reducir la revuelta flamenca a las provincias de Holanda y Zelanda, pero por orden de FELIPE II tendrá que intervenir en Francia defendiendo los derechos al trono galo de ISABEL CLARA EUGENIA, frustrándose las buenas expectativas existentes en los Países Bajos.
19 julio: Disfrazado con los vestidos de su esposa, ANTONIO PÉREZ se escapa de la cárcel de Madrid, donde estaba confinado, y huye a Aragón, acogiéndose a sagrado en Calatayud e invocando su condición de aragonés, por lo que los oficiales reales solo pueden sacarlo de sagrado para llevarlo a la cárcel foral. FELIPE II decide que se le acuse de herejía para que pase a las cárceles inquisitoriales, de donde fue devuelto a la foral por la agitación desatada: motín que pone en entredicho por igual las autoridades real, inquisitorial y del Justicia Mayor.
En este año las cortes castellanas aprobaron el **servicio de millones**, un nuevo impuesto de indudable transcendencia para la hacienda real.
1591:
24 septiembre: La Inquisición reclama nuevamente a ANTONIO PÉREZ y cuando iba a ser trasladado de cárcel, estalla un motín en Zaragoza, instigado por los fueristas, siendo liberado ANTONIO PÉREZ, que escapa a Francia. FELIPE II decidió restablecer el orden y su autoridad en Aragón.
15 octubre: FELIPE II anuncia que el ejército acantonado en Agreda iba a penetrar en Aragón: el ejército fue considerado «extranjero» por los aragoneses, que se aprestan a resistir, aunque la resistencia se limita a Zaragoza.
12 noviembre: El ejército real entra en Zaragoza sin disparar un solo tiro, después de dispersar las tropas fueristas.
20 noviembre: El JUSTICIA MAYOR de Aragón es ajusticiado por orden de FELIPE II sin que se le formara previamente proceso.
24 diciembre: FELIPE II publica un perdón general para los asuntos aragoneses, pero son muchas las excepciones en él contenidas.
1592:
4 agosto: En el castillo de Coca, en circunstancias extrañas muere el CONDE DE ARANDA, donde había sido encerrado como castigo a su responsabilidad en los sucesos de Aragón por el asunto de ANTONIO PÉREZ.
6 agosto: La misma extraña suerte que el CONDE DE ARANDA corre el DUQUE DE VILLAHERMOSA, otro de los culpables cualificados de los sucesos aragoneses, que había sido encarcelado en Miranda de Ebro.
2 diciembre: Enfermo desde julio, muere en Arrás ALEJANDRO FARNESIO, cuando preparaba una nueva intervención en Francia. Le sucedió en el mando el CONDE DE MANSFELD.
1593: La incapacidad física del rey institucionaliza la Junta de la Noche, el principal órgano de gobierno durante los últimos años del reinado. Es el momento en que el ARCHIDUQUE ALBERTO se incorpora a las tareas de gobierno, reclamado de Portugal por su tío FELIPE II. Junto a él destacan por su cercanía al Rey JUAN DE IDIÁQUEZ y CRISTÓBAL DE MOURA, miembros de la Junta y nunca vinculados a los partidos «históricos» de la corte filipina. Ambos conservaron su importancia política hasta la muerte del rey.
1594, Enero: El ARCHIDUQUE ERNESTO DE AUSTRIA sucede a MANSFELD en el gobierno de los Países Bajos españoles.
DRAKE inicia su última expedición, que se prolongaría hasta el año siguiente, siendo rechazado en Las Palmas de Gran Canaria, Puerto Rico, Cartagena de Indias y Panamá.
1596: El ARCHIDUQUE ALBERTO llega a Bruselas como sucesor del CONDE DE FUENTES, sucesor a su vez del ARCHIDUQUE ERNESTO en la gobernación de los Países Bajos.
Como el peso fundamental de la tributación recaía sobre Castilla, el esfuerzo volvía a ser insostenible y se ha de reconocer una **nueva bancarrota**, que se resuelve como las anteriores: la deuda flotante se transforma en consolidada y se reembolsaría por juros. Fue el final de las aspiraciones imperiales de FELIPE II y la ruina económica de las ciudades del norte.
1598:
2 mayo: FELIPE II y ENRIQUE IV de Francia firman la **paz de Vervins**: aquél reconocía a éste como rey de Francia.
6 mayo: FELIPE II firma el **acta de abdicación** por la que dejaba los Países Bajos a su hija ISABEL CLARA EUGENIA como dote de su próxima boda con el ARCHIDUQUE ALBERTO (el matrimonio tendría lugar en 1599). Los Países Bajos volverían a la soberanía española si el nuevo matrimonio no tenía descendencia, como efectivamente ocurriría. Las provincias del norte o **Provincias Unidas** continuaron la lucha, ahora contra los nuevos soberanos.
30 junio: FELIPE II, sabiéndose próximo a morir, sale de Madrid hacia El Escorial. La gota le venía castigando desde 1579 y se había agudizado desde 1591.
13 septiembre: A las cinco de la madrugada, muere FELIPE II en el monasterio de El Escorial. Le sucedía su hijo, FELIPE III.

El reinado de Felipe III (1598-1621)

18 diciembre: El DUQUE DE LERMA jura los cargos de sumillers de Corps y caballero: se convertía de hecho en el máximo responsable del gobierno o, lo que es lo mismo, en privado o valido del rey
1599, 18 abril: Llega a Valencia, donde la esperaba el rey, la esposa de FELIPE III, MARGARITA DE AUSTRIA, cuya boda se celebró por poderes en 13 de noviembre anterior en Ferrara.
1601:
10 enero: Se anuncia oficialmente el traslado de la Corte a Valladolid.
22 septiembre: Nace en Valladolid la INFANTA ANA, futura esposa de LUIS XIII de Francia y madre de LUIS XIV.
El patriarca RIBERA envía varios memoriales al rey, desanimado por los escasos progresos evangelizadores, para conseguir la solución del problema morisco, que acabaría en la expulsión.
1602:
FELIPE III envía al SHA DE PERSIA una embajada a cargo de tres agustinos, quienes logran una alianza de las dos

Ciudades de reunión de Cortes.

Control territorial en Castilla (división en cinco partidos) por el gobierno central (siglos XVI-XVII).

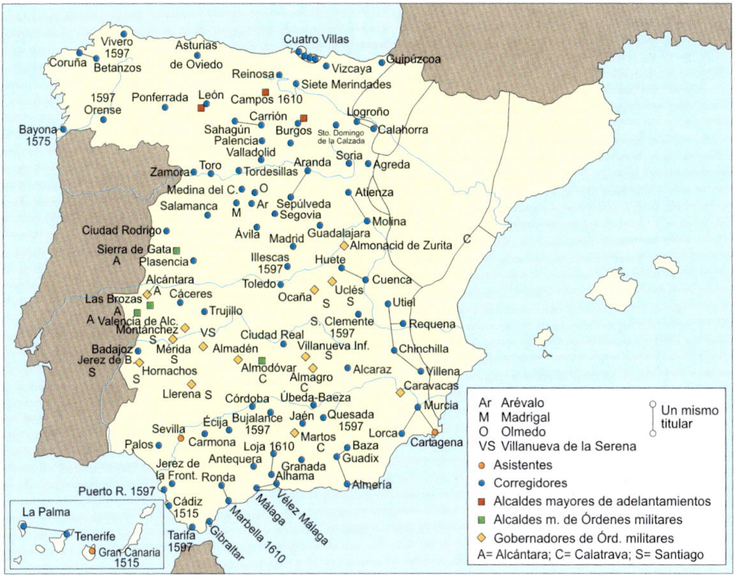
Vivero 1597
Coruña
Betanzos
Asturias de Oviedo
Cuatro Villas
Guipúzcoa
Vizcaya
Reinosa
Siete Merindades
1597 Orense
Ponferrada
León
Campos 1610
Carrión
Logroño
Bayona 1575
Sahagún
Burgos
Sto. Domingo de la Calzada
Calahorra
Palencia
Valladolid
Soria
Aranda
Agreda
Zamora
Toro
Tordesillas
Medina del C.
O
Atienza
Salamanca
M
Ar
Sepúlveda
Segovia
Molina
Ciudad Rodrigo
Ávila
Madrid
Guadalajara
Sierra de Gata
A
Plasencia
Almonacid de Zurita
C
Illescas 1597
Huete
Alcántara
Toledo
Cuenca
A
Las Brozas
Cáceres
Ocaña
Uclés
S
S
Utiel
A
Trujillo
A Valencia de Alc.
Montánchez
S. Clemente 1597
Requena
S
VS
Ciudad Real
Badajoz
Mérida
Almadén
Villanueva Inf.
Chinchilla
Jerez de B.
S
S
S
Hornachos
Almodóvar
C
Almagro
C
Alcaraz
Villena
S
Caravacas
Llerena S
Córdoba
Úbeda-Baeza
Murcia
Écija
Bujalance 1597
Jaén
Quesada 1597
Sevilla
Martos
C
Lorca
Palos
Carmona
Loja 1610
Baza
Cartagena
Jerez de la Front.
Antequera
Granada
Guadix
Ronda
Alhama
Almería
Puerto R. 1597
Cádiz 1515
Málaga
Vélez Málaga
Marbella 1610
Tarifa 1597
Gibraltar
La Palma
Tenerife
Gran Canaria 1515
Ar Arévalo
M Madrigal
O Olmedo
VS Villanueva de la Serena
Un mismo titular
Asistentes
Corregidores
Alcaldes mayores de adelantamientos
Alcaldes m. de Órdenes militares
Gobernadores de Órd. militares
A= Alcántara; C= Calatrava; S= Santiago

Corregimientos, alcaldías mayores y gobiernos en Castilla (siglos XVI y XVII).

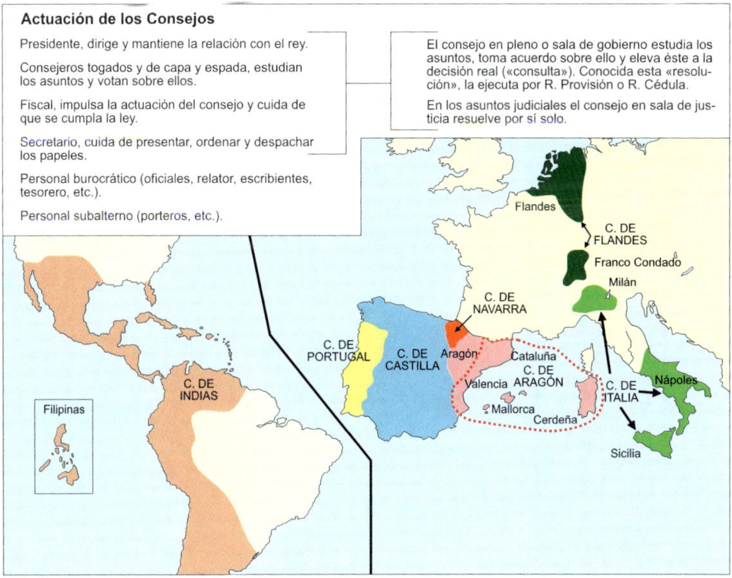
Actuación de los Consejos
Presidente, dirige y mantiene la relación con el rey.
Consejeros togados y de capa y espada, estudian los asuntos y votan sobre ellos.
Fiscal, impulsa la actuación del consejo y cuida de que se cumpla la ley.
Secretario, cuida de presentar, ordenar y despachar los papeles.
Personal burocrático (oficiales, relator, escribientes, tesorero, etc.).
Personal subalterno (porteros, etc.).
El consejo en pleno o sala de gobierno estudia los asuntos, toma acuerdo sobre ello y eleva éste a la decisión real («consulta»). Conocida esta «resolución», la ejecuta por R. Provisión o R. Cédula.
En los asuntos judiciales el consejo en sala de justicia resuelve por sí solo.
Flandes
C. DE FLANDES
Franco Condado
Milán
C. DE NAVARRA
C. DE PORTUGAL
C. DE CASTILLA
Aragón
Cataluña
C. DE ARAGÓN
Valencia
Mallorca
Cerdeña
C. DE ITALIA
Nápoles
Sicilia
C. DE INDIAS
Filipinas

Jurisdicciones territoriales de los Consejos.

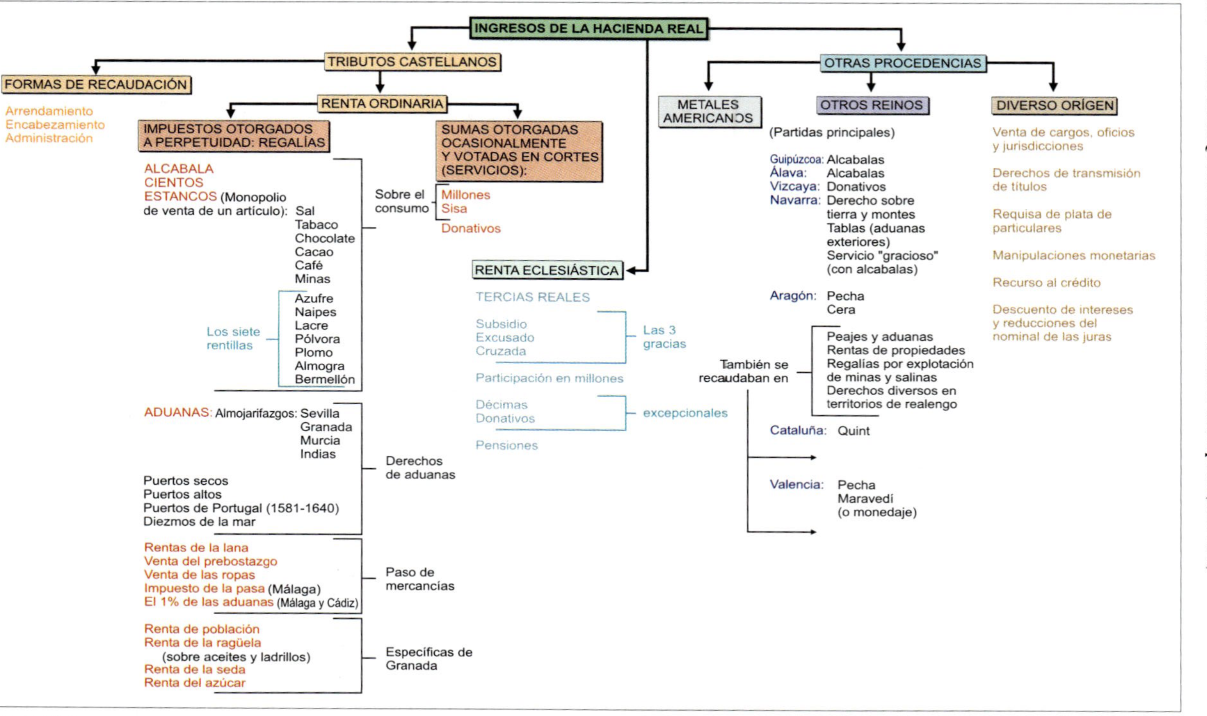

Hacienda Real.

Expulsión de los moriscos 1609-1614.

potencias con la que España buscaba abrir un nuevo frente contra los turcos y aliviar la presión que estos ejercían sobre las colonias asiáticas de Portugal.

3 diciembre: El patriarca RIBERA jura el cargo de virrey de Valencia.

1603, 22 septiembre: AMBROSIO DE SPÍNOLA, al servicio de España, conquista en los Países Bajos la plaza de **Ostende**, cuyo cerco había durado casi cuatro años.

1604, 27 agosto: Se firma el **Tratado de Londres**, negociado en la capital inglesa con JACOBO I por el CONDE DE VILLAMEDIANA.

Se duplica la moneda de vellón con las consiguientes consecuencias inflacionarias, que se agudizan con acuñaciones de moneda divisionaria de cobre.

1605, 8 abril: Nace en Valladolid el príncipe FELIPE, futuro FELIPE IV.

Se reúnen en Toga varias decenas de síndicos representantes de las aljamas valencianas para sopesar las posibilidades de una sublevación general morisca. Los señores de moriscos se sintieron amenazados y empezaron a retirarles su apoyo y a familiarizarse con la idea de la expulsión. El rey ordenó el castigo de los comprometidos y se tomaron algunas medidas preventivas.

1606:

6 abril: Se reúne en Madrid el Consejo Real. Era la ratificación del regreso de la Corte, abandonando Valladolid.

11 mayo: Una breve de PAULO V autoriza la **Junta de los tres**, compuesta por el confesor real, padre XAVIERRE, el COMENDADOR MAYOR DE LEÓN y el CONDE DE MIRANDA. La Junta se reuniría en varias ocasiones durante el año siguiente para ver la forma de reducir a la población morisca, aconsejando la prosecución de la evangelización como justificación de recurrir a otros procedimientos más drásticos si fracasaba.

18 agosto: Nace en El Escorial la INFANTA MARÍA, casada en 1631 con el rey de Hungría y madre de MARIANA DE AUSTRIA, segunda mujer de FELIPE IV.

1607: Los efectos de las manipulaciones monetarias anteriores llevan a la **bancarrota** parcial, a la que se denomina eufemísticamente **suspensión de consignaciones**.

1609:

9 abril: Se firma con las Provincias Unidas la **Tregua de los Doce Años**, hecha pública cinco días después. Su contenido se reparte en 37 artículos y el más importante es el primero, donde FELIPE III y el ARCHIDUQUE ALBERTO reconocen que tratan con «países, provincias y estados libres, sobre los cuales ellos no pretenden nada».

16 mayo: Nace en El Escorial el príncipe FERNANDO, el futuro **Cardenal-Infante**.

22 septiembre: El decreto de **expulsión de los moriscos** es leído solemnemente en las calles de Valencia.

29 septiembre: Comienza en el Grao el embarque de los moriscos valencianos.

19 octubre: Estalla un movimiento de rebeldía y protesta en los moriscos reunidos en la marina de Alicante, mientras esperaban el embarque: la rebelión se propaga y adquiere tintas de gravedad. No fue controlada totalmente hasta finales de noviembre.

1610:

12 enero: Se pregona públicamente en Sevilla el bando real de expulsión de los moriscos: la expulsión se realiza en Andalucía sin dificultades y el éxodo morisco ya había comenzado antes de hacerse pública la decisión regia.

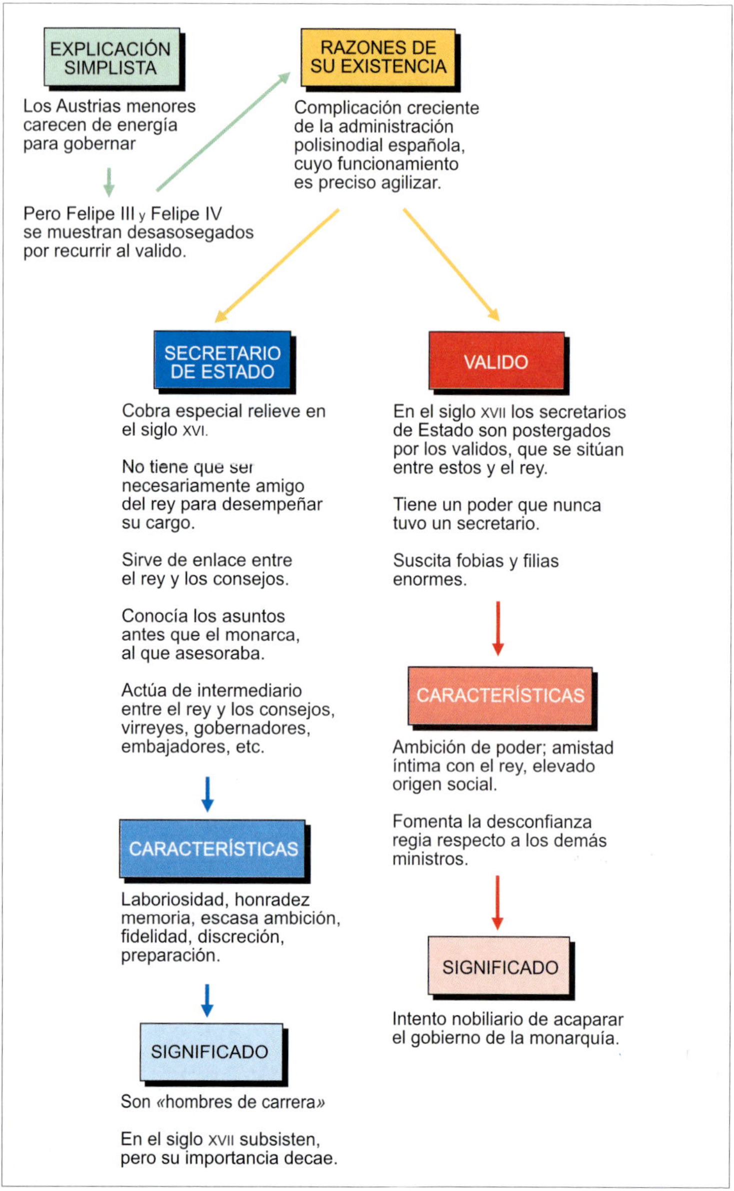

EXPLICACIÓN SIMPLISTA

Los Austrias menores carecen de energía para gobernar

Pero Felipe III y Felipe IV se muestran desasosegados por recurrir al valido.

RAZONES DE SU EXISTENCIA

Complicación creciente de la administración polisinodial española, cuyo funcionamiento es preciso agilizar.

SECRETARIO DE ESTADO

Cobra especial relieve en el siglo XVI.

No tiene que ser necesariamente amigo del rey para desempeñar su cargo.

Sirve de enlace entre el rey y los consejos.

Conocía los asuntos antes que el monarca, al que asesoraba.

Actúa de intermediario entre el rey y los consejos, virreyes, gobernadores, embajadores, etc.

CARACTERÍSTICAS

Laboriosidad, honradez memoria, escasa ambición, fidelidad, discreción, preparación.

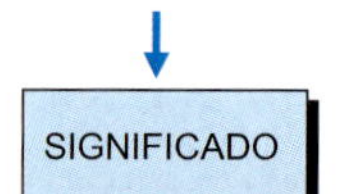

SIGNIFICADO

Son «hombres de carrera»

En el siglo XVII subsisten, pero su importancia decae.

VALIDO

En el siglo XVII los secretarios de Estado son postergados por los validos, que se sitúan entre estos y el rey.

Tiene un poder que nunca tuvo un secretario.

Suscita fobias y filias enormes.

CARACTERÍSTICAS

Ambición de poder; amistad íntima con el rey, elevado origen social.

Fomenta la desconfianza regia respecto a los demás ministros.

SIGNIFICADO

Intento nobiliario de acaparar el gobierno de la monarquía.

El fenómeno del valimiento.

17 abril: Se hace pública en Cataluña la decisión de expulsar a la minoría morisca.
29 mayo: Se publica en Zaragoza el bando de expulsión de la población morisca.
España ocupa el puerto de Larache que el sultán de Fez había cedido en pago de ayudas recibidas.
1611, 30 abril: Se acuerdan los matrimonios de ANA DE AUSTRIA con LUIS XIII de Francia, e ISABEL DE BORBÓN con el futuro FELIPE IV. Las capitulaciones matrimoniales se ratificarían un año después y, dada la edad de los contrayentes, los matrimonios tardarían en consumarse varios años.
1613: El CONDE DE GORDOMAR se hace cargo de la embajada española en Londres. Su amistad con JACOBO I allanará muchos obstáculos en su gestión diplomática, por lo que se convierte en la pieza clave de nuestras relaciones con Inglaterra hasta el final del reinado.
1614, 6 agosto: La expedición de don LUIS FAJARDO ocupa el puerto de la Mármora.
1615, 18 octubre: El príncipe FELIPE se casa con ISABEL DE BORBÓN, hija del ENRIQUE IV de Francia. En la Casa del príncipe, como uno de los seis gentilhombres, aparece don GASPAR DE GUZMÁN, CONDE-DUQUE DE OLIVARES, su futuro valido.
CARLOS MANUEL DE SABOYA es derrotado en Astí por el MARQUÉS DE LA HINOJOSA, gobernador de Milán. CARLOS MANUEL había invadido el Monferrato, en contra de los deseos españoles.
1616: El MARQUÉS DE VILLAFRANCA sucede en Milán al de la Hinojosa y prosigue la campaña contra CARLOS MANUEL, derrotándolo en Apértola.
1617: Se firma la **Paz de Pavía** con CARLOS MANUEL, al que se le devuelven las conquistas y se restituye el Monferrato al DUQUE DE MANTUA.
1618:
22 marzo: LERMA es promovido por Roma a Cardenal de la Iglesia Católica.
14 mayo: Tiene lugar la **conjuración de Venecia**, como se denomina a una supuesta conspiración de los españoles para apoderarse de la república italiana, denunciada por uno de los implicados y abortada por el Consejo de los Diez. Nuestro embajador, el MARQUÉS DE BEDMAR, tuvo que huir de Venecia, pero otros españoles no tuvieron tanta fortuna y fueron asesinados. En total, se habla de una cifra de 500 ahorcados.
26 mayo: Tiene lugar la llamada **defenestración de Praga**, hecho que se considera el inicio de la **Guerra de los Treinta Años**.
4 octubre: El DUQUE DE LERMA abandona El Escorial, perdiendo su valimiento. Se retira a Lerma (Burgos).
1619:
22 abril: FELIPE III sale de Madrid camino de Portugal, entrando solemnemente en Lisboa el 29 de junio.
4 diciembre: FELIPE III está de regreso en Madrid.
1620, 12 julio: Estalla en la Valtelina (en el alto valle del Adda, de importancia estratégica para España) una sublevación contra los grisones. El DUQUE DE FERIA, gobernador de Milán, proclama el protectorado español sobre el valle y rechaza los refuerzos enviados por los cantones suizos protestantes de Zúrich y Berna.
1621:
6 febrero: Se establecen las bases de un tratado con los grisones, por el que España les devolvería la Valtelina y el condado de Bornio, a condición de que solo existiera el culto católico.

El reinado de Felipe IV (1621-1665)

31 marzo: Muere FELIPE III, subiendo al trono su hijo, que reinaría como FELIPE IV. OLIVARES se convierte en el nuevo valido y se instala en palacio. Sin embargo, OLIVARES se colocó al principio en un segundo término y dejó la responsabilidad aparente del gobierno a su tío don BALTASAR DE ZÚÑIGA, quien muere en 1622.
El nuevo equipo ministerial acomete la depuración del régimen con medidas como la creación de una **Junta de reformación de costumbres** (para investigar el origen de las fortunas de cuantos habían ocupado cargos públicos desde 1592) y la persecución de los personajes más destacados del reinado anterior, como el DUQUE DE OSUNA, aunque el proceso más sonado fue el de don RODRIGO CALDERÓN, marqués de Siete Iglesias, ajusticiado el 21 de octubre de este año.
13 abril: Se firma el **Tratado de Madrid**: intento baldío de resolver el problema de la Valtelina, de gran valor estratégico por sus pasos alpinos, en poder del Bund o ligas grisonas desde 1530, con las que los naturales estaban molestos por los intentos de imponerles el protestantismo. El tratado fue bien recibido por los grisones, pues recuperaban el valle, pero lo recibieron malamente los mismos valtelineses y el DUQUE DE FERIA, gobernador español de Milán, que por razones estratégicas tenía que seguir muy de cerca la situación valtelinesa, cuya solución definitiva no se alcanzaría hasta años después.
24 abril: El DUQUE DE UCEDA es detenido y encarcelado en la fortaleza de Torrejón de Velasco.
En este año concluye la Tregua de los Doce Años firmada con los holandeses, y muere el ARCHIDUQUE ALBERTO, por lo que los Países Bajos vuelven a España al no tener sucesión el archiduque con su esposa ISABEL CLARA EUGENIA. La guerra rebrotaría enseguida.
Las Cortes de Madrid de este año ya denuncian los males que se derivaban de la acumulación de riquezas (fundaciones, capellanías, bienes raíces, etc.) por la Iglesia.
1622:
21 agosto: El CONDE DE VILLAMEDIANA fue asesinado en la calle Mayor de Madrid. Se rumoreó que el asesinato se produjo por orden del rey, celoso del conde que cortejaba a la reina. Una versión más reciente responsabiliza de la muerte del conde, acusado por el Consejo de Castilla de «pecado nefando», a sus propios cómplices.
19 diciembre: FELIPE IV indulta a UCEDA, que es puesto en libertad.
1623:
20 febrero: Una pragmática impone el uso de la golilla (desde entonces prenda distintiva de la indumentaria española) para acabar con la utilización de los complicados cuellos de encaje, lechuguillas y valonas.
17 marzo: El príncipe CARLOS, heredero del trono inglés, y el DUQUE DE BUCKINGHAM se presentan de incógnito en la embajada inglesa de Madrid para acelerar el final de las negociaciones matrimoniales anglo-españolas, por las que el príncipe inglés se casaría con la infanta española MARÍA. El viaje y las negociaciones fueron un fracaso.

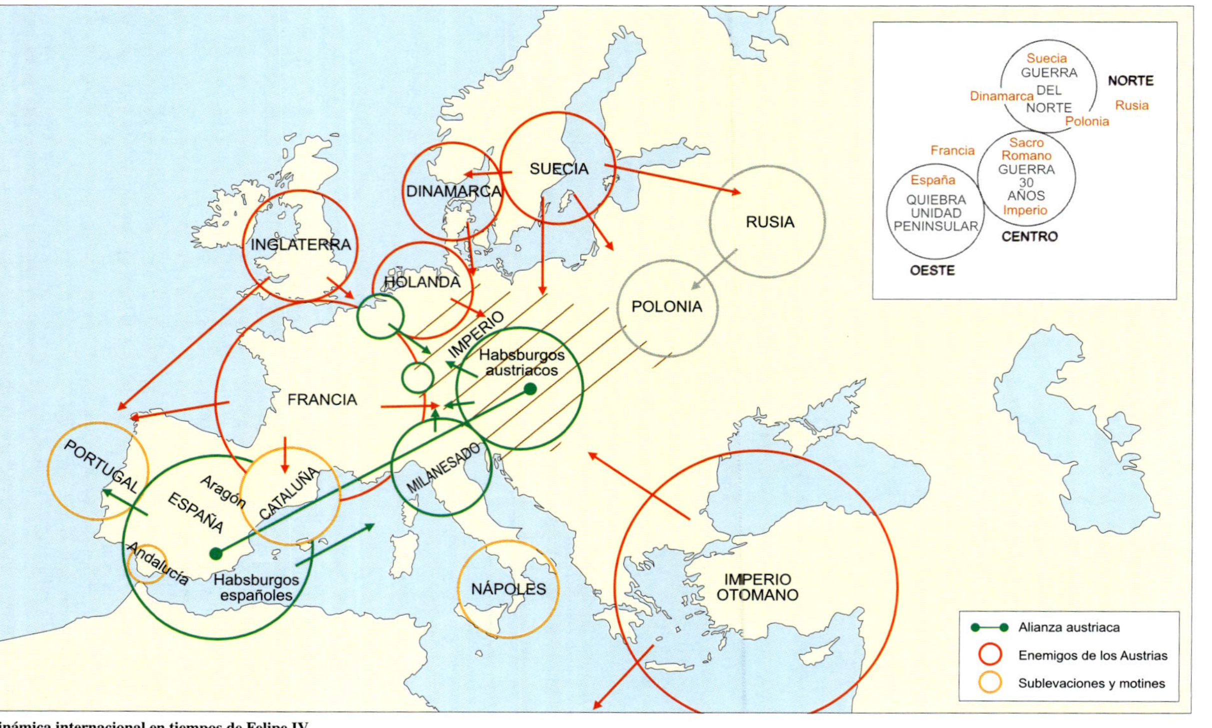

Dinámica internacional en tiempos de Felipe IV.

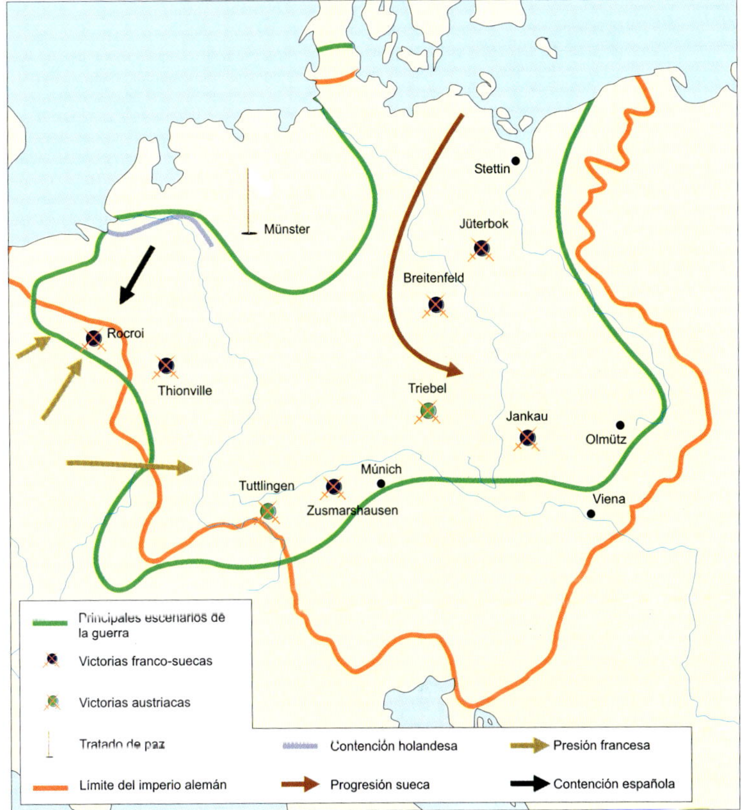

Fase final de la Guerra de los Treinta Años en Europa (1635-1648).

1624:
28 enero: FELIPE IV emprende un viaje de varios meses por Andalucía que tenía como destino Sevilla, pero que se alargó hasta Doñana, visitando Málaga, Antequera y Granada al regreso.
31 mayo: Muere preso en Alcalá de Henares el DUQUE DE UCEDA, que había sido detenido nuevamente por orden de OLIVARES.
De este año es el **Gran Memorial**, que OLIVARES presenta al rey y que se considera como la muestra más completa del pensamiento político del valido y el exponente de lo más esencial de su programa de gobierno: su idea principal era conseguir la unidad de poder controlando a nobles, eclesiásticos y clases populares.
1625:
5 junio: AMBROSIO DE SPÍNOLA logra la **rendición de Breda**, tras diez meses de asedio.
8 diciembre: LORD WIMBLEDON regresa a Plymouth tras fracasar en su ataque a Cádiz, rechazado por el DUQUE DE MEDINA SIDONIA.
1626:
20 enero: El rey abre las cortes aragonesas convocadas en Barbastro y luego en Calatayud, que conceden un subsidio de 144.000 escudos anuales para mantener sobre las armas a dos mil soldados durante quince años.
30 de enero: FELIPE IV inaugura las cortes valencianas en Monzón, lugar aragonés, por lo que los asistentes estaban molestos. Fue una reunión tumultuosa, en la que FELIPE IV finalmente consigue un corto subsidio de 1.080.000 libras que se destinaría a armar mil hombres y se pagaría en quince años, a 72.000 libras anuales.
Las Cortes catalanas fueron más irreductibles, agravando la situación el mutuo recelo entre el CONDE-DUQUE y los

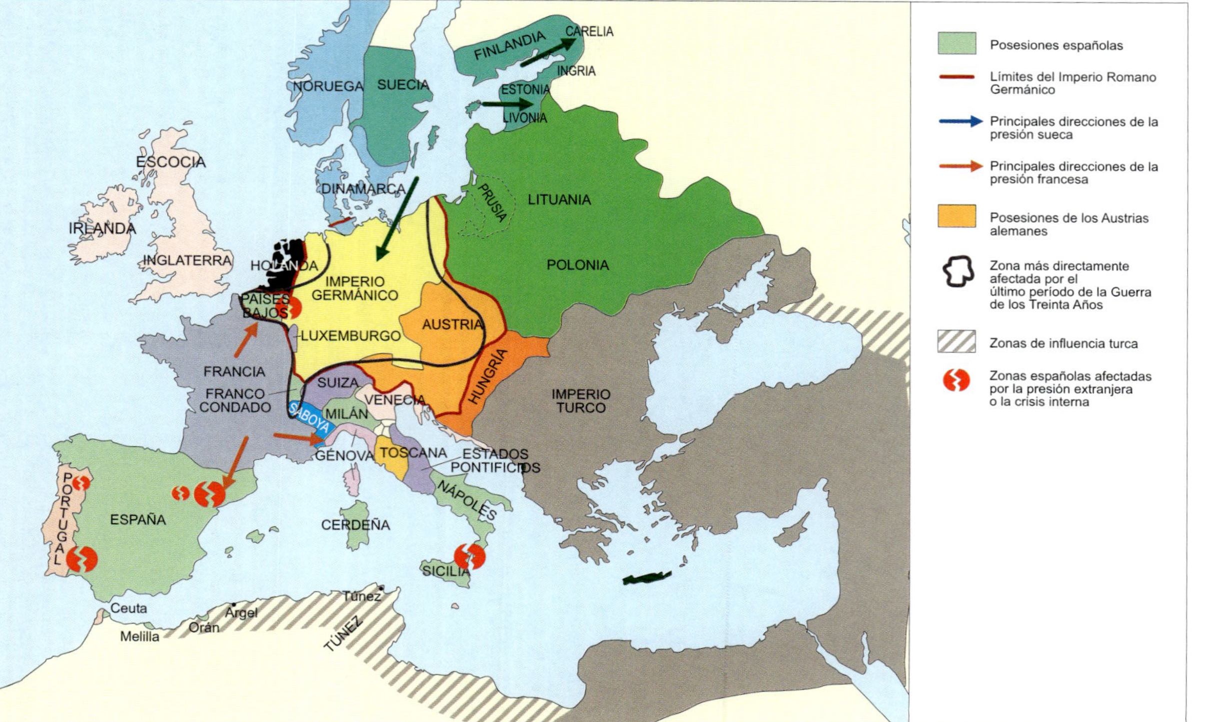

Europa en la década de 1640

catalanes: OLIVARES, siempre arrogante, exigió lo que según los naturales solo podía darse por merced.

4 mayo: FELIPE IV abandona precipitadamente Barcelona, dejando un mal sabor en las Cortes y en la ciudad; tuvo que volver a Madrid sin conseguir nada.

En estas tres reuniones de Cortes, los reinos aragoneses debían votar la **Unión de Armas**, un proyecto de ejército común, contemplado en el programa político de OLIVARES y mediante el que se esperaba incrementar la aportación de esos reinos a las exigencias y necesidades de la Monarquía, sobre todo militares y hegemónicas.

8 mayo: Una real cédula suspende las acuñaciones de la moneda de cobre: desde 1621 se habían acuñado 19.728.000 ducados, que habían supuesto para el Tesoro un beneficio superior a los trece millones. El desquiciamiento monetario era patente y se veía agravado por la numerosa moneda falsa de cobre que entraban los extranjeros.

1627: En enero la Hacienda real suspende las consignaciones: era la primera **bancarrota** del reinado.

Se inicia un conflicto entre las ciudades de Perpiñán y Barcelona, al solicitar aquélla que el Rosellón y la Cerdaña fueran separadas de la jurisdicción virreinal y del Consejo de Cataluña

1628, 7 agosto: Un edicto devalúa la moneda de vellón a la mitad de su valor: la medida fue necesaria por el alza de los precios y la elevación del premio de la plata, un 60% más que el vellón.

1629:

7 abril: Nace en Madrid don JUAN JOSÉ DE AUSTRIA, hijo bastardo de FELIPE IV, nacido de sus amoríos con MARÍA CALDERÓN, alias LA CALDERONA, una famosa artista de representación de comedias. Éste fue el único de los numerosos bastardos reales autorizado por FELIPE IV a llevar su apellido.

17 octubre: Nace el príncipe BALTASAR CARLOS, quinto parto de la reina ISABEL DE BORBÓN (los anteriores se habían malogrado todos).

19 octubre: Se produce un enfrentamiento de gran entidad entre soldados destinados en Barcelona y los habitantes de la ciudad.

1630, 25 septiembre: Muere AMBROSIO SPÍNOLA.

Este año se iniciaron en Madrid las obras del **Palacio del Buen Retiro**, en un emplazamiento situado detrás del monasterio de San Jerónimo. Los autores de los planos fueron JUAN GÓMEZ DE MORA y JUAN BAUTISTA CRESCENDI.

1631: Termina la **guerra de sucesión de Mantua**, gracias a tres **pactos** (**Casale** –31 de marzo–, **Ratisbona** –6 de abril– y **Querasco** –30 de mayo–), en los que España no sacaba nada: VÍCTOR AMADEO DE SABOYA recibía setenta y dos lugares del Monferrato con Alba y Trino; Pignerol, Riva y el fuerte de Perosa quedaban bajo control temporal de Francia y Mantua se entregaba al DUQUE DE NEVERS y sus descendientes, rivales de los GUASTALLA, apoyados por España en el conflicto sucesorio.

1633, 1 diciembre: Muere ISABEL CLARA EUGENIA, encargándose interinamente el MARQUÉS DE AYTONA del gobierno de los Países Bajos.

1634, 7 septiembre: El CARDENAL INFANTE FERNANDO, hermano de FELIPE IV, nombrado nuevo gobernador de los Países Bajos. Cuando marchaba hacia Bruselas para tomar posesión de su cargo, recibió el encargo de dirigir el ejército católico que luchaba en Alemania contra los suecos, y los derrotó en la **batalla de Nordlingen**. Llega a Bruselas el 4 de noviembre.

1635, febrero: RICHELIEU establece con los suecos una alianza ofensiva contra el emperador y declara la guerra a España.

1636: El CARDENAL INFANTE don FERNANDO invade la Picardía francesa y ocupa La Chapelle y La Corbie, inquietando a París. Estas ventajas se perdieron al año siguiente.

Mientras se producía el avance de don FERNANDO, el Franco Condado rechaza la invasión francesa dirigida por CONDÉ, y en junio don MARTÍN DE ARAGÓN vencía a los franceses en Tesino.

1637, 3 septiembre: El **Tratado de Milán** ponía fin a la cuestión de la Valtelina: se entregaba a los grisones, que se comprometían a respetar el culto católico; solo las tropas austríacas tendrían derecho de paso; sus habitantes podrían apelar las sentencias de los tribunales locales ante dos jueces especiales, uno nombrado por los mismos grisones y otro por el gobernador español de Milán.

En Portugal (Algarve, Évora) se registran unos tumultos, exponentes del malestar que existe por la dominación española.

1638, 20 septiembre: Nace la infanta MARÍA TERESA, futura esposa de LUIS XIV de Francia, con quien casa en 1660.

1639, 19 julio: Un ejército francés, mandado por CONDÉ y SCHÖMBERG, invade el Rosellón y se apodera de Salses, importante plaza fortificada.

1640:

Es este un año clave en la España moderna, pues en él se inicia la crisis de la Monarquía Hispánica, provocada por varios factores. El programa de gobierno del CONDE-DUQUE DE OLIVARES se basaba en cuatro puntos (reforma administrativa, fomento de la riqueza, incremento de la población y unión real de todos los reinos a base de la legislación castellana), pero puede resumirse en una palabra: **centralización** o **castellanización**, objetivo que según OLIVARES podría comenzar a cubrirse con un sistema de cooperación militar entre los diferentes reinos –**Unión de Armas**, a la que ya hemos aludido–, que tras el estallido de la Guerra de los Treinta Años y la ruptura de hostilidades con Francia en 1635 se hizo imperiosa. Pero el proyecto no fue bien acogido en Cataluña ni Portugal, cuyas protestas y malestar desencadenarían la crisis, en la que encontramos dos tipos de disturbios: revueltas políticas y revueltas populares, producidas por el hambre. En este año, tanto en Cataluña como en Portugal, la clase dominante sintió amenazados sus privilegios y veían el peligro de perder su identidad histórica, con el riesgo añadido de ser atrapados por la catástrofe que se cernía sobre Castilla.

4 enero: Cataluña responde al llamamiento regio y aporta armas y dinero para recuperar la plaza de Salses, lo que se consigue en este día.

19 marzo: Terminada la campaña del Rosellón, don FELIPE SPÍNOLA, MARQUÉS DE LOS BALBASES (amparándose en la pragmática de esta fecha, que ordenaba a los catalanes alojar, pagar y mantener el ejército reunido en Cataluña), decide dejar una parte de sus hombres protegiendo las plazas fronterizas y repartir el resto por las tierras catalanas, lo que incrementó el malestar de los naturales, un malestar que subió de punto por las tropelías que cometieron las gentes de guerra. La proximidad de la nueva campaña incrementó la crispación.

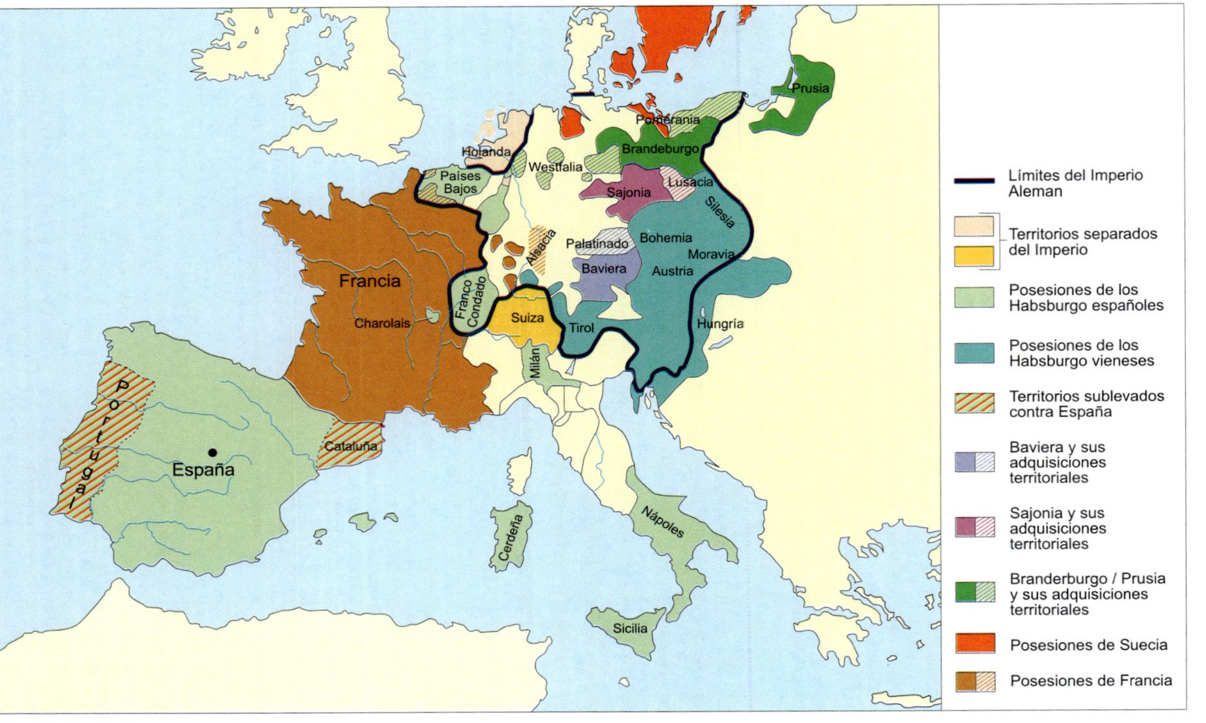

La paz de Westfalia (1648).

12 mayo: Se producen en Barcelona los primeros tumultos contra el virrey, Conde de Santa Coloma, que había detenido a un diputat y dos concelleres al acudir a su presencia como portavoces de las quejas generalizadas. Los presos fueron liberados por los amotinados. Santa Coloma y el Marqués de Villafranca, general de las galeras, a duras penas pudieron refugiarse en las Atarazanas y escapar a la ira de los sublevados.
7 junio: Los segadores solían entrar el día del Corpus en Barcelona. En esta ocasión, la presencia de soldados y autoridades castellanas constituyó un elemento provocador que explica el estallido de la violencia, en la que los segadores se vieron apoyados por el pueblo urbano: mataron al virrey y saquearon las casas de los funcionarios y agentes reales. Tal fue el **Corpus de la sangre**. Al día siguiente, la Diputación y el Consejo Municipal empezaron a asumir las tareas de gobierno de Cataluña y de la ciudad: la sublevación catalana contra el gobierno de Madrid era una realidad.
Tumultos similares a los de Barcelona sucedieron en Tortosa, Lérida, Gerona, Balaguer y otros lugares.
En Flandes, las cosas iban mal. Las tropas francesas se apoderaron de Arrás, sin que el cardenal infante pudiera evitarlo.
1 diciembre: Empieza la **sublevación portuguesa** al estallar en Lisboa una conjura dirigida por Juan Pinto Ribeiro, mayordomo de los Braganza, y encaminada a convertir en rey de Portugal al Duque de Braganza, quien gobernaría como Juan IV. Los conjurados matan al secretario de Estado, Miguel de Vasconcellos, detienen a la gobernadora, Margarita de Saboya, y designan un consejo de regencia hasta que llegara a la capital el nuevo rey. La sublevación portuguesa, como la catalana, contarán con el apoyo francés.
7 diciembre: El Marqués de los Velez, designado general de los ejércitos reales en Cataluña, se apodera de Tarragona.
1641:
Cataluña se coloca bajo el gobierno del rey de Francia, Luis XIII, a cambio de protección militar.
Conspiración en Andalucía del Marqués de Ayamonte para convertir en rey de esa tierra al Duque de Medina-Sidonia. Un conjurado descubre la trama, que cuesta la vida a Ayamonte.
26 enero: El ejército real, que se había apoderado de Tortosa, a las órdenes del Marqués de los Vélez, sufre un descalabro en las puertas de Barcelona y ha de retirarse.
25 marzo: Los portugueses firman un tratado de amistad con Francia.
12 junio: Los portugueses acuerdan una tregua con los holandeses de diez años de duración.
29 julio: Portugal, Dinamarca y Suecia firman tratados amistosos.
9 noviembre: Muere en Bruselas el cardenal infante don Fernando.
1642:
22 enero: Portugal acuerda una alianza con Inglaterra: quedaba completa la cobertura diplomática internacional de la sublevación portuguesa.
Los franceses conquistan el Rosellón.
15 septiembre: Se decreta una devaluación monetaria del 25% provocada por las emisiones anteriores de vellón: ello significaba una nueva carga tributaria, castigó el ahorro privado y elevó el premio de la plata, encareciendo sensiblemente los adelantos de los banqueros.
1643:
17 enero: El Conde-Duque de Olivares es apartado del poder por Felipe IV. El valido fue confinado en Loeches y después en Toro.
Tras la caída de Olivares, la monja sor María de Agreda se convierte en la consejera espiritual y política de Felipe IV. Con ella sostendría el rey una relación epistolar durante los veintidós años siguientes, en la que trataron de múltiples cuestiones, incluidos los problemas de la Monarquía. El rey la conoció en su viaje a Aragón, cuando tuvo noticia de la fama que aureolaba a la monja. Para el mes de mayo ya era evidente a todos que don Luis de Haro, sobrino de Olivares, le había sucedido en el valimiento. El rey daba pruebas sobradas de haber desistido de encargarse personalmente de los asuntos de gobierno. Don Luis será primer ministro hasta su muerte en 1661, aunque tal título solo se le aplicará ocasionalmente.
19 mayo: Se produce la **batalla de Rocroi**, plaza de la Champagne francesa asediada por el ejército español de don Francisco de Melo. La batalla fue ganada por los franceses y resultó una derrota de enorme repercusión militar y moral para España: al cabo de ciento cincuenta años la infantería española era vencida en batalla a campo abierto.
1644:
1 marzo: Se firma el **pacto de La Haya**, por el que Francia promete ayuda a Holanda.
6 agosto: El ejército real conquista Lérida, después de cuatro meses de sitio. También conquista Monzón. Felipe IV jura respetar los fueros catalanes.
16 octubre: Muere Isabel de Borbón, primera esposa de Felipe IV.
El Marqués de Torrecuso evita que Matías de Alburquerque conquiste Badajoz y neutraliza sus movimientos en la indecisa **batalla de Montijo.**
1645:
Felipe IV viaja a los reinos de Levante para conseguir subsidios suplementarios. Ya se le advirtió en 1644 que los ingresos estaban comprometidos hasta 1648.
22 julio: El Conde-Duque de Olivares muere en Toro.
1646:
22 febrero: Felipe IV abre las Cortes castellanas reunidas en Madrid, que se prolongaron hasta el 28 de febrero del año siguiente, concediendo todas las demandas dinerarias solicitadas por el rey.
9 marzo: Muere el príncipe Baltasar Carlos, la gran esperanza de la Monarquía.
1647:
La imposición de un nuevo tributo por el Duque de Arcos, virrey de Nápoles, provoca un **motín** en la ciudad que desemboca en revuelta cuando Massaniello se pone a su frente hasta que es asesinado por la misma masa que le aclamó.
Como consecuencia de la sequía y el hambre, estalla la **revuelta popular siciliana** dirigida por el calderero Alisio; Palermo estuvo tres días ocupada por los insurrectos; la sublevación se extendió a otras ciudades, acuciadas por la mala cosecha de ese año. Solo Mesina permaneció sumisa y ayudó al virrey, el Marqués de los Vélez, a restablecer el orden en la isla.

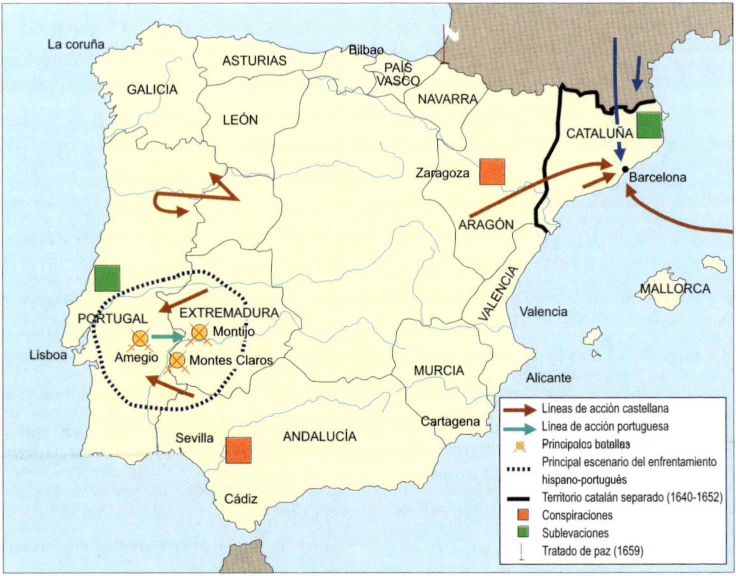

Conspiraciones y sublevaciones peninsulares (1640-1659).

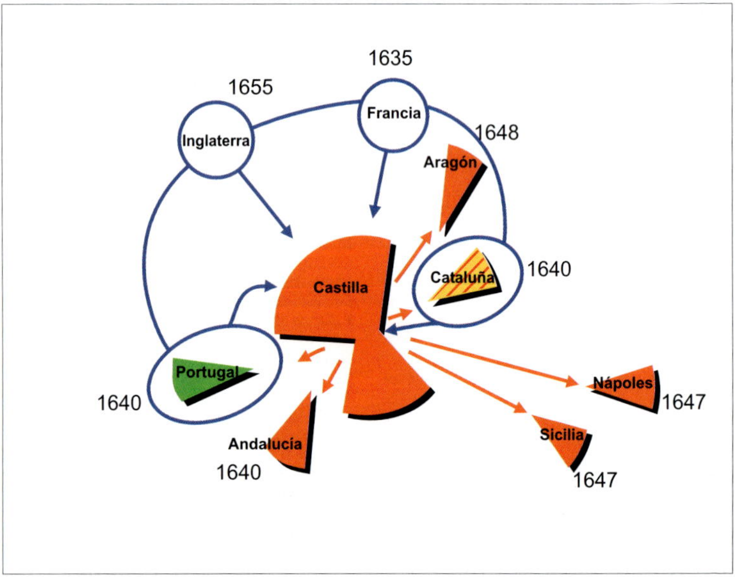

La guerra y la crisis de la monarquía española.

En el año anterior (1646), los gastos se estimaban en 12.700.000 ducados de los que sólo se preveían 3.266.000 ducados. Como los bienes de consumo ya estaban muy gravados y la presión fiscal era asfixiante, no quedó este año otra solución que declararse en **bancarrota**; los asentistas fueron indemnizados con juros y de la medida se exceptuó a cuatro banqueros: Spínola, Imbrea, Centurión y Palavesia, para permitirles realizar nuevos asientos. En cualquier caso, los banqueros genoveses resultaron tan afectados por las bancarrotas siguientes que acabaron por no negociar con España, cuyo Estado se encontraba en bancarrota casi constante.

1 octubre: Entra en el golfo de Nápoles la escuadra española mandada por don Juan José de Austria: era el comienzo del fin de la sublevación napolitana y el restablecimiento del dominio español.

1648:

El **congreso** que deliberaba desde 1645 en las plazas de Münster y Osnabruck, **en Westfalia**, pone fin a la guerra de los Treinta Años, que para España solo supuso terminar con la guerra contra Holanda, cuya independencia reconocía; la paz con Francia no llegaría hasta once años después.

Sumisión de los napolitanos por el victorioso don Juan José de Austria, que derrotó también a Enrique de Lorena, duque de Guisa, a quien los napolitanos habían ofrecido el gobierno.

Aborta, por denuncia de uno de los conjurados, la **conspiración de Aragón** para convertir en rey del mismo al Duque de Hijar a instigación de Carlos Padilla y el Marqués de la Vega, ambos decapitados por su traición. La sentencia se cumplió el 5 de diciembre en la plaza Mayor de Madrid.

Fracaso de la **conspiración separatista de Navarra**, dirigida por un militar, Itúrbide, que muere ajusticiado.

Estalla en París la **Fronda**, una crisis interna de hondas raíces donde confluyen descontentos diversos originados por los males de la guerra, problemas administrativos y aires levantiscos nobiliarios. Por eso se ha hablado de «frondas»: la fronda parlamentaria (1648-1649), la fronda de los príncipes (1649-1650), la unión de ambas frondas (1650-1651) y la fronda de Condé (1651-1653). En cualquier caso, el conflicto interno francés fue un respiro pasajero para España, que puede acabar con la resistencia catalana y recomponer un tanto la situación en la guerra hispano-francesa.

1649, 4 octubre: Felipe IV se casa en segundas nupcias con Mariana de Austria.

1650: La Corona se incauta de 1.000.000 de ducados, correspondientes a las ganancias privadas en Indias, y anticipa los ingresos hasta 1655.

1651, 12 julio: Nace la infanta Margarita María, futura emperatriz al casarse con Leopoldo de Alemania el 12 de diciembre de 1666.

Aumento del valor del vellón: las piezas pequeñas de cobre (2 maravedíes) vieron cuadruplicado su valor y para sustituirlas se hizo una acuñación de 100.000 ducados de cobre puro; la subsiguiente alza de precios se vio agravada por las malas cosechas de cereal; en Andalucía hubo serios disturbios.

1652, 11 octubre: Barcelona se rinde a las tropas reales que la asediaban dirigidas por don Juan José de Austria. La paz fue recibida con alivio en toda Cataluña, pues se ponía fin a una larga guerra de trece años. Los gastos se calculan en 11.200.000 ducados, como estaban muy por encima de todos los posibles ingresos de la Corona, se decreta una nueva **suspensión de pagos**.

1653, 3 enero: Felipe IV ratifica los fueros catalanes.

1655: Los ingleses, al lado de los franceses en la guerra contra España, conquistan Jamaica. Por su parte, Luis XIV recuperaba las plazas de Catelet, Landrecy y Saint-Quilain.

1656:

15-16 julio: El Marqués de Caracena, segundo de don Juan José de Austria, vence a Turena en **Valenciennes** y un mes después las tropas españolas ocupaban la plaza de Conde: fue un momento crítico para los franceses, cuyo rey Luis XIV ofrece la paz, pero sin que la oferta fuera aceptada por España.

6 noviembre: Muere Juan IV de Portugal y le sucede su hijo, menor de edad, Alfonso VI, bajo la regencia de su madre Luisa de Guzmán, auténtica alma de la resistencia contra España.

1657:

30 mayo: Olivenza se rinde a las tropas españolas, mandadas por el Duque de San Germán.

20 noviembre: Nace el príncipe Felipe Próspero, recibido con una gran alegría, pero que no duró mucho, pues el príncipe murió el 1 de noviembre de 1661.

1658: Tropas franco-británicas derrotan a las españolas en las **Dunas** y conquistan Dunquerque.

1659:

14 enero: El Conde de Castahede derrota a don Luis de Haro en Elvas.

8 mayo: Don Antonio Pimentel firmaba una tregua con Francia, en espera del acuerdo de paz definitivo.

17 noviembre: Se firma entre España y Francia la **Paz de los Pirineos** en la isla de los Faisanes del río Bidasoa, cuyas negociaciones se habían iniciado el 28 de agosto. Don Luis de Haro recibía por su actuación el título de Príncipe de la Paz y España cedía a Francia el Rosellón, parte de la Cerdaña y plazas diversas en Artois, Luxemburgo, Flandes y Henaut. Se acordaba el matrimonio de la infanta española María Teresa con Luis XIV. La infanta renunciaba a los derechos a la corona española y recibía una dote de 500.000 ducados.

Los portugueses derrotan a las tropas españolas en Elvas.

1660: En este año se lleva a efecto el matrimonio de Luis XIV con María Teresa; la infanta había sido entregada a la corte francesa el 7 de junio, un día después de que Felipe IV se encontrara con su hermana Ana, reina madre de Francia; ambos hermanos habían acudido a la frontera para tan señalado acontecimiento.

Se manipula una vez más la moneda de vellón y fue necesario reconocer una nueva bancarrota.

1661:

17 noviembre: Muere don Luis de Haro. La crisis de gobierno subsiguiente se resuelve al confiar el rey los negocios al Conde de Castrillo, Cardenal de Sandoval, y al Duque de Medina de las Torres. El Marqués de Liche, hijo de don Luis de Haro, aspiraba a suceder a su padre en sus atribuciones gubernamentales y se sintió defraudado, por lo que tramo una conspiración que fue descubierta y le costó la vida a sus cómplices, ya que él fue perdonado.

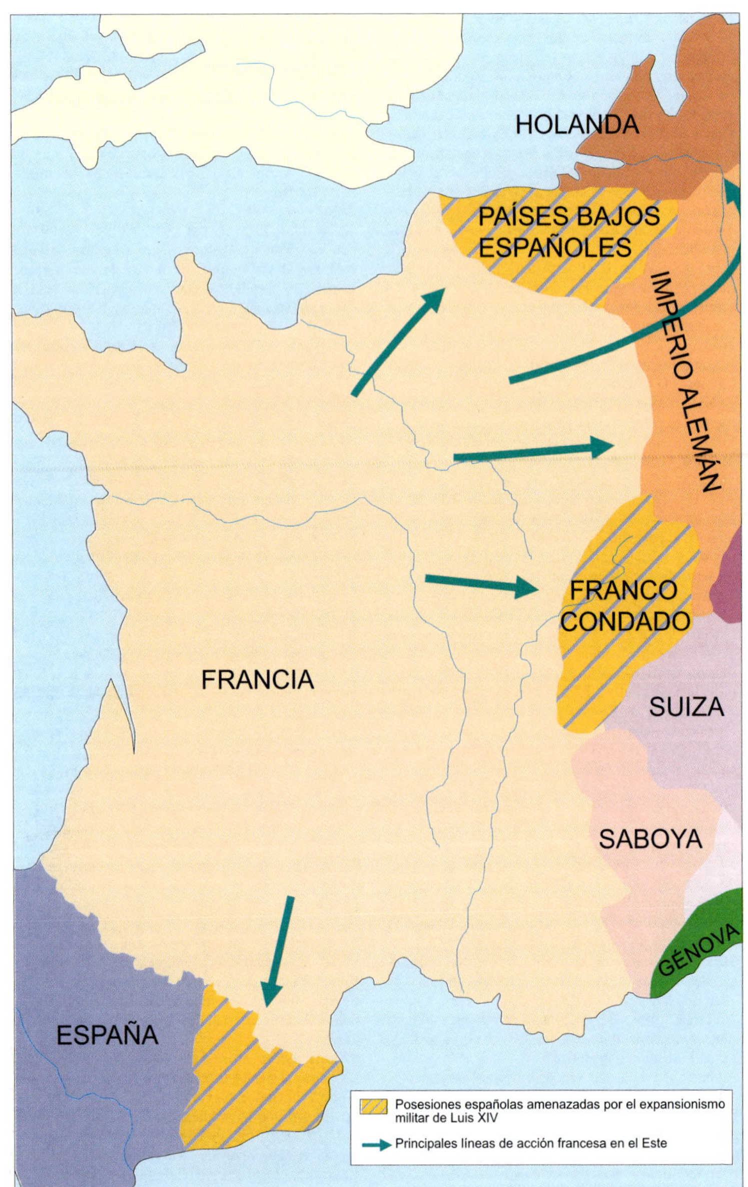

España y Europa ante la expansión militar de Luis XIV.

6 noviembre: Nace el ansiado heredero, el futuro CARLOS II.

1662:

En medio de una nueva oleada impositiva que se inició dos años antes y se prolongará otros tres más, **nueva suspensión de pagos** española.

7 mayo: Don JUAN JOSÉ DE AUSTRIA cruza el río Caya y conquista dos días después Jurumenha, comienzo de una afortunada campaña, paralela a otras que se iniciaban en Castilla y Galicia.

1663, 8 junio: En **Ameixal** se produce la batalla entre los tercios alemanes e italianos de don JUAN JOSÉ DE AUSTRIA y los portugueses conocida, además, con los nombres de **Canal** y de **Estremoz**, que terminó con victoria portuguesa, conquistando nuestros vecinos de resultas de la misma las plazas de Évora, Valdeflor y Castel-Lindoso. Fue la réplica a las conquistas españolas anteriores de Évora y Alcaçer do Sal.

1665:

17 junio: El MARQUÉS DE CARACENA, sucesor de don JUAN JOSÉ DE AUSTRIA, al mando del ejército español en Portugal, sale de Badajoz con el objetivo de llegar a Lisboa, pero se detuvo a cercar la plaza de Villaviciosa, donde fue derrotado: tal fue la **derrota de Villaviciosa o Montes Claros**, que sentenciaba el fin de la guerra a favor de Portugal.

El reinado de Carlos II (1665-1700)

17 septiembre: Muere FELIPE IV. Su heredero no tenía más que cuatro años: la regencia de CARLOS II recaía sobre su madre, MARIANA DE AUSTRIA, según disposición testamentaria del difunto, como también lo era la ratificación de la exclusión de los derechos sucesorios de la INFANTA MARÍA TERESA (casada con LUIS XIV) y sus descendientes.

Una **Junta de Gobierno**, designada por FELIPE IV, asesoraría a la regente. En dicha Junta estaban el presidente del Consejo de Castilla –CONDE DE CASTRILLO–, el Vicecanciller de Aragón –Cristóbal Crepi–, EL ARZOBISPO DE TOLEDO, el INQUISIDOR GENERAL, el MARQUÉS DE AYTONA (como representante de la grandeza nobiliaria) y el CONDE DE PEÑARANDA (como consejero de Estado): con ella pretendía el rey muerto evitar el peligro de un nuevo valimiento. La Junta se reuniría diariamente en palacio, su secretario sería el Secretario de Despacho Universal y se le asignaba una misión consultiva, aunque el rey encargaba a su viuda que siguiera su parecer.

1666, 10 enero: El confesor de la reina, EVERARDO NITHARD, jesuita austríaco naturalizado español, es nombrado consejero de estado e inquisidor general, por lo que puede formar parte de la Junta de Gobierno: de esta manera legalizaba el valimiento que venía ejerciendo desde la muerte de FELIPE IV, merced a la confianza que le dispensaba MARIANA DE AUSTRIA, quien le prefería a don JUAN JOSÉ DE AUSTRIA, que también aspiraba al valimiento.

1667:

17 mayo: LUIS XIV iniciaba la movilización de sus tropas e invadía los Países Bajos españoles: comenzaba la **Guerra de Devolución** motivada por la reclamación que LUIS XIV hacía de los Países Bajos españoles invocando una costumbre brabanzona, por la que a la muerte de uno de los cónyuges, la herencia pasaba a los hijos, quedando el cónyuge superviviente como mero usufructuario. Práctica del derecho civil inaplicable al derecho internacional. El empuje francés resultó arrollador.

23 mayo: Se firma un **acuerdo comercial hispano-inglés**: era el precio impuesto por Inglaterra a su autorización para reclutar voluntarios que sirvieran en el ejército español de Flandes.

27 junio: El Consejo de Castilla recomienda la no convocatoria de las Cortes castellanas para excusar gastos: los servicios podrían conseguirse igualmente logrando su aprobación mediante consulta directa a las ciudades con representación en Cortes: así se salvaban los aspectos y requisitos legales. Los millones serían renovados por este procedimiento cada seis años.

14 septiembre: La Junta de Gobierno nombra a don JUAN JOSÉ DE AUSTRIA jefe del ejército español en Flandes, para alejarlo de Madrid y con la esperanza de que su prestigio saliese malparado en la guerra. don JUAN JOSÉ con múltiples alegatos y evasivas quiso ganar tiempo para eludir el nombramiento.

1668:

19 enero: LUIS XIV y el emperador LEOPOLDO concluían las conversaciones secretas para repartirse la herencia española, dada la frágil salud de CARLOS II.

2 febrero: Se ratificaba el acuerdo secreto o **primer reparto** de la Monarquía española: Francia se quedaría con Navarra, Rosas, Países Bajos, Franco Condado, Nápoles, Sicilia, las plazas africanas y Filipinas; el resto, para el emperador.

3 febrero: Las tropas francesas emprenden la conquista del Franco Condado, que para el 19 ya está en su poder.

13 febrero: MARIANA DE AUSTRIA reconoce la independencia de Portugal en el tratado firmado entonces.

2 mayo: Se firma la **Paz de Aquisgrán**: Francia nos devolvía el Franco Condado, pero retenía importantes plazas en Flandes (Charleroi, Oudenarde, Courtrai, etc.).

2 junio: Es ejecutado, tras un juicio sumario y secreto, JOSÉ DE MALLADA, al que don JUAN JOSÉ quiso utilizar para asesinar a NITHARD. MALLADA había sido expulsado del ejército y era un protegido del jesuita austríaco, quien tuvo noticia de lo que se tramaba por ciertas confidencias.

3 agosto: Don JUAN JOSÉ DE AUSTRIA es confinado en Consuegra por la regente al dimitir de su nombramiento como gobernador de Flandes, alegando causas de salud, pero dimitía en realidad para seguir con los trabajos conspiratorios tendentes a encarcelar a NITHARD, anular a MARIANA y apoderarse del rey y del gobierno. La conjura fue denunciada a la reina y don JUAN JOSÉ huyó a Aragón.

13 noviembre: Desde Barcelona, don JUAN JOSÉ escribió unas cartas a la regente, a la Junta, a los reinos aragoneses y a las ciudades con voto en Cortes solicitando la deposición del jesuita austríaco.

1669:

23 febrero: Don JUAN JOSÉ DE AUSTRIA se presenta en Torrejón de Ardoz con tropas que le habían proporcionado en Barcelona y que se habían ido incrementando por el camino: exigía la salida de NITHARD, a lo que la REGENTE accede dos días después. Dos jornadas más tarde, NITHARD salía para Roma: así concluía el primer **pronunciamiento** de don JUAN JOSÉ. Sin embargo, el poder no fue para el bastardo real. MARIANA se las ingenió para postergar a de don JUAN JOSÉ y, basándose en un proyecto del CONDE DE PEÑARANDA, creó un nuevo regimiento para la Guardia Real –denominado por las

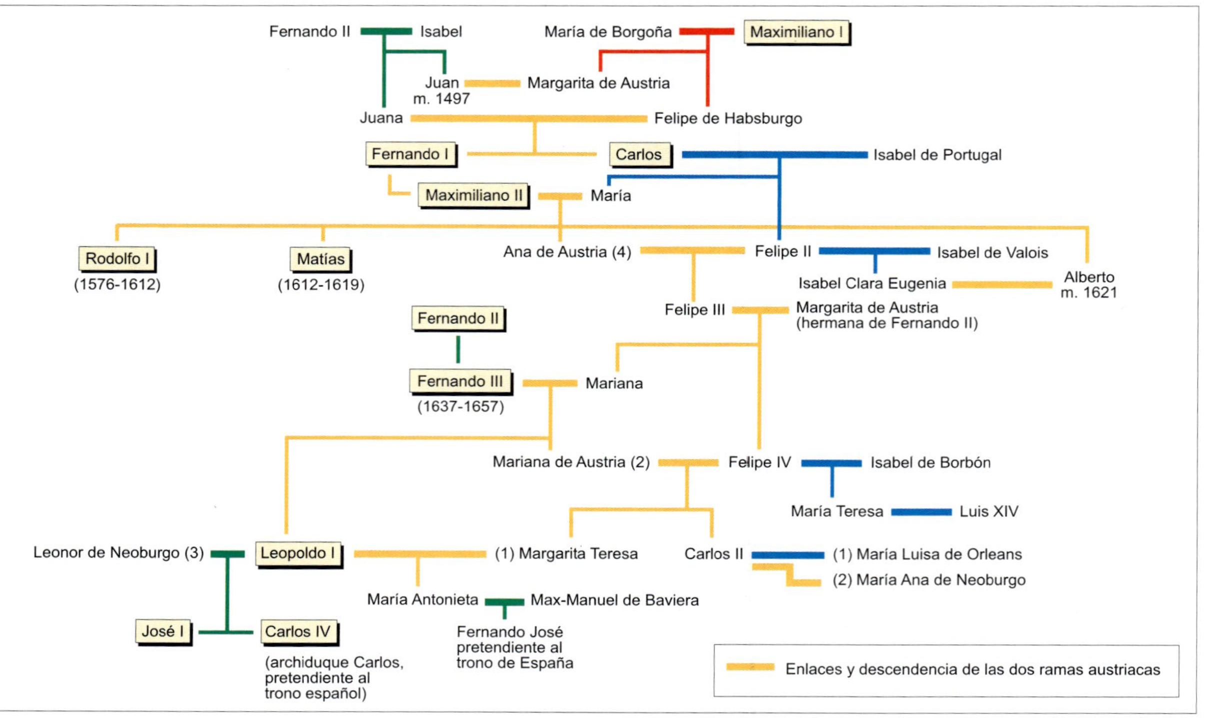

La consanguineidad de los Austrias.

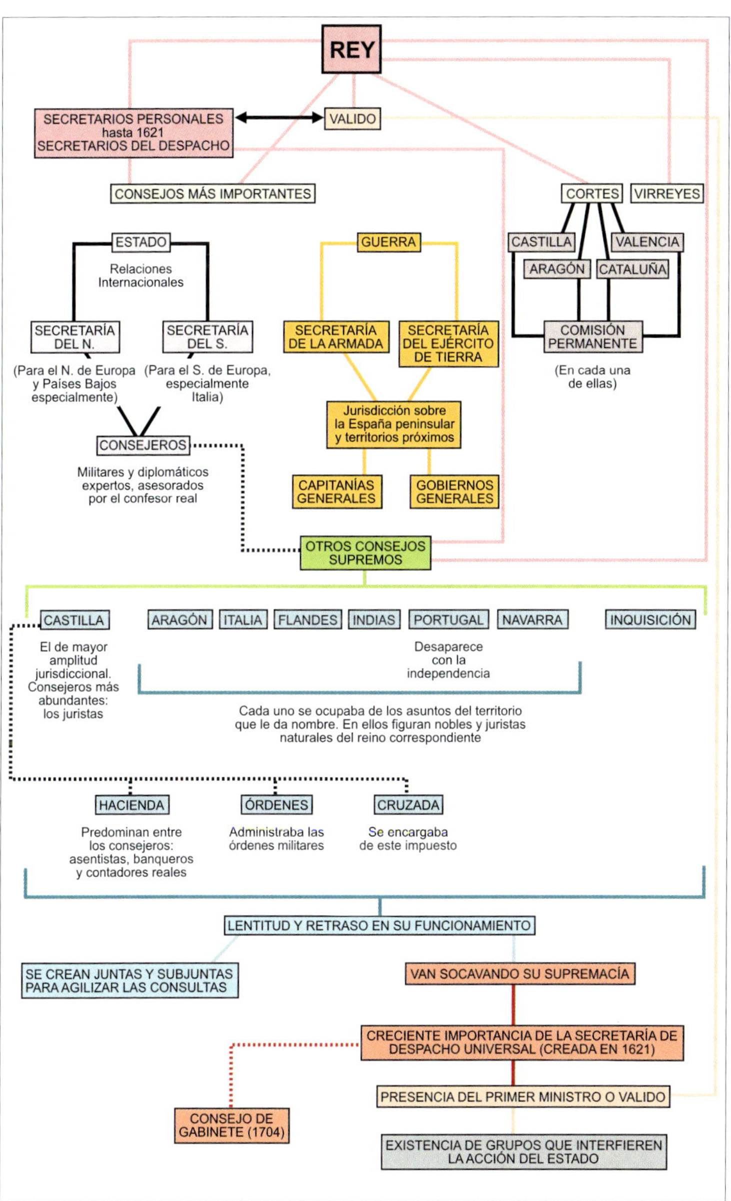

Funcionamiento administrativo-gubernamental bajo el régimen polisinodial.

La revuelta catalana de los *barretines* (1688-1689).

gentes la **Chamberga**– poniendo a su frente al MARQUÉS DE AYTONA y esperando con las nuevas tropas tener un instrumento de seguridad leal y fiel en la Corte para neutralizar a sus enemigos.

La muerte de AYTONA, ocurrida poco después, dejaba el camino libre a FERNANDO DE VALENZUELA (el *duende de palacio*, como se le llamaba), un advenedizo que se había ganado la confianza de la REGENTE y que iniciaba así una meteórica ascensión hasta convertirse en el nuevo valido.

29 junio: MARIANA nombró a don JUAN JOSÉ DE AUSTRIA vicario general de Aragón, con lo que lo alejaba de Madrid. La presencia de don JUAN JOSÉ en Zaragoza, volvió a despertar simpatías y esperanzas.

1672, 6 abril: Comenzaba la guerra entre Francia y Holanda, que duraría hasta 1678 y a la que España se vería arrastrada poco después de su inicio, merced a la convención firmada con los holandeses en La Haya, el 17 de diciembre del año anterior.

1673, 30 agosto: Se firma en La Haya una **alianza ofensiva** contra Francia, integrada por España, el EMPERADOR, el DUQUE DE LORENA y Holanda. LUIS XIV replicó declarando la guerra a España y al Imperio.

1674:

Mayo: Las tropas francesas inician la conquista del Franco Condado. Un nuevo frente en el que España tendría que luchar y que se sumaban a los frentes catalán e italianos.

7 julio: Comienza la **revuelta de Mesina** contra los españoles, consecuencia de la depresión que se vive desde 1671. A la revuelta seguiría una guerra de cuatro años de duración.

1675:

22 marzo: Los franceses se apoderan de la ciudad sici-

liana de Mesina, aprovechándose de la rebelión antiespañola iniciada meses antes.
6 noviembre: CARLOS II alcanza la mayoría de edad al cumplir los catorce años. Desde ese momento podría gobernar personalmente, pero eran tales las reservas sobre su capacidad al respecto que MARIANA y la **Junta** se propusieron proseguir en sus funciones dos años más y alejar de la Corte a don JUAN JOSÉ y a VALENZUELA, con poco éxito.
1676:
2 julio: Un desplazamiento de la Corte a Aranjuez no deja lugar a dudas de que el nuevo valido era VALENZUELA, que había recuperado toda la influencia perdida meses antes.
22 septiembre: VALENZUELA recupera el despacho de los asuntos de Estado.
Se disuelve la **Junta de Gobierno** y se encomienda el despacho al MARQUÉS DE VILLASIERRA.
2 noviembre: VALENZUELA se instala en palacio en el cuarto del príncipe, honor que no había disfrutado ningún otro valido.
1677:
11 enero: Don JUAN JOSÉ, que desde tiempo atrás capitaneaba la oposición a VALENZUELA, se pone de nuevo en marcha y desde Zaragoza se dirige a Madrid con tropas fieles que, a medida que avanza, van aumentando su número.
22 enero: VALENZUELA es detenido y encarcelado.
23 enero: Don JUAN JOSÉ entra con sus criados solamente en Madrid: la **Chamberga** había sido disuelta y sus demandas atendidas. Así concluía su **segundo pronunciamiento** que esta vez sí le conseguía el poder, al tiempo de apartar a MARIANA y ratificar el brutal cambio de signo en la suerte de VALENZUELA.
1 mayo: CARLOS II entraba en Zaragoza donde reunió Cortes y permaneció algo más de un mes, estando de vuelta en Madrid el 12 de junio.
6 julio: Un real decreto reducía el tamaño de los consejos para ahorrar tiempo en el despacho de los asuntos y dinero en los salarios.
1678:
28 febrero: VALENZUELA, desposeído de títulos y honores, es desterrado a Cavite, en Filipinas, a donde llegaría el 29 de noviembre del año siguiente.
7 marzo: Don JUAN JOSÉ se instala en las habitaciones del príncipe en palacio.
16 marzo: Quedó definitivamente sofocada la revuelta de Sicilia, habiendo abandonado los franceses Messina y Agosta.
11 agosto: LUIS XIV firma con Holanda la **paz de Nimega**.
17 septiembre: España se adhiere a la paz, en la que ha de admitir como pérdida más sensible la cesión a Francia del Franco Condado.
1679:
29 enero: Se crea la **Real Junta de Comercio**, cuya misión fundamental era el fomento de la industria. De vida azarosa e intermitente, a su imagen se crearon otras de alcance local.
30 agosto: Tras unas rápidas negociaciones, se firma el **compromiso matrimonial** de CARLOS II y la infanta francesa MARÍA LUISA DE ORLEANS. Al día siguiente se celebran los desposorios.
17 septiembre: Muere don JUAN JOSÉ DE AUSTRIA.
28 septiembre: MARIANA DE AUSTRIA volvía a Madrid y se instalaba en Palacio. El sucesor de don JUAN JOSÉ en las tareas de gobierno será el DUQUE DE MEDINACELI, que recibiría el título de **primer ministro** el 22 de febrero siguiente.
13 diciembre: La nueva reina, MARÍA LUISA DE ORLEANS, hace su entrada solemne en Madrid.
1680:
10 febrero: Se hace público un decreto que devaluaba la moneda de molino un 75 % y legalizaba el vellón falso e importado a un octavo de su valor: los efectos fueron muy duros, en especial para los ahorradores, pero era el comienzo del saneamiento monetario.
30 junio: Tiene lugar en Madrid un gran auto de fe, con 104 judaizantes, en su mayor parte de procedencia portuguesa.
1681: Se renueva la **alianza de La Haya** para oponerse a las **reuniones** de LUIS XIV. Se vuelve a la guerra, en la que España tendrá que realizar un gran esfuerzo al ser atacada por cuatro frentes: Navarra, Cataluña, Luxemburgo e Italia.
1684, 15 agosto: Se firma la **tregua de Ratisbona**: España cede durante veinte años el Luxemburgo y otras plazas de los Países Bajos a Francia.
1685, 2 junio: El DUQUE DE OROPESA es el nuevo primer ministro, tras la caída de MEDINACELI (que se retira a su palacio de Cogolludo). En su ascensión, OROPESA cuenta con el apoyo de la reina consorte y la reina madre, además de aristócratas desengañados por la situación precedente.
1686:
17 julio: Se forma la **Liga de Augsburgo** por España, Suecia, Austria y príncipes alemanes en previsión de posibles agresiones francesas.
7 octubre: Se produce en Centelles un incidente entre soldados y paisanos, preludio de la revuelta que estallaría en Cataluña al año siguiente.
14 octubre: Un decreto devaluaba la moneda de plata a un quinto de su valor, acentuando los buenos efectos a corto y largo plazo de la reforma monetaria de 1680.
1687:
31 enero: Un decreto ordenaba la supresión de todos los cargos superfluos en los Consejos. La medida resultó tan infructuosa como en casos anteriores.
1688:
El papa INOCENCIO XI se une a la Liga de Augsburgo y LUIS XIV invade el Palatinado y los territorios de Colonia.
4 abril: La disputa entre un soldado y la mujer que lo alojaba en Vilamajor provoca el estallido de la revuelta catalana de las **barretines**, considerada como el levantamiento rural más grave de todo el siglo. Su causa más directa fue la mala cosecha de 1687, malograda por una plaga de langosta. Con su economía arruinada, los labradores se negaron a alojar a las tropas que se iban a necesitar contra Francia. La revuelta se extiende rápidamente y unos días más tarde los insurrectos están a las puertas de Barcelona.
1689:
12 febrero: Muere en Madrid la reina MARÍA LUISA sin haberle dado descendencia a CARLOS II.
15 marzo: Queda acordado el compromiso matrimonial del viudo CARLOS II con MARIANA DE NEOBURGO, hija

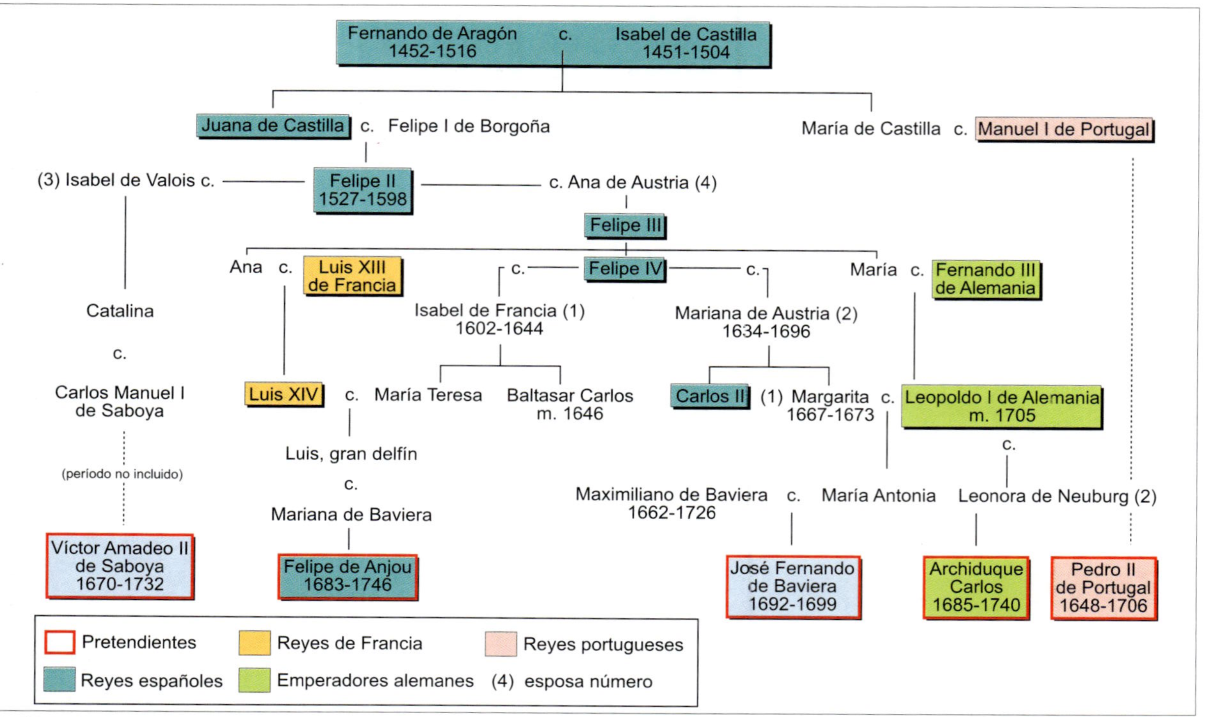

Candidatos al trono español.

del elector palatino FELIPE GUILLERMO y de su segunda esposa ISABEL AMALIA DE HESSEN.
Entran en la Liga de Augsburgo Holanda y, algo después, Inglaterra: la guerra se prolongará durante años.
30 noviembre: La revuelta catalana empieza a perder terreno y los revoltosos abandonan el cerco de Barcelona, que mantenían desde hacía varias jornadas.
2 diciembre: El cabecilla insurrecto, ANTONI SOLER, es asesinado: fue el final de la revuelta catalana, que no había tenido nunca el apoyo de ninguna personalidad catalana, ni eclesiástica –con la salvedad del obispo de Vich– ni seglar.
1690:
La extensión del levantamiento catalán sofocado a fines del año anterior, obligó a un castigo selectivo, que se aplica el 14 de marzo: el virrey de Cataluña publica un perdón público, que solo exceptuaba a siete personas, que escaparon casi todas a Francia.
4 mayo: Después de ocho meses de viaje, MARIANA DE NEOBURGO llega a Valladolid, donde la esperaba el rey, celebrándose el casamiento y entrando en Madrid el 20 de mayo. Pronto se mezclaría en las intrigas cortesanas, convencida de que tampoco ella le daría a su esposo ningún heredero que asegurara la continuidad dinástica.
1691, 24 junio: Cae OROPESA del gobierno. Para entonces, el poder de la reina consorte había aumentado mucho, enfrentándose con éxito a la reina madre, y ya estaba abierta la crisis sucesoria y las pugnas cortesanas para resolverla.
Las exigencias de la guerra y la falta de numerario obligaron no solo a rebajar un tercio de los sueldos de los funcionarios y de los gastos de la Casa Real, sino también a asestar un duro golpe al comercio indiano con un empréstito forzoso de 6.000.000.
1693:
CARLOS II tiene que aceptar el **decreto de la nueva planta**, que constituye una especie de junta suprema de ministros o **Junta Magna**, modo de contentar a todos los aspirantes al puesto de primer ministro, ya que desde la caída de OROPESA nadie ocupará dicho cargo y el gobierno se reparte entre los clientes de la reina MARIANA DE NEOBURGO, que los sitúa en los puestos de máxima responsabilidad, según preveía la nueva organización gubernamental.
Junio: El MARISCAL DE NOAILLES se apodera de Rosas.
9 julio: Estalla un motín en Vilallonga, pueblo del que era señor el DUQUE DE GANDÍA. El motivo del tumulto fue la detención de cuatro campesinos que se negaban a pagar su contribución. El hecho se producía en unos momentos en que el espíritu antiseñorial se había reverdecido, gracias a la acción del abogado LEONARDO PINTOR y del notario FÉLIX VILANOVA. El **motín de Vilallonga** encontró rápidos ecos y cabecillas, alargándose la resistencia hasta fines de año.
1694, 1 marzo: Es ejecutado JOSÉ NAVARRO, el único condenado a muerte por los tumultos valencianos del señorío de Gandía; los demás detenidos por su implicación en la revuelta fueron condenados a galeras o encarcelados durante mucho tiempo; entre ellos había franciscanos y carmelitas, que apoyaron activamente la revuelta; al contrario que los señores y las altas jerarquías eclesiásticas, que se unieron para restablecer la situación.
La guerra contra Francia en Cataluña iba de mal en peor: los franceses vencen en el Ter y entran en Palamós.
1696:
16 mayo: Muere MARIANA DE AUSTRIA. MARIANA DE NEOBURGO queda como dueña indiscutible de la voluntad de su esposo, convirtiéndose en el centro de atención de cuantos intrigaban con vistas a la sucesión del rey español.
13 septiembre: CARLOS II hace su primer testamento designando por heredero a JOSÉ FERNANDO DE BAVIERA, de acuerdo con los deseos de su madre MARIANA DE AUSTRIA y la petición que ésta le hizo cuando estaba moribunda. El partido bávaro había perdido sus mejores valedores con la muerte de MARIANA DE AUSTRIA y el destierro de OROPESA, pero el testamento nacía sin futuro: LUIS XIV y el EMPERADOR pondrían especial empeño en lograr su revocación.
1697:
10 agosto: Barcelona capitula ante los franceses.
20 septiembre: Se firma la **paz de Ryswick**, donde LUIS XIV mostró una gran magnanimidad para facilitar la sucesión francesa en la Monarquía Hispánica.
1698:
Marzo: Las intrigas cortesanas se mezclan con la cuestión del hechizamiento de CARLOS II, cuya incapacidad de procreación se atribuía a la acción del diablo y no a incapacidad física. Por intervención de la Inquisición y del nuevo confesor real, el dominico fray FROILÁN DÍAZ, aparece en la Corte fray ANTONIO ÁLVAREZ ARGÜELLES, quien llegaba avalado por su éxito en los exorcismos, y él fue quien manifestó –tras varias revelaciones del diablo, según decía– que el rey había sido hechizado el 3 de abril de 1675 con una taza de chocolate ofrecida por una mujer que deseaba mandar mucho en España (lo que era una clara alusión a su madre MARIANA DE AUSTRIA). El episodio parece una clara intriga cortesana. Una más del entramado cortesano de entonces. Los remedios que se propusieron no dieron resultado, lógicamente.
24 septiembre: Francia, Holanda e Inglaterra firman en Loo el llamado **tratado de La Haya**, el **segundo de partición** de la monarquía española: a JOSÉ FERNANDO DE BAVIERA se le reconocían las posesiones españolas, menos Nápoles, Sicilia y Guipúzcoa –que serían para LUIS XIV– y el Milanesado –que pasaría al EMPERADOR–. El pacto se conoció en España y CARLOS II, tras oír una junta de magistrados de los diferentes Consejos, redacta el primer testamento.
1699:
6 febrero: Muere JOSÉ FERNANDO DE BAVIERA, designado heredero de la Monarquía Hispánica por CARLOS II. Su muerte vuelve a replantear la cuestión sucesoria, cuya solución pasaba por la elección del sucesor entre dos candidatos: el francés o el austriaco. LUIS XIV y el Emperador LEOPOLDO quedaban frente a frente en el pleito español: LEOPOLDO I quería en el trono español al ARCHIDUQUE CARLOS, hijo suyo y de su tercera esposa, por lo que exigió a su hija MARÍA ANTONIA (nacida de su matrimonio con MARGARITA, hija de FELIPE IV) que renunciara a la corona española cuando se caso con el ELECTOR DE BAVIERA; LUIS XIV deseaba que el heredero del trono español fuera un miembro de su familia. MARIANA DE NEOBURGO era partidaria de la solución austríaca, y el cardenal don LUIS MANUEL FERNÁNDEZ DE

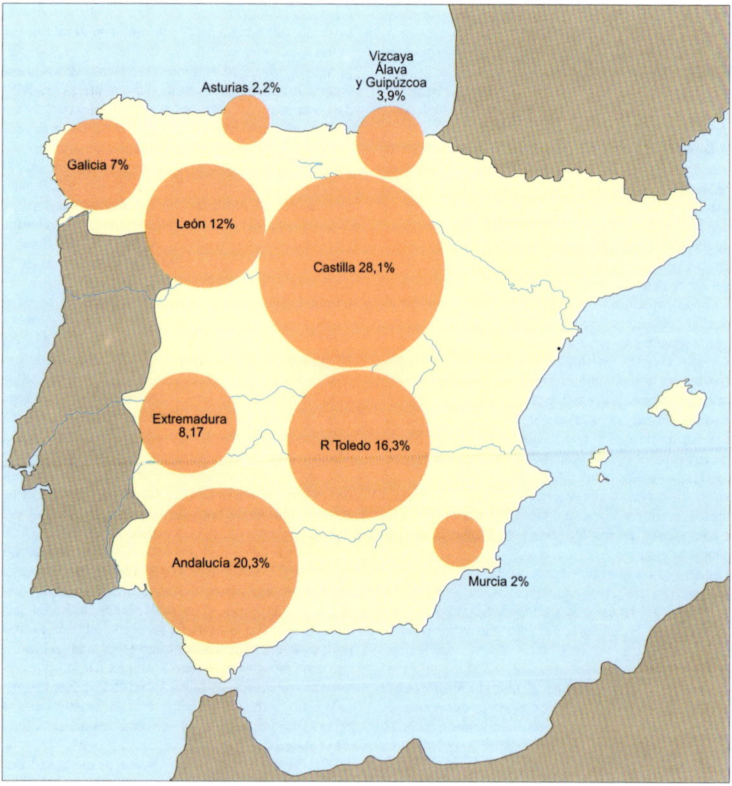

Vizcaya
Álava
y Guipúzcoa
3,9%
Asturias 2,2%
Galicia 7%
León 12%
Castilla 28,1%
Extremadura
8,17
R Toledo 16,3%
Andalucía 20,3%
Murcia 2%

Distribución de la población castellana según los padrones de 1530.

Año 1530
Menos de 5 hab./km²
De 5 - 10 "
De 10 - 15 "
De 20 - 25 "
Año 1591
Menos de 5 hab./km²
De 5 - 10 "
De 10 - 15 "
De 20 - 25 "

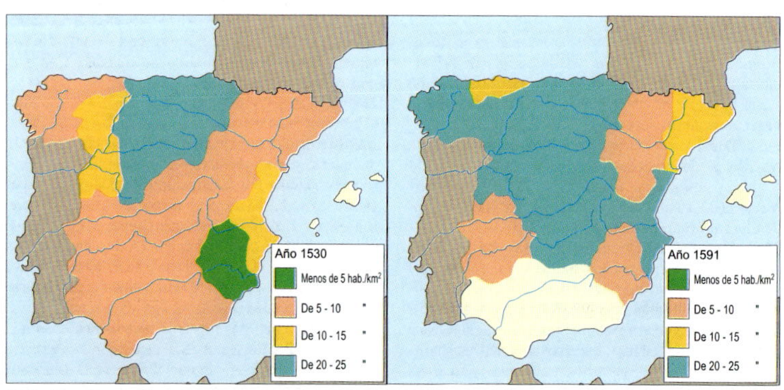

Evolución comparada por regiones, de la densidad de población en la España continental (siglos XVI-XVII).

Portocarrero y el Consejo de Estado preferían la solución francesa.

28 abril: Estalla un **motín en Madrid** provocado por la carestía de pan, animado, probablemente, por los franceses y dirigido contra Oropesa –que había vuelto al poder–, que fue depuesto y desterrado.

1700:

6 junio: En la sesión del Consejo de Estado, todos los consejeros, menos el Conde de Aguilar, mostraron su opinión favorable a la solución francesa en la crisis sucesoria. La solución austríaca ya no se recuperaría en las intrigas cortesanas ni en el ánimo del debilitado y enfermo rey español.

10 septiembre: En una sesión extraordinaria del Consejo de Estado, el cardenal Portocarrero apoya una vez más la solución francesa y los demás consejeros le secundan. Estaba claro que ni la reina, ni el embajador imperial que era el conde Luis de Harrach, ni su aliado el Marqués de Leganés podían nada contra el grupo pro-francés. Por el contrario, Inglaterra y Holanda temían un engrandecimiento excesivo de Luis XIV si no se respetaban las condiciones del reparto de la herencia española pactadas entre ellos y el francés.

24 septiembre: La enfermedad de Carlos II entra en fase terminal.

3 octubre: Carlos II hace testamento por segunda vez dejando como heredero universal a Felipe de Anjou, nieto de Luis XIV y de María Teresa, hermana del mismo Carlos II. El segundo lugar en los derechos sucesorios se reconocía a los Habsburgo y en tercer lugar a los Saboya. Se preveía un **Consejo de Regencia** que se formaría bajo la presidencia del cardenal Portocarrero y asumiría el despacho del gobierno hasta la llegada del nuevo rey.

1 noviembre: Carlos II muere entre convulsiones de un ataque de epilepsia. Ese mismo día se hace público el testamento real y se constituye la **Junta de Gobierno** formada con la reina viuda y Portocarrero como miembros más destacados. La Junta informó a Luis XIV de todo el día 7.

ECONOMÍA Y SOCIEDAD EN LA ESPAÑA DEL SIGLO XVI

Durante el siglo XVI, la monarquía española va a protagonizar un despliegue exterior, que bien puede calificarse de mundial y que es, sin lugar a dudas, el mayor de toda su historia. El descubrimiento de América, con la herencia paterna de Carlos V y la posterior incorporación de Portugal y todo su imperio ultramarino van a dar a la monarquía hispana unas proporciones colosales, que le van a exigir grandes esfuerzos materiales y humanos para mantener un dispositivo de comunicaciones, seguridad y defensa de sus intereses sin parangón posible hasta entonces.

Como primera realidad se hace patente que la economía española no estaba en condiciones de asumir todas las exigencias de la demanda americana, fomentar la riqueza interior del nuevo continente y de la península y costear los cuantiosos gastos militares originados por semejante despliegue exterior. Objetivos que solo podrá atender gracias a una cuantiosa aportación de metales preciosos procedentes de América, cuya influencia sobre la economía española resultará baldía, si no perjudicial, pues no hay inversión ni tesaurización interna al irse todo en gastos militares y compras al extranjero, de forma que el oro y la plata americana se convierten en las muletas de un gigantesco imperio, aplazándose las desastrosas consecuencias de una equivocada política económica, imposible de modificar por las cuantías de unas guerras improductivas que atrapan al Erario Público en déficit constantes, obligando a los reyes a recurrir a procedimientos onerosos para atender sus altos y frecuentes compromisos económicos. El resultado se haría patente un siglo más tarde, cuando la posición alcanzada se tambalea, aunque ya a finales del siglo XVI había indicadores alarmantes que anunciaban lo perentorio de un cambio de rumbo.

El potencial demográfico

El predominio rural que presenta la población española en este siglo –y en los siguientes–, así como el régimen que la regula hacen de España, demográficamente hablando, un país similar a cualquier otro de Europa, sometidos todos ellos al régimen demográfico de **tipo antiguo**, caracterizado por natalidad y mortalidad elevadas (con una fuerte mortalidad infantil y frecuentes azotes de mortalidad catastrófica –epidemias, hambres, guerras, etc.–) y corta esperanza de vida, que sitúan el índice de reemplazamiento cerca de la unidad y se ve a menudo amenazado por crisis favorecidas por la escasa higiene pública y privada y los pocos avances de la medicina.

Según los datos que poseemos, poco fiables, lo más probable es que la península Ibérica (incluido Portugal, por tanto) tuviera en los inicios de la última década del siglo XV en torno a los 6.250.000 habitantes; de ellos, el 63 % pertenecerían a la corona de Castilla, el 15 % a la de Portugal, mientras la de Aragón no pasaría del 13 %. Un siglo más tarde, los españoles alcanzarían la cifra de 7.880.000, que se repartirían así: 6.145.000 castellanos, 1.135.000 aragoneses, 150.000 navarros, 200.000 vascongados y 50.000 canarios. La comparación de las dos cifras globales muestra un crecimiento claro, sustentado en una natalidad muy alta (entre el 35 y el 40 por mil; a veces, incluso el 50), contrarrestada por una elevada mortalidad, dentro de la cual –ya lo hemos apuntado–, la infantil y la catastrófica hacen aportes nada desdeñables, pues crisis demográficas producidas por malas cosechas y epidemias se suceden a lo largo del siglo, presentando mayor virulencia los años 1507-1508, 1521-1523, 1530, 1539-1540, 1557-1558, 1565-1566, 1580, 1590 y 1597-1601. Dichas crisis se saldaban con índices altísimos de mortalidad, hasta el extremo de que ciudades o zonas muy pobladas podían perder desde un cuarto hasta la mitad de sus habitantes, como sucede en Zaragoza en 1565.

También parecen evidenciar las cifras anteriores que Castilla posee una mayor vitalidad que la corona aragonesa, en el sentido de que aquélla recupera sus efectivos demográficos e inicia un crecimiento con mayor decisión que Aragón, que tarda más en recuperarse de la crisis provocada por la peste negra (1348-1350), pues no alcanzaría los niveles anteriores a la epidemia hasta fines del siglo XVI, prácticamente. Así se explica que Castilla crezca en torno a un 60%, mientras la corona de Aragón y Navarra se muevan en cifras situadas entre un 25 y un 35 %. Por eso se puede decir que el comportamiento demográfico es uno de los elementos

Red caminera española a mediados del siglo XVI.

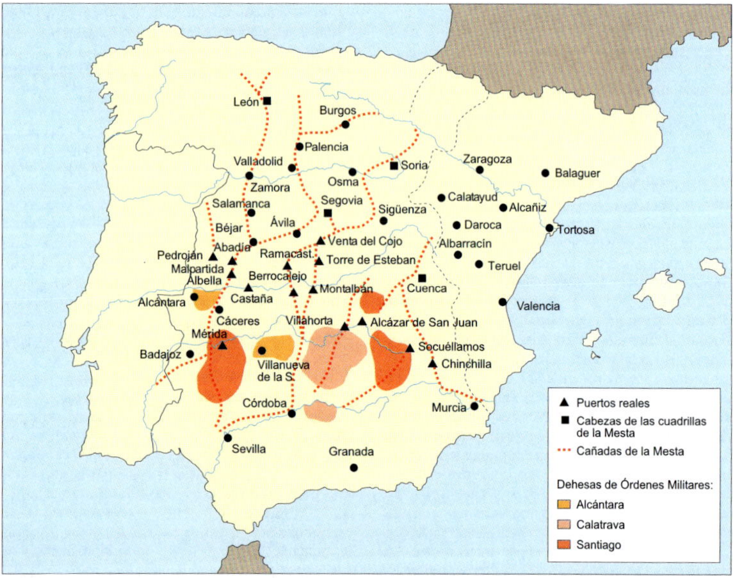

La Mesta.

que durante el siglo XVI contribuye a la «castellanización» de la monarquía.
También hemos de tener en cuenta que esas cifras generales no responden a un comportamiento homogéneo, sino que ocultan grandes diferencias entre unas zonas y otras.
Por lo que se refiere a la población urbana, Barcelona, Sevilla, Granada y Valencia eran los núcleos más poblados a principios del siglo y no pierden su importancia en su transcurso. Sin embargo, en la dinámica demográfica se introduce un elemento nuevo, que es el que la población deje de distribuirse por razones de índole política o religiosa y lo haga por motivaciones económicas o factores naturales, lo que da como resultado que salvo Barcelona, Zaragoza y Valencia, los demás centros urbanos de importancia se localicen en Castilla, sobre todo en Andalucía, destino de los movimientos migratorios más sustanciales debido a la repoblación de los territorios conquistados en el sur, el reino nazarita de Granada, y el señuelo de América. No obstante, esta zona iba a sufrir una merma poblacional de 270.000 individuos, que fueron los moriscos dispersados por Castilla tras acabar con la sublevación de las Alpujarras de 1568-1570. Por los demás, aún ignoramos mucho de las emigraciones, incluida la que tenía como destino América, presente a lo largo de todo el siglo, pero que adquiriría verdadera importancia a partir de mediados de la centuria. Otros factores son todavía más desconocidos por ser más difíciles de evaluar, como las pérdidas originadas por la actividad bélica.
En síntesis se puede decir que el crecimiento de población castellano fue predominantemente urbano, con el desarrollo de ciudades debido a factores totalmente nuevos (comercio colonial, capitalidad, etc.) y, así, Sevilla alcanza a fines de siglo los 100.000 habitantes, Toledo y Granada superaban los 50.000 y 30.000 tenían Valladolid, Segovia, Córdoba y Jaén.

Panorama económico

Nuestra economía va a ser la primera de Europa en verse alcanzada por la denominada **revolución de precios**, fenómeno inflacionista que a mediados del siglo XVI fue imputado por Azpilcueta y los teóricos salmantinos a las cantidades desorbitadas de metales preciosos que llegaban de América. Ello va a tener una influencia determinante en el desarrollo económico español, por más que la inflación entre nosotros sea más crediticia que monetaria, toda vez que la balanza comercial deficitaria (las materias primas que exportábamos no compensaban los productos manufacturados que importábamos), los pagos en metálico del Estado, los gastos de la aristocracia para mantener un lujo y boato descabellado, la frecuencia de los asientos y juros y los elevados gastos militares hacían que España fuera tan solo lugar de paso del oro y la plata procedente de Ultramar, sin posibilidades reales para invertir.
No hay unanimidad a la hora de cuantificar los metales preciosos llegados de América, manejándose unas cifras y flujos en los que todavía hay parte librada a la estimación, lo que hace que las series de datos establecidas sean estimativas. En términos generales, sabemos que los envíos aumentan claramente a partir de 1561, cuando se impone el predominio exclusivo en las importaciones de metales preciosos americanos, culminando en el quinquenio final del siglo, al que sigue un período de estancamiento y descenso, para recuperarse a partir de 1656 y hasta 1680.
La agricultura es la actividad predominante en una economía de tipo antiguo, como la española de entonces. La posesión de la tierra es, pues, un factor clave tanto económico como social. Una tierra que es disfrutada en diversos tipos de tenencia y propiedad, en los que podemos distinguir las posesiones de la Corona o realengo, las de los municipios, las de la nobleza y la Iglesia (mayorazgos y señoríos) y las no vinculadas, que eran las que entraban libremente en el juego de la oferta y la demanda, pertenecientes a propietarios urbanos y campesinos.
En el conjunto total, este último grupo era el de menor volumen. Lo que unido al incremento de la demanda de alimentos por el progreso demográfico y el crecimiento urbano exigió aumentar la producción agrícola, lo que se hizo aumentando la superficie de cultivo. Ello llevó a una revalorización de la tierra y al aumento de su renta. Así, en el siglo XVI se genera una demanda de tierras (en cuya posesión muchos veían un camino hacia el ennoblecimiento). El aumento de las tierras disponibles en el juego económico se produce fundamentalmente a costa de las tierras de realengo (la Corona empezó la venta de baldíos hacia 1537 y la intensificó después de 1580) y municipales (que pierden su carácter comunitario por venta o apropiación indebida).
Sin embargo, en el período 1570-1580 se produce el inicio del cambio en la coyuntura agraria, pues la producción general desciende y ante los malos rendimientos de las tierras marginales, muchas de ellas se abandonan por no ser rentables.
En la agricultura, parece advertirse en la primera mitad del siglo, poco más o menos, una tendencia de signo positivo, gracias a una coyuntura favorable auténticamente excepcional. En la segunda mitad, cuando América ya era autosuficiente y el alza de precios dejaba sentir su peso, la tendencia agrícola española cambia de signo. La subida de los precios de semillas, aperos y demás encarecen la producción, y la Corona, para proteger al consumidor, impuso una tasa en el precio de trigo, que desde 1539 sería permanente, si bien los precios tasados variaban en función de la oferta o lo que es lo mismo, de la bondad de la cosecha. A pesar de todo, se dificulta crecientemente la situación del campesinado, incapaz de aumentar sus ingresos al mismo ritmo que se incrementaban los costes. Así se explica que la producción bajara y se produjera un absentismo creciente de cultivadores que facilita la concentración latifundista nobiliaria y la disminución del área cultivada, con lo que aparece el mercado negro y el fantasma del hambre. Factores que se agudizarán con el paso de los años, sobre todo en el siglo XVII.
Por las condiciones de cultivo (régimen de año y vez, carencia de abonos y herbicidas, etc.), los rendimientos cerealísticos no podían ser altos (en torno a los seis quintales por hectárea). Ante la imposibilidad de un autoabastecimiento constante y permanente, es necesaria la importación de trigo, procedente de Sicilia, Nápoles, Milán y, ya mediado el siglo, del norte de Europa. Junto con los cereales, otros productos importantes de la agricultura española eran el olivo y el viñedo, la clásica tríada mediterránea.
Ante semejante panorama, la Corona no hizo nada realmente serio para proteger la agricultura; antes bien, su

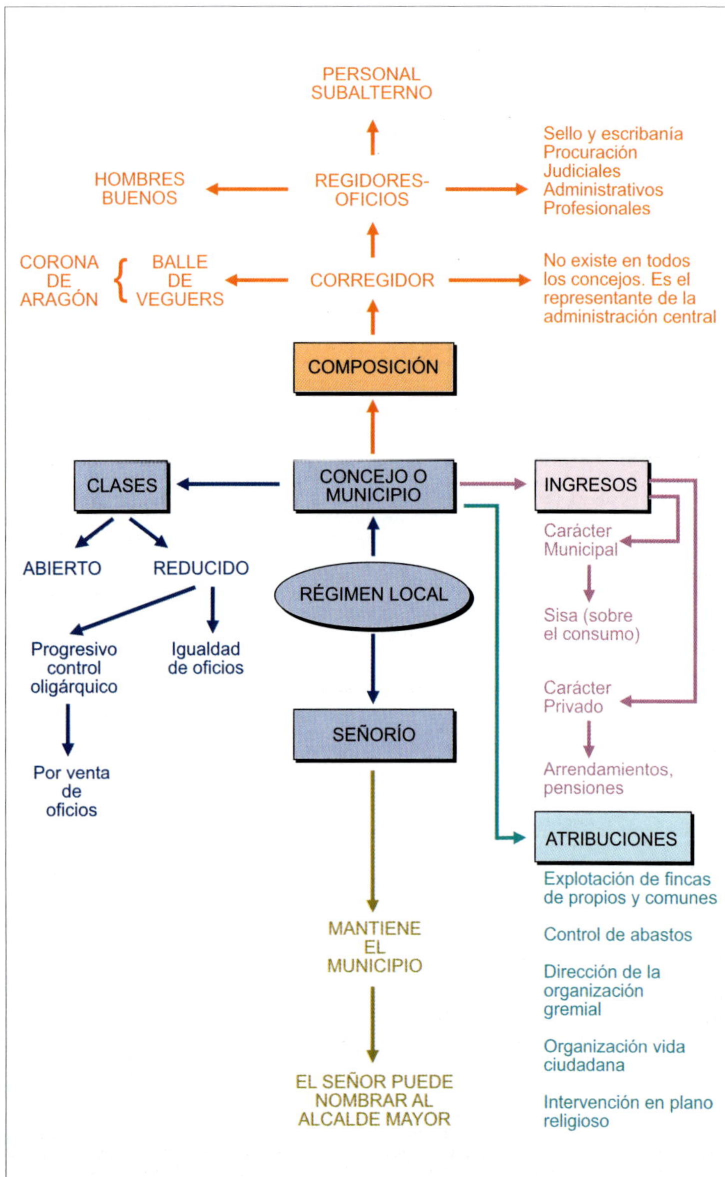

El régimen local.

inveterada protección a la ganadería lanar, parece indicar lo contrario. Una ganadería que tenía en la Mesta la poderosa institución celadora de sus intereses con el beneplácito del Estado, que tenía en los beneficios de la exportación de lana su jugosa contrapartida. Sin embargo, parece que el ganado mesteño reduce sus efectivos y las 2.850.000 cabezas, aproximadamente que había en la segunda década del siglo, son ya menos de 2.000.000 en torno a 1560. Una crisis que la Mesta quiere evitar y corregir, infructuosamente, presionando sobre los pastos comunales, tradicionalmente reservados a la ganadería estante, de cuyo número no tenemos cifras precisas.

La producción industrial estaba dominada por los gremios. Durante el siglo XVI, el desarrollo de nuestra industria deja mucho que desear a tenor de las exigencias económicas del momento. Es más, la actitud proteccionista, probablemente, no es más que una muestra de la decadencia del ramo, acentuada por lo caro del transporte interior y las aduanas interiores. En líneas generales, se puede afirmar que la producción artesanal creció hasta la década de 1580, después presenta indudables síntomas de desaceleración, anunciando la crisis.

La producción lanera coloca a la industria pañera a la cabeza del sector, pero aunque se vio animada por la demanda americana, nunca llegó a alcanzar el lugar presumible en el plano internacional, primero porque CARLOS V favoreció a la de su tierra a costa de la castellana y, luego, porque el alza de precios y la mediocre calidad de sus productos, entre otras cosas, no generan la demanda adecuada. Los centros de producción más destacados eran Toledo, Segovia, Cuenca y Córdoba y entre 1540 y 1590 vive unos años de signo favorable.

Toledo, Granada y Valencia mantenían una actividad considerable en la industria sedera, de tradición musulmana, pero el sector se vio perjudicado por las leyes que limitaban a las clases superiores ciertos usos y prácticas consideradas de lujo. Por el contrario, otra industria también de tradición musulmana, la de curtidos, se vio favorecida por la abundancia de materias primas americanas. Vizcaya era el núcleo principal de la fundición de hierro y de la industria naviera.

En conjunto, a lo largo del siglo XVI, la industria española se debilita, viéndose algunas veces perjudicada por medidas poco afortunadas, como la de 1548, que al tiempo que cerraba la exportación de los tejidos españoles, permitía la importación de los extranjeros. En el decaimiento de nuestra industria pudo influir el inferior nivel tecnológico respecto a la Europa más avanzada, la escasa organización y la ausencia de inversión decidida por parte del sector público o de la iniciativa privada.

Por lo que se refiere al comercio, hay que señalar de entrada que estaba basado en la exportación de materias primas y la importación de productos manufacturados, con lo que se genera una balanza comercial desfavorable, por ser estos últimos más caros que aquéllas. La estructura comercial se basaba en los mecanismos de cuatro fachadas marítimas especializadas: la de la corona aragonesa se orienta al intercambio mediterráneo; la alicantino-murciana que drena los productos laneros de Cuenca y Toledo e importa los italianos; desde Cádiz a Málaga la actividad se canaliza hacia Indias, y la fachada cantábrica relaciona los centros de Bilbao, Burgos y Valladolid con el norte de Europa.

Por lo que respecta a los productos, la lana encabezaba las exportaciones (dirigida a Flandes, Francia e Italia, principalmente); le seguía la sal, cuyo comercio controlaba la Corona mediante almacenes especiales; el aceite de oliva venía a continuación y se canalizaba para satisfacer por sus necesidades industriales la demanda de Holanda, Inglaterra y Francia desde Andalucía y Mallorca. Más atrás, venían dos colorantes procedentes de México, la cochinilla y el añil, y cerraba la relación de los productos destacables el hierro, cuyo principal destino era Francia. La contrapartida más significativa a estas exportaciones la daban las importaciones siguientes: tejidos flamencos y franceses, pertrechos navales, pescado de altura y trigo, principalmente.

En la dinámica comercial, se observa una disminución de rutas y de tráfico en la España mediterránea, de la que saldrá particularmente afectada Cataluña, donde el espíritu de empresa era superior al resto del país. En cambio, la ruta costa cantábrica-Flandes mantiene una situación privilegiada dentro del continente hasta 1568, momento en que la sublevación flamenca obliga a abrir una ruta alternativa por Barcelona, Génova y el Franco Condado. Pero, sin lugar a dudas, la gran dimensión comercial española es la establecida por América. El comercio interior estaba dominado por las comunicaciones terrestres, dado el díficil aprovechamiento de la navegación fluvial. Tres rutas parecían concentrar la mayor parte de la actividad: la de Madrid-Andalucía, la de Barcelona-Zaragoza-Madrid-Toledo y la de Santander-Laredo-Bilbao hacia Burgos-Valladolid-Medina del Campo, con ramales a Segovia- Madrid y Ávila-Toledo. La parte fundamental de la red rutera la constituían 18.000 km, poco más o menos, en gran parte sobre trazado romano. Galicia y Extremadura eran las regiones más aisladas. Denominador común de toda la red era el lamentable estado de los caminos.

En cualquier caso, el comercio con América, la denominada «carrera de Indias» (a la que acaban por incorporarse los catalanes a través de Sevilla, Cádiz, Lisboa y Gibraltar) es fundamental no solo en lo relativo al comercio exterior hispano, sino también en el comercio interior repercute en el plano hacendístico y militar, y en toda la economía europea se nota su incidencia, tanto por la demanda como por la exportación de metales preciosos.

Este comercio, al que la Corona quiere mantener en régimen de monopolio, se pretende organizar y controlar a través de la Casa de Contratación, establecida en Sevilla en 1503. En 1529 CARLOS V autorizó a diez puertos de Castilla a enviar libremente productos a América, pero al regreso los navíos tenían que dirigirse a Sevilla. Parece que tal sistema no fue muy efectivo y no queda totalmente derogado hasta 1573, si bien la tendencia monopolística se consolida en torno a Sevilla, sobre todo, a raíz del establecimiento del sistema de flotas hacia 1560. A lo largo del siglo XVII, Cádiz, de condiciones portuarias muy superiores a Sevilla, irá desplazando a ésta.

En la relación comercial con América, atendiendo al tonelaje de los navíos, se ha distinguido una primera etapa, que coincide, casi, con el siglo XVI (1504-1604), claramente expansiva, aunque el aumento no es constante ni progresivo, pues a la expansión inicial (1504-1550),

La Iglesia en Indias.

sucede una recesión pronto superada (1550-1562), que da paso a un nuevo período expansivo.

La dinámica social

En cuanto a la sociedad, su organización era estamental y así permanecerá a lo largo de la Edad Moderna, como en el resto del continente. El carácter de dicha organización suponía que la ley reconociera la existencia de estamentos, entendiendo por tales los grupos de individuos que tienen un nacimiento afín, unos mismos privilegios, leyes y principios jurídicos, sin que en la diferenciación de unos y otros intervenga el nivel económico, al menos en teoría. Dichos estamentos son tres: nobleza, clero y estado llano; los dos primeros eran los privilegiados, posesores de todos los derechos y con capacidad para eludir casi todos los deberes; el estado llano o tercer estado soportaba todas las cargas y deberes y estaba en una clara inferioridad respecto a los otros dos.

Esta sociedad presenta una dinámica nacida de las peculiaridades de la vida española y de la actitud de la Corona respecto a la significación de esos estamentos en la órbita del Poder y en sus dimensiones socio-económicas. Captada muy pronto por el atractivo de los ideales que sustentaban la filosofía política del Imperio y de la defensa de la catolicidad, la sociedad española va a ser poco permeable a las nuevas ideas religiosas y no escatimará esfuerzos en la defensa exterior. Pero en su seno anidan los contrastes nacidos de una fuerte tensión interna que se proyecta en el arte y la literatura, manifestaciones tan logradas que han permitido hablar de un **Siglo de Oro**, sobre todo en relación con las letras; siglo que, en rigor, superaría en mucho los cien años en los que nuestra cultura, dominada por las ciencias del espíritu, brilla con luz especial y única, ante la que palidecen las manifestaciones de cualquier otra época.

Como acabamos de apuntar, la organización de nuestra sociedad en este período se inscribe plenamente en el tipo de sociedad estamental característico del Antiguo Régimen, lo que significa la existencia legal de estamentos diferentes, cuya diferenciación en teoría viene marcada por su distinta condición ante la ley, aunque en la práctica el nivel de riqueza no carece de operatividad. Los estamentos privilegiados se distinguen del plebeyo por gozar de privilegios penales (no pueden ser torturados, ni sometidos a penas infamantes, ni ser encarcelados por deudas...), fiscales (no pagan impuestos) y honoríficos, aunque sean los fiscales los que encerraban mayor capacidad definitoria, ya que el ennoblecimiento permitía al plebeyo soslayar la presión fiscal, lo que nos puede dar una de las claves del interés por la compra de títulos nobiliarios.

Factor social de primera importancia en la época fue la llamada «limpieza de sangre», pues se considera deshonroso descender de musulmán, judío o penitenciado por la Inquisición, el tribunal encargado de velar por la pureza de la fe. Ser «cristiano viejo» es un honor, que distingue de los «cristianos nuevos» (conversos y descendientes de conversos recientes) y permite el acceso a muchas instituciones que exigen a sus miembros probar previamente la limpieza cristiana de su linaje.

La significación socio-económica de los tres estamentos era muy desigual. Los estamentos privilegiados poseían una gran importancia real dentro del país, aunque numéricamente sus efectivos eran pocos, ya que la nobleza suponía entre el 1,5 y el 12 % de la población, según las zonas, y el personal eclesiástico era algo menos numeroso, mientras que el poder económico de ambos resultaba tremendo. El resto de los habitantes españoles, en torno al 80-85 %, eran los componentes del estado llano, en el que había una aplastante mayoría de campesinos (sobre el 85 %), una escasa y embrionaria clase media y una poco representativa población industrial; casi todos ellos con muy pocos medios de supervivencia.

La aristocracia estaba formada por los nobles y las altas dignidades eclesiásticas, que por lo general se cubrían por segundones de las grandes familias nobiliarias. En la cúspide nobiliaria nos encontramos a los grandes, categoría confirmada por CARLOS V en 1520, a los que el soberano llamaba **primos** y podían sentarse y estar cubiertos delante del rey; en la época del emperador había unos veinticinco; por debajo de ellos estaban los **títulos del reino**, posesores de las dignidades nobiliarias más caracterizadas (duque, marqués, conde, vizconde y barón); a lo largo del siglo, el número de ambos grupos fue aumentando para llegar a los 130 ó 140 en el reinado de FELIPE III. Más abajo estaban los **gentileshombres** o **caballeros**; componían la nobleza no titulada (no poseían el título de conde, como mínimo); de alguna forma se les puede asimilar la nobleza ciudadana, de procedencia burguesa, lo que significa que han salido del tercer estado, de entre los plebeyos. Mención especial hay que hacer del **hidalgo**, el nivel inferior de la nobleza, especialmente numeroso en el norte de la península y cuya situación económica era muy precaria: en conflicto permanente entre sus pretensiones sociales y sus medios reales de vida, resulta un personaje contradictorio de profundo eco literario, normalmente satírico.

La fortuna de la aristocracia era enorme. Su riqueza descansaba en la propiedad de la tierra mediante dos instituciones garantes de su privilegiada situación: el señorío y el mayorazgo; la percepción de rentas en especie le permitía capear las consecuencias desfavorables de la inflación; por otro lado, la desvalorización de las rentas fijas pudo ser compensada mediante el ejercicio del poder público, medio para corregir también las disminuciones de otros ingresos, especialmente los que recibían por razón de los monopolios señoriales. En algunas regiones de la Monarquía, su poder era especialmente significativo, como ocurría en tierras andaluzas (DUQUES DE MEDINA-SIDONIA y MEDINACELI, CONDE DE CABRA, etc.), murcianas (los FAJARDO), o salmantinas (DUQUES DE BÉJAR y ALBA, etc.), por citar unos casos significativos. El poder de la nobleza, especialmente el económico, se vio favorecido por factores diversos, tales como la permisividad de la Corona, que consiente su predominio económico porque ha cercenado su influencia política, la concentración de la propiedad nobiliaria como consecuencia de frecuentes enlaces matrimoniales, la adquisición de tierras vendidas por campesinos incapaces de hacer frente a los gastos de explotación.

Por otra parte, se estima que el número de eclesiásticos se situaría entre los 80.000 y los 100.000, de los que la mitad, aproximadamente, pertenecían al clero regular. Los obispos se reclutaban preferentemente en el clero secular (dos de cada tres). En Castilla la Nueva y Andalucía se encontraban los obispados y arzobispados más importantes, algunos de los cuales poseían

Tribunales inquisitoriales (a partir del primer tercio del siglo XVI).

La Iglesia en la España moderna.

propiedades de entidad que les proporcionaban jugosos ingresos. El hecho de que muchas de estas dignidades se cubrieran con miembros de las grandes familias nobiliarias y que, además, se vincularan a cargos y puestos políticos, provocó el absentismo de muchos de los titulares de arzobispados y obispados, con el consiguiente perjuicio para las dimensiones institucionales y pastorales de la Iglesia. Muy codiciadas por ofrecer un reclutamiento más abierto y, en consecuencia, resultar más accesibles, eran las plazas capitulares de las catedrales y colegiatas, cuya cuantía se calcula en unas 7.000. Quienes las alcanzaban podían sentirse satisfechos y darse por contentos, pues estaban mucho mejor que el conjunto de prebendados y, sobre todo, de curas párrocos, algunos de los cuales arrastraban una vida tan miserable como sus feligreses campesinos, sin más horizontes que los ensombrecidos por su dependencia de una agricultura nada generosa y de perspectivas miserables.

Por lo que respecta al clero regular, tenemos que las órdenes mendicantes contaban con una ubicación preferentemente urbana; los franciscanos eran sus componentes más populares y numerosos, bastante más, incluso, que los dominicos, que eran los que les seguían en número. Por su parte, las órdenes monacales conservaban los monasterios más antiguos y prestigiosos, en especial los benedictinos, seguidos de jerónimos y cartujos. Además, en el siglo XVI aparece el clérigo regular, que se caracteriza por desentenderse un tanto de las prácticas comunitarias de la orden y buscar una inserción más directa en la sociedad para participar en todas sus manifestaciones; el ejemplo más característico lo constituyen los jesuitas, fundados por San Ignacio de Loyola en 1540, enfrentados en los momentos iniciales de su existencia con dificultades, que al ser superadas permiten a la orden mantenerse y consolidarse en unas actividades, entre las que destacan las misionales y las docentes de humanidades entre los hijos de las clases privilegiadas. Los capuchinos fueron otra novedad, procedentes de tierras italianas.

Al igual que la nobleza, la Iglesia también poseía una riqueza enorme, constituida por tierras y casas que habían llegado a su poder gracias a donaciones de los fieles, práctica que se había mantenido a través de los siglos; en sus ingresos tenían un destacado papel los diezmos, una carga más que recaía sobre el famélico campesinado y que contribuía a consolidar la imagen de un clero acomodado y satisfecho, que además gozaba de un fuero especial, que le confería una cierta independencia. La holgura material de la vida eclesiástica actuó como reclamo sobre ciertos sectores de la población, suscitando muchas vocaciones, cuando menos, dudosas, lo que unido a la vida poco edificante de no pocos clérigos favorece la difusión de una actitud anticlerical con claras manifestaciones satíricas, al tiempo que en ciertos ambientes surge y se confirma un deseo de reforma eclesiástica, que con CISNEROS ya apunta de forma decidida y se consolida irreversiblemente a raíz del concilio de Trento y la aplicación de sus acuerdos.

A la vista de lo expuesto, fácilmente se comprende que existiera un abismo de distancia entre la situación de los privilegiados y el resto de la población, distancia legal y económica. Ese vacío lo cubrían las clases medias o **medianos**, como se les llamaba en la época, pero en la España de entonces, éstos brillaban por su ausencia; su número era muy escaso, prácticamente irrelevante, máxime desde que fueran expulsados los judíos, cuya expulsión fue lamentable, no tanto por la cantidad, como por la calidad de los expulsos y lo que proporcionalmente significaban en el conjunto de la población, dada la índole de sus ocupaciones en un contorno dominado por las actividades agrarias.

En los escalones inferiores de la jerarquía social nos encontramos a los sectores humildes, que eran los que proporcionaban la mayoría de los efectivos demográficos, carecían de privilegios, vivían mayoritariamente en los medios rurales y en los límites de la subsistencia y la marginación, pues sus precarias condiciones de vida les movían a algunos a practicar algún oficio como medio para complementar sus ingresos y empujaba a otros a niveles casi de marginación (vagabundos, mendigos, temporeros, ...), en la que vivían habitualmente, de forma más o menos declarada, grupos tales como los gitanos, esclavos, vagos y demás. Ellos nutrían las filas de los delincuentes, algunos de cuyos efectivos dan vida a un bandolerismo, que se hacía notar, sobre todo, en tierras andaluzas, levantinas y catalanas. Sin lugar a dudas, ésta era la dimensión más llamativa de un fenómeno que tenía múltiples manifestaciones, desde la ratería o el hurto insignificante hasta el asesinato o la lesa majestad, sin olvidar aquellos delitos que eran asimilados a pecados o que podían caer bajo la jurisdicción de tribunales especiales, como los de la Santa y General Inquisición, celosa guardia de la ortodoxia y de la salud espiritual de la sociedad, basando su actuación en el secreto del sumario, en la ejemplaridad del castigo y en la reparación de la falta cometida mediante recursos tan espectaculares como sobrecogedores, en los que el Auto de Fe se lleva la palma: algo que ha sido definido gráficamente como la «pedagogía del miedo». El rigor inquisitorial hizo que hasta algunos santos se vieran amenazados y que se suscitaran sonados procesos, como el de BARTOLOMÉ CARRANZA, uno de los arzobispos de Toledo, encarcelado en 1559.

Y si la mayoría de estas gentes vivían de, en, por y para el campo, en los núcleos urbanos había ciertos núcleos que se habían desvinculado por completo de las prácticas agrarias y vivían de otras actividades: tales eran los artesanos, comerciantes, menestrales, obreros de diversa índole, etc.; pero en conjunto, este variopinto mundo era de proporciones limitadas, pues no irían más allá del 12 % del total de la población.

EL SIGLO DE ORO ESPAÑOL

El **siglo de oro** es una expresión que se aplica a un período de la cultura española de excepcional esplendor, dominada por las manifestaciones artísticas y literarias. Ese esplendor empieza a gestarse en las primeras décadas del siglo, cuando la cultura renacentista se extiende por Europa imparablemente, para granar a continuación y mantener sus tonos de calidad hasta entrado el siglo siguiente, ya en plena etapa barroca.

En el sector de las artes y en el plano arquitectónico, hay que señalar que la arquitectura española propiamente renacentista presenta en la primera mitad del siglo unos motivos decorativos que se parecen a los empleados por los orfebres, razón por la que a este estilo se le denomina **plateresco**, que presenta su mayor pureza decorativa en el segundo tercio del siglo, cuando busca la monumentalidad (se trata del **plateresco purista**). Inicialmente, son artistas italianos los que empiezan a dejar su producción en España, a los que se unen arquitectos españoles de formación italiana, como ocurre con LORENZO VÁZQUEZ (colegio vallisoletano de Santa Cruz, palacio de Cogolludo en Guadalajara), FRANCISCO DE COLONIA (puerta de **la Pellejería**, en la catedral de Burgos) y DIEGO DE RIAÑO (ayuntamiento de Sevilla y sacristía mayor de la catedral de esa ciudad). Iniciada la segunda mitad del siglo, empieza la reacción contra la decoración plateresca y se acentúan los efectos de monumentalidad con líneas constructivas muy sobrias (estilo **herreriano**), cuyos mejores exponentes son JUAN BAUTISTA TOLEDO y, sobre todo, JUAN DE HERRERA, y su mejor muestra es el **monasterio de San Lorenzo de El Escorial**.

Por lo que a la escultura respecta, hay que señalar la presencia de artistas italianos en España, como sucede con DOMENICO FANCELLI (sepulcros de don Diego Hurtado de Mendoza en la catedral de Sevilla y del príncipe don Juan en Santo Tomás de Ávila), TORRIGIANO (**San Jerónimo**, en el museo de Sevilla), JACOBO FLORENTINO, **el Indaco** (**Santo Entierro** en la iglesia granadina de San Jerónimo), etc. Tenemos también las obras de arte importadas de Italia, como sucede con el **San Juan**, de MIGUEL ÁNGEL (Úbeda). Y cómo no, tenemos la producción de los escultores españoles, entre los que podemos citar a los siguientes: VASCO DE LA ZARZA (trascoro de la catedral de Ávila), BARTOLOMÉ ORDÓÑEZ (sepulcros de Felipe el Hermoso y de Juana la Loca en la capilla real de la catedral granadina), DIEGO DE SILOÉ (Virgen de la sillería del coro de San Jerónimo, en Granada y sepulcro de Alonso de Fonseca, en Santa Úrsula de Salamanca). Todo lo cual constituye el preludio de la entrada en escena de los grandes maestros, que se imponen a partir del primer tercio del siglo y son quienes le dan a la escultura rasgos específicamente españoles. En Castilla nos encontramos con dos figuras escepcionales: ALONSO BERRUGUETE (retablos vallisoletanos de **la Mejorada**, San Benito y Adoración de los Reyes; sepulcro del cardenal Tavera, en Toledo) y JUAN DE JUNI (**Santo Entierro**, en Valladolid; **Virgen de los cuchi-**

Las universidades españolas en la edad moderna.

llos, también en Valladolid). En Aragón, nos encontramos a DAMIÁN FORMENT (retablo mayor de Gandía y el del Pilar de Zaragoza) y GABRIEL JOLY (retablo mayor de la catedral de Teruel).

En pintura, encarnan la transición castellana al Renacimiento PEDRO BERRUGUETE (retablo del altar mayor del convento de Santo Tomás, en Ávila) y JUAN DE BORGOÑA (decoración de la sala capitular de Toledo); entre los andaluces, podemos destacar a ALEJO FERNÁNDEZ (**Virgen del Buen Aire**, en el Alcázar sevillano) y, en la generación siguiente, LUIS DE VARGAS (**La generación temporal de Cristo**, en la catedral de Sevilla). En Valencia, las formas renacentistas se imponen con HERNANDO YÁÑEZ DE LA ALMEDINA y HERNANDO LLANOS (autores del retablo de la catedral valenciana); el momento siguiente es de predominio de JUAN DE JUANES (**La Cena**, del museo del Prado).

En la segunda mitad del siglo tenemos al grupo de pintores que trabajan en la Corte y los que atienden la demanda de los particulares. Entre los primeros, tenemos a italianos (TIBALDI, CARDUCCI, etc.) y españoles, como FERNÁNDEZ DE NAVARRETE, EL MUDO (**La degollación de Santiago**, en El Escorial), ALONSO SÁNCHEZ COELLO (retratos del príncipe Carlos, Felipe II, Isabel Clara Eugenia, etc.) y JUAN PANTOJA DE LA CRUZ (retrato de Felipe II). Entre los del segundo grupo, destaca LUIS DE MORALES, EL DIVINO (**Virgen con el Niño**, del museo del Prado) y DOMENICO THEOTOCOPULI, EL GRECO (**El entierro del conde de Orgaz**, en Santo Tomé de Toledo; **El martirio de San Mauricio y la legión tebana**, en El Escorial; **La Trinidad**, en el Prado).

Por lo demás, el arte español del Quinientos estuvo bajo la influencia de Italia y Flandes, los dos grandes centros artísticos europeos, como demuestra la presencia de artistas de aquellas tierras en España y por lo que se refiere a la demanda de obras de arte, la Iglesia figura en primer lugar, claramente aventajada, seguida de reyes, nobles y, ya muy descolgada, la demanda urbana (aunque tiene excelentes muestras, como la burgalesa casa del Córdón o la salmantina de las Conchas).

Es difícil determinar cuándo comienza el Renacimiento propiamente dicho en la literatura española, una literatura que va a reflejar la disgregación del mundo medieval y el optimismo propiciado por los grandes viajes y los descubrimientos, la convicción de un Imperio poderoso y con males internos, el enfrentamiento entre las Reformas

Las universidades en la América hispana.

religiosas, etc. Todo ello quedará plasmado en la lírica y en la prosa y permitirá la existencia lo mismo de la novela de caballería como de la picaresca, de la epopeya como de la poesía amorosa y de la mística.

El Renacimiento literario queda así enmarcado por dos obras cumbres de la literatura española: **La Celestina**, de FERNANDO DE ROJAS (1499) y **El Quijote**, de MIGUEL DE CERVANTES (1604, 1615). La plenitud del Renacimiento llega de forma nítida en la lírica con BOSCÁN y GARCILASO DE LA VEGA. A diferencia de la prosa, no se produce en la poesía una evolución, sino una ruptura con la tradición inmediata; la actitud italianizante de estos dos poetas y la adaptación definitiva del soneto a la métrica castellana supone no sólo el deseo de prescindir de la métrica tradicional, sino también de introducirse en un mundo nuevo. GARCILASO DE LA VEGA (1501?-1536) simboliza con su propia vida el momento cumbre de la España imperial; su poesía amorosa, **Sonetos** y **Églogas**, muestra un refinamiento hasta entonces desconocido en la literatura española, con tonos de una delicadeza sin parangón hasta ese momento. FRAY LUIS DE LEÓN (1527-1591) llega a su plenitud poética cuando sufre pena de prisión, la **Oda al licenciado Juan Grial**, la **Oda a Salinas** o la **Noche serena** son una muestra de la valía de este poeta, que sabe combinar la profundidad metafísica con la belleza clásica.

El poema épico de forma italiana, según los cánones renacentistas, está representado por **La Araucana**, de ALONSO DE ERCILLA (1535-1596), sobre la conquista de Chile, en la línea de los «poemas nacionales» de la época.

La literatura mística merece un tratamiento especial, porque se produce casi exclusivamente en España, durante siglo y medio, pero en ese período su floración fue tan extraordinaria que ha marcado un hito en la historia de la literatura. Entre la amplia producción merece destacarse por su alta calidad poética a SAN JUAN DE LA CRUZ. La experiencia inefable de la unión del alma con Dios la canta el poeta en la **Noche oscura del alma**, **Cántico espiritual** y **Llama de amor vivo**. Sus comentarios en prosa configuran un tratado de teología mística. También podemos recordar a SANTA TERESA DE JESÚS, sobre todo por su **Camino de perfección** y **Las Moradas**.

El género de más éxito durante el siglo XVI fue el de los libros de caballería, la lectura predilecta no solo de lo que hoy llamaríamos gran público, sino también de personas como SAN IGNACIO, SANTA TERESA o el mismo EMPERADOR CARLOS V. Por CERVANTES sabemos cuál era la afición de los lectores por el **Amadís de Gaula**, en la versión de GARCÍ RODRÍGUEZ DE MONTALVO (1508), **Palmerín de Oliva** (1511) y **Primaleón** (1512). Los caballeros andantes fueron los héroes de la España imperial.

En 1554 aparece **La vida del Lazarillo de Tormes**, considerada por algunos como precursora o prototipo de la picaresca. No hay que olvidar que la autobiografía satírica de LÁZARO se escribe y publica cuando los lectores españoles consumían libros de caballería. Las alternativas vitales de LÁZARO son el contrapunto del hambre en una España que gastaba velozmente el oro y la plata americana. Sin llegar al ácido pesimismo de las novelas picarescas del siglo XVII, se anuncia ya la crítica al empobrecimiento de la mayoría.

El tema pastoril en prosa está representado por **Los siete libros de Diana**, de JORGE DE MONTEMAYOR (h. 1520-1561). La novela pastoril complementa la temática de los libros de caballería introduciendo las aventuras amorosas en un marco bucólico, propicio a idealizar y ennoblecer los sentimientos de un mundo cortesano.

El teatro es el género literario que más lentamente recoge las tendencias renacentistas, situándose la mayoría de los dramaturgos más cerca del teatro medieval, si bien BARTOLOMÉ DE TORRES NAHARRO (h. 1484-1513?) y GIL VICENTE (1465/1470-1536) pretenden aproximarse al nuevo humanismo renacentista.

Otra realidad que conviene destacar es que la Corte fue un elemento impulsor de las nuevas ideas y gustos. Con CARLOS V, diplomáticos italianos como NAVAGGERO y CASTIGLIONE difundieron entre 1525 y 1530 la poesía lírica y el modelo del perfecto cortesano. FRAY ANTONIO DE GUEVARA (1480-1545), un prelado conocedor de la Corte, es autor de **Menosprecio de Corte y alabanza de aldea** y **Reloj de Príncipes**. Con FELIPE II la Corte continuó potenciando la investigación intelectual dentro de la ortodoxia, así como la producción artística. La biblioteca del monasterio de El Escorial es una demostración elocuente.

La vida universitaria vive en la España del siglo XVI un momento esplendoroso. En la reciente universidad de Alcalá de Henares los estudios clásicos habían sido potenciados de forma decidida, para la mejor formación de los eclesiásticos; latín, griego y hebreo eran los pilares de la institución, y en 1528 se fundaba el «colegio trilingüe». En Valencia encontramos otro foco universitario humanista, con representantes de la talla de LUIS VIVES –que desarrolla su labor en el extranjero– y PEDRO JUAN NÚÑEZ. El primero es un ejemplo paradigmático de la inquietud intelectual de los humanistas, como también lo fueron JUAN GINÉS DE SEPÚLVEDA, ANTONIO AGUSTÍN O SÁNCHEZ DE LAS BROZAS, EL BROCENSE.

El objetivo de las universidades era la formación de especialistas, y en sus claustros muchos de los estudiantes buscaban la obtención de una plaza al servicio del Estado o de un beneficio eclesiástico, para lo que se necesitaba un título universitario. Las facultades más importantes eran las de teología, derecho civil, derecho canónico y medicina; los conocimientos básicos de letras y ciencias se impartían en una facultad de artes. El número de estos centros de enseñanza aumento significativamente a fines del siglo XV y en los comienzos del XVI, de manera que a las prestigiosas y tradicionales como Salamanca, Valladalid, Lérida o Huesca, se unen las de Sevilla, Granada, Santiago, Oviedo, Zaragoza, o la misma de Alcalá. En las grandes universidades existían otras instituciones vinculadas íntimamente a ellas: los colegios mayores; especial fama y prestigio alcanzaron los colegios salmantinos de San Bartolomé, de Cuenca, de Oviedo y del Arzobispo, el vallisoletano de Santa Cruz y el complutense de San Ildefonso; en un nivel inferior estaban el granadino Imperial, el sevillano del Maese Rodrigo y el de Fonseca de Santiago. A finales de siglo eran muchos los alumnos que no concluían sus estudios, como también eran muchos los que encontraban una fuerte barrera en lo caro que resultaban la licenciatura y el doctorado. Se calcula que anualmente se doctoraban 50 estudiantes y se licenciaban unos 150. Por lo demás, a fines del siglo, las universidades castellanas habían logrado un nivel que perderían posteriormente para ya no recuperarlo hasta tres siglos después.

En general, la universidad española se mantuvo dentro de un aristotelismo adaptado y renovado, sosteniendo contactos con otros centros similares extranjeros, como ocurre con París, donde se forman muchos de nuestros profesores, como JUAN DE CELAYA, que durante un tiempo perteneció al claustro de aquella universidad, mientras otros regresan y pasan por varias universidades españolas, como hace MARTÍNEZ SILÍCEO. Mientras el erasmismo no suscitó dudas, Alcalá fue el centro universitario que marchó en vanguardia; pero cuando el erasmismo fue perseguido, Alcalá decayó y pudieron recuperarse centros históricos, como Salamanca, que encabeza la restauración del tomismo con figuras de una talla como la de TOMÁS DE VITORIA, uno de los padres del Derecho Internacional, MELCHOR CANO, DOMINGO DE SOTO, MARTÍN DE AZPILCUETA, FRANCISCO SUÁREZ o JUAN DE MARIANA.

En el terreno científico también hay novedades dignas de mención. El heliocentrismo copernicano fue incorporado a los estudios salmantinos y en otros centros, aunque en la práctica no se llegó muy lejos. El descubrimiento del Nuevo Mundo favoreció el desarrollo de la cartografía, que tiene en JUAN DE LA COSA y en la Casa de Contratación, excepcionales impulsores. Las noticias que llegaban y los estudios inicialmente fragmentarios y desordenados dejaron paso a obras más sistemáticas sobre la realidad americana, obras debidas a GONZALO FERNÁNDEZ DE OVIEDO (**Historia general y natural de Indias**), LÓPEZ DE GÓMARA (**Historia de las Indias**), BERNARDINO DE SAHAGÚN (**Historia general de las cosas de Nueva España**) y JOSÉ DE ACOSTA (**Historia natural y moral de las Indias**), por citar los mejores ejemplos.

La **Obra de agricultura** de ALONSO DE HERRERA gozó de indudable prestigio dentro del tema de la producción agronómica. En medicina, los centros más importantes fueron Valencia y Alcalá, con exponentes tales como MIGUEL JERÓNIMO y ANDRÉS LAGUNA, respectivamente. Las enseñanzas de VESALIO, basadas en la disección de cadaveres, encontraron excelente acogida en las universidades aragonesas, mientras que las castellanas fueron más tardías en incorporar a sus estudios cátedras de anatomía. Posiblemente, el más universal de nuestros médicos del siglo XVI fue MIGUEL SERVET, un aragonés que enseña sus teorías entre 1530 y 1550 en ciudades del sur francés y suizas: su teoría sobre la circulación pulmonar era revolucionaria y su obra fue perseguida por católicos y calvinistas; precisamente, CALVINO lo ordenó matar en Ginebra. JUAN VALVERDE sería el difusor de sus ideas por toda Europa.

La producción histórica tiene en el siglo XVI una variada muestra. Desde GINÉS DE SEPÚLVEDA y FRAY ANTONIO DE GUEVARA, cronistas de CARLOS V, hasta los historiadores de Indias FERNÁNDEZ DE OVIEDO, CIEZA DE LEÓN, BERNAL DÍAZ DEL CASTILLO y LÓPEZ DE GÓMARA, pasando por los emblemáticos P. MARIANA (autor de la **Historia general de España**) o JERÓNIMO ZURITA (**Anales de la corona de Aragón**).

Y en cuanto a la actividad editorial, pese a la difusión de la imprenta, los libros seguían siendo caros, por lo que no estaban muy difundidos, si bien las copias a mano y la lectura colectiva son cauces de difusión indudables. Sevilla va a tener un aventajado primer puesto en el siglo XVI en la edición de libros, a la que siguen de lejos Valladolid y Alcalá, pero en conjunto, la labor editorial española no fue nada significativa y, en gran medida, el país dependía de las importaciones, cosa que, por otra parte, no debe extrañarnos, dado el índice de analfabetismo y el poco apego a las letras en algunos círculos nobiliarios. Es justamente en ambientes aristocráticos, eclesiásticos y judiciales, además de las universidades, donde encontramos las mejores bibliotecas. Cuentos, narraciones burlescas, anécdotas y refranes constituían los principales ingredientes de la cultura oral, a la que no le faltan reflejos editados, como **El Patrañuelo**, de JUAN DE TIMONEDA.

ECONOMÍA Y SOCIEDAD EN LA ESPAÑA DEL SIGLO XVII

Al siglo XVII se le viene considerando como un siglo de crisis, cuyos rasgos más visibles son un retroceso político y una clara decadencia económica, que la visión más tradicional sitúa en su punto culminante durante el reinado de CARLOS II. Sería, pues, en este período cuando los factores negativos tocarían fondo, aunque últimamente parece apuntarse un cambio de visión, desplazando la crisis hacia años más tempranos del siglo. En términos objetivos, tal vez sea en el plano económico donde esa visión negativa tenga mayor aplicación, toda vez que en su dispositivo internacional, España solo experimenta pérdidas territoriales de escasa entidad, si exceptuamos la recuperación de su independencia por Portugal, hecho que, por lo demás, no causó ninguna mella en la opinión española. De manera que en 1700, España mantenía un despliegue internacional muy parecido al que tenía en 1570. Es más, también se advierten en el siglo XVII unos síntomas en la economía, que hablan de recuperación.

Tales indicios recuperadores se situaron primeramente hacia 1680, para adelantarlos más recientemente a mediados de la centuria, cuyas dos últimas décadas se consideran la preparación y pórtico de la estabilidad y expansión posterior. Entre las causas que se han dado para explicar la decadencia, se ha puesto el acento de modo especial en la escasa o nula adaptación de los españoles a los métodos capitalistas, aduciendo el caráter tradicional de la mentalidad aristocrática, que considera el trabajo denigrante para su clase, y el elevado número de eclesiásticos que merma también el potencial de la población activa, sostenidos ambos estamentos –nobleza y clero– en sus posturas por la sólida base que les proporcionan sus propiedades, señoríos, mayorazgos y **bienes de manos muertas**, como se denominaba a los de la Iglesia. Recientemente se ha descartado o matizado el valor negativo determinante de las actitudes mentales, ya que se percibe una clara **modernidad** en algunos sectores y se destacan otros elementos de gran peso en la economía peninsular, en especial los climatológicos, la inflación generada por el oro y la plata americanos, aunque ahora son más escasos, y las importaciones de mercancías extranjeras.

La dimensión demográfica de la crisis

Todavía nos falta mucho para tener un conocimiento aceptable de la población española en el siglo XVII. Sobre los

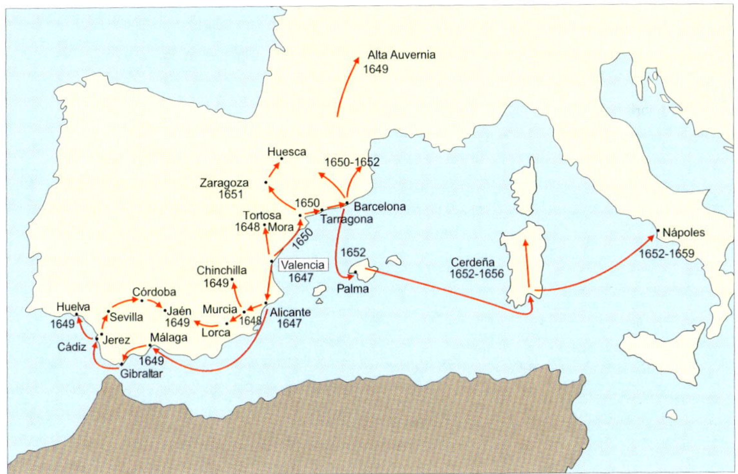

Epidemia de peste (mediados del siglo XVII).

datos que disponemos y las tendencias que apuntan se apoya la tesis más generalizada, que sostiene la disminución de los habitantes hispanos a lo largo de la primera mitad del siglo, para alcanzar dicha tendencia sus cotas más bajas en la década de los años 1650 e iniciarse a partir de 1660 una suerte de recuperación, lenta y desigual, que llevaría a fines de siglo a situar la población española en valores similares a los de cien años antes, aunque ahora las zonas más pobladas serían las regiones periféricas, que arrebatan a las zonas centrales e interiores castellanas la supremacía demográfica que habían mantenido hasta entonces. Es preciso destacar que las tendencias registradas en el siglo XVI ahora se invierten y las zonas periféricas se muestran mucho más dinámicas en la recuperación que las interiores castellanas.

Se calcula que los españoles existentes a mediados de siglo estaban en torno a los 6.500.000 y superaban los 8.000.000 a comienzos del siglo XVIII. Tal población conservaba su carácter predominantemente rural, con pocas ciudades por encima de los 30.000 habitantes, como era el caso de Madrid, Sevilla, Barcelona, Valencia, Córdoba y Zaragoza; en la segunda mitad del siglo el crecimiento urbano tiene unas dimensiones más modestas, tónica general en la que Madrid y Cádiz son una excepción, merced a su crecimiento más dinámico.

También en el siglo XVII los factores demográficos negativos se mantienen operativos, con un grado de intensidad superior al del siglo precedente. Migraciones, guerras, epidemias y hambres suman sus dramáticos efectos. En el caso de la guerra, España va a tener muchos de sus territorios metropolitanos convertidos en campos de batalla entre 1640 y 1713, debido a la sublevación de Portugal y la guerra subsiguiente, la revuelta catalana, la guerra contra la Francia de Luis XIV y la guerra de Sucesión; una intensa actividad militar que produjo pérdidas humanas y materiales, disminución de la natalidad y graves daños económicos. Por lo que respecta a las epidemias, las más demoledoras fueron las de peste, que actuaron en 1596-1602, 1647-1652 –la más letal de todas– y la de 1676, que se presenta unida a calamidades diversas, prolongando su acción hasta 1685. La movilidad demográfica viene determinada por las exigencias militares, el poblamiento indiano y los desequilibrios económicos interregionales, que son los elementos que, por otro lado, posibilitan la redistribución de la población en beneficio de las zonas periféricas. Y no podemos olvidar las crisis de subsistencias, generadoras de hambre y malestar, favorecedoras de la conflictividad, que se suceden con mucha frecuencia, en relación directa con los desarreglos climatológicos y con incidencia grave en los precios del grano. Valga como muestra la serie siguiente: en Castilla la Vieja se produce una sequía generalizada en 1666, seguida de un crudo invierno dentro de una fuerte extremosidad climática que puede explicar la subida de precios entre 1664 y 1669. En 1668 la sequía alcanzó a Valencia; en 1670, a Cataluña; y en 1671, a la mayor parte de España... Esta es la tónica dominante, que se agrava en 1680, el peor año de la segunda mitad del siglo, pues en él coinciden los efectos de tres malas cosechas seguidas, de la devaluación de la moneda, de la peste en el sur, de las lluvias torrenciales y granizadas otoñales y del terremoto de octubre.

La dimensión económica de la crisis

Los distintos sectores de la economía van a acusar, en diferente medida, el signo negativo de los tiempos. La misma evolución del régimen de propiedad tiene indudables consecuencias: la reducción de las tierras públicas, reales y municipales, incide negativamente en la vida rural, favoreciendo los despoblamientos con la mar-

Economía americana a comienzos del siglo XVII.

cha de los campesinos hacia otros lugares; igualmente el empobrecimiento de los comunales ayuda a la concentración de la propiedad; el absentismo de los propietarios aumenta y a todo ello hay que añadir la denominada «reacción señorial», por más que ésta sea un fenómeno matizable.

En lo que a la agricultura respecta, las dificultades climatológicas (sequías, inundaciones, heladas, etc.), las consecuencias de la inflación, la elevada altitud, la fácil erosión, las pocas posibilidades de irrigación y la misma naturaleza del terreno son los factores que obstaculizan la producción rural. La zona más rica, considerada agrícolamente, es la franja litoral de Valencia a los Pirineos y, de aquí, al Atlántico, pero no disponía de tierras suficientes para el alimento humano, al contrario que otras zonas de peores condiciones, en las que una buena cosecha podía resolver muchos problemas en los años siguientes. En general la producción agraria no alcanzaba para el abasto de la población, hecho que se imputa a las rudimentarias técnicas empleadas y a un utillaje igualmente poco evolucionado.

Pese a todo, la producción de grano parece ir en aumento desde mediados de siglo, lo que posiblemente se deba al aumento de la superficie cultivada merced a tres procesos principales: las usurpaciones de tierras comunales que llevan a efecto nobles y oligarquías municipales, las ventas de baldíos por la Corona y la conversión de tierras comunales en roturadas para satisfacer con su producto los gastos municipales excepcionales. Del inmovilismo de nuestros planteamientos grícolas habla el hecho de que la introducción de plantas americanas no pasara de ser una curiosidad, salvo en Galicia, donde el maíz alcanzó un cierto desarrollo.

Por su parte, la ganadería experimenta un retroceso generalizado que refleja muy claramente la Mesta: en 1633 se encontraban con facilidad rebaños que tenían 50.000 cabezas; en 1680, apenas si había algunos que pasaran de las 10.000. Semejante decadencia de la ganadería trashumante debió favorecer a la ganadería estante, pues los municipios insisten en sus derechos de rastrojera y barbechera y casi todas las poblaciones disponían de una dehesa boyal. En cuanto a las demás especies, el cerdo era muy abundante en el Pirineo, Extremadura y los litorales atlántico y cantábrico. Bueyes, caballos, asnos y mulos, desigualmente repartidos, se utilizaban para toda clase de trabajos.

La industria ve agravarse en el siglo XVII el proceso de paralización con que se había cerrado el siglo anterior. Una situación crítica de la que parece empezar a salir claramente a partir de 1680, pues desde entonces hay síntomas de mejora, aunque tal vez tengamos que ser cautos en la valoración de esos indicios, pues se producen en una industria muy deprimida.

La lana se mantenía como sector industrial más importante y el principal estímulo para la producción lanera era la demanda exterior, originándose una controversia sobre la conveniencia o no de exportar este producto, de cuya salida se quejaban los fabricantes y las poblaciones que eran centros laneros, los cuales presentan un retroceso en el siglo XVII como sucede con Sevilla, Palencia y Zaragoza, entre otros, para los que el período significa una decadencia paulatina y progresiva; la excepción la encontramos en Segovia, que puede mantenerse al ser sostenida la demanda gracias a una decisión de CARLOS II de no usar más que producción segoviana, imponiendo una conducta pronto imitada en la Corte y fuera de ella. Conscientes de la situación y de su tendencia negativa, un clamor general entre arbitristas, municipios, gremios y ciudades con representación en Cortes se levanta para pedir la prohibición de importaciones de tejidos foráneos, que se dificulte la salida de materias primas, y la disminución de la presión fiscal.

Toledo, Granada, Sevilla y Zaragoza eran los principales centros de producción sedera, cuya trayectoria a lo largo del siglo fue descendente, por ser una industria de lujo y tener que hacer frente a la producción extranjera. Y no es esto solo. Las epidemias de la segunda mitad del siglo fueron un castigo durísimo para las poblaciones, hasta el extremo que en los centros sederos tuvieron que pasar unos cincuenta años para volver a recuperar el nivel de producción anterior. En el plano de la minería, lo más significativo e importante es la extracción de hierro y mercurio; los yacimientos de hierro más importantes estaban en las Vascongadas y los de mercurio en Almadén. La recesión comercial evidente desde 1620 resultó determinante para el futuro de la industria naviera, que entra en claro retroceso desde entonces, al tiempo que se acentúa su dependencia del extranjero para hacerse con mástiles, velas, cabos y alquitrán, a lo que hay que añadir los elevados costos nacionales y la competencia de los armadores y comerciantes extranjeros, cuyos barcos eran preferidos especialmente por los comerciantes de Sevilla y Cádiz. Mejor suerte, al parecer, tuvieron las industrias de sustitución de importaciones, pues existen indicadores que así parecen evidenciarlo, como sucede con la cerámica, vidrio, jabón y papel.

La principal iniciativa tomada desde los círculos gubernamentales para remediar la situación es la creación en 1679 de la **Real y General Junta de Comercio**, resultado de una iniciativa de don JUAN JOSÉ DE AUSTRIA, compuesta por un ministro de cada uno de los Consejos de Castilla, Hacienda, Guerra e Indias; su finalidad inmediata era de tipo fiscal a fin de que el desarrollo económico permitiera pagar los impuestos, y su objetivo inmediato, revitalizar al país; tras superar algunas dificultades iniciales (fue suprimida en 1780 y restablecida dos años después) su labor no fue inútil, aunque se centró fundamentalmente en la Corona castellana.

El desajuste existente entre la potencialidad mundial española y su precariedad industrial explica las deficiencias de nuestro país para atender sus exigencias comerciales de forma adecuada. Su planteamiento fundamental no había variado en nada importante desde el siglo anterior y, así, el comercio exterior se fundaba, sobre todo, en las exportaciones de materias primas, y el comercio interior en el consumo de manufacturas hispanas, cuya debilidad quedó manifiesta al aumentar la población, por lo que el aumento de la demanda hubo de cubrirse con la importación de artículos extranjeros ya elaborados. Semejante mecanismo había conferido una importancia destacada al capital y las finanzas extranjeras, dado el nivel de endeudamiento de la Corona y la participación de los productos foráneos, cuyo volumen hace reaccionar a no pocos españoles que, desde 1650, quieren tener la posibilidad de hacer su propia suerte, para lo que proponen, entre otras cosas, la creación de compañías de co-

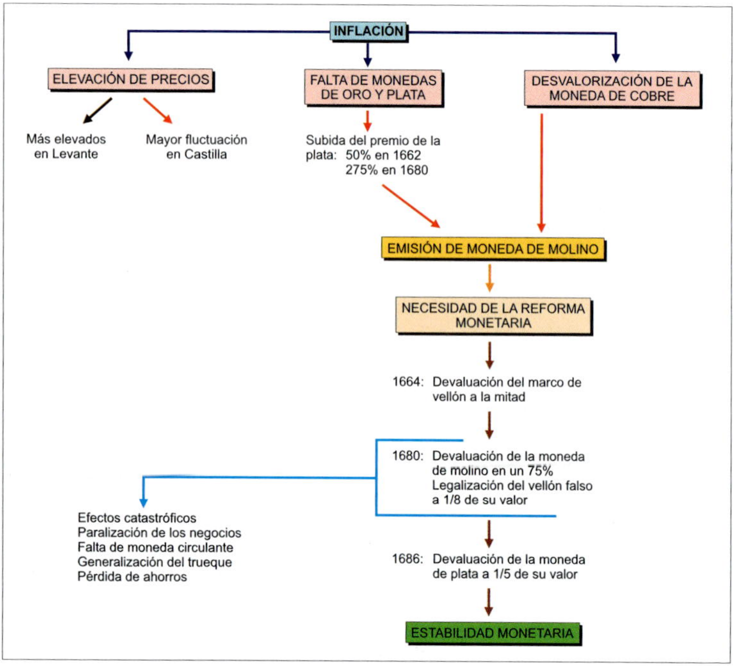

INFLACIÓN
ELEVACIÓN DE PRECIOS
FALTA DE MONEDAS DE ORO Y PLATA
DESVALORIZACIÓN DE LA MONEDA DE COBRE
Más elevados en Levante
Mayor fluctuación en Castilla
Subida del premio de la plata: 50% en 1662
275% en 1680
EMISIÓN DE MONEDA DE MOLINO
NECESIDAD DE LA REFORMA MONETARIA
1664: Devaluación del marco de vellón a la mitad
1680: Devaluación de la moneda de molino en un 75%
Legalización del vellón falso a 1/8 de su valor
Efectos catastróficos
Paralización de los negocios
Falta de moneda circulante
Generalización del trueque
Pérdida de ahorros
1686: Devaluación de la moneda de plata a 1/5 de su valor
ESTABILIDAD MONETARIA

Efectos de la inflación en España y su corrección.

ÍNDICE
100
90
80
70
60
50
CONTRAC-CIÓN
INFLACIÓN
DESPLOME
ATONÍA
1650
1660
1670
1680
1690
1700

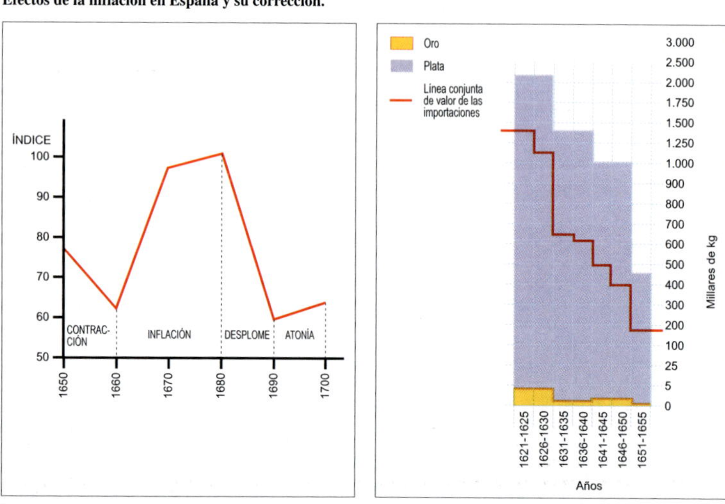

Evolución de la coyuntura en España (segunda mitad del siglo XVII).

Oro
Plata
Línea conjunta de valor de las importaciones
3.000
2.500
2.000
1.750
1.500
1.250
1.000
900
800
700
600
500
400
300
200
100
25
5
0
Millares de kg
1621-1625
1626-1630
1631-1635
1636-1640
1641-1645
1646-1650
1651-1655
Años

La recesión de las importaciones del tesoro americano en España, 1621-1655 (según Hamilton).

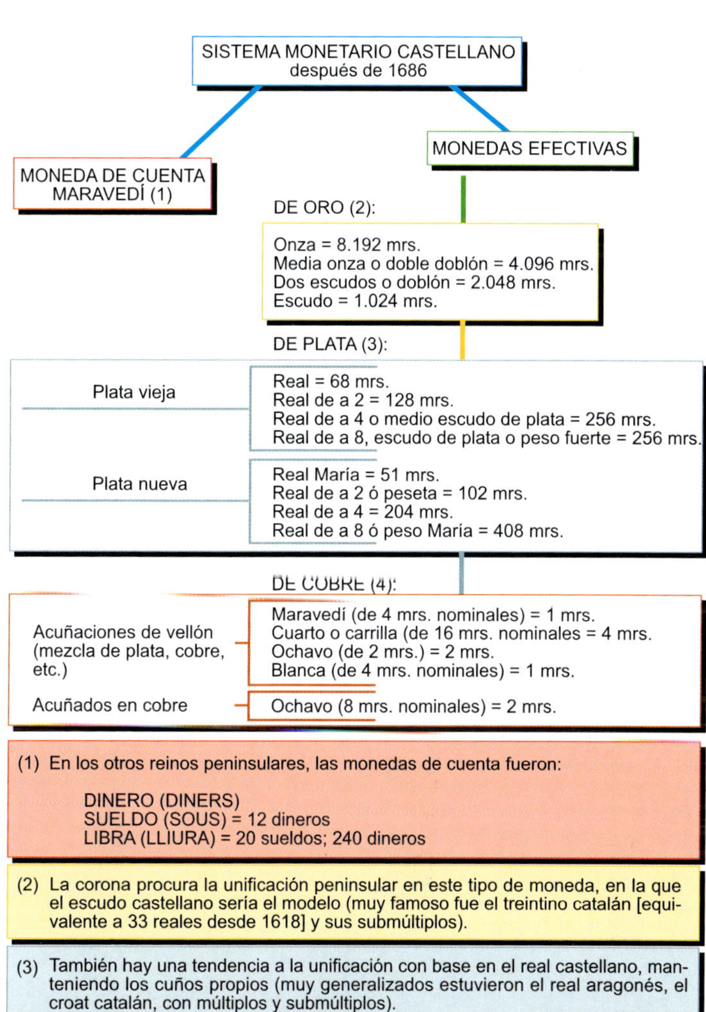

Sistema monetario castellano.

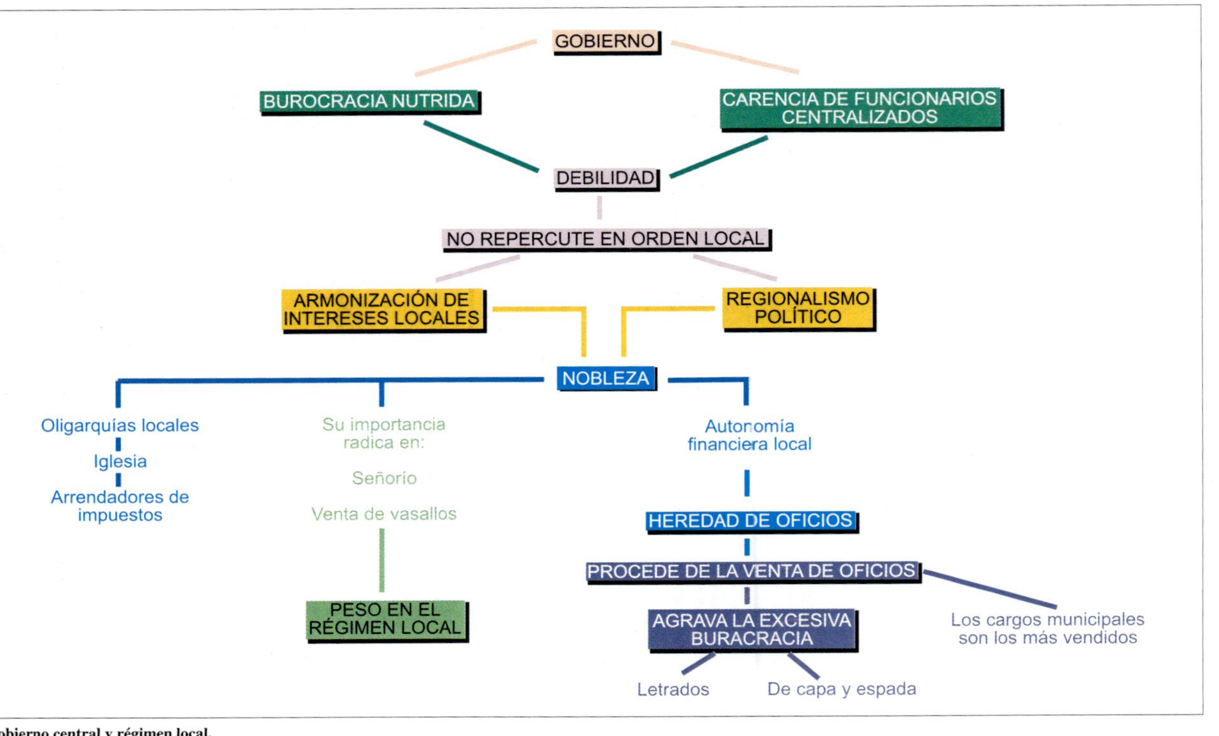

Gobierno central y régimen local.

mercio, de las que quedarían marginados los extranjeros y modificarían el monopolio indiano de Sevilla. Pero por desgracia no llegó a cuajar ninguno de los proyectos que se elaboraron. Ahora bien, deducir de ello que España había perdido su experiencia sobre el particular y que su actividad astillera se había detenido, es sacar conclusiones apresuradas.

Nuestras exportaciones más importantes eran lana, vino, sal, higos, alumbre, aceitunas, aceite, hierro y cochinilla americana; las importaciones más destacadas eran textiles, lino, herramientas y pertrechos navales, grano y papel, además de las cuantiosas sumas que las exigencias defensivas imponían. El resultado era un déficit de la balanza comercial que se cubría con el oro americano. La permanente situación bélica de España no podía menos que repercutir negativamente en el comercio, por lo que el Almirantazgo de Sevilla, creado en 1624, trató de plantear la guerra en el terreno comercial, pero sus medidas carecieron de eficacia y el déficit se mantuvo, paliándose con los metales preciosos americanos, pero cuando las condiciones empeoran y esos metales escasean el problema cobra sus reales dimensiones, que es lo que sucede en el siglo XVII, sobre todo bajo CARLOS II, en cuyo reinado se hacen más palpables los efectos del contrabando, agresiones, intrusos y metales decrecientes. En definitiva, el comercio americano acentuó la dependencia de la economía española de países extranjeros.

Estas realidades pueden explicarnos la trayectoria del comercio con América, que entre 1610 y 1620 conoce un período de estancamiento y clara decadencia hasta mediados de siglo. Especialmente duros fueron los años 1606-1610 y la década 1640-1650, que experimentaron una reducción del tonelaje en torno al 60%, porcentaje al que de momento solo conviene darle un valor indicativo, pues no es unanimemente aceptado.

Entre las causas que explican la crisis del comercio indiano se ha destacado especialmente la relativa autosuficiencia de la economía americana, la crisis de la marina española, la presión fiscal, la incautación del dinero de los particulares, el costoso sistema de flotas, los efectos del contrabando y el progresivo predominio extranjero (se ha calculado que hacia 1690, eran españolas sólo el 5% de las mercancias salidas de Cádiz).

Por otra parte, en la segunda mitad del siglo XVII, especialmente, el sistema de monopolio sufre vulneraciones que ponen en entredicho su eficacia. En efecto, el «arqueo» o determinación de la capacidad de carga de un navío se prestaba al fraude sobornando a los arqueadores (para que registraran cargas menores a las reales) y a los constructores (disimulando espacios para que no fueran vistos en las inspecciones). La práctica de la Corona de conceder indultos (que se concedían a individuos o a flotas completas) a cambio de dinero para perdonar los fraudes también resultó perjudicial, pues los mercaderes amparándose en ellos introducen mercancias sin registrar o ilegales. No menos perjudicial resultó la práctica de empaquetar los productos más valiosos, declarando su contenido sin obligación de abrirlos, haciendo el «avalúo» de su contenido para pagar los tributos pertinentes.

En el comercio interior, Madrid ejerce un dominio sobre el sistema, concentrando la mayor capacidad de transporte. España no pasaba de ser un mosaico de mercados locales, fragmentarios y desarticulados, entorpecidos ademas por una barrera de aduanas interiores y una mala red de caminos, en la que la configuración orográfica peninsular tenía gran responsabilidad. Los principales centros comerciales solían ser plazas con consulados extranjeros, como Sevilla, Cádiz, Málaga, Barcelona, Alicante, Bilbao y La Coruña (donde había consulados ingleses), o Gibraltar, Cartagena, Valencia, San Sebastián y Sanlúcar (donde los había franceses). Únicamente Madrid y Cádiz fueron centros financieros de importancia, pero carecieron de bancos o bolsas como las de Amsterdam o Londres; los bancos municipales (Zaragoza, Gerona, Valencia, Palma, Lérida y Barcelona) nunca superaron sus limitados horizontes. Los mercaderes extranjeros se concentraban en la parte meridional del país, en especial, en el eje Sevilla-Cádiz, y allí se concentraban también sus intereses, por eso fue posible el resurgir de Barcelona y Bilbao de la iniciativa de una oligarquía marítima natural del país, que asume la dirección y responsabilidad de su propio comercio.

La dimensión social de la crisis

La sociedad española se mantiene en clara continuidad respecto al siglo anterior, tanto en sus planteamientos generales como en sus fundamentos jurídicos, salvo variantes que no afectan nada sustancial y que se producen por el propio ritmo vital de la comunidad. Los gustos e inclinaciones de esta sociedad se canalizan mediante el Barroco, pero a medida que el siglo discurre van desapareciendo las figuras de auténtica talla para dejar paso a otras más mediocres, que son las que dominarán las manifestaciones intelectuales y artísticas españolas; con ellas se inicia el llamado «bache cultural», que no se puede dar por concluido realmente hasta la aparición de la generación de FEIJOO, ya en el siglo XVIII.

Dentro de la dinámica social hay algunas realidades que es preciso destacar. Por lo pronto, en el plano de la nobleza, hemos de referirnos al aumento de sus efectivos, como consecuencia de la venta de títulos, hábitos de caballero e hidalguías, una venta que es tanto más frecuente y continua cuanto mayores son las dificultades de la Hacienda real. Una muestra de este proceso: con FELIPE II existían unos cien títulos en Castilla que se han convertido en unos trescientos a fines del siglo XVII. En cuanto a su reparto geográfico, la nobleza era más numerosa en el norte y, a medida que descendemos hacia el sur, su número decrece, pero su poder económico crece en forma inversa a su número. En Aragón presentaba un reparto similar: en el norte de la Corona, en el reino de Aragón y en el principado de Cataluña, eran muy frecuentes los infanzones y otros componentes de la nobleza popular, mientras que en Valencia, la nobleza era corta en número, pero poderosa, mientras que **ciutadans honrats** en Valencia y Cataluña constituían una especie de clase media que controló la vida municipal de sus lugares hasta la Guerra de Sucesión.

En la Iglesia se mantenían las diferencias entre un clero bajo, pobre y de vida difícil y un clero alto, en cuyo seno existían grandes diferencias marcadas por las rentas que percibían y que iban desde la opulenta sede toledana a las pobres sedes de Mondoñedo y Guadix, por ejemplo. En cuanto a su ubicación, el clero prefería la vida en la ciudad, donde se levantaban gran número de edificios religiosos (iglesias, conventos, monasterios, etc.), y donde constituían un grupo nada desdeñable de gente sometida al fuero ecle-

siástico. Por lo que a su número respecta, parece haber unanimidad al señalar su aumento, que algunos estiman en la duplicación de los efectivos existentes en el siglo anterior; dicho aumento se ha explicado por la búsqueda de seguridad en un siglo de crisis y el deseo de escapar a la presión fiscal y al reclutamiento militar, pero semejante afluencia deterioró el nivel medio de preparación de los eclesiásticos.
En el clero regular tampoco hay cambios revolucionarios; se consolida el peso de los jesuitas en la enseñanza y preparación de las élites de gobierno; se calcula que habría unos 1.608 conventos de frailes y 278 del clero regular. Las órdenes femeninas eran menos abundantes, más pobres, y estaban peor consideradas en la sociedad, salvo algún que otro convento o monasterio, como las Descalzas de Madrid.
La riqueza del estamento seguía basada en los bienes amortizados, rústicos y urbanos, procedentes de donaciones seculares que le confieren la propiedad del 17 % de la tierra castellana y un también crecido porcentaje del suelo y los inmuebles urbanos. El diezmo (el 10 % de la producción agropecuaria) era su segunda fuente de ingresos en importancia (a mediados de siglo se calculan en 5.000.000 de ducados sus ingresos por este concepto); parte de esta riqueza se empleaba en labores benéficas y asistenciales y en donativos para la Hacienda real (cruzada, subsidio y excusado –las **tres gracias**–, aparte de otros de menor cuantía). Su participación en las esferas del poder estuvo asegurada por la presencia de eclesiásticos en los órganos de gobierno y entre los principales teóricos políticos.
El campesinado vive hasta mediados de siglo con un claro descenso de su nivel de vida, que mejora algo en las últimas décadas en el caso de los campesinos valencianos y catalanes. En conjunto, quizá, fuera la vida más fácil para algunos trabajadores que pagaban rentas bajas y tenían contratos de larga duración, que para medianos y pequeños propietarios demasiado agobiados por las cargas (diezmos, impuestos, ...). Sin lugar a dudas, el que peor se encontraba era el jornalero, desigualmente repartido por la península, pero que suponía el 50 % de la población.
En el marco urbano encontramos comerciantes, artesanos profesionales liberales, criados, pobres y pícaros. La clase media brillaba por su ausencia, dado su corto número, fenómeno que hoy se explica más que por la pretensión de ennoblecimiento, que por la dificultad para prosperar con los negocios, a causa de la dependencia económica española; además era más gratificante invertir en tierras, que daban prestigio social y rentas, aunque fueran bajas.
En cierto modo, el desprecio al trabajo, por ser considerado envilecedor, tenía un fundamento real: la dificultad de conseguir beneficios mercantiles e industriales semejantes a los que obtenían las clases medias europeas debida al mecanismo comercial creado en España, que unía América con Europa a través de la Península. Por eso, la formación de los grupos burgueses españoles se produce con indudable retraso respecto a Europa. Simultáneamente, en la ciudad, la vida a salto de mata sería la propia de un grupo de gente nada desdeñable y que ha dejado amplio eco literario, donde la figura del pícaro (cuya vida discurre a caballo de la línea divisoria entre la legalidad y la ilegalidad) tiene lugar destacado.
Por lo demás, la sociedad se homegeneiza, en cierta forma, durante el siglo XVII, a causa de la expulsión de los moriscos y la progresiva desaparición de los esclavos, cuyo precio era realmente prohibitivo a partir de mediados de siglo; por su parte, los judeoconversos carecieron de significación: no deseaban ningún protagonismo para que no rebrotaran las persecuciones –como la de mediados de siglo.

LA CULTURA ESPAÑOLA EN EL SIGLO DE LA CRISIS

Las primeras décadas del siglo XVII son consideradas como el cenit del Siglo de Oro, que se va apagando progresivamente en el transcurso de la segunda mitad. Por otra parte, estamos en pleno Barroco, una dimensión artística que en España grana singularmente.
El primer período de la arquitectura barroca abarca en España hasta el final, casi, del segundo tercio del siglo, y su punto de partida lo constituyen las formas herrerianas, difundidas por los discípulos de HERRERA. En los inicios del siglo, en Castilla, tenemos a JUAN GÓMEZ DE MORA, cuya obra más famosa es **la Clerecía** de Salamanca. El andaluz ALONSO CANO es el artista más evolucionado y presagia ya la segunda etapa de esta arquitectura: sus retablos y, sobre todo, la fachada de la catedral de Granada son sus mejores exponentes. En Aragón, FRANCISCO DE HERRERA, EL MOZO, inicia en 1681 la construcción del Pilar de Zaragoza.
El segundo período arquitectónico barroco se denomina **churrigueresco** por JOSÉ DE CHURRIGUERA, autor de magníficos retablo y del conjunto urbanístico del **Nuevo Baztán**. Pero el autor más representativo del período es PEDRO DE RIBERA, con sus características fachadas muy decoradas (por ejemplo la del Hospicio madrileño), mientras que NARCISO TOMÉ alcanza en el **transparente** de la catedral de Toledo el barroquismo más acabado. La fachada del **Obradoiro** de la catedral compostelana es una buena muestra gallega del período: su autor fue FERNANDO CASAS NOVOA. En Valencia, la fachada del palacio del marqués de Dos Aguas y, en Andalucía, la sacristía de la Cartuja de Granada (de HURTADO IZQUIERDO) y el colegio de San Telmo, en Sevilla (de LEONARDO FIGUEROA), pueden completar nuestra somera relación.
La escultura española tiene en el siglo XVII su mejor época. La imaginería adquiere valor universal; hecha sobre madera, preferentemente, se caracteriza por la policromía.
Castilla cuenta con la figura excepcional de GREGORIO FERNÁNDEZ O HERNÁNDEZ, establecido en Valladolid, donde nos deja sus mejores obras (**Cristo yacente**, **La Piedad**, el **Cristo de la Luz**, y sus **Dolorosas**); JUAN MARTÍNEZ MONTAÑÉS, en Andalucía, prefiere para sus temas iconográficos a los niños o a **La Inmaculada** (como la de la catedral de Sevilla), pero demuestra el gran autor barroco que es en el **Cristo del arcediano Vázquez de Leca**, su mejor obra. Entre sus discípulos destacan el cordobés JUAN DE MESA (**Cristo de la buena muerte**, de la universidad sevillana, y, el más famoso, **Jesús Nazareno del Gran Poder**), el antequerano PEDRO ROLDÁN (retablo mayor del Hospicio de la Caridad en Sevilla) y su hija LUISA ROLDÁN, LA ROLDANA.
Por su parte, ALONSO CANO es el mejor representante de la escuela granadina; en su etapa de formación se relaciona con MONTAÑÉS (retablo de Santa María, de Lebrija) y trabaja en Madrid, pero es en Granada donde nos

deja lo más caracterísco de su producción (la **Inmaculada**, de la catedral); su influencia en Andalucía y Castilla fue enorme. PEDRO DE MENA, granadino, es discípulo suyo, conserva la elegancia del maestro, pero le supera en realismo y emoción (la **Magdalena penitente**, de Valladolid; **San Francisco**, de la catedral de Toledo). La escultura levantina sigue su propio rumbo por influencias genovesa y francesa y en Murcia trabajaría FRANCISCO SALCILLO, el que sería el mejor escultor español del siglo XVIII.

En Valencia se inicia la gran escuela de pintura barroca española con FRANCISCO RIBALTA (**La Cena**, de Valencia, y **La visión de San Francisco**, del Prado) y JOSÉ DE RIBERA, posiblemente el mejor de nuestros pintores tenebristas (**San Andres**, del Prado), aunque evoluciona hacia los fondos claros (**Martirio de San Bartolomé** y **La escala de Jacob**, ambos en el Prado). Nuestra pintura barroca cuenta con genios de maestría difícilmente igualable. FRANCISCO DE ZURBARÁN ha sido considerado como un pintor fundamentalmente religioso (**Vida de San Pedro Nolasco**, o la de **San Buenaventura**). Más genial aún es DIEGO VELÁZQUEZ, que nos ha legado un rico y variado patrimonio, desde los cuadros de género (**Vieja friendo huevos**, **el aguador de Sevilla**) a los retratos de Corte (los de **Felipe IV**, el **Conde-Duque de Olivares**, el **príncipe Baltasar Carlos**, etc.), con las obras terminadas después de 1650, que son las que le dan fama universal: **las Hilanderas**, **las Meninas**, etc.). BARTOLOMÉ MURILLO ha logrado amplia fama por la gracia, delicadeza y gusto de sus composiciones (**Sagrada Familia del pajarito**, **Niños comiendo melón**, **el niño mendigo**, etc.). VALDÉS LEAL se nos muestra como el más barroco de nuestros pintores, como demuestra sobradamente en la serie que pinta por encargo de don MIGUEL DE MAÑARA para el hospital de la Caridad (**Finis gloriae mundi**, **In ictu oculi**).

En cuanto a la literatura, es testigo de la decadencia de nuestro Imperio y refleja de manera excepcional los conflictos y tensiones de este período. MIGUEL DE CERVANTES (1547-1616), hombre del Renacimiento, presenta como nadie el fin de un modo de ser con **El Quijote**, un caballero andante sin sitio en el mundo en que vivía: la nostalgia de lo que fue, de los perdidos ideales, se encarna en Alonso Quijano; sólo el loco puede seguir creyendo que existe un mundo ya periclitado, una España en la que sean posibles las empresas heroicas. FRANCISCO DE QUEVEDO (1580-1645) refleja también cómo las apariencias son vacías y cómo bajo los oropeles no hay nada, lamentándose constantemente, en verso y en prosa, de la decadencia de España. El mismo LUIS DE GÓNGORA (1561-1627), más allá de su culteranismo (**Polifemo**, **Las Soledades**), se cuestionaba «los días que royendo están los años».

La novela picaresca contribuye a la sátira de un mundo social en descomposición. El **Guzmán de Alfarache**, de MATEO ALEMÁN, es de otra época de la de Lázaro y nos da una visión amarga y desoladora de la sociedad. La **Vida del Buscón**, de QUEVEDO, es un pretexto para denunciar la sociedad, que se nos ofrece deformada y caricaturizada.

Por otro lado, la literatura de esta época tiene también una función conformadora de los valores establecidos, tanto políticos como religiosos. La monarquía absoluta tiene en el teatro un elemento magnífico no sólo para entretener al público, sino también para reafirmar los valores tradicionales. Es un teatro, además, profundamente nacional y muy realista, cultivado por hombres excepcionales. LOPE DE VEGA (1562-1635), autor de más de ochocientas comedias, nos ilustra perfectamente sobre el particular; en sus comedias de honor (**Peribáñez y el Comendador de Ocaña**, **Fuenteovejuna**, etc.) destaca la autoridad real frente a los abusos de los nobles; en las de capa y espada (**El Caballero de Olmedo**, por ejemplo), o en las de enredo amoroso, se constituye en el punto de referencia obligado del teatro español del Siglo de Oro. Un teatro que presenta una larga nómina de autores, entre los que no podemos dejar de mencionar a TIRSO DE MOLINA y PEDRO CALDERÓN DE LA BARCA (1600-1681), cuya producción lleva al extremo el sentido del Barroco, creando un espacio escénico lleno de virtuosismo y utilizando todos los recursos espectaculares de su tiempo; los dramas de honor (**El médico de su honra**, **El Alcalde de Zalamea**, por citar algunos) muestran una fidelidad indiscutida al rey, mientras sus **autos sacramentales** eran espectáculos centrados en la exaltación de un dogma católico; su obra máxima es **La vida es sueño**, en la que trata una de las obsesiones del barroco, el engaño y el desengaño, planteando el mismo hecho de la existencia, ¿realidad o sueño?

Por otro lado, durante la primera mitad del siglo ve la luz una nutrida literatura política, en la que se abordan conceptos básicos y generales o se proponen los mejores medios para formar a príncipes o gobernantes. Los **moralistas** no tienen duda de la preeminencia de la moral sobre cualquier alternativa o planteamiento político (QUEVEDO, con su **Política de Dios**, es uno de los más representativos de este sector). Los **tacitistas**, inspirados en TÁCITO, se proponen reflexionar sobre la historia, la moral y la política. Mientras la generación de 1635, enfrentada con la derrota exterior, se hace aún más pesimista: SAAVEDRA FAJARDO escribe sus **Empresas políticas** en el mismo ambiente en que BALTASAR GRACIÁN hace lo propio con su **Criticón.**

En otro orden de cosas, hay que señalar la disminución del numero de estudiantes universitarios y la pérdida de interés por la investigación y el estudio. La misma universidad se resiente por el enfrentamiento de intereses, disputas de cátedras por razones extraacadémicas y el absentismo de catedráticos y profesores.

Pero el contraste más brutal de este Siglo de Oro lo tenemos en el panorama científico. Si el arte y la literatura se desarrollan en cotas altísimas, en el campo de la ciencia se ve claramente el atraso español en relación con lo que estaba ocurriendo en la Europa de ese tiempo, pues si bien en los primeros años del siglo van culminando esfuerzos anteriores, después se pierde el contacto con el exterior y empieza el retraso con toda claridad y se va haciendo progresivo, de forma que la autoridad de ARISTÓTELES y GALENO se mantienen incuestionables, pese al rico e interesante camino que se recorre en el continente desde GALILEO a NEWTON. Los principales adelantos se producen en medicina, en las universidades de Valencia, Zaragoza y Sevilla, aunque parte de la renovación se hizo en tertulias, lejos de los claustros universitarios. En cambio, en astronomía, física y matemáticas, siempre está presente el temor a una condena eclesiástica, lo que es un elemento disuasorio de profundizar en estos campos. El cartesianismo se fue imponiendo con mucha lentitud.

ÍNDICE ANALÍTICO

B

C

G

T

U